KB049037

영단어 암기의 최종병기!

어원을 알면 영어 보인다

이세진 저

박영사

저자서문

기억력이란 참 이상한 것이다. 아무리 생생했던 기억도 시간이 흐르면 서서히 망각의 곡선을 그리며 끝 모를 추락을 한다. 수많은 학습이론이 이런 기억력과 망각의 딜레마를 풀기 위해 분투해왔지만 명확한 해결책은 제시하지 못했다. 하지만 한 가지 분명한 사실은 의미 있게 이루어진 기억은 망각의 속도와 정도를 상당히 낮출 수 있다는 것이다. 영어단어 학습에서도 기계적인 암기보다는 단어를 의미 있게 암기했을 때 기억은 오랫동안 보존된다. 영어단어를 기계적으로 암기하지 않으면서도 잊어버리지 않고 오랫동안 암기할 수 있는 확실하고 속 시원한 방법은 없는 것일까? 이 책은 이런 문제의식에서 출발했다.

영어단어의 절반 이상은 그리스어와 라틴어 어원에서 기인한 것으로 알려져있다. 그러므로 그리스어와 라틴어 어원을 공부하는 것은 영어단어 암기에 있어 필수적인 부분이라 할 수 있다. 어원을 통한 단어 암기의 가장 큰 장점은 기억의 망각곡선을 효과적으로 거스를 수 있다는 점이다. 어원을 통해 영어단어를 암기하면 연상법의 효과로 인해 단어의 암기도 쉽게 할 수 있을 뿐 아니라 기억을 오랫동안 보존할 수 있다. 혹자는 영어 어휘력은 책이나 문장을 통해 키워야 한다고 주장한다. 영어책을 많이 읽고 영어문장을 많이 접해야 한다는 것이다. 틀린 말은 아니지만, 현실성은 떨어지는 말이다. 바쁜 수험생이나, 학생, 직장인에게 많은 영어 문장을 접하는 것은 쉬운 일이 아니기 때문이다. 하지만 영어의 어원을 통해 단어를 학습한다면 단어의 뿌리를 알고 단어를 암기할 수 있기 때문에 단어의 암기도 훨씬 수월할 뿐 아니라 응용력이 생겨서 하나의 어원에서 파생된 여러 단어를 한꺼번에 암기하는 게 가능하다. 더욱이 이렇게 암기된 단어는 쉽게 잊히지도 않는다.

이 책은 그리스어와 라틴어 어원 중에서 가장 중요하고 영어에서 많이 쓰이는 어원 300여 개를 중심으로 관련 단어들을 한눈에 보고 학습할 수 있도록 이미지와 예문을 곁들여 정리하였다. 표제어들은 모두 어원을 중심으로 분해하였고 어근은 쉽게 파악할 수 있도록 컬러로 표시하였으며 어원의 뜻은 이미지로 만들어 쉽게 그 의미를 떠올릴 수 있도록 배려하였다. 또한 해당 어원과 관련된 단어들을 방사성 모양으로 한 페이지 안에 배열해 연관성 속에서 단어를 암기할 수 있도록 함으로써 시각적 학습에 도움이 되도록 했다. 단어의 활용을 위한 예문은 아랫부분에 배치하여 단어의 쓰임을 확인할 수 있도록 배려하였다. 이 책의 부록에는 주요 접두사 정리표를 실었으며, 미국 대학입시와 대학원 입시에 자주 출제된 단어들을 단어의 분석과 함께 정리해놓았다. 이들 미국대학입시 빈출단어는 한국의 입시뿐 아니라 각종 시험에서도 요긴하게 활용할 수 있을 것이다.

이 책은 고급수준의 영어단어를 공부하려는 중고생은 물론 수능을 준비하는 학생, 취업을 준비하는 대학생, 유학을 준비하는 유학 준비생, 영어어휘를 늘리고 싶어 하는 직장인, 일반인 등에게 꼭 필요한 책이라 확신한다. 부디 이 책으로 많은 사람이 영어단어 암기의 신세계를 체험하고 영어에 자신을 갖는 계기가 되기를 간절히 바란다. 이 책을 쓰는 데 처음부터 끝까지 인도하신 하나님께 감사와 영광을 돌리고자 한다. 또한, 나와 함께 미국에서 고생한 아내, 아들, 딸에게도 격려와 감사를 보내고 싶다. 마지막으로 이 책의 출판을 기꺼이 허락해주신 박영사의 사장님과 관계자 분들에게 감사의 인사를 올리는 바이다.

이 책의 활용법

발음기호

표제어 (어원에 해당하는 철자는 컬러로 처리함)

concede kən'sid (컨**시**드) ⟶ 한글 발음기호 (악센트는 고딕체로 처리함)

단어분해 ⟵ con(완전히)+ cede(양보하다)

=완전히 양보하다

=인정하다, 양보하다 ⟶ 단어의 뜻

관련 접두사나 관련어원 ⟵ con(com)=함께, 완전히

☞ concession: 양보, 인정 ⟶ 표제어와 연관된 단어

secede sɪ'sid (시**시**드)

se(분리)+ cede(가다)

=분리해서 가다

=분리하다, 탈퇴하다

se=분리, 이탈

☞ secession: 분리, 탈퇴 [sɪ'sɛʃən]

원어의 변형 형태

recede rɪ'sid (리**시**드)

re(뒤로)+ cede(가다)

=뒤로 가다

cede, cess, ceed: ⟶ 원어의 의미

가다, 양보하다(2) ⟶ 원어의 원형 및 의미

라틴어 cedere는 가다, 양보하다의 뜻을 갖고 있다.

⟶ 원어의 의미와 관련된 이미지

intercede ɪntər'sid (인털**시**드)

inter(사이에)+ cede(가다)

=사이에 서다

=탄원하다, 중재하다

inter=사이에, 중간에

☞ intercession: 중재, 조정, 알선
intercessor: 중재자, 조정자

decease dɪ'sis (디**시**스)

de(이탈)+ cease(가다)

=이탈되다=**사망**

de=이탈, 분리, 제거

☞ deceased: 사망한, 고인

proceed proʊ'sid (프로**시**드)

pro(앞으로)+ ceed(가다)

=앞으로 가다=**진행하다**

pro=앞으로

☞ procedure: 절차 [prə'sidʒər]

예문

In practical terms this means that we stop **conceding** territory to the enemy. ⟶ 표제어 예문
(실질적인 측면에서 이것은 우리가 적에게 영토를 **양보하는** 것을 중단한다는 것을 의미한다.) ⟶ 표제어 예문 해석
The only way to prevent this would be to **secede** from the Union.
(이것을 막는 유일한 방법은 연방에서 **탈퇴하는** 것이다.)
Even after the surface flood water has **receded**, the soil may remain saturated for some time.
(표면의 홍수가 **물러간** 후에도 토양은 한동안 젖은 상태를 유지할 수 있다.)
He asks us to **intercede** on his behalf and shows us his press card to prove his bona fides.
(그는 우리에게 자신을 대신해서 **중재해**달라고 부탁하고 자신의 진실성을 증명하기 위해 자신의 기자증을 보여준다.)
Upon your **decease**, your nephew will inherit everything.
(당신의 **사망** 시 당신의 조카가 모든 것을 상속받을 것이다.)
We were able to, of course, **proceed** with our work by the end of the day.
(우리는 물론 오늘 안으로 우리의 일을 **진행할 수** 있었다.)

이미지 출처: www.Freepik.com

차례

부록

어원을 알면 영어가 보인다

— 영단어 암기의 최종병기

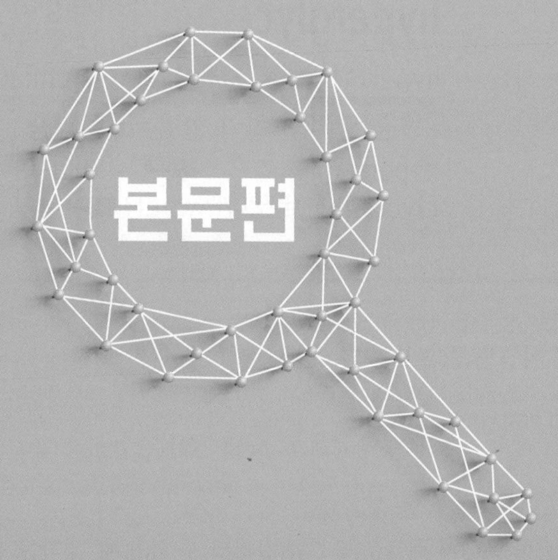

leukemia lu'kimiə (루**키**미아)

leuk(밝은, 하얀)+ emia(피)

=하얀 피=**백혈병**

leuk=밝다, 하얗다

☞ lucent: 빛을 내는, 투명한

anemia ə'nimiə (어**니**미아)

an(부족한)+ emia(피)

=피가 부족한=**빈혈, 빈혈증**

a(an)=결여, 부정을 뜻한다

(~이 아닌, ~이 없는)

uremia yʊ'rimiə (유**리**미아)

ur(=urine=소변, 오줌)+ emia(피)

=소변에 피가 섞여있음=**요독증**

ur(라틴어 urina)=소변, 오줌

☞ bacteremia [bæktə'rimiə]
: 균혈증(菌血症)
(혈액에 세균이 있는 상태)

hemo, emia: 피

그리스어 haima는 피의 뜻을 갖고 있다.
이 단어가 라틴어로 오면 emia로 바뀐다.

'hɛmərɪdʒ (**헤**머리지)

hemo(haima)+ rrhage(깨짐)

=깨져서 피가 남=**출혈**

rhage=깨지다, 터지다의 뜻을 갖는 그리스어 rhegnynai에서 유래

☞ hemostasis: 지혈 [hɪ'mɒstəsɪs]
=hemo(피)+ stasis(정지)

hemostatic: 지혈의

hemolysis: 용혈(현상, 반응)
=hemo(피)+ lysis(풀림, 용해)
[hi'mɑləsɪs]

hypoglycemia haɪpoʊglaɪ'simiə (하이포글라이**시**미아)

hypo(낮은)+ glyc(당)+ emia(피)

=혈중 당의 수치가 낮음
=**저혈당증**

hypo=아래의, 낮은

hyperglycemia haɪpərglaɪ'simiə (하이퍼글라이**시**미아)

hyper(위의, 높은)+ glyc(당)+ emia(피)

=혈중 당의 수치가 높음=**고혈당증**

hyper=위의, 높은 ☞ hypertension: 고혈압

glyc(=gluc)=달다(sweet) ☞ glycogen: 글리코겐, 당원

예문

As a result of **leukemia**, some of the other bodily organs may no longer function properly.
(**백혈병**으로 인해, 다른 신체 기관들 중 일부는 더 이상 제 기능을 하지 못할 수도 있다.)

Anemia is a condition which develops when there is a deficiency of red blood cells or hemoglobin, to carry oxygen throughout your body.
(**빈혈**은 적혈구가 부족하거나 또는 산소를 몸 전체에 운반하는 헤모글로빈이 부족할 때 생기는 질환이다.)

Uremia is a condition that develops when your kidneys become too damaged to filter out harmful substances from the body.
(**요독증**은 신장이 너무 손상되어 몸에서 해로운 물질을 걸러낼 수 없을 때 생기는 질환이다.)

Hernandez said she suffered a brain **hemorrhage** in the crash, fractured four ribs.
(에르난데스는 충돌 사고로 그녀가 뇌**출혈**을 겪었고 갈비뼈 4개가 부러졌다고 말했다.)

The patient may have obvious associated illness with fever, dehydration, **hypoglycemia**, anemia, or evidence of thyrotoxicosis.
(환자는 열, 탈수, **저혈당증**, 빈혈 또는 갑상선기능항진증의 증거와 관련된 명백한 질병을 가지고 있을 수 있다.)

Administration of epinephrine may cause severe hypertension and may cause **hyperglycemia** in diabetics.
(에피네프린의 투여는 심한 고혈압을 유발할 수 있으며 당뇨병 환자에게 **고혈당증**을 일으킬 수 있다.)

amorphous
ə'mɔrfəs (어몰퍼스)

a(없는)+ morph(형태)+ ous

=형태가 없는=**형태가 없는, 무(비)정형의**

a(an)=결여, 부정을 뜻한다
(~이 아닌, ~이 없는)

isomorphic
aɪsə'mɔrfɪk (아이서몰픽)

iso(같은)+ morphic(모양의)

=같은 모양의, 동일 구조의

iso=같은(equal), 비슷한(similar)

☞ isochronous: 등시성의
=iso(같은)+ chronous(시간의)

polymorphous
pɒli'mɔrfəs (팔리몰퍼스)

poly(많은)+ morphous(모양의)

=많은 모양의
=여러 형태의, 다형의

poly=많은(many)

☞ polygamy: 일부다처제
=poly+ gamy(결혼)

metamorphosis
mɛtə'mɔrfəsɪs (메터몰퍼시스)

meta(바꾸다)+ morph(모양)+ osis(상태 접미사)

=모양을 바꿈=**탈바꿈, 변형, 변태**

meta=이후의(after), 바꾸다(change), 위에 있는(beyond)

☞ metaphysics: 형이상학=meta(위에 있는)+ physics(물리학)
=(물질 위에 있는)
metastasis: 전이=meta(바꾸다)+ stasis(상태)=(상태가 바뀌다)

예문

A virus might consist not of **amorphous** matter, but of microscopic beings.
(바이러스는 **비정형** 물질이 아니고 미세한 물질로 구성될 수 있다.)

Universal (or **Isomorphic**) JavaScript is a term that has become very common in the JavaScript community.
(범용 또는 **동형의** 자바스크립트는 자바스크립트 커뮤니티에서 매우 보편화된 용어이다.)

She is **polymorphous** in thought and flexible in action.
(그녀는 사고가 **다변적**이고 행동이 유연하다.)

She had undergone an amazing **metamorphosis** from awkward schoolgirl to beautiful woman.
(그녀는 볼품없던 여학생에서 아름다운 여인으로 놀랍게 **탈바꿈**해있었다.)

achromatic æ̀krəmǽtik (애크러**매**틱)

a(없는)+ chromat(색깔)+ ic

=색깔이 없는=**무색의, 무채색의**
a(an)=결여, 부정을 뜻한다
(~이 아닌, ~이 없는)

monochrome 'mɒnəkroʊm (**마**너크롬)

mono(하나의)+ chrome(색깔)

=하나의 색깔=**흑백의, 단색의**
mono=하나의, 홀로
☞ monogamy: 일부일처제

chromatography kroʊmə'tɒgrəfi (크로머**타**그러피)

chromato(색깔)+ graphy(기록)

=색깔을 기록함
=**크로마토그래피, 색층 분석법**
graphy(원형: graphia)
=쓰기(writing), 기록

chromat, chromato, chrome, chromo: 색깔

그리스어 khroma는 색깔을 뜻하며
라틴어에서는 chroma로 변형된다.

achromatopsia eɪkroʊmə'tɒpsiə (애이크러머**탑**시아)

a(없는)+ chromat(색깔)+ opsia(ops=눈)

=색깔을 구분 못하는 눈=**색맹**
a(an)=결여, 부정을 뜻한다
(~이 아닌, ~이 없는)
ops=눈(eye) ☞ optician: 안경사

chromosome 'kroʊməsoʊm (크**로**머솜)

chromo(색깔)+ some(몸, 신체)

=색깔이 있는 몸체=**염색체**
some=(그리스어 soma) 몸체(body)
☞ somatic: 신체(육체)의

예문

Using our **achromatic** lens, we are able to perform high quality, white light imaging.
(당사의 **무색** 렌즈를 사용하여 고품질의 백색광 이미징을 수행할 수 있다.)

These monochromes were seductive, their surfaces smooth and shimmering.
(이 **단색**들은 유혹적이었으며, 그들의 표면은 부드러웠고 희미하게 빛났다.)

Using high pressure liquid **chromatography**, the alkaloids can be purified and crystallized.
(고압 액체 **크로마토그래피**를 사용하면 알칼로이드를 정제하고 결정화시킬 수 있다.)

Due to the congenital **achromatopsia**, Neil can't see colors.
(선천적인 **색맹** 때문에 니일은 색깔을 볼 수가 없다.)

Our genes are located on 46 paired structures, or **chromosomes**, in the cell nucleus.
(우리의 유전자는 세포핵에 있는 46개의 쌍성 구조, 즉 **염색체**에 위치하고 있다.)

anonymous ə'nɒnɪməs (어나니머스)

an(없는)+ onym(이름)+ ous

=이름이 없는=**익명의, 작자미상의**

a(an)=결여, 부정을 뜻한다
(~이 아닌, ~이 없는)

onomatopoeia ɒnəmætə'piə (아너마터피아)

onomat(이름)+ poeia(만들다)

=이름(말)을 만들다=소리로 말을 만들다
=**의성어**

poeia(poiein)=만들다, 구성하다

☞ poet: 시

homonym 'hɒmənɪm (하머님)

hom(같은)+ onym(이름)

=같은 이름=**동음이의어**

hom(원형: homos)=같다

☞ homogeneous: 동종의, 동질의

onoma, onym, onomato: 이름

onoma는 그리스어로 이름을 뜻한다.

pseudonym 'sudənɪm (수더님)

pseud(가짜의)+ onym(이름)

=가짜 이름=**필명, 가명**

pseud=가짜의, 잘못된

☞ pseudo-science: 유사과학, 사이비 과학

antonym 'æntənɪm (앤터님)

ant(anti=반대의)+ onym(이름)

=반대되는 이름(말)=**반의어**

anti=반대의, 대항하는

☞ antibiotic: 항생제, 항생물질
=anti(대항하는)+ biotic(생명)

paronomasia pærənoʊ'meɪʒiə (패러노메이지아)

par(옆의, 다른)+ onomasia(이름을 만듦)

=다른 이름을 만들다=(동음이의어를 쓰는) **익살, 말장난**

par(=para)=옆의, 또 다른 ☞ parallel: 평행한, 유사한 ['pærəlɛl]

예문

People are not **anonymous** in cyberspace, as they construct identities that they use there.
(사람들은 사이버 공간에서 그들이 사용하는 정체성을 구축하기 때문에 **익명의** 존재가 아니다.)

The book is largely wordless, relying instead on a symphony of **onomatopoeia**.
(이 책은 대체로 말이 없으며 대신에 **의성어**의 교향곡에 의존하고 있다.)

Obviously, 'compliment' and 'complement' are **homonyms**.
(명백히 'compliment' 와'complement'는 **동음이의어**이다.)

So it's odd — and highly suspicious — when a scientist submits papers under a **pseudonym**.
(따라서 과학자가 **가명**으로 논문을 제출하는 것은 이상하고 매우 의심스럽다.)

The words aren't precise **antonyms**, but they're somewhat close to it.
(그 단어들은 정확한 **반의어**는 아니지만, 어느 정도 그것에 가깝다.)

Here, as throughout the poem, her **paronomasia** acts as a device for eliciting the sensitive connections between words and our physical response to them.
(여기서, 시 전체에서와 같이, 그녀의 **익살**은 단어와 단어에 대한 우리의 신체적인 반응 사이의 민감한 연결을 이끌어내는 장치로서 작용한다.)

trophy: 음식, 영양분 / sepsis: 부패

atrophy 'ætrəfi (애트러피)

a(부족한)+ trophy(영양분)

=영양분 공급을 못 받는=**위축, 퇴화**

a(an)=결여, 부정을 뜻한다

(~이 아닌, ~이 없는)

dystrophy 'dɪstrəfi (디스트러피)

dys(나쁜)+ trophy(영양)

=나쁜 영양=**영양실조, 위축**

dys=(그리스어) 잘못된, 나쁜

■☞ dysfunction: 기능장애, 역기능

trophy: 음식,영양분

라틴어 trophe는 음식이나 영양분의 뜻을 갖고 있다.

hypertrophy haɪ'pɜrtrəfi (하이펄트러피)

hyper(높은)+ trophy(영양)

=과잉 영양=**비대, 비대증**

hyper=위의, 높은

■☞ hyperbole: 과장, 과장법

=hyper(과잉으로)+ bole(던짐)

sepsis: 부패

라틴어 sepsis는 부패의 뜻을 갖고 있다.

antisepsis æntɪ'sɛpsɪs (앤티셉시스)

anti(반대의)+ sepsis(부패)

=부패하지 못하게 하는

=**방부, 방부법, 소독**

anti=반대의, 대항하는

■☞ antiseptic: 소독약

septicemia sɛptɪ'simiə (셉티시미아)

septic(부패된)+ emia(피)

=피가 부패함=**패혈증**

emia=피

asepsis ə'sɛpsɪs (어셉시스)

a(없는)+ sepsis(부패)

=부패가 없는=**무균, 무균상태**

a(an)=~이 없는

■☞ asepticism: 무균(방부)처리

예문

Spinal muscular **atrophy**: How can recent breakthroughs get patients moving again?
(척추 근육 **위축**: 어떻게 하면 최근의 획기적 발견이 환자들을 다시 움직이게 할 수 있을까?)

Muscular **dystrophies** are genetic disorders, usually progressive, which can lead to profound paralysis.
(근육 **위축증**은 유전적 장애이며 대개는 진행성이어서 심각한 마비를 야기시킬 수 있다.)

Cardiac **hypertrophy** - the enlargement of the heart muscle cells - can be fatal.
(심장**비대증**, 즉 심장근육세포의 증식은 치명적일 수 있다.)

Levels of cleaning can be divided into the following categories: sterilization, disinfection, cleaning and **antisepsis**.
(청소의 단계는 살균, 소독, 세척 및 **방부**의 범주로 나눌 수 있다.)

Get rid of the bacteria, and your **septicemia** goes with them.
(박테리아를 제거하면 **패혈증**도 함께 사라진다.)

She emphasized the importance of sterile **asepsis** for the safety of the patient, says Baxter.
(백스터는 그녀가 환자의 안전을 위해 살균 **무균**의 중요성을 강조했다고 말했다.)

abhor æb'hɔr (어브**홀**)

ab(떠나다)+ hor(떠는)
=떨면서 떠나다=**혐오하다, 싫어하다**
ab(abs)=분리, 이탈, 떠남의 뜻을 갖는 접두사
☞ abhorrent: 혐오스러운 abhorrence: 혐오

hor, horri: 떨다

라틴어 horrere는 떨다는 뜻을 갖고 있다.

horrible 'hɔrəbəl (**호**러블)

horr(떨다)+ ible
=**무서운, 끔찍한**
☞ horror: 공포
horrid: 진저리나는
horrific: 끔찍한, 무시무시한

horripilation

hɔrɪpɪ'leɪʃən (호리필**레**이션)
horri(떨다)+ pilation(털)
=털이 떨림
=**소름끼침, 모발기립증**
pilus=털, 머리카락
☞ depilation: 탈모, 제모 (de+ pilation)

nega, neg: 부정하다

라틴어 negare는 부정하다의 뜻을 갖고 있다.

abnegation

æbnɪ'geɪʃən (애브니**게**이션)
ab(이탈)+ negation(부정)
부정하며 떠나는=**자제, 거부**
ab=이탈, 분리

negate nɪ'geɪt (니**게**이트)

nega(부정하다)+ te
=부정하다
=**무효화하다, 부인하다**
☞ negative: 부정적인, 음성의

renegade 'rɛnɪgeɪd (**레**니게이드)

re(완전히)+ negade(부인하다)
=완전히 부인하다
=**변절자, 탈당자, 배교자, 이탈자**
re=완전히(강조)

renege rɪ'nɪg (리**니**그)

re(완전히)+ nege(부인하다)
=완전히 부인하다
=**어기다, 저버리다, 취소하다**
re=완전히(강조)

예문

Healthcare professionals **abhor** politicians' interference in the NHS.
(의료 전문가들은 국민건강보험에 대한 정치인들의 간섭을 **싫어한다**.)
While the world around us is devastated by such **horrible** things, we watch on.
(우리 주변의 세계가 그런 **끔찍한** 일들로 파괴되고 있는 동안, 우리는 지켜보고만 있다.)
If all of this gives you **horripilation**, then I'd say you were atrabilious.
(만약 이 모든게 당신을 **소름끼치게** 한다면, 나는 당신이 침울한 사람이라고 말할 것이다.)
This **abnegation** would help explain his supposed artistic decline.
(이러한 **거부**는 그의 예술적 쇠퇴를 설명하는 데 도움이 될 것이다.)
The problem is that alcohol **negates** the effects of the medication, and greatly exacerbates my condition.
(문제는 술이 약의 효과를 **없애버리고**, 내 상태를 크게 악화시킨다는 것이다.)
This is the first time there was a significant capture of **renegades**.
(**변절자들**에 대해 상당한 체포가 있었던 것은 이번이 처음이다.)
The government had **reneged** on its election promises.
(정부는 선거 공약을 **어겼었다**.)

aberrant əˈbɛrənt (ˈæbərənt)
(어**베**런트)(**애**버런트)

ab(이탈)+ errant(벗어나는)

=이탈하여 벗어나는=**도리를 벗어난, 일탈적인**

ab=분리, 이탈, 떠남

☞ aberration: 일탈

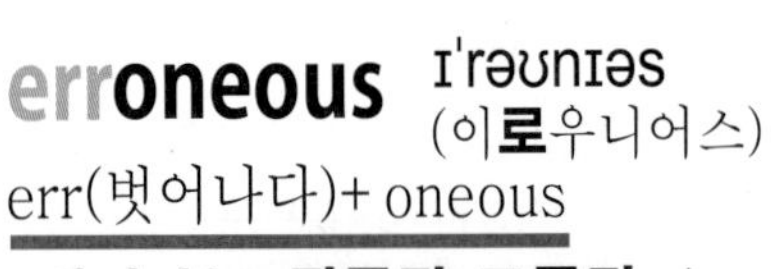

erroneous ɪˈrəʊnɪəs
(이**로**우니어스)

err(벗어나다)+ oneous

=벗어나는=**잘못된, 그릇된**

erratic ɪˈrætɪk
(이**래**틱)

erra(벗어나다)+ tic

=벗어나는=**불규칙한**

inerrant ɪnˈɛrənt
(인**에**런트)

in(~이 아닌)+ errant(벗어나는)

=벗어나지 않은=**오류가 없는**

in=~이 아닌

☞ inerrable: 틀리지 않는
errant: 잘못된, 그릇된

erratum ɪˈrɑtəm
(이**라**텀)

erra(벗어나다)+ tum

=벗어나 있는=**오자, 오식 정정표**

☞ errata: erratum의 복수

예문

This is a system, not an individual's **aberrant** behaviour.
(이것은 제도적인 것이지 개인의 **일탈적인** 행동이 아니다.)

In addition, the chosen information was often misleading or **erroneous**.
(더욱이, 선택된 정보는 종종 오해의 소지가 있거나 **잘못되었다**.)

My sleep patterns have been so **erratic** this week that I've felt physically sick at times.
(이번 주 나의 수면 패턴이 너무 **불규칙해서** 가끔 몸이 아파왔다.)

A literal, **inerrant** understanding of the Bible is still demanded in some parts of the Lutheran family.
(루터 가문의 일부 지역에서는 아직도 성경에 대한 문자적이며 **무오류적**인 이해가 요구되고 있다.)

When this **erratum** occurs, data corruption may occur.
(이러한 **오자**가 생기면 데이터 손상이 발생할 수 있다.)

abdicate ˈæbdɪkeɪt (애브디케이트)

ab(떠나다)+ dicate(선언하다)

=떠날(그만둘) 것을 선언하다

=퇴위하다, 포기하다

ab(abs)=분리, 이탈, 떠남

☞ abdication: 퇴위, 포기, 사직

predicate ˈprɛdɪkɪt ˈprɛdɪkeɪt (프레디킷) (프레디케이트)

pre(먼저)+ dicate(알리다)

=먼저 알려주다

=서술어, ~에 입각하다, 근거를 두다

pre=먼저

☞ predicament: (미리 예견된 것) 곤경, 궁지

dicate: 선언하다,알리다

라틴어 dicare는 선언하다,알리다의 뜻을 갖고 있다.

indicate ˈɪndɪkeɪt (인디케이트)

in(하다)+ dicate(알리다)

=알리다

=나타내다, 가리키다

☞ indication: 조짐, 기미

vindicate ˈvɪndɪkeɪt (빈디케이트)

vin(힘)+ dicate(선언하다)

=힘을 선언하다

=무죄를 입증하다

vin(라틴어 원형: vis)=힘

☞ virile: 남성적인 [ˈvɪrəl]

vindication: 옹호, 변호

vindicative: 변호하는

dedicate ˈdɛdɪkeɪt (데디케이트)

de(이탈, 벗어남)+ dicate(선언하다)

=신을 위해 떠나기로 선언하다

=바치다, 헌신하다

de=이탈, 반대, 아래로

☞ dedicated: 전념하는, 전용의

addict: 중독자

예문

When King Edward VIII **abdicated** in December 1936 it was a shock to the nation.
(1936년 12월 에드워드 8세가 **퇴위했을** 때, 그것은 국가에 큰 충격이었다.)

You don't need to worry about sentences with **predicates** and subjects.
(**술어**와 주제가 있는 문장에 대해서는 걱정할 필요가 없다.)

Figures released **indicate** a 2% increase in unemployment in the south east.
(발표된 수치들은 남부 지역의 실업률이 2% 증가했음을 **나타낸다**.)

My father was eventually **vindicated**, but not before he had spent months in Brixton prison.
(아버지는 브릭스턴 교도소에서 몇 달을 보낸 후에야 결국 **무죄 판결을 받았다**.)

He has also selflessly **dedicated** his efforts to leading and developing his staff.
(그는 또한 사심 없이 그의 직원들을 이끌고 개발시키려는 노력에 **전념하였다**.)

verdict ˈvɜrdɪkt (**벌**딕트)

ver(진실의, 참된)+ dict(말)

=진실의 말=**평결, 판결**

ver(원형: verus)=true

☞ veracious: 진실한

indict ɪnˈdaɪt (인**다**이트)

in(향하여)+ dict(말하다)

=~를 향하여 선언하다

=**기소하다**

☞ indictment=공소, 기소

edict ˈidɪkt (**이**딕트)

e(ex=밖으로)+ dict(말하다)

=밖으로 알림=**칙령, 포고령**

e(ex)=밖으로

☞ extract: 빼내다, 추출하다 [ɪkˈstrækt]
발췌, 추출물 [ˈɛkstrækt]

dictum ˈdɪktəm (**딕**텀)

dict(말하다)+ um

=말의 모음=**격언, 금언**

☞ obiter dictum: 덧붙이는 말, 부수적 의견 [ˈɒbɪtər ˈdɪktəm]

malediction mælɪˈdɪkʃən (맬리**딕**션)

male(나쁜)+ diction(말)

=나쁜 말=**저주, 악담**

male=나쁜, 악한

☞ benediction: 축복
benison: 축복
benedict: 신혼의 남성

predict prɪˈdɪkt (프리**딕**트)

pre(미리, 먼저)+ dict(말하다)

=미리 말하다=**예측(예언)하다**

pre=미리, 먼저

☞ forecast: 예측(예보)하다

예문

His trial ended on June 21 with a jury **verdict** of manslaughter.
(그의 재판은 6월 21일 살인에 대한 배심원의 **평결**로 끝났다.)
Despite considerable evidence, a grand jury refused to **indict** him.
(상당한 증거에도 불구하고 대배심은 그를 **기소하지** 않았다.)
However, much more paradoxical **edicts** were issued under the totalitarian regime.
(그러나 전체주의 정권하에서 훨씬 더 많은 역설적인 **칙령**이 내려졌다.)
'Where there is smoke there is fire', says the old **dictum**.
('아니 땐 굴뚝에 연기 나랴'고 옛 **격언**이 말한다.)
Those who brought war into our country deserve all the curses and **maledictions** a people can pour out.
(우리나라에 전쟁을 일으킨 자들은 사람들이 쏟아낼 수 있는 온갖 저주와 **악담**을 받기에 충분하다.)
Forecasters are **predicting** a return to warm weather in the next few days.
(일기예보관들은 앞으로 며칠 안에 따뜻한 날씨로 돌아올 것으로 **예측하고** 있다.)

dictator ˈdɪkteɪtər (**딕**테이털)
dict(말하다)+ ator
=말로 지시하는 사람=**독재자**
☞ dictatorial: 독재적인
dictate: 받아쓰게 하다, 지시하다

contradict kɒntrəˈdɪkt (칸트러**딕**트)
contra(반대의)+ dict(말하다)
=반대의 말을 하다
=**부정(반박)하다, 상충되다**
contra=반대의(against)

라틴어 dicere는 말하다의 뜻을 갖고 있다.

valediction vælɪˈdɪkʃən (밸리**딕**션)
vale(작별)+ diction(말)
=작별의 말=**고별사, 작별인사**
vale(라틴어 원형: valere)=잘지내다, 강건하다의 의미

apodictic æpəˈdɪktɪk (애퍼**딕**틱)
apo(떠난)+ dictic(말하는)
=말할 필요가 없는
=**필연적인, 명백한**
apo=~으로부터, ~에서 떠난

jurisdiction dʒʊərɪsˈdɪkʃən (주어리스**딕**션)
juris(법, 권리)+ diction(말)
=법으로 말해놓음=**관할권, 사법권**
juris=법, 권리
☞ juror: 배심원

vindictive vɪnˈdɪktɪv (빈**딕**티브)
vin(힘)+ dictive(말하는)
=힘으로 말하는=**보복적인**
vin(라틴어 원형: vis)=힘
☞ avenge: 복수하다

예문

We see a **dictator** using force to repress and persecute his opponents.
(우리는 **독재자**가 무력을 사용하여 그의 반대자들을 억압하고 박해하는 것을 보게 된다.)
But even more importantly, this answer **contradicts** their previous answers.
(그러나 더욱 중요한 것은 이 대답이 그들의 이전 대답과 **상충된다**는 점이다.)
He waved in **valediction** and closed the door quickly.
(그는 손을 흔들어 **작별인사**를 하고는 재빨리 문을 닫았다.)
Both these types of phenomena are **apodeictic** realities.
(이 두 가지 형태의 현상 모두는 **필연적인** 현실이다.)
The public prosecutors with **jurisdiction** over the matter didn't treat the incidents so lightly.
(그 문제에 대한 **관할권**을 가진 검사들은 그 사건을 그렇게 가볍게 다루지 않았다.)
Wilson thought both France and Britain were being too **vindictive** and unreasonable.
(윌슨은 프랑스와 영국 둘 다 너무 **보복적이고** 비합리적이라고 생각했다.)

solv(solu): 풀어주다, 풀다, 녹다, 지불하다

absolve æb'zɒlv (애브**절**브)

ab(벗어남, 분리)+ solve(풀어주다)

=풀어주어 벗어나게 하다

=무죄임을 선언하다, 면제하다

ab(abs)=벗어남, 분리, 떠남

☞ absolute: (=풀려난) 완전한
absolution: 면죄선언, 용서

insolvent ɪn'sɒlvənt (인**설**번트)

in(~이 아닌)+ solvent(지불하다)

=지불할 수 없는=**파산한, 파산자**

in=~이 아닌

☞ solvency: 지불능력, 용해력
solvent: 용액, 지불
solvation: 용매화

dissolve dɪ'zɒlv (디**절**브)

dis(이탈, 분리)+ solve(풀다)

=풀려서 분리되다

=녹다, 용해되다

dis=이탈, 분리, 제거, 반대

☞ dissolvent: 용해력이 있는
dissolute: 방종(방탕)한

solv(solu): 풀어주다 풀다, 녹다, 지불하다

라틴어 solvere는 풀어주다의 뜻을 갖고 있으며 의미가 확대되어 지불하다의 뜻도 갖게 되었다.

resolute 'rɛzəlut (**레**저루트)

re(강조)+ solute(풀어주는)

=완전히 풀어주는=**단호한**

re=완전히(강조)

☞ irresolute: 결단력이 없는
resolutely: 단호히, 결연히
resolve: 다짐(결의)하다, 해결하다
=re(완전히)+ solve(풀다)
resolution: 결의안, 해결

solution sə'luʃən (설**루**션)

solu(풀다)+ tion

=풀림=**해결, 해답**

☞ soluble: 녹는
용해력이 있는
solute: (화학)용질

예문

Ignorance does not **absolve** you from the rule of law you know.
(무지가 당신이 알고 있는 법의 원칙에서 당신을 **면제하지는** 않는다.)
Accordingly the company was **insolvent** and unable to pay its debts.
(따라서 회사는 **파산했고** 부채를 지불할 수 없었다.)
Sugar **dissolves** easily in water; oil does not.
(설탕은 물에 쉽게 **녹는다**. 하지만 기름은 그렇지 않다.)
But aides and friends say that beneath his soft image lies a **resolute** leader.
(그러나 보좌관과 친구들은 그의 부드러운 이미지의 이면에는 **단호한** 지도자의 모습이 있다고 말한다.)
I must admit I don't have a good **solution** for this situation and it's frustrating.
(나는 이 상황에 대한 좋은 **해결책**이 없다는 것을 인정해야 하며 그렇기에 좌절하고 있다.)

lut, luv, lav: 씻다

라틴어 luere(lavere)는 씻다의 뜻을 갖고 있다.

ablution əˈbluʃən (어블**루**션)

ab(분리)+ lution(씻음)

=씻어냄=**목욕(재계)**

ab=분리, 제거

alluvium əˈluviəm (얼**루**비엄)

al(ad=추가)+ luv(씻다)+ ium

=(물에 씻겨 내려온 흙이 쌓임)

=**충적토, 충적층**

al(ad)=접근, 추가

☞ alluvial: 충적토의

dilute dɪˈlut (딜**루**트)

di(dis=분리, 제거)+ lute(씻다)

=씻어 없애다

=**희석하다, 묽게하다**

di(dis)=이탈, 제거, 반대

☞ undiluted: 희석 안 된
dilution: 희석

diluvial dɪˈluviəl (딜**루**비얼)

di(dis=제거)+ luvial(씻는)

=(물로) 씻어 없애는

=**대홍수로 생겨난, 홍적층의**

di(dis)=이탈, 제거, 반대

☞ antediluvian: 대홍수 이전의, 진부한 (ante=이전의)

deluge ˈdɛlyudʒ (**델**류즈)

di(dis=제거)+ luge(씻다)

=(물로) 씻어 없애다

=(노아의 홍수로 세상을 멸망시킨 것에서 유래)

=**홍수, 폭풍, 쇄도**

de=제거, 분리

lavage ˈlævɪdʒ (**레**비지)

lav(씻다)+ age

=씻음=**세척**

☞ lavatory: 화장실
lavation: 씻기, 세정

예문

Start the download of morning news while I perform morning **ablutions**.
(나는 아침 **목욕**을 하는 동안 아침 뉴스의 다운로드를 시작한다.)

Dyes using acetone or alcohol solvents can be **diluted** with water also.
(아세톤이나 알코올 용제를 사용한 염료도 물로 **희석할** 수 있다.)

The upper region of the Camargue, blessed with rich **alluvium** soil, has been cultivated since the Middle Ages.
(풍부한 **충적토양**의 축복을 받은 카마르그 상류 지역은 중세시대부터 경작되어왔다.)

The **deluges** also prompted an increase in crop prices.
(**홍수**는 농작물 가격의 상승도 유발했다.)

Another danger lay in the violence of the sudden storms and the **diluvial** character of the winter rains.
(갑작스런 폭풍우의 맹렬함과 겨울비의 **홍수적인** 특성에는 또 다른 위험이 도사리고 있다.)

Nasal **lavage** and sputum induction were performed and processed as reported earlier.
(코 **세척**과 가래 유도가 수행되었고 앞서 보고한 대로 처리되었다.)

abortive ə'bɔrtɪv (어**볼**티브)
ab(벗어나는)+ ortive(생겨나는)
=생겨나지 못하는=**일이 무산된, 유산된**
ab(abs)=벗어남, 분리, 이탈
☞ abort: 유산하다, 지우다
abortion: 낙태, 유산

aborticide ə'bɔrtəsaɪd (어**볼**터사이드)
ab(벗어나는)+ orti(생기는)+ cide(자르다)
=잘라서 유산시키다=**낙태, 낙태약**
cide=자르다
☞ genocide: 대량학살 ['dʒɛnəsaɪd]

abortifacient əbɔrtɪ'feɪʃənt (어볼티**페**이션트)
ab(벗어나는)+ orti(생기는)+ facient(만드는)
=유산하게 만드는=**유산시키는, 낙태용의**
facient=만드는
ab=벗어남, 분리, 이탈
☞ factitious: 꾸며낸, 인위적인 [fæk'tɪʃəs]

aborigine æbə'rɪdʒəni (애버**리**저니)
ab(~에서)+ ori(생기다)+ gine
=그 지역에서 생겨난=**원주민**
ab=벗어남, 분리, ~에서
☞ origin: 기원, 근원
originate: 비롯되다, 유래하다

The only solace we find is that the result of the **abortive** poll was nullified.
(우리가 찾은 유일한 위안은 **무산된** 여론조사 결과가 무효라는 것이다.)
In addition: **Aborticide** is murder. Sodomy is a sin against God and nature.
(덧붙인다면: **낙태**는 살인이다. 남색은 하나님과 자연에 대한 죄악이다.)
It's an essay that suggests that it's unethical to use oral contraceptives because of their **abortifacient** properties.
(그것은 경구 피임약을 사용하는 것이 **낙태시키는** 특성 때문에 비윤리적이라는 것을 시사하는 에세이이다.)
The **aborigines** do hunt bears sometimes, attracted by the high profits.
(**원주민들**은 높은 이익에 이끌려 종종 곰을 사냥한다.)

bene, ben, bon, beni, bona
좋은, 좋게(well)

라틴어 bene는 좋은(well)의 뜻을 갖고 있다

benevolence bə'nɛvələns (버**네**버런스)

bene(좋은)+ volence(바람,소망)

=좋게 바라다=**자비심, 자선, 선행**

vol(vel)(라틴어 원형: velle)=바라다

☞ malevolent: 악의적인

benediction bɛnɪ'dɪkʃən (베니**딕**션)

bene(좋은)+ diction(말)

=좋은 말=**축복, 축도**

dict(라틴어 원형: dicere)=말하다

bon vivant 'bɒn vi'vɑnt (**반** 비**반**트)

bon(좋게)+ vivant(살다)

=재미있게 사는

=**인생을 즐기며 사는 사람**

viv(라틴어 원형: vivere)

=살아가는, 살아있는

☞ viable: 독자생존 가능한

bona fide 'boʊnə faɪd (**보**너 파이드)

bona(좋은)+ fide(믿음)

=좋은 믿음을 갖고 있는

=**진실된, 진짜의**

fide(라틴어 원형: fidere)=믿다

benign bɪ'naɪn (비**나**인)

beni(좋게)+ gn(출생)

=좋게 태어난=**유순한, 양성의**

gn(라틴어 원형: genus)=탄생

☞ genealogy: 계보, 족보

beneficent bə'nɛfɪsənt (버**네**피선트)

bene(좋은)+ ficent(만드는)

=좋은 것을 만드는=**선을 베푸는**

ficent(라틴어 원형: facere)=만들다

☞ beneficiary: 수혜자
benefactor: 후원자
beneficial: 유익한

Any positive act of **benevolence** or good will is one that could be considered sacred.
(**자비심**이나 선의에서 나온 긍정적인 행위는 그것이 무엇이든 신성한 것으로 간주될 수 있다.)

She was **beneficent**, and passed on a gift to each.
(그녀는 **자선을 베풀었고**, 각 사람에게 선물을 전달했다.)

As the convention concluded, a revivalist preacher conducted a **benediction**.
(대회가 마무리되자 부흥목사가 **축도**를 하였다.)

She was so gentle and **benign**, but worked so cleverly with people.
(그녀는 매우 온순하고 **유순했지만**, 사람들과 아주 똑부러지게 일을 해나갔다.)

On the surface, he is a refined **bon vivant**; yet, in disguise, he is an internationally renowned jewel thief.
(겉보기에 그는 세련되게 **인생을 즐기며 사는 사람**이지만, 변장을 하면 그는 국제적으로 유명한 보석 도둑이다.)

These people are permitted into the country because the visa stamp in their passports is legal and **bona fide**.
(그들의 여권에 있는 비자 스탬프가 합법적이고 **진짜이기** 때문에 이 사람들에게 입국이 허용된다.)

rash ræʃ (래쉬)
rash(긁는)
=긁어서 생긴=**발진, 무모한, 성급한**

abrade ə'breɪd (어브**레**이드)
ab(제거)+rade(긁다)
=긁어 없애다
=**마모시키다, 연마하다**
ab=벗어남, 분리, 제거
☞ abrasion: 상처, 마모
abrasive: 연마재의, 거슬리는
abrader: 연마기

rad, ras, raz: 긁다

라틴어 radere는 긁다의 뜻을 갖고 있다.

raze reɪz (레이즈)
raze(긁다)
=긁어버리다
=**완전히 파괴하다**
☞ razor: 면도기

corrosive kə'roʊsɪv (커**로**우시브)
cor(완전히)+rosive(갉아먹는)
=완전히 갉아먹는
=**부식성의, 좀먹는**
cor(com)=함께, 완전히
☞ corrode: 부식시키다
corrosion: 부식

rod, ros: 갉아먹다

라틴어 rodere는 갉아먹다의 뜻을 갖고 있다.

erode ɪ'roʊd (이**로**우드)
e(제거)+rode(갉아먹다)
=갉아먹어 없애다
=**침식(부식)시키다**
e(ex)=밖으로, 제거
☞ erosion: 부식, 침식
erodent: 부식(침식)성의

rodent 'roʊdnt (**로**우든트)
rodent(갉아먹는)=갉아먹는=**설치류 (쥐, 토끼 등)**

예문

Certain inflammatory diseases can affect your skin, causing **rashes** and lesions.
(특정 염증성 질환은 피부에 영향을 미쳐서 **발진**과 병변을 일으킬 수 있다.)
This means that the sand is lightly **abrading** the concrete surface.
(이것은 모래가 콘크리트 표면을 가볍게 **마모시키고** 있다는 것을 의미한다.)
She slaughtered all Roman inhabitants and **razed** the town.
(그녀는 모든 로마 주민들을 학살하고 마을을 **완전히 파괴했다**.)
Tests were carried out on the effects of **corrosive** chemicals used at home and work on the skin.
(가정과 직장에서 사용되는 **부식성** 화학 물질이 피부에 미치는 영향에 대한 테스트가 수행되었다.)
First, wind and water **erode** it, especially during tropical storms and hurricanes.
(첫째, 바람과 물은 특히 열대성 폭풍과 허리케인이 일어날 때 그것을 **부식시킨다**.)
The phenomenon had been found in **rodents**, but not in swine.
(이 현상은 **설치류**에서는 발견되었지만 돼지에서는 발견되지 않았다.)

absorb æb'sɔrb (앱**솔**브)

ab(~로 부터)+ sorb(빨아들이다)

=~에서 빨아들이다=**흡수하다**

ab=~에서, 벗어남, 분리

☞ absorbing: 빠져들게 만드는
absorption: 흡수, 몰입

resorb rɪ'sɔrb (리**솔**브)

re(다시)+ sorb(빨아들이다)

=다시 빨아들이다
=**다시 흡수하다**

re=다시, 강조

☞ resorption: 재흡수

adsorb æd'sɔrb (애드**솔**브)

ad(추가)+ sorb(빨아들이다)

=달라붙어 빨다=**흡착하다**

ad=추가, 만들다

☞ adsorption: 흡착

sorb: 빨아들이다

라틴어 sorbere는 빨아들이다의 뜻을 갖고 있다.

self-absorbed æb'sɔrbd (앱**솔**브드)

self(자신)+ absorbed

=**자신에게만 몰두한**

☞ absorbed: 몰두한, 빠져있는

absorbent æb'sɔrbənt (앱**솔**번트)

ab(~에서)+ sorbent(빨아들이는)

=~에서 빨아들이는
=**흡수력 있는, 흡수성의**

☞ absorbents: 흡착제, 흡수제

shock absorber æb'sɔrbər (앱**솔**버)

shock(충격)+ absorber(흡수장치)

=**충격흡수장치**

☞ absorber: 흡수장치

예문

A better alternative is indoor plants, which **absorb** carbon dioxide and emit oxygen.
(더 좋은 대안은 이산화탄소를 **흡수하고** 산소를 배출하는 실내 식물이다.)
Over a period of 1 week the air bubble is **resorbed** and replaced by fluids created within the eye.
(1주일에 걸쳐 공기 방울은 **재흡수되었고** 눈 안에서 생성되는 액체로 대체됐다.)
In nuclear reactors, control rods **adsorb** atomic particles and control the power of the reactor.
(원자로에서 제어봉은 원자 입자를 **흡착하고** 원자로의 출력을 제어한다.)
She is sweet, calculating, eager, and very **self-absorbed**.
(그녀는 상냥하고, 계산적이고, 열심이며, 매우 **자기 도취적**이다.)
Cloth diapers are made of an **absorbent** material, such as cotton.
(옷 기저귀는 면과 같은 **흡수성** 물질로 만들어진다.)
The disc has ability to absorb water and swell, acting like a **shock absorber**.
(이 디스크는 물을 흡수하고 부풀어오르는 기능을 가지고 있어 **충격흡수장치**로 작용한다.)

abscess 'æbsɛs (**애**브세스)

abs(떠남)+ cess(가다)

=(고름을 통해) 감염이 떠나가다

=**종기, 농양**

ab(abs)=분리, 벗어남, 떠남

☞ abscessed: 종기가 생긴

precede prɪ'sid (프리**시**드)

pre(먼저)+ cede(가다)

=먼저 가다

=**앞서다, 선행하다**

pre=먼저, 앞에, 미리

☞ precedent: 앞서는

precedence: 우선, 선행

predecessor: 전임자, 이전 것 ['prɛdəsɛsər]

unprecedented: 전례 없는 [ʌn'prɛsɪdɛntɪd]

preceding: 앞선, 선행하는

cede, cess, ceed: 가다, 양보하다(1)

라틴어 cedere는 가다, 양보하다의 뜻을 갖고 있다.

exceed ɪk'sid (익**시**드)

ex(밖으로)+ ceed(가다)

=밖으로 가다

=**넘다, 초과하다**

ex=밖으로, 완전히, 제거

☞ excess: 초과

excessive: 지나친

antecede æntə'sid (앤터**시**드)

ante(앞에서)+ cede(가다)

=앞서 가다=**앞서다, 선행하다**

ante=앞의, 전의

☞ antecedent: 선행된, 전례가 있는, 선행 사건, 조상

access 'æksɛs (**액**세스)

ac(가까이)+ cess(가다)

=가까이 가다=**접근, 접속**

ac(ad)=접근, 추가, 만들다

☞ accede: 응하다, 계승하다

accession: 취임, 가입, 승인

accessible: 접근 가능한

accessibility: 접근성

예문

It was felt the likely cause of the **abscess** was an open lesion from the patient's severe eczema.
(**종기**의 유력한 원인은 환자의 심한 습진에 의한 개방된 병변이라고 느꼈다.)

This period of warm winters was immediately **preceded** by a period of unusually cold winters.
(유별나게 추운 겨울의 시기는 이 따뜻한 겨울의 시기 바로 **앞에 있었다**.)

In the most populated areas of California, the cost of living far **exceeds** the national average.
(캘리포니아에서 인구가 가장 많은 지역에서는 생활비가 국가 평균치를 **넘어섰다**.)

And, of course, questions of sense **antecede** questions of empirical truth.
(그리고, 물론, 감각에 대한 질문들은 경험적 진리에 대한 질문들에 **선행한다**.)

Two side entrances offer **access** to the front and rear landscaped gardens.
(두 개의 측면 출입구는 앞면과 뒷면의 조경된 정원으로의 **접근**을 가능하게 해준다.)

cede, cess, ceed: 가다, 양보하다(2)

라틴어 cedere는 가다, 양보하다의 뜻을 갖고 있다.

concede kən'sid (컨시드)

con(완전히)+ cede(양보하다)

=완전히 양보하다

=**인정하다, 양보하다**

con(com)=함께, 완전히

☞ concession: 양보, 인정

recede rɪ'sid (리시드)

re(뒤로)+ cede(가다)

=뒤로 가다

=**물러나다, 약해지다**

re=다시, 뒤로

☞ recess: 휴회

recession: 경기후퇴, 불황

recessive: 열성의, 역행하는

secede sɪ'sid (시시드)

se(분리)+ cede(가다)

=분리해서 가다

=**분리하다, 탈퇴하다**

se=분리, 이탈

☞ secession: 분리, 탈퇴 [sɪ'sɛʃən]

intercede ɪntər'sid (인털시드)

inter(사이에)+ cede(가다)

=사이에 서다

=**탄원하다, 중재하다**

inter=사이에, 중간에

☞ intercession: 중재, 조정, 알선

intercessor: 중재자, 조정자

decease dɪ'sis (디시스)

de(이탈)+ cease(가다)

=이탈되다=**사망**

de=이탈, 분리, 제거

☞ deceased: 사망한, 고인

proceed proʊ'sid (프로시드)

pro(앞으로)+ ceed(가다)

=앞으로 가다=**진행하다**

pro=앞으로

☞ procedure: 절차 [prə'sidʒər]

예문

In practical terms this means that we stop **conceding** territory to the enemy.
(실질적인 측면에서 이것은 우리가 적에게 영토를 **양보하는** 것을 중단한다는 것을 의미한다.)

The only way to prevent this would be to **secede** from the Union.
(이것을 막는 유일한 방법은 연방에서 **탈퇴하는** 것이다.)

Even after the surface flood water has **receded**, the soil may remain saturated for some time.
(표면의 홍수가 **물러간** 후에도 토양은 한동안 젖은 상태를 유지할 수 있다.)

He asks us to **intercede** on his behalf and shows us his press card to prove his bona fides.
(그는 우리에게 자신을 대신해서 **중재해**달라고 부탁하고 자신의 진실성을 증명하기 위해 자신의 기자증을 보여준다.)

Upon your **decease**, your nephew will inherit everything.
(당신의 **사망** 시 당신의 조카가 모든 것을 상속받을 것이다.)

We were able to, of course, **proceed** with our work by the end of the day.
(우리는 물론 오늘 안으로 우리의 일을 **진행할 수** 있었다.)

jacent, ject: 던지다, 놓다(1)

adjacent ə'dʒeɪsənt (어**제**이선트)

ad(근접)+jacent(놓인)

=근처에 놓여있는=**인접한, 이웃의**

ad=가까이, 접근, 추가

☞ subjacent: 아래의, 기초를 이루는
interjacent: 사이에 놓인
superjacent: 위에 있는

eject ɪ'dʒɛkt (이**젝**트)

e(밖으로)+ject(던지다)

=**내쫓다, 내보내다**

e(ex)=밖으로, 분리, 제거

☞ ejection: 방출, 분출

reject rɪ'dʒɛkt (리**젝**트)

re(뒤로)+ject(던지다)

=뒤로 던져버리다

=**거부하다**

re=다시, 뒤로, 강조

jacent, ject: 던지다, 놓다(1)

라틴어 jacere는 던지다, 놓다의 뜻을 갖고 있다.

conjecture kən'dʒɛktʃər (컨**젝**철)

con(함께)+jecture(던지다)

=생각을 구성하다(put together)

=**추측, 추측하다**

con(com)=함께, 완전히

dejected dɪ'dʒɛktɪd (디**젝**티드)

de(아래로)+jected(던지다)

=(마음이 아래로 던져지다)

=**실의에 빠진, 낙담한**

de=아래로, 분리, 반대

☞ deject:
~의 기를 꺾다, 낙담시키다

projectile prə'dʒɛktɪl (프러**젝**틀)

pro(앞으로)+jectile(던져진)

=앞으로 던져진

=**발사체, 발사무기**

pro=앞으로, 넘치는

예문

He pulled me into the other bathroom, **adjacent** to Joel's room and locked both doors.
(그는 나를 조엘의 방 **근처에 있는** 다른 욕실로 끌고 들어가서 양쪽 문을 모두 잠갔다.)

He was **ejected** from the vehicle and the vehicle rolled over him.
(그는 차에서 **튕겨져나갔고** 차량이 전복되며 그를 덮쳤다.)

54.87 percent of French voters **reject** the European Union's new constitution.
(54.87%의 프랑스 유권자들은 유럽연합의 새 헌법을 **거부한다**.)

I am only making a **conjecture** based on website flight information.
(나는 단지 웹사이트 비행 정보에 근거하여 **추측**하고 있을 뿐이다.)

The inability of entering Western intellectual society made them feel **dejected** and depressed.
(서양의 지적인 사회에 들어갈 능력이 없다는 점이 그들을 **낙담하게** 하고 우울하게 만들었다.)

They were in reality **projectiles** ultimately fired by the US navy.
(그것들은 실제로 결국 미국 해군이 발사한 **발사체**였다.)

interjection ɪntər'dʒɛkʃən (인털**젝**션)
inter(사이에)+jection(던지다)
=중간에 던지는 말
=**감탄사, 말참견**
inter=사이에, 서로
☞ interject: 말참견을 하다

trajectory trə'dʒɛktəri (트러**젝**터리)
tra(건너로)+jectory(던지다)
=멀리 보내는=**탄도, 궤도**
tra(trans)=건너서, 넘어서, 멀리

inject ɪn'dʒɛkt (인**젝**트)
in(안으로)+ject(던지다)
=안에다 집어넣다
=**주사하다, 주입하다**
in=안에, 안으로
☞ injector: 주사기, 주입기

abject 'æbdʒɛkt (**애**브젝트)
ab(분리)+ject(던지다)
=분리되어 던져짐(배척됨)
=**극도로 비참한, 절망적인**
ab=분리, 벗어남, 떠남
☞ abjection: 비천

예문

He was smart and funny, but increasingly frustrated with my **interjections**.
(그는 똑똑하고 재미있었지만, 나의 **말참견**에 점점 좌절했다.)

Suborbital paths are the **trajectories** of choice for ballistic missiles.
(소궤도 경로는 탄도 미사일에 대한 선택 **궤도**이다.)

With immunization, a vaccine is **injected** into the body.
(예방접종으로 백신이 몸에 **주입된다**.)

The **abject** misery and utter abandon is positively indescribable.
(**비참한** 불행과 완전한 포기는 긍정적으로 설명할 수 없다.)

juridical dʒʊˈrɪdɪkəl (쥬**리**디컬)

juri(법의)+ dical(말하다)

=법으로 말하는=**법률상의**

dical(라틴어 원형: dicere)=말하는

☞ jurist: 법학자, 법률가

jurisdiction dʒʊərɪsˈdɪkʃən (주어리스**딕**션)

juris(법의)+ diction(말함)

=법으로 정해놓음=**관할권, 사법권**

diction(라틴어 원형: dicere)=말함

☞ juror: 배심원
jury: 배심원단, 배심원

injury ˈɪndʒəri (**인**저리)

in(~이 아닌)+ jury(법의)

=법적으로 정당하지 않는
=**상처, 부상, 상해**

in=~이 아닌

☞ injure: 상처를 입히다
injurious: 해가 되는

jurisprudence dʒʊərɪsˈprudəns (주어리스프**루**던스)

juris(법의)+ prudence(지식)

=법의 지식=**법학**

prudence=(라틴어 원형: prudentia) 통찰, 지식, 선견지명

☞ prudence: 신중, 사리 분별, 조심

예문

The third criterion is the degree of independence possessed by the bank and the **juridical** basis on which this rests.
(세 번째 기준은 은행이 소유하고 있는 독립성의 정도와 이것이 기초하고 있는 **법적** 근거이다.)

We question whether plaintiff may obtain personal **jurisdiction** over the defendant in this judicial district.
(우리는 원고가 이 사법 구역에서 피고에 대한 개인적 **관할권**을 얻을 수 있을지 의문을 갖고 있다.)

He suffered leg and back **injuries** as he fell to the ground when the vehicle crashed into a hedge.
(그는 차량이 울타리를 들이받았을 때 바닥에 넘어지면서 다리와 허리에 **부상**을 입었다.)

That is what we call **jurisprudence**, it is the philosophy and decision-making that underlies our legal system.
(그것이 우리가 **법학**이라고 부르는 것이며, 우리의 법체계의 근간을 이루는 것은 철학과 의사결정이다.)

jur: 맹세하다

adjure ə'dʒʊər (어**주**얼)

ad(만들다)+jure(맹세하다)

=맹세시키다

=명하다, 요구하다, 간청하다

ad=접근, 추가, 만들다

☞ adjuration: 서원, 간청, 엄명

perjury 'pɜrdʒəri (**펄**저리)

per(잘못된)+jury(맹세)

=잘못 맹세함=**위증, 위증죄**

per=통과, 계속, 잘못된

☞ perjure: 위증하다

abjure æb'dʒʊər (애브**주**얼)

ab(벗어남)+jure(맹세하다)

=벗어나기로 맹세하다

=포기하다, 버리다

ab=분리, 벗어남, 떠남

☞ abjuration: 그만둠, 포기

jur: 맹세하다

라틴어 jurare는 맹세하다의 뜻을 갖고 있다.

conjure 'kɒndʒər (**칸**절) kən'dʒʊər (컨**주**얼)

con(함께)+jure(맹세)

=함께 맹세하다=**마술을 하다, 기원하다**

com=함께

☞ conjure up: ~을 상기시키다, 생각해내다
conjuration: 주문, 기원

예문

He **adjures** her to 'do something else, outside yourself'.
(그는 그녀에게 '너 자신 외의 다른 일을 하라'고 **간청한다**.)

He was found guilty of **perjury** and perverting the course of justice in relation to this case.
(그는 이번 사건과 관련해 **위증**을 하고 사법처리를 왜곡한 혐의로 유죄판결을 받았다.)

The clear implication is that the Party **abjured** all forms of violence and acts of terror.
(분명한 결과는 그 당이 모든 형태의 폭력과 테러 행위를 **버렸다**는 것이다.)

Using 200-year-old legislation, he was convicted of pretending to **conjure** up spirits.
(200년 된 법률을 사용하여, 그는 영혼을 **불러일으키는** 시늉을 한 죄로 유죄판결을 받았다.)

adjoin ə'dʒɔɪn (어**조**인)
ad(가까이)+ join(묶다)
=가까이 묶여있는
=인접하다, 붙어있다, 인접
ad=가까이, 추가, 만들다
☞ adjunct: (adjoin의 과거분사)
=부속물, 부교수

juncture 'dʒʌŋktʃər (**정**철)
junct(연결하는)+ ure
=연결시점=**시점, 단계**
☞ disjuncture: 분리하기

junction 'dʒʌŋkʃən (**정**크션)
junct(연결하는)+ ion
=연결지점=**교차로, 분기점**
☞ joint: 관절, 연대

join, junct: 묶다, 연결하다

라틴어 jungere는 묶다, 연결하다의 뜻을 갖고 있다.

subjoin səb'dʒɔɪn (서브**조**인)
sub(아래로)+ join(연결하다)
=추가하다, 보충하다
sub=아래에
☞ joinder: 결합하기, 공동소송
disjointed: 연결이 안 되는, 일관성 없는

subjunctive səb'dʒʌŋktɪv (서브**정**크티브)
sub(아래에)+ junctive(묶여있는)
=밑으로 묶여있는=**가정법**
sub=아래에

injunction ɪn'dʒʌŋkʃən (인**정**크션)
in(만들다)+ junction(연결)
=~에 붙이다=**명령, 가처분**
in=안에, 만들다

conjunct kən'dʒʌŋkt (컨**정**크트)
con(함께)+ junct(연결된)
=함께 연결된=**결합한, 공동의**
con(com)=함께
☞ conjunction: 접속사

예문

I walked through the briefing room, which **adjoined** his office.
(나는 그의 사무실과 **인접해 있는** 브리핑룸을 통과해 걸어갔다.)
'We really are at a critical **juncture** at the moment,' says Stewart.
('우리는 지금 정말 중요한 **시점**에 와 있다'라고 스튜어트가 말했다.)
I stopped at the **junction** that joined the studio with the main road.
(나는 큰길과 스튜디오가 합류한 **교차로**에 멈춰 섰다.)
We **subjoined** a few of the most interesting of the Greek and Roman festivals.
(우리는 그리스와 로마 축제의 가장 흥미로운 것 중 일부분을 **추가했다**.)
Today we're going to go over the **subjunctive** and indicative as most of you didn't seem to understand that.
(오늘 여러분 대부분이 그것을 이해하지 못한 것처럼 보였기 때문에 **가정법**과 직설법에 대해 검토해볼 것이다.)
Even the **injunctions** of destiny are cancelled if one takes refuge in God.
(운명에 대한 **명령**도 신에게 피신하면 취소된다.)
A small city of **conjunct** houses of unfired bricks and without streets was built in the town.
(굽지 않은 벽돌로 된 **공동**주택이 있고 거리가 없는 작은 도시가 마을에 세워졌다.)

conjugal ˈkɒndʒəgəl (**칸**저걸)
con(함께)+jugal(멍에의)
=함께 멍에를 맨=**부부의**
con(com)=함께

subjugate ˈsʌbdʒəgeɪt (**서**브저게이트)
sub(아래의)+jugate(멍에의)
=멍에 아래에 두다=**예속시키다**
sub=아래에
☞ subjugation: 정복, 예속

jug: 멍에, 굴레
라틴어 jugum은 멍에, 굴레를 뜻한다. 이 단어에서 파생된 jugare는 연결하다(join)의 뜻을 갖는다.

conjugate ˈkɒndʒəgeɪt (**칸**저게이트) ˈkɒndʒəgɪt (**칸**저깃)
con(함께)+jugate(연결하다)
=함께 연결하다
=**활용시키다, 활용, 쌍을 이루는**
con(com)=함께
☞ conjugation: 활용
conjugated: 복합의

jugular ˈdʒʌgyələr (**자**귤럴)
jug(멍에)+ular
=(멍에를 메는 부위가 목이라서)
=**경(목)정맥, 경정맥의**

예문

He should then explain to the boy and girl individually their respective **conjugal** duties as husband and wife.
(그런 다음 그는 소년과 소녀에게 남편과 아내로서 각각 **부부의** 의무를 개별적으로 설명해야 한다.)
Humiliation is a technique of deliberately **subjugating** a person or group by violating their dignity, and is often used as a political or military weapon.
(굴욕은 사람 또는 집단을 그들의 존엄을 침해하면서 의도적으로 **예속시키는** 기법으로, 정치 또는 군사적인 무기로 사용하는 경우가 많다.)
In a month, they were writing the alphabet, **conjugating** verbs, and making small sentences.
(한 달 만에 그들은 알파벳을 쓰고 동사를 **활용하고** 작은 문장을 만들고 있었다.)
He had a raised **jugular** venous pressure and heard crackles at the base of both lungs.
(그는 **경정맥**압이 증가되었고 양쪽 폐의 밑부분에서 갈라지는 소리가 들렸다.)

bas: 낮은 / pal, pol: 창백한, 옅은

basal 'beɪsəl (베이설)

basal(낮은, 아래에 있는)

=기저(기초)가 되는

☞ baseness: 천함, 비열

bas: 낮은

라틴어 bassus는 낮다(low)의 뜻을 갖고 있다.

debase dɪ'beɪs (디베이스)

de(아래로)+ base(낮은)

=아래로 낮게 만들다

=저하시키다, 떨어뜨리다

de=아래로, 분리, 제거

☞ debasement: 저하

abase ə'beɪs (어베이스)

a(ad=만들다)+ base(낮은)

=낮아지게 만들다

=비하하다, 깎아내리다

ad=가까이, 추가, 만들다

☞ abasement: 실추, 굴욕

abash: 무안하게 하다

pal, pol: 창백한, 옅은

라틴어 pallere는 창백한(pale)의 뜻을 갖고 있다.

appall ə'pɔl (어폴)

ap(만들다)+ pall(창백한)

=창백하게 만들다

=오싹하게 만들다, 질리게 하다

ap(ad)=가까이, 추가, 만들다

☞ appalled: 간담이 서늘한, 깜짝 놀란

pallid 'pælɪd (팰리드)

pallid(창백한)

=창백한, 흐릿한

☞ pale: 창백한

pallor: 창백함

poliomyelitis poʊlioʊmaɪə'laɪtɪs (폴리오마이어라이티스)

polio(회색의)+ myelitis(골수염)

=척수의 회백질(gray matter)이 감염되어 발생

=급성 회백수염(灰白髓炎), 소아마비

polio=회색의(옅다는 의미의 pallere에서 유래함)

myelitis=척수염, 골수염

예문

These cells originate in the lower epidermis by division of basal cells in the **basal** layer.
(이 세포들은 **기저**층에 있는 기저세포의 분할에 의해 하단 표피에서 생성된다.)

The love episodes **debase** the dignity of the drama.
(애정의 에피소드는 드라마의 품위를 **떨어뜨린다**.)

Their president **abased** himself with ritual abject apologies.
(그들의 대통령은 의례적인 비굴한 사과를 통해 자신을 **비하했다**.)

She was **appalled** at the condition of the place, but at least it kept them out of the cold and rain.
(그녀는 그 장소의 상태에 **질겁했지만**, 적어도 그것 때문에 그들은 추위와 비를 피할 수 있었다.)

He was breathing hard, as if he had been running, and his **pallid** face shone bright with sweat.
(그는 마치 달려온 것처럼 거친 숨을 몰아쉬고 있었고, **창백한** 얼굴은 땀으로 환히 빛났다.)

The viral disease known as **poliomyelitis** is highly infectious and can cause total paralysis and even death.
(**소아마비**라고 알려진 바이러스성 질병은 전염성이 매우 높으며 전신마비와 심지어 사망까지 야기시킬 수 있다.)

advocate 'ædvəkeɪt (**애**드버케이트)
ad(하다)+ vocate(부르다)
=(증인으로) 부르다
=**지지(옹호)하다, 변호사**
ad=가까이, 추가, 하다
☞ advocacy: 지지, 옹호, 변호

revoke rɪ'voʊk (리**보**우크)
re(뒤로)+ voke(부르다)
=뒤로 부르다
=**철회하다, 취소하다**
re=뒤로(back)
☞ revocation: 폐지, 철회
recall: 기억해내다

avocation ævə'keɪʃən (애버**케**이션)
a(ab=벗어남)+ vocation(직업)
=생계에서 벗어남=**취미, 부업**
a(ab)=분리, 벗어남
☞ vocation: 천직, 직업

voc, vok: 부르다(1)

라틴어 vocare는 부르다의 뜻을 갖고 있다. 목소리를 뜻하는 vox에서 유래했다.

evoke ɪ'voʊk (이**보**우크)
e(밖으로)+ voke(부르다)
=밖으로 불러내다
=**떠올려 주다, 환기시키다**
e(ex)=밖으로
☞ evocation: 혼을 불러냄, 환기
evocative: 떠올려주는, 환기시키는

equivocal ɪ'kwɪvəkəl (이**퀴**버컬)
equi(같은)+ vocal(부르는)
=똑같은 소리를 내는
=**모호한, 애매한, 불분명한**
equi(aequus)=똑같은
☞ unequivocal: 명백한, 분명한

예문

They have **advocated** reduction of the role of government and public investment.
(그들은 정부와 공공투자의 역할 축소를 **지지해왔다**.)
If a customer cancels within 30 days, the satellite provider **revokes** the retailer's commission.
(고객이 30일 이내에 취소를 하면, 위성 제공자는 소매업자의 수수료를 **취소한다**.)
Food and interior design have always been **avocations** of mine.
(음식과 인테리어 디자인은 항상 나의 **부업**이었다.)
The bird in hand image immediately **evoked** a memory I had from childhood.
(손 이미지 속의 새는 내가 어릴 때부터 가졌던 기억을 즉각적으로 **떠올려주었다**.)
The **equivocal** mood produces a vague (but not dangerous) unease.
(**애매모호한** 분위기는 모호한 (그러나 위험하지는 않은) 불안을 유발한다.)

invoke ɪn'voʊk (인**보**우크)
in(하다)+ voke(부르다)
=부르다
=부르다, 언급하다, 발동하다
in=안에, 만들다, 하다
☞ invocation: 기도, 탄원, 발동

vociferous voʊ'sɪfərəs (보우**시**퍼러스)
voci(목소리의)+ ferous(나르다)
=소리를 나르는
=소리높여 외치는, 야단스러운
ferous(원형: ferre)=나르는
☞ vociferation: 시끄러움
vociferant: 큰소리로 고함치는

viva voce 'vaɪvə 'voʊsi (**바**이버 **보**시)
viva(살아있는)+ voce(목소리)
=생생한 목소리=**구두시험**
viva=살아있는, 생생한

voc, vok: 부르다(2)

라틴어 vocare는 부르다의 뜻을 갖고 있다. 목소리를 뜻하는 vox에서 유래했다.

provoke prə'voʊk (프러**보**우크)
pro(앞으로)+ voke(부르다)
=앞으로 불러내다
=유발(도발)하다, 화나게 하다
pro=앞으로
☞ provocation: 도발, 자극
provocative: 도발적인
provocateur: 선동가, 앞잡이 [prəvɒkə'tɜr]

vocative 'vɒkətɪv (**바**커티브)
vocative(부르는)
=**호격**
☞ vocal: 목소리의

irrevocable ɪ'rɛvəkəbəl (일**레**버커블)
ir(아닌)+ re(뒤로)+ vocable(부르는)
=뒤로 부를 수 없는=**취소(변경)할 수 없는**
ir(in)=~이 아닌 re=뒤로, 다시
☞ revocable: 취소할 수 있는

예문

I continue to **invoke** the Holy Spirit; I rely on the Word.
(나는 계속해서 성령을 **부르고** 말씀에 의지한다.)
After World War II, the Canadian Indians became more **vociferous** in demanding a restoration of their rights.
(제2차 세계 대전 이후 캐나다 인디언들은 자신들의 권리 회복을 요구하는 데 있어서 더욱 **목소리를 높였다.**)
At her final **viva voce** examination, she met all the history questions with a blank face.
(마지막 **구두 시험**에서 그녀는 모든 역사 문제를 무표정한 얼굴로 맞이했다.)
It is in the film to horrify and **provoke** an emotional reaction.
(이 영화에는 소름끼치고 감정적인 반응을 **불러일으키는** 장면이 있다.)
Women tend to use such words as adorable, cute, lovely, sweet in describing people and objects and such **vocatives** as my dear, darling, sweetie.
(여자들은 사람과 사물을 묘사할 때 사랑스러운, 귀여운, 달콤한 같은 단어를 사용하고 그대여, 내 사랑이여, 달콤한 그대여 같은 **호격**을 사용하는 경향이 있다.)
It is an **irrevocable** change that needs to be accepted.
(그것은 받아들일 필요가 있는 **돌이킬 수 없는** 변화이다.)

her, hes: 붙다, 붙이다, 들러붙다

adhere æd'hɪər (애드**히**얼)
ad(추가, 가까이)+here(붙다)
=가까이 붙다
=들러붙다, 집착하다, 고수하다
ad=가까이, 추가, 만들다
☞ adherent: 지지자, 신봉자, 점착성의

coherent koʊ'hɪərənt (코**히**어런트)
co(함께)+herent(붙어있는)
=같이 붙어있는
=일관성 있는, 논리정연한
co(com)=함께
☞ coherence: 일관성
incoherence: (in=not)
조리가 서지 않음, 지리멸렬

adhesion æd'hiʒən (애드**히**전)
ad(추가, 가까이)+hesion(붙음)
=붙어있음=**접착력**
ad=가까이, 추가, 만들다
☞ adhesive: 접착제, 들러붙는

her, hes: 붙다, 붙이다, 들러붙다

라틴어 haerere는 붙다, 붙이다, 들러붙다의 뜻을 갖고 있다.

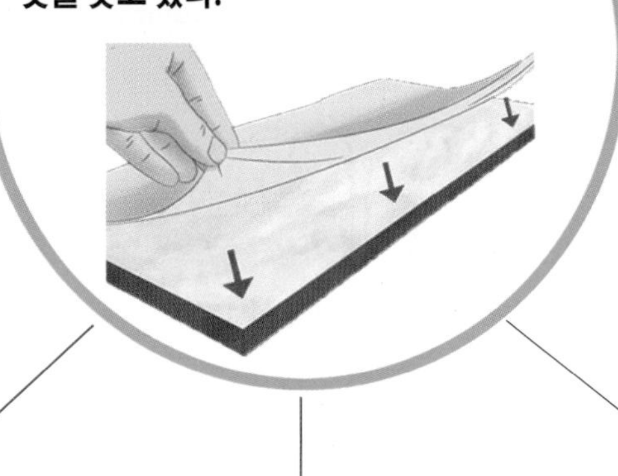

inherent ɪn'hɪərənt (인**히**어런트)
in(안에)+herent(붙어있는)
=안에 붙어있는=**내재하는**
in=안에
☞ inherence: 고유, 타고남, 내재

hesitation hɛzɪ'teɪʃən (헤지**테**이션)
hesi(붙는)+tation
=붙어서 안 떨어짐
=주저, 망설임
☞ hesitative: 주저하는, 망설이는

cohesion koʊ'hiʒən (코**히**전)
co(함께)+hesion(붙어있음)
=화합, 결합, 응집력
co(com)=함께
☞ cohesive: 화합(결합)하는

예문

The debris is a mixture of dirt and brake pad material that has **adhered** to the ceramic surface.
(이 잔해는 세라믹 표면에 **달라붙은** 먼지와 브레이크 패드 재질의 혼합물이다.)
It is not surprising that his administration has failed to produce a systematic, **coherent** policy on religion.
(그의 정부가 종교에 대해 체계적이고 **일관성 있는** 정책을 만들어내지 못했다는 것은 놀라운 일이 아니다.)
A bonding layer to provide **adhesion** is required.
(**접착**을 제공하기 위한 접착 층이 필요하다.)
I have always been conscious of the **inherent** dangers to our natural world from our industry.
(나는 항상 우리의 산업으로부터 자연계에 **내재된** 위험을 의식해왔다.)
After many **hesitations** and interruptions, Otello was finally performed at La Scala in February 1887.
(많은 **망설임**과 방해 끝에 오텔로는 마침내 1887년 2월 라 스칼라에서 공연되었다.)
They lacked **cohesion** and, for the most part, played as 15 individuals rather than a single unit.
(그들은 **응집력**이 부족했고 대부분의 경우 단일한 연합이 아닌 15명의 개인으로 활동했다.)

accord ə'kɔrd (어**콜**드)

ac(가까이)+ cord(마음)

=마음을 서로 가까이하다
=**합의, 일치, 부합하다**
ac(ad)=가까이, 접근, 만들다
☞ accordance: 일치, 합치, 조화

discord 'dɪskɔrd (**디**스콜드)

dis(반대)+ cord(마음)

=반대의 마음=**불일치, 불화**
dis=이탈, 반대, 분리
☞ discordant: 불화의

concord 'kɒnkɔrd (**칸**콜드)

con(함께)+ cord(마음)

=마음을 함께 함=**화합, 일치**
con(com)=함께
☞ concordance: 용어 색인

cor, cord, card: 심장, 마음

라틴어 cor와 그리스어 kardia는 심장(heart), 마음을 뜻한다.

cordial 'kɔrdʒəl (**콜**절)

cordial(마음의)

=마음의=**진심 어린, 우호적인**
☞ cordiality: 진심, 충정

cardiograph 'kɑrdiəgræf (**칼**디어그래프)

cardio(심장의)+ graph(기록하다)

=심장을 기록하다=**심박동 기록기**
graph=쓰다, 기록하다
☞ cardiac: 심장의

cardiovascular kɑrdioʊ'væskyələr (칼디오**배**스큘럴)

cardio(심장)+ vascular(혈관의)

=심장혈관의=**심혈관의**
vascular=혈관의

예문

Months after his visit in 1996, peace **accords** were signed.
(1996년 그가 방문한 지 몇 달 후에 평화 **협정**이 체결되었다.)
There are many interpretations on the quarrels and **discord** between the two men.
(두 사람의 언쟁과 **불화**에 대해서는 여러 가지 해석이 있다.)
And thus toleration produced not only mutual indulgence, but even religious **concord**.
(그래서 관용은 상호 간의 용인뿐만 아니라 종교적인 **일치**까지도 만들어냈다.)
Both parents and teachers must try to create a friendly and **cordial** atmosphere for the children.
(부모와 교사 모두 아이들을 위해 우호적이고 **진심 어린** 분위기를 조성하기 위해 노력해야 한다.)
A **cardiograph** would be able to record my heart movements accurately and then you'd have a concise visual aid.
(**심장박동기**를 사용하면 내 심장의 움직임을 정확하게 기록할 수 있고, 그러면 당신은 간결한 시각적 도움을 받을 수 있을 것이다.)
Prevention of **cardiovascular** disease has to be integrated into primary health care.
(**심혈관** 질환의 예방은 일차적인 건강 관리와 통합되어야 한다.)

accumulate ə'kyumyəleɪt (어큐뮬레이트)
ac(더하다)+ cumulate(쌓다)
=더해서 쌓다=**모으다, 축적하다**
ac(ad)=접근, 추가, 만들다
☞ accumulation: 축적, 누적

encumber ɛn'kʌmbər (앤컴벌)
en(만들다)+ cumber(쌓다)
=쌓아서 (장애물을)만들다
=**지장을 주다**
en(in)=안에, 만들다
☞ encumbrance: 지장
unencumbered: 홀가분한
=un(not)+ encumbered

cum, cumul: 쌓다
라틴어 cumulus는 쌓다(heap)의 뜻을 갖고 있다.

cumulus 'kyumyələs (큐뮬러스)
cumulus(쌓여진)
=**적운(積雲), 뭉개구름**
☞ cumulative: 누적되는

nex, nect: 묶다
라틴어 nectere는 묶다의 뜻을 갖고 있다.

annex ə'nɛks (어넥스)
an(더하다)+ nex(묶다)
=더해서 묶다
=**합병하다, 부속건물**
an(ad)=접근, 더하다
☞ annexation: 합병, 부가
annexe: 부속건물, 부속문서, 부록

connect kə'nɛkt (커넥트)
con(함께)+ nect(묶다)
=함께 묶다=**연결하다**
con(com)=함께
☞ disconnection: (dis=분리) 단절

nexus 'nɛksəs (넥서스)
nexus(묶음)
=**결합, 연계**

예문

Their pay increases as they **accumulate** experience and develop skills.
(그들의 봉급은 그들이 경험을 **축적하고** 기술을 개발함에 따라 증가한다.)
Scientific and commercial evaluation of novel technologies **encumbers** product development.
(새로운 기술에 대한 과학적이고 상업적인 평가는 제품 개발에 **지장을 준다**.)
When the air condenses into small, lumpy, low pockets of cloud, this is **cumulus**.
(공기가 작고 덩어리지고 낮은 구름 주머니로 응결되면,이것이 **적운**이다.)
In other words, you rely upon the criminal record as appears from the documents **annexed** to the stated case.
(다시 말해, 명기된 사건에 **첨부된** 문서에서 나타난 바와 같이 당신은 범죄기록에 의존한다.)
If one has a computer that is **connected** to the Internet, the temptation for surfing is often very high.
(누군가가 인터넷에 **연결된** 컴퓨터를 가지고 있다면 서핑에 대한 유혹이 매우 높은 경우가 많다.)
His new column will focus on the increasingly controversial **nexus** between business and politics.
(그의 새 칼럼은 점점 더 논란이 되고 있는 기업과 정치 사이의 **연계**에 초점을 맞출 것이다.)

greg: 무리, 떼

aggregation æɡrɪˈɡeɪʃən (애그리**게**이션)
ag(만들다)+ gregation(무리)
=무리를 이루다=**집합, 집단, 집성**
ag(ad)=접근, 만들다, 하다
☛ aggregate: 모이는, 집합의

gregarious ɡrɪˈɡɛəriəs (그리**게**리어스)
greg(무리)+ arious
=무리를 이루는=**사교적인, 군집의**

congregate ˈkɒŋɡrɪɡeɪt (**캉**그리게이트)
con(함께)+ gregate(무리)
=함께 무리를 짓다=**모이다**
con(com)=함께

greg: 무리, 떼

라틴어 grex는 무리(flock), 떼를 뜻한다.

segregate ˈsɛɡrɪɡeɪt (**세**그리게이트)
se(분리)+ gregate(무리)
=무리에서 떼어놓다=**분리하다**
se=분리, 이탈
☛ segregation: 분리, 구분

egregious ɪˈɡridʒəs (이그**리**저스)
e(밖으로)+ gregious(무리)
=무리에서 두드러지게 나와있는
=**지독한, 터무니없는, 탁월한**
e(ex)=밖으로

예문

The City of Medford is moving forward with an electricity **aggregation** plan.
(메드포드시는 전기 **집성** 계획을 추진하고 있다.)
I tried to be **gregarious** but it just wasn't in my nature.
(나는 **사교적**이 되려고 노력했지만 그것은 내 본성이 아니었다.)
6,000 runners **congregate** in Missoula for Sunday's marathon, half-marathon.
(6,000명의 주자들이 일요일의 마라톤인 하프 마라톤을 위해 미술라에 **모인다**.)
Israel in turmoil over bill allowing Jews and Arabs to be **segregated**.
(이스라엘은 유대인과 아랍인의 **분리**를 허용하는 법안을 둘러싸고 혼란을 겪고 있다.)
Such **egregious** conduct cannot be condoned.
(그런 **터무니없는** 행위는 용납될 수 없다.)

not: 표시하다

annotate ˈænəteɪt (**애**너테이트)
an(더하다)+ notate(표시하는)
=덧붙여 표시하다=**주석(주해)을 달다**
an(ad)=추가, 더하다, 만들다
☞ annotation: 주석, 주해

denote dɪˈnoʊt (디**노**트)
de(완전히)+ note(표시하다)
=강하게 표시하다=**나타내다**
de=완전히(강조)
☞ denotation: 표시, 지시, 명시적 의미

nota bene ˈnoʊtɑ ˈbɛnɛ (**노**타 **베**네)
nota(표시하다)+ bene(잘)
=잘 표시하라=**주의하라**
bene=좋은, 잘(well)
☞ notable: 주목할 만한

not: 표시하다
라틴어 notare는 표시하다의 뜻을 갖고 있다.

connote kəˈnoʊt (커**노**트)
con(함께)+ note(표시하다)
=함께 표시되다=**함축하다**
com=함께
☞ connotation: 함축

noteworthy ˈnoʊtwɜrði (**노**트워디)
note(표시)+ worthy(가치있는)
=표시할 만한=**주목(괄목)할 만한**
worthy=자격이 있는

notary ˈnoʊtəri (**노**터리)
notary(표시하는)
=표시해주는 사람=**공증인**
☞ notarize: 공증하다

예문

I read it closely and **annotated** it extensively, as is my habit in reading generally.
(나는 그것을 자세히 읽고, 내가 일반적으로 독서하는 습관처럼 광범위하게 **주석을 달았다**.)
This is a beautiful metaphor that **denotes** visions of purity and unblemished perfection.
(이것은 순수함과 흠잡을 데 없는 완벽함에 대한 비전을 **나타내는** 아름다운 은유이다.)
But, **nota bene**, his blessings flow only in the direction of those who are already virtuous.
(그러나, **주의하라**. 그의 축복은 이미 덕을 지닌 사람들의 방향으로만 흐른다.)
Originally, this word **connoted** precisely the opposite of what it has come to mean.
(원래 이 단어는 그 말의 의미와는 정반대의 의미를 **함축하고** 있었다.)
Another **noteworthy** feature that is missing is the ability to organize troops in formations.
(간과된 또 다른 **주목할 만한** 특징은 군대를 편대로 편성하는 능력이다.)
It was drawn up by a **notary** and was a binding contract.
(그것은 **공증인**이 작성한 것으로 구속력 있는 계약이었다.)

affiliate
ə'fɪlieɪt ə'fɪlɪt
(어**필**리에이트) (어**필**리잇)
af(만들다)+ filiate(자식)
=자식을 만들다(입양하다)
=제휴(가입)하다, 제휴, 계열사
af(ad)=만들다
☞ affiliation: 가입, 소속

fili: 자식

라틴어 filius는 아들, 자식을 뜻한다.

filial 'fɪliəl
(**필**리얼)
filial(자식의)
=자식의, 효심이 있는
☞ unfilial:
자식답지 않은, 불효한

filiation fɪli'eɪʃən
(필리**에**이션)
fili(자식)+ ation
=자식임, 친자관계, 계통, 분파

filicide 'fɪlɪsaɪd
(**필**리사이드)
fili(자식)+ cide(살해)
=자식살해
cide=죽이다
☞ infanticide: 유아살해

예문

I am not **affiliated** with any organization or group and have never received any major funding from anyone.
(나는 어떤 조직이나 단체에도 **가입되어있지** 않고 누구로부터 큰 자금을 받은 적이 없다.)

For example, it teaches **filial** respect, marital fidelity, nonviolence, and cooperation.
(예를 들어 **효도**, 부부간의 신의, 비폭력, 협동 등을 가르친다.)

In The Quiet American, the emphasis is not on love, rescue, or heroism of any sort but on the failures of **filiation**.
(<조용한 미국인들>에서 강조되는 것은 어떤 종류의 사랑, 구조, 영웅주의가 아니라 **자식됨**의 실패에 관한 것이다.)

The very idea of **filicide** (the murder of a child by a parent) is abhorrent.
(**자식살해**(부모에 의한 아동 살해)에 대한 바로 그러한 생각은 혐오스럽다.)

sum, sump: 가지다, 구입하다

assume ə'sum (어**숨**)

as(가까이)+ sume(가지다)

=다가가서 가지다

=**추정하다, 떠맡다**

as(ad)=가까이, 접근, 만들다

☞ assumption: [ə'sʌmpʃən] 추정, 짐작, 인수, 장악

resume rɪ'zum (리**줌**)

re(다시)+ sume(가지다)

=다시 가지다=**재개하다**

re=다시, 뒤로, 강조

☞ resumption: 재개 [rɪ'zʌmpʃən]

résumé: 이력서 ['rɛzʊmeɪ]

subsume səb'sum (서브**숨**)

sub(아래부터)+ sume(가지다)

=아래부터 모두 가지다

=**포함(포괄)하다**

sub=아래에, 아래부터

sum, sump: 가지다, 구입하다

라틴어 sumere는 가지다, 구입하다의 뜻을 갖고 있다.

presume prɪ'zum (프리**줌**)

pre(앞서)+ sume(가지다)

=앞서 가지다=**추정하다, 간주하다**

pre=먼저, 미리, 앞서

 presumption: 추정, 건방짐 [prɪ'zʌmpʃən]

presumably: 아마

presumable: 추정할 수 있는

sumptuous 'sʌmptʃuəs (**섬**프추어스)

sump(구입하다)+ tuous

=돈 주고 구입한=**호화로운**

presumptuous

prɪ'zʌmptʃuəs (프리**점**프추어스)

pre(앞서)+ sumptuous(가지는)

=앞서 가지는=**주제넘은, 건방진**

예문

After all, it refers to a standard of proof that **assumes** innocence until guilt is proven.
(결국 그것은 유죄가 입증될 때까지 무죄로 **추정하는** 증거 기준을 가리킨다.)

In 1933 he returned to Chicago and **resumed** his schooling, graduating in 1936.
(1933년에 그는 시카고로 돌아와 학교생활을 **재개했고,** 1936년에 졸업했다.)

It is an admirable effort but it carries with it certain problems of style **subsuming** content.
(그것은 존경할 만한 노력이지만 내용을 **포괄하는** 스타일의 특정 문제들을 수반한다.)

A lot of people probably **presumed** that I couldn't have kids.
(많은 사람들은 아마 내가 아이를 가질 수 없다고 **추정했을** 것이다.)

After a **sumptuous** five course meal the gathering danced the night away to some great music.
(**호화로운** 다섯 가지 코스 식사 후에 모임은 멋진 음악에 맞춰 밤새 춤을 추었다.)

That was a phenomenal mistake and his own **presumptuous** arrogance led to his downfall.
(그것은 경이로운 실수였고 그 자신의 **주제넘은** 오만함이 그를 몰락으로 이끌었다.)

affirmative ə'fɜrmətɪv (어**펄**머티브)
af(만들다)+ firmative(강하게)
=견고하게 만들다=**긍정의, 긍정적인**
af(ad)=만들다

affirm ə'fɜrm (어**펌**)
af(만들다)+ firmative(강한)
=강하게 만들다
=**단언(확언)하다, 긍정하다**
af(ad)=만들다
☞ affirmation: 확언, 단언

firmament 'fɜrməmənt (**펄**머먼트)
firma(견고한)+ ment
=견고한 구조로 되어있음
=**창공, 하늘**
☞ firm: 단단한, 견고한, 회사

firm: 강한, 견고한

라틴어 firmus는 강한, 견고한의 뜻을 갖고 있다.

confirm kən'fɜrm (컨**펌**)
con(강조)+ firm(견고한)
=완전히 견고하게 하다
=**확인(확증)하다**
con(com)=함께, 강조
☞ confirmation: 확인, 인증
confirmative: 확인의, 확증적인

infirm ɪn'fɜrm (인**펌**)
in(~이 아닌)+ firm(강한)
=강하지 않은=**병약한, 노쇠한**
in=~이 아닌
☞ infirmity: 병약, 질환

예문

I will think about it and get back to you… although my answer is more **affirmative** than not.
(생각해보고 다시 연락할게... 내 대답은 부정적이라기보다는 **긍정적**이지만.)

The vendor has publicly **affirmed** that it will continue to support and promote the product.
(판매업자는 그 제품을 계속 지원하고 홍보할 것이라고 공개적으로 **확언했다**.)

Sometimes the lightening forked across the sky like a crack in the dark **firmament**.
(가끔 번개가 어두운 **창공**이 갈라지는 것처럼 하늘을 가로지르며 갈라져 내렸다.)

The truth was reluctantly **confirmed** by the Pentagon after news reports corroborated the evidence.
(그 사실은 뉴스 보도가 그 증거를 확증한 후에 펜타곤에 의해 마지못해 **확인되었다**.)

Mentally and physically **infirm**, he stayed in the jail lobby for three days before anyone noticed him.
(정신적으로나 육체적으로나 **병약한** 그는 누군가 그를 알아보기 전까지 사흘 동안 감옥 로비에 머물고 있었다.)

nul: 없음(nothing) / nihil: 없음(nothing)

annul ə'nʌl (어**널**)
an(만들다)+ nul(없음)
=없게 만들다
=취소하다, 무효화하다
an(ad)=만들다
☞ annulment: 취소, 무효선언

nullify 'nʌlɪfaɪ (**널**리파이)
nulli(없음)+ fy(만들다)
=없도록 만들다=**무효화하다**
fy=만들다
☞ nullity: 무효
null: 아무 가치 없는

nulliparous nə'lɪpərəs (널**리**퍼러스)
nulli(없음)+ parous(아이를 낳는)
=아이를 낳지 않은
parous=아이를 낳는

nul: 없음(nothing)
라틴어 nullus는 nothing을 뜻한다.

nihil: 없음(nothing)
라틴어 nihil은 nothing을 뜻한다.

nihilism 'naɪəlɪzəm (**나**이얼리즘)
nihil(없음, 허무)+ ism(주의)
=허무주의
ism=사상, 주의
☞ nihilist: 허무주의자
nihility: 허무, 무

ex nihilo ɛks'naɪəloʊ (엑스 **나**이얼로)
ex(~에서)+ nihilo(무)
=무로부터=**무(無)에서(의)**
ex=~으로부터

annihilate ə'naɪəleɪt (어**나**이얼레이트)
an(만들다)+ nihilate(없음)
=없게 만들다=**전멸시키다**
an(ad)=접근, 만들다
☞ annihilation: 전멸, 소멸
annihilationism: 영혼멸절설

예문

Local courts **annulled** the results of three municipal elections in Gaza, which Hamas claimed it had won.
(지방법원은 하마스가 승리했다고 주장한 가자지구 3개의 시의회 선거 결과를 **무효화했다**.)
Well, today's Ukrainian Supreme Court decision **nullifies** the results of the presidential run-off election.
(자, 오늘 우크라이나 대법원의 결정은 대통령 결선투표의 결과를 **무효로 한다**.)
Over half of mothers in the study were ages 21 to 30 and two-thirds of the mothers of cases were **nulliparous**.
(이 연구에서 엄마들의 절반 이상이 21세에서 30세 사이였고, 사례상의 엄마들의 3분의 2는 **아이를 낳지 않은** 상태였다.)
Those who rejected **nihilism** and stood against evil in the past lead the way.
(과거 **허무주의**를 거부하고 악에 대항한 사람들이 길을 이끌어나간다.)
He went on to create a paradise **ex nihilo**.
(그는 **무로부터** 낙원을 만들기 위해 갔다.)
A three-month bombing campaign nearly **annihilated** the city, destroying its people and its wealth.
(3개월간의 폭격으로 그 도시는 거의 **전멸하였고** 주민과 재산도 파괴되었다.)

para, pair, pera: 준비시키다

라틴어 parare는 준비시키다(make ready)의 뜻을 갖고 있다.

apparatus æpəˈrætəs (애퍼래터스)

ap(만들다)+ paratus(준비)

=만들어 준비해놓은 것=**기구, 장치**

ap(ad)=만들다

imperative ɪmˈpɛrətɪv (임페러티브)

im(만들다)+ perative(준비시키는)

=준비하게 만드는

=**반드시 해야 하는, 긴요한, 명령적**

im(in)=만들다

☞ imperious: 고압적인

separate ˈsɛpəreɪt ˈsɛpərɪt (세퍼레이트)(세퍼릿)

se(따로)+ parate(준비시킨)

=따로 준비시키다

=**분리되다, 분리된, 분리**

se=분리, 이탈

☞ inseparable: 분리할 수 없는, 불가분의

reparable ˈrɛpərəbəl (레퍼러블)

re(다시)+ parable(준비시키는)

=다시 준비시킬 수 있는

=**수리(보상)할 수 있는**

re=다시

☞ irreparable: ir(not)+ reparable =회복할 수 없는

disparate ˈdɪspərɪt (디스퍼릿)

dis(다른)+ parate(준비된)

=다르게 준비된=**이질적인**

dis=반대, 부정

disrepair dɪsrɪˈpɛər (디스리페얼)

dis(아닌)+ re(다시)+ pair(준비하는)

=다시 고칠 수 없는=**황폐, 파손**

dis=반대, 부정 re=다시, 반대로, 강조

☞ repair: 수리하다

예문

They will be wearing breathing **apparatus** and protective equipment.
(그들은 호흡 **장치**와 보호 장비를 착용할 것이다.)

The point is that there are two **separate** issues here.
(요점은 여기서 두 가지 **별개의** 문제가 있다는 것이다.)

We do have **imperative** obligations to people who are poor and in need, and no government can avoid that.
(우리는 가난하고 궁핍한 사람들에 대한 **긴박한** 의무를 가지고 있으며 어떤 정부도 그것을 피할 수 없다.)

The loss of a **reparable** asset out of the base-level maintenance system was unacceptable.
(기초수준의 정비시스템에서 **수리할 수 있는** 자산을 상실하는 것은 용납할 수 없는 일이었다.)

For us to succeed, it is essential for **disparate** groups to work together to achieve these common goals.
(우리가 성공하기 위해서는, **이질적인** 그룹들이 이러한 공동의 목표를 달성하기 위해 함께 일하는 것이 필수적이다.)

Many years of neglect allowed parts of the structure to fall into **disrepair**.
(여러 해 동안 방치해와서 그 구조물의 일부가 **황폐화**되었다.)

lev, liev: 가벼운(올리다)

alleviate əˈlivieɪt (얼**리**비에이트)

al(만들다)+ leviate(가벼운)

=가볍게 만들다

=완화하다, 경감하다

al(ad)=만들다

☞ alleviation: 경감, 완화

levy ˈlɛvi (**레**비)

levy(올려진)

=세금을 올려놓다

=추가부담금, 부과하다

levee ˈlɛvi (**레**비)

lev(올린)+ ee

=쌓아 올린=**제방, 둑**

lev, liev: 가벼운(올리다)

라틴어 levis는 가볍다는 뜻을 갖고 있으며 여기서 들어 올린다는 뜻의 파생어 levare가 나왔다.

relieve rɪˈliv (릴**리**브)

re(강조)+ lieve(가벼운)

=아주 가볍게 만들다=**덜어주다**

re=강조

☞ reliever: 구제물, 완화 장치

pain reliever: 진통제

relief: 안심, 구호, 경감

levity ˈlɛvɪti (**레**비티)

lev(가벼운)+ ity

=가벼움=**경솔, 경박**

☞ levitate: 공중에 뜨다, 공중부양하다

lever ˈlɛvər (**레**벌)

lev(들어 올리다)+ er

=들어 올려주는 것=**지렛대**

☞ leverage: 영향력, 지렛대의 힘

예문

The work is not **alleviating** the problem, it is making it worse in my eyes.
(그 일은 문제를 **완화시켜주는** 것이 아니라, 내 눈으로 볼 때 더욱 심각해지고 있다.)
Many other European Union countries **levy** no tax on share transactions.
(다른 많은 유럽연합 국가들은 주식 거래에 세금을 **부과하지** 않는다.)
He and 15 neighbors were stranded at his house for two days after the city's **levees** broke.
(그와 이웃 15명은 도시의 **제방**이 부서진 후 이틀 동안 그의 집에서 발이 묶였다.)
A teaspoon of oil added to a hot bath will also help to **relieve** muscular aches and pains.
(뜨거운 목욕물에 첨가된 기름 한 티스푼은 근육통이나 통증을 **완화시키는** 데도 도움이 될 것이다.)
I just want you to know the consequences of **levity** in this matter.
(나는 단지 네가 이 문제에 있어서 **경솔함**의 결과를 알았으면 한다.)
In the following demonstration a child uses a **lever** to lift an adult.
(다음 시연에서 아이는 **지렛대**를 사용하여 어른을 들어 올린다.)

adequate 'ædɪkwɪt (애디퀴트)

ad(만들다)+ equate(같은)

=(필요로 하는 것과) 같게 만든
=**충분한, 적절한**
ad=만들다
☞ adequacy: 적절, 타당성
inadequate: 불충분한

equilibrium ikwɪ'lɪbriəm (이퀼리브리엄)

equi(같은)+ librium(균형)

=균형을 맞춤=**평형, 평정**
librium=균형

equanimity ikwə'nɪmɪti (이쿼니미티)

equ(같은)+ animity(마음)

=한결같은 마음=**침착, 평정**
animity=마음
☞ equanimous: 침착한, 차분한

equinox 'ikwɪnɒks (이퀴낙스)

equi(같은)+ nox(밤)

=밤낮의 길이가 같음
=**주야 평분시(춘분 또는 추분)**
nox=밤

예문

We concentrated on the failure of the trust to give the school fair treatment and **adequate** support.
(우리는 학교에 공정한 대우와 **적절한** 지원을 해주기 위한 신뢰가 실패했다는 점에 초점을 맞췄다.)
The two forces seeking **equilibrium** are gravity and pressure from the surrounding liquid.
(**평형**을 추구하는 두 힘은 주변 액체로부터의 중력과 압력이다.)
Emotional **equanimity** relates to the affective competence that involves self-regulation of emotions and feelings.
(감정적 **평정**은 감정과 느낌의 자율규제를 수반하는 감정적 역량과 관련이 있다.)
'An **equinox** is when night and day are equal,' he said.
('**주야 평분시**는 밤과 낮이 같을 때입니다'라고 그는 말했다.)

equivalent ɪˈkwɪvələnt (이**퀴**벌런트)

equi(같은)+ valent(힘)

=같은 힘이 작용하는=**등가의**

valent=힘

☞ equivalence: 등가

iniquity ɪˈnɪkwɪti (이**니**퀴티)

in(~이 아닌)+ iquity(동등한)

=공평하지 않음=**부당성, 사악**

in=~이 아닌

equilateral ikwɪˈlætərəl (이퀴**래**터럴)

equi(같은)+ lateral(측면의)

=같은 면을 갖고 있는=**등변의**

lateral=측면의

☞ equation: 방정식, 등식

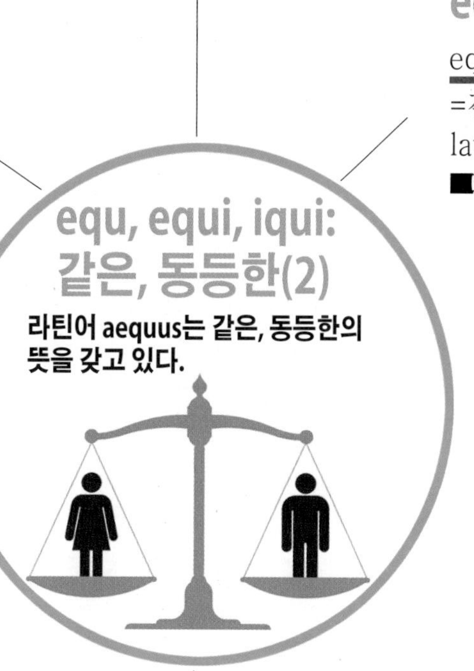

equivocal ɪˈkwɪvəkəl (이**퀴**버컬)

equi(같은)+ vocal(소리의)

=똑같은 소리라서 구분이 안 됨

=**애매한, 모호한, 불분명한**

vocal=소리의

☞ unequivocal: 명백한, 분명한
=un(not)+ equi+ vocal

예문

An **equivalent** amount of energy would be necessary to split the atom apart.
(원자를 분리하려면 **동등한** 양의 에너지가 필요할 것이다.)

Wash me thoroughly from my **iniquity**, and cleanse me from my sin!
(나의 **사악함**에서 나를 철저히 씻어주시고, 나의 죄악에서 나를 깨끗하게 해주소서!)

As long as the three triangles are **equilateral**, the midpoint triangle is also equilateral.
(세 개의 삼각형이 **등변**일 경우 중간점 삼각형도 등변이다.)

His reply was oblique, **equivocal**, and we hurried on to other matters.
(그의 대답은 완곡하고 **애매모호했고**, 우리는 서둘러 다른 문제로 넘어갔다.)

append ə'pɛnd (어**펜**드)
ap(더하다)+ pend(매달다)
=더해서 매달다
=**덧붙이다, 첨부하다**
ap(ad)=더하다
☞ pending: 미결의, 미확정의

appendix ə'pɛndɪks (어**펜**딕스)
ap(더하다)+ pendix(달려있음)
=부가적으로 달려있는 것
=**맹장, 부록**
ap(ad)=더하다

appendage ə'pɛndɪdʒ (어**펜**디지)
ap(더하다)+ pendage(달려있음)
=부가적으로 달려있는 것
=**부속물**
ap(ad)=더하다

pen, pend, pens: 매달다, 지불하다(1)

라틴어 pendere는 매달다, 지불하다의 뜻을 갖고 있다.

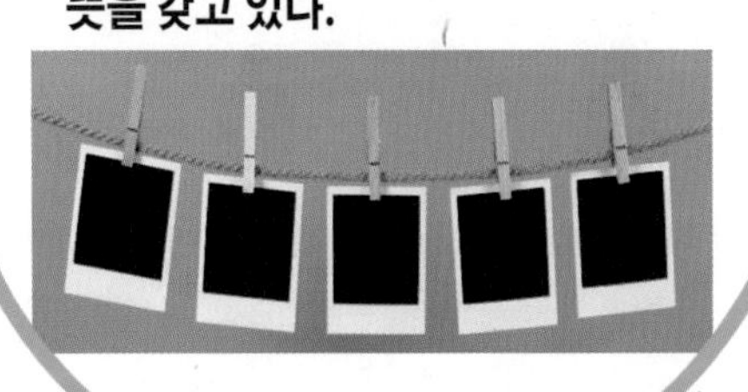

appendant ə'pɛndənt (어**펜**던트)
ap(더하다)+ pendant(달려있는)
=더하여 달려있는=**부수적인**
ap(ad)=더하다
☞ pendant: 펜던트

pendulum 'pɛndʒələm (**펜**절럼)
pend(매달다)+ ulum
=매달려 있는 것=**시계추, 진자**
☞ pendulous: 축 늘어진

예문

That post is so long that we're separately setting out this update rather than **appending** it to that post.
(그 게시물이 너무 길어서 우리는 그것을 그 게시물에 **추가하기**보다는 이 업데이트를 별도로 준비하고 있다.)
This is a rare tumour that usually affects the **appendix** or the small intestine.
(이것은 보통 **맹장**이나 소장에 영향을 미치는 드문 종양이다.)
They had begun to consider the Government of the United States as a mere **appendage** to their own affairs.
(그들은 미국 정부를 자신들의 업무에 대한 단순한 **부속물**로 간주하기 시작했다.)
Every inhabited island has its **appendant** and subordinate islets.
(모든 유인도에는 **부속된** 섬과 종속된 섬이 있다.)
Until the 1920s, the most accurate timepieces depended on the regular swing of a **pendulum**.
(1920년대까지 가장 정확한 시계는 **시계추**의 규칙적인 흔들림에 달려있었다.)

perpendicular
pɜrpən'dɪkyələr (펄펜**디**큘러)
per(완전히)+ pendicular(매달린)
=똑바로 매달려있는
=직각의, 수직의
per=통과, 완전히, 계속

pensive 'pɛnsɪv (**펜**시브)
pens(매달리다)+ ive
=매달리게 만드는
=생각에 잠긴, 수심 어린

expend ɪk'spɛnd (익스**펜**드)
ex(밖으로)+ pend(지불하다)
=밖으로 지불하다
=쏟다, 소비하다
ex=밖으로, 분리, 제거
☞ expenditure: 지출, 비용
expensive: 비싼

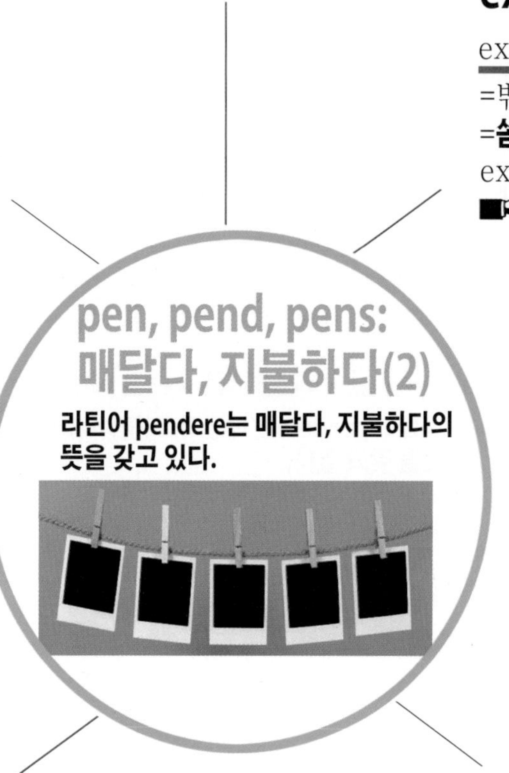

penchant 'pɛntʃənt (**펜**천트)
pen(매달다)+ chant(반복)
=계속 매달리는=**애호**
chant=라틴어 반복동사의 접미사에서 유래함
(pendicare: 계속 매달리는)

propensity prə'pɛnsɪti (프러**펜**시티)
pro(앞에)+ pensity(매달림)
=앞에 매달려있음=**경향, 성향**
pro=앞으로, 많은

예문

These layer lines are **perpendicular** to the fiber axis in real space.
(이 층선들은 실제의 공간에서는 섬유 축과 **수직**을 이룬다.)
She had a beautiful, quiet smile, that was enhanced by deep **pensive** brown eyes.
(그녀는 아름답고 조용한 미소를 지었는데, 그것은 깊은 **수심에 찬** 갈색 눈에 의해 돋보였다.)
Why should they be **expending** precious resources and energy on saving these creatures?
(왜 그들은 이 생명체들을 구하기 위해 귀중한 자원과 에너지를 **소비해야** 하는가?)
The pictures show a country with a truly biased curriculum and a **penchant** for martyrdom.
(이 사진들은 진정으로 편파적인 교육과정과 순교를 **애호**하는 나라에 대해 보여준다.)
I was not always a good person, and there's a part of everyone that has a **propensity** to do bad.
(나는 항상 좋은 사람은 아니었고, 나쁜 짓을 하는 **경향**의 사람들이 갖고 있는 부분도 있다.)

pen, pend, pens: 매달다, 지불하다(3)

suspend sə'spɛnd (서스**펜**드)

sus(아래에서)+ pend(매달다)

=아래에서 매달다= **매달다, 유예하다**

sus(sub)=아래에서, 아래에

☞ suspension: 정지

suspended sentence: 집행유예

suspense: 긴장감

impending ɪm'pɛndɪŋ (임**펜**딩)

im(만들다)+ pending(매달다)

=매달려있는=**곧 닥칠, 임박한**

im(in)=만들다

stipend 'staɪpɛnd (스**타**이펜드)

sti(임금)+ pend(지불하다)

=임금을 지불하다=**급료**

sti(stip)=임금

☞ stipendiary: 유급의

pen, pend, pens: 매달다, 지불하다(3)

라틴어 pendere는 매달다, 지불하다의 뜻을 갖고 있다.

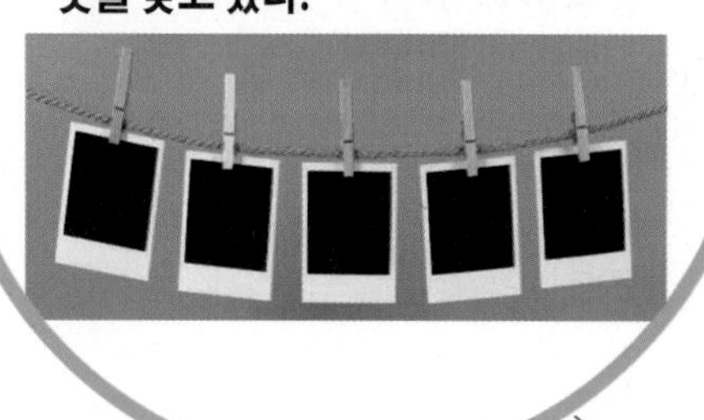

dispense dɪ'spɛns (디스**펜**스)

dis(밖으로)+ pense(지불하다)

=밖에다 지불하다=**나누어주다**

dis=이탈, 제거, 반대

indispensable ɪndɪ'spɛnsəbəl (인디스**펜**서블)

in(아닌)+ dispensible(나눠줄 수 있는)

=나눠줄 수 없는=**필수적인**

in=~이 아닌

예문

The weekly walk has been temporarily **suspended** due to a combination of bad weather and vacations.
(주간 산책은 악천후와 휴가가 겹치면서 잠정적으로 **중단됐다**.)

The author had returned to his country ahead of the **impending** war.
(저자는 **임박한** 전쟁을 앞두고 조국으로 돌아와있었다.)

We could go anywhere and have tuition paid while receiving a small **stipend** to help with living expenses.
(우리는 생활비를 돕기 위한 작은 **급료**를 받는 동안 어디든 가서 학비를 낼 수 있었다.)

It's their job to **dispense** information effectively and accurately.
(정보를 효과적이고 정확하게 **배분하는** 것이 그들의 일이다.)

Necessary in a democratic society does not mean **indispensable**; nor does it mean desirable.
(민주주의 사회에서 필요라는 것은 **필수적인** 것을 의미하지도 않고, 바람직한 것을 의미하는 것도 아니다.)

clam, claim: 소리치다

acclamation æklə'meɪʃən (애클러**메**이션)
ac(하다)+ clamation(소리치다)
=소리치다=**환호, 갈채**
ad=하다, 만들다
☞ claim: 주장, 청구
acclaim: 칭송하다

clamor 'klæmər (클**레**멀)
clam(소리치다)+ or
=소리침
=**아우성, 소란, 떠들썩함**
☞ clamorous: 시끄러운

disclaimer dɪs'kleɪmər (디스클**레**이멀)
dis(부정)+ claimer(소리침)
=부인함
=**부인, 권리포기각서**
dis=반대, 부정
☞ disclaim: 부인하다, 권리를 포기하다

clam, claim: 소리치다
라틴어 clamare는 소리치다의 뜻을 갖고 있다.

reclaim rɪ'kleɪm (리클**레**임)
re(대항하는)+ claim(소리치다)
=대항하여 소리치다
=**되찾다, 돌려달라고 하다**
re=반대, 대항하여

declaim dɪ'kleɪm (디클**레**임)
de(강하게)+ claim(소리치다)
=강하게 소리치다
=**열변을 토하다**
de=강하게(강조)
☞ declamation: 열변, 웅변

exclaim ɪk'skleɪm (익스클**레**임)
ex(밖으로)+ claim(소리치다)
=밖으로 소리치다
=**소리치다, 외치다**
ex=밖으로, 완전히, 제거
☞ exclamation: 감탄사
exclamatory: 감탄을 나타내는

proclaim proʊ'kleɪm (프로클**레**임)
pro(앞에다)+ claim(소리치다)
=앞에다 소리치다=**선언하다**
pro=앞으로
☞ proclamation: 선언서, 성명서, 선언, 선포

예문

This was received with **acclamation**, and the proclamation was made from the Hotel de Ville.
(이것은 **환호**와 함께 받아들여졌고, 그 선언은 드 빌 호텔에서 이루어졌다.)
He barely even noticed the **clamor** of noise coming from Jennifer's room.
(그는 제니퍼의 방에서 들려오는 **시끄러운 소리**를 거의 알아차리지 못했다.)
He examines my certification card carefully and asks me to sign the usual **disclaimers**.
(그는 나의 인증 카드를 주의깊게 살펴보며 나에게 통상적인 **권리포기각서**에 서명해달라고 요청하고 있다.)
For some galleries, **reclaiming** their lost business is impossible.
(일부 갤러리의 경우, 잃어버린 사업을 **되찾는** 것은 불가능하다.)
"Those words mean something to me," he **declaimed**.
("그 단어들은 나에게 의미가 있다"고 말하며 그는 **열변을 토했다**.)
Robert **exclaims**: "James Brown said his band were number one but we were number two!"
(로버트는 **소리를 질렀다**. "제임스 브라운은 그의 밴드가 1위라고 말했지만 우리는 2위였다!")
Waving to his cheering troops, he officially **proclaimed** victory over Iraq.
(그는 환호하는 군대에 손을 흔들며 이라크에 대한 승리를 공식적으로 **선언했다**.)

grav, griev: 무거운

aggravate ˈæɡrəveɪt (**애**그러베이트)

ag(더하다)+ gravate(무거운)

=더 무겁게 하다=**악화시키다**

ag(ad)=접근, 만들다, 더하다

☞ aggravation: 악화, 중대화

gravity ˈɡrævɪti (그**래**비티)

grav(무거운)+ ity

=무거움=**중력, 인력**

☞ gravitate: 인력에 끌리다

gravitation: 인력, 중력

universal gravitation: 만유인력

grave: 중대한, 심각한, 무덤, 죽음

grieve ɡriv (그리브)

grieve(무거운)

=마음이 무거운=**비통해하다**

☞ grief: 큰 슬픔, 비통

grievous: 비통한

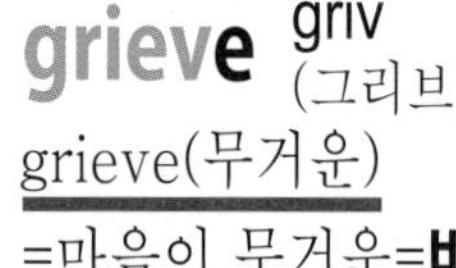

grav, griev: 무거운

라틴어 gravis는 무겁다의 뜻을 갖고 있다.

gravamen ɡrəˈveɪmən (그러**베**이먼)

grav(무거운)+ amen

=부담이 되는

=**불평, 불만, 진정서, 가장 중요한 점**

☞ grievance: 불만, 고충

gravid ˈɡrævɪd (그**래**비드)

grav(무거운)+ id

=몸이 무거운=**임신한**

☞ primigravida: 초임부 (primi=첫 번째의)

aggrieved əˈɡrivd (어그**리**브드)

ag(만들다)+ grieved(비통한)

=비통하게 만드는

=**분개한, 억울해하는, 피해를 입은**

ag(ad)=만들다, 더하다

예문

Even a slight traffic accident or a train delay **aggravates** the problems and stress.
(가벼운 교통사고나 열차의 지연도 문제와 스트레스를 **악화시킨다**.)

Physics has found only four forces in nature: **gravity**, electromagnetism, weak nuclear, and strong nuclear.
(물리학은 자연에서 **중력**, 전자기, 약한 핵, 강한 핵의 네 가지 힘만을 발견했다.)

Silent tears washed away the blood on our faces as we **grieved** for our lost comrades.
(우리의 잃어버린 동지를 **비통해하며** 침묵의 눈물이 얼굴에 고인 피를 씻어냈다.)

Now we have come perhaps to the **gravamen** of the problem.
(이제 우리는 아마도 문제의 **가장 중요한 점**을 알게 되었을 것이다.)

Both companies stringently deny the allegation and claim they were set up by an **aggrieved** third party.
(두 회사 모두 혐의를 완강히 부인하며 그것은 **피해를 입은** 제3자에 의해 설립되었다고 주장한다.)

The patient is a **gravid** woman in her seventh month.
(그 환자는 **임신** 7개월째의 여성이다.)

cura, cure: 돌보다

accurate ˈækyərɪt (**애**큐릿)

ac(하다)+ curate(돌보다)

=세심하게 돌보다

=**정확한, 정밀한**

ac(ad)=하다, 만들다

☞ accuracy: 정확성

inaccurate: 부정확한

curator kyʊˈreɪtər (큐**레**이털)

cura(돌보는)+ tor(사람)

=돌보는 사람=**큐레이터**

pedicure ˈpɛdɪkyʊər (**페**디큐얼)

pedi(발)+ cure(돌보다)

=발을 돌보다=**발관리**

ped=발, 다리

라틴어 curare는 돌보다라는 뜻을 갖고 있다.

sinecure ˈsaɪnɪkyʊər (**사**이니큐얼)

sine(~없는)+ cure(돌보다)

=돌볼 일이 없는=**한직**

sine=~없는(without)

procure proʊˈkyʊər (프로**큐**얼)

pro(~을 위하여)+ cure(돌보다)

=~을 위하여 돌보다

=**구입하다, 조달하다**

pro=앞으로, ~을 위하여

☞ procurement: 조달, 입수

curable ˈkyʊərəbəl (**큐**러벌)

cura(돌보다)+ ble

=돌볼 수 있는=**치유할 수 있는**

☞ curative: 치유력이 있는

cure: 치유하다

예문

This information can be used to make more **accurate** predictions of weather and climate.

(이 정보는 날씨와 기후에 대한 더 **정확한** 예측을 하는 데 사용될 수 있다.)

The sale had been eagerly anticipated by collectors and museum **curators**.

(그 판매는 수집가들과 박물관 **큐레이터들**이 간절히 기대해왔다.)

Choose from massages, facials, manicures, **pedicures** and body treatments.

(마사지, 얼굴, 매니큐어, **발관리** 및 바디 트리트먼트 중에서 선택하십시오.)

A governorship was a lucrative and prestigious position, but it was not a **sinecure**.

(지사직은 돈벌이가 되고 명망 있는 직책이었지만, **한직**은 아니었다.)

While some of these disorders are **curable**, chronic renal disease usually isn't.

(이러한 장애 중 일부는 **치유할 수 있지만**, 만성신장질환은 대개 치유할 수 없다.)

Iran's Army plans to **procure** 800 Karrar advanced battle tanks.

(이란 육군은 800대의 카라르 첨단 전차를 **구입할** 계획이다.)

fid, fidel, fi, fy: 신뢰하다, 믿다, 신의 있는, 충실한(1)

fid, fidel, fi, fy : 신뢰하다, 믿다, 신의 있는, 충실한(1)

라틴어 fidere는 믿다, 신뢰하다를 뜻하고 fidus는 신의 있는, 충실한의 뜻을 갖고 있다.

affidavit æfɪ'deɪvɪt (애피**데**이빗)

af(만들다)+ fidavit(신의 있는)

=신의를 걸고 진술한

=**진술서, 자술서**

af(ad)=만들다

affianced ə'faɪənst (어**파**이언스트)

af(만들다)+ fianced(신뢰하는)

=신뢰를 만든=**약혼한**

af(ad)=만들다

☞ affiance: 약혼시키다

fidelity fɪ'dɛlɪti (피**델**리티)

fidel(충실한)+ ity

=**충실함**

☞ infidelity: in(not)+ fidelity =부정, 배신

defy dɪ'faɪ (디**파**이)

de(반대)+ fy(신뢰하다)

=신뢰를 거스르다

=**반항하다, 거역하다**

de=반대

☞ defiance: 반항, 저항

fiduciary fɪ'dyuʃiɛri (피**듀**시어리)

fidu(신뢰하다)+ ciary(받는)

=신뢰를 받는=**신탁의, 수탁자**

☞ fiducial: 기점의, 기준의, 믿어 의심치 않는, 신탁의

semper fidelis 'sɛmpɛr fɪ'deɪlɪs (**셈**퍼 피**델**리스)

semper(항상)+ fidelis(충실한)

=**항상 충실한**

semper=항상

Put another way, it is the content of his **affidavit** or statement which determines the assertion.
(달리 말하면, 그의 **진술서**나 진술의 내용이 주장을 결정하는 것이다.)

First, there is an implied term that the employee will serve the employer with loyalty and **fidelity**.
(첫째, 종업원이 충성심과 **충실함**을 가지고 고용주를 섬길 것이라는 암묵적인 용어가 있다.)

I like to give **affianced** friends a copy of Rebecca Mead's book "One Perfect Day," which exposes the ridiculous wedding industry.
(나는 **약혼한** 친구들에게 우스꽝스러운 결혼 산업을 폭로하는 레베카 미드의 책 "완벽한 날"의 복사본을 주는 것을 좋아한다.)

Pursuing a strategy of 'massive resistance,' many Southern officials openly **defied** the decision.
('집단적 저항' 전략을 추구하면서, 많은 남부 관리들은 그 결정에 공개적으로 **거역했다**.)

The duty arose from the **fiduciary** relationship of guardian and ward, as established by statute.
(그 의무는 법령에 의해 확립된 보호자와 병동의 **수탁**관계에서 비롯되었다.)

His message was 'Ireland **semper fidelis** - always faithful.'
(그의 메시지는 '아일랜드 **셈퍼 피델리스** - 항상 충실하다'는 것이었다.)

bona fide 'boʊnə faɪd (보너 파이드)

bona(좋은)+ fide(신의 있는)

=매우 신의 있는=**진실된, 진짜의**

bona=좋은

☞ bona fides: 진실성

diffident 'dɪfɪdənt (디피던트)

dif(반대의)+ fident(믿는)

=믿음에 반대되는=**소심한**

dif(dis)=반대, 부정

☞ diffidence: 자신이 없음

infidel 'ɪnfɪdɛl (인피델)

in(~이 없는)+ fidel(믿음의)

=믿음이 없는=**신앙심 없는 자**

in=~이 없는

☞ infidelity: 부정(不貞)

fid, fidel, fi, fy : 신뢰하다, 믿다, 신의 있는, 충실한(2)

라틴어 fidere는 믿다, 신뢰하다를 뜻하고 fidus는 신의 있는, 충실한의 뜻을 갖고 있다.

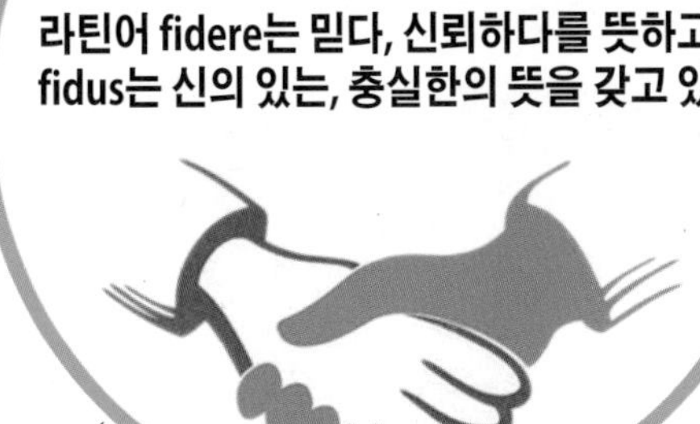

confide kən'faɪd (컨파이드)

con(완전히)+ fide(믿다)

=철저히 믿다=**(비밀을) 털어놓다**

con(com)=함께, 완전히

confident 'kɒnfɪdənt (칸피던트)

con(완전히)+ fident(믿는)

=완전히 믿는=**자신감이 있는**

con(com)=함께, 완전히

☞ confidence: 신뢰, 비밀, 확신

confidential: 비밀의

fiducial line: 기준선

confidant: 친구=con(강조) + fidant=(믿음이 강한)

perfidious pər'fɪdiəs (펄피디어스)

per(잘못된)+ fidious(믿음의)

=잘못된 믿음의=**믿을 수 없는**

per=통과, 잘못된

☞ perfidy: 배신

예문

These people are permitted into the country because the visa stamp in their passports is legal and **bona fide**.
(그들의 여권에 있는 비자 스탬프가 합법적이고 **진짜**이기 때문에 이 사람들은 입국이 허용된다.)

Thirty years later he is still embarrassed or **diffident** every time he is confronted with even a simple practical task.
(30년이 지난 지금도 그는 간단한 실무를 접할 때마다 당황하거나 **소심하다**.)

Particular emphasis is placed on not recognizing the holy days or national observances of the **infidels**.
(특히 **불신자들**이 신성한 날이나 국가적 의식을 인식하지 못하는 것이 강조되고 있다.)

He **confided** that stress had caused him to lose a stone in weight.
(그는 스트레스로 인해 체중이 줄었다고 **털어놓았다**.)

Instead, he was too trusting, perhaps too **confident** in his own ability to keep everything together.
(그 대신 그는 너무 믿었고, 어쩌면 모든 것을 함께 지킬 수 있는 자신의 능력에 대해 너무 **자신이 있었다**.)

She is indifferent, negligent, unfeeling, untrustworthy, and **perfidious**.
(그녀는 무관심하고, 태만하고, 감정이 없고, 신뢰할 수 없고, **믿을 수 없다**.)

affluent 'æfluənt (애플루언트)
af(더하다)+ fluent(흐르다)
=흘러넘치는=**부유한, 부유**
af(ad)=더하다, 만들다
☞ affluence: 풍부, 부유

superfluous sʊ'pɜrfluəs (수펄플루어스)
super(위에)+ fluous(흐르는)
=위에서 넘치게 흐르는=**과잉의**
super=위에, 넘치는
☞ superfluity: 여분, 과다, 과잉

fluent 'fluənt (플루언트)
flu(흐르다)+ ent
=말이 물흐르듯 함=**유창한**
☞ fluency: 유창성, 능숙도

flu: 흐르다(1)
라틴어 fluere는 흐르다의 뜻을 갖고 있다.

fluid 'fluɪd (플루이드)
flu(흐르다)+ id
=흐르는=**유동체, 액체**
☞ fluidity: 부드러움, 우아함
flume: 물미끄럼틀

efflux 'ɛflʌks (애플럭스)
ef(밖으로)+ flux(흘러감)
=밖으로 흘러감=**유출**
ef(ex)=밖으로, 분리, 소멸
☞ effluence: 방출

fluctuate 'flʌktʃueɪt (플락츄에이트)
fluctu(파도)+ ate
=파도치듯이 하다=**변동을 거듭하다**
fluctu(fluctus)=파도
☞ fluctuation: 변동, 등락

예문
He said land in **affluent** areas was generally much more expensive.
(그는 **부유한** 지역의 토지는 일반적으로 훨씬 더 비싸다고 말했다.)
It points out that **fluent** speakers have fallen from 250,000 over 80 years ago to under 30,000 today.
(**유창한** 화자가 80년 전에 25만 명에서 오늘날 3만 명 이하로 떨어졌다는 것을 그것은 가리키고 있다.)
Unnecessary, **superfluous** comments waste time and try the patience of participants.
(불필요하고 **과잉의** 논평은 시간을 낭비하고 참가자들의 인내심을 시험한다.)
The main aim of the treatment is to replace the lost **fluids** and electrolytes in the body.
(이 치료의 주된 목적은 체내에서 손실된 **유동체**와 전해질을 대체하는 것이다.)
The first step in this process is calcium ion **efflux** from the cells.
(이 과정의 첫 번째 단계는 세포에서 나오는 칼슘 이온의 **유출**이다.)
Bond funds also pay income, usually on a monthly basis, but the amount you receive can **fluctuate**.
(채권펀드도 보통 월 단위로 소득을 지급하지만 받는 금액이 **변동될 수 있다**.)

flu: 흐르다(2)

라틴어 fluere는 흐르다는 뜻을 갖고 있다.

confluence 'kɒnfluəns (칸플루언스)

con(함께)+ fluence(흐름)

=함께 흐르는 지역=**합류 지점**

con(com)=함께, 완전히

fluvial 'fluviəl (플루비얼)

fluvi(강)+ al

=강의=**강의, 하천의**

fluvius=강, 하천

influx 'ɪnflʌks (인플락스)

in(안으로)+ flux(흐름)

=안으로 흘러 들어옴

=**유입, 쇄도**

in=안에, 안으로

☞ influence: in+ fluence

=(안으로 흘러 들어감)=영향

reflux 'riflʌks (리플락스)

re(뒤로)+ flux(흐름)

=거꾸로 흐름

=**역류, 퇴조, 썰물**

re=다시, 뒤로, 강조

effluvium ɪ'fluviəm (이플루비엄)

ef(밖으로)+ fluvium(흐름)

=밖으로 흘러감

=**발산, 증발, 취기, 악취**

ef(ex)=밖으로, 분리, 소멸

mellifluous mə'lɪfluəs (멀리플루어스)

melli(꿀의)+ fluous(흐르는)

=꿀이 흐르는=**달콤한, 감미로운**

mel=꿀

☞ mellifluently: 감미롭게

circumfluent sər'kʌmfluənt (설컴플루언트)

circum(둥글게)+ fluent(흐르는)

=빙 둘러 흐르는

=**환류(環流)성의, 주위를 흐르는**

circum=둥글게, 돌아서

예문

It sits on the border with Austria at the **confluence** of two rivers.
(그것은 두 강의 **합류지점**에서 오스트리아와 국경을 맞대고 있다.)

The Paraguay River, one of the region's main **fluvial** veins, is at a 20-year low.
(이 지역의 주요 **강**줄기 중 하나인 파라과이 강은 20년 만에 최저치를 기록하고 있다.)

The UN was yesterday preparing for a massive refugee **influx** into the border region.
(유엔은 어제 국경 지역에 대한 대규모 난민 **유입**에 대비하고 있다.)

Infections in the mouth, chronic **reflux** of stomach acids, and metabolic disorders can also cause bad breath.
(입의 감염, 위산의 만성 **역류**, 대사 장애도 입냄새를 유발할 수 있다.)

The air already smelled of a range of human **effluvium** plus some of their delicate sweat.
(공기는 이미 다양한 종류의 인간의 **악취**와 그들의 섬세한 땀의 냄새를 풍겼다.)

I was particularly taken with the **mellifluous** sounds of the 'authentic' clarinets.
(나는 특히 '참된' 클라리넷의 **달콤한** 소리에 매료되었다.)

While the **circumfluent** ocean is decorated with fish, no boats appear on the London map.
(**환류성** 바다가 물고기로 장식되는 동안 런던 지도에는 배가 나타나지 않는다.)

acquire ə'kwaɪər (어**콰**이얼)

ac(강조)+ quire(찾다,구하다)

=간절히 찾다(구하다)=**습득하다**

ac(ad)=강조

☞ acquisition: 습득, 획득 [ækwɪ'zɪʃən]

acquisitive: (획득하려는) =소유욕이 많은

disquisition dɪskwɪ'zɪʃən (디스퀴**지**션)

dis(따로)+ quisition(찾다)

=개별적 주제로 탐구해낸 =**논고, 논문**

dis=분리, 이탈

exquisite ɪk'skwɪzɪt (익스**퀴**짓) 'ɛkskwɪzɪt (**엑**스퀴짓)

ex(강조)+ quisite(찾는)

=철저히 찾는=**정교한**

ex=강조

qui, que: 찾다, 묻다(1)

라틴어 quaerere는 찾다, 묻다의 뜻을 갖고 있다.

SEEK

conquer 'kɒŋkər (**컹**컬)

con(강조)+ quer(찾다)

=결국 찾아냄=**정복하다**

con(com)=강조

☞ conquest: 정복

perquisite 'pɜrkwɪzɪt (**펄**퀴짓)

per(완전히)+ quisite(찾다)

=철저히 찾아서 얻어낸 것 =**특권, 특전, 부수입**

per=완전히(강조)

The company has neither improved its financial indicators, nor **acquired** new assets.
(그 회사는 재무지표를 개선하지도 않았고, 새로운 자산을 **취득하지도** 않았다.)

Otherwise a **disquisition** on the subject will appear to be elusive and simply beyond our ken.
(그렇지 않으면 그 주제에 대한 **논문**은 이해하기 어렵고 단순히 우리의 이해 범위를 벗어난 것처럼 보일 것이다.)

My friend has a website filled with beautiful art and **exquisite** illustrations.
(내 친구는 아름다운 예술과 **정교한** 삽화로 가득한 웹사이트를 가지고 있다.)

Once his home territories were settled, Alexander set out to **conquer** new territory.
(그의 고향이 평정되자 알렉산더는 새로운 영토를 **정복하기** 시작했다.)

They desire fair compensation and financial benefits as well as the **perquisites** of many managerial jobs.
(그들은 많은 경영직의 **특권**뿐만 아니라 공정한 보상과 재정적 혜택을 원한다.)

qui, que: 찾다, 묻다(2)

requisite ˈrɛkwɪzɪt (**레**퀴짓)

re(강조)+ quisite(구하는)

=간절히 구하는

=**필수적인, 필요조건**

re=강조

☞ require:
필요로 하다, 요구하다

prerequisite prɪˈrɛkwɪzɪt (프리**레**퀴짓)

pre(먼저)+ requisite(필수적인)

=먼저 요구되는

=**전제조건, 전제가 되는**

pre=전에, 먼저

☞ require: 요구하다
required: 필수의

qui, que:
찾다, 묻다(2)

라틴어 quaerere는 찾다, 묻다의 뜻을 갖고 있다.

SEEK

inquest ˈɪnkwɛst (**인**퀘스트)

in(안으로)+ quest(찾다)

=원인을 찾다=**조사, 사인규명**

in=안으로

☞ query: 의문, 질문

inquire ɪnˈkwaɪər (인**콰**이얼)

in(안으로)+ quire(묻다)

=안으로 묻다

=**묻다, 알아보다**

in=안으로

☞ inquiry: 문의
inquisitive: 꼬치꼬치 캐묻는
[ɪnˈkwɪzɪtɪv]

예문

Regardless of the precautions you take, your **requisite** insurance does not necessarily have to be expensive.
(당신이 취하는 주의사항과 상관없이, 당신의 **필수적인** 보험이 반드시 비싸야 하는 것은 아니다.)

Such experiments require at least two **prerequisites**.
(그러한 실험에는 최소한 두 가지의 **전제조건**이 필요하다.)

There have been 150 questions asked at an **inquest** and a criminal trial.
(**조사**와 형사재판에서 150개의 질문이 제기되었다.)

I **inquired** where he lived.
(나는 그가 어디에 사는지 **물었다**.)

adjust əˈdʒʌst (어**저**스트)

ad(만들다)+ just(가까운)

=가깝게 만들다=**조정하다, 적응하다**

ad=만들다

☞ adjustment: 조정, 적응
adjustable: 조절 가능한

just, juxta: 가까운, 옆의

라틴어 juxta는 가까운, 옆에의 뜻을 갖고 있다.

NEXT

maladjusted mæləˈdʒʌstɪd (맬어**저**스티드)

mal(잘못된)+ adjusted(적응된)

=잘못 적응하는

=**적응하지 못하는**

mal=나쁜, 잘못된

juxtapose ˈdʒʌkstəpoʊz (**작**스터포즈)

juxta(옆에)+ pose(놓다)

=옆에 놓다=**나란히 놓다**

pose=놓다, 두다

☞ juxtaposition: 병렬

peas, pac: 평화

라틴어 pacem은 평화의 뜻을 갖고 있다.

appease əˈpiz (어**피**즈)

ap(만들다)+ pease(평화)

=평화를 만들다

=**달래다, 누그러뜨리다**

ap(ad)=만들다

☞ appeasement: 달램
appeaser: 타협가

pacify ˈpæsəfaɪ (**패**서파이)

paci(평화)+ fy(만들다)

=평화를 만들다

=**진정시키다, 달래다**

fy=만들다

☞ pacification: 화해
pacific: 평화로운
Pax Romana: 로마의 지배에 의한 평화

예문

The seat height was **adjusted** for each individual before each test using a standardized method.
(좌석 높이는 각 시험 전에 표준화된 방법을 사용하여 각 개인에 맞춰 **조정되었다**.)

They are socially **maladjusted**, and attention and dependence seeking.
(그들은 사회적으로 **부적응되어**있고, 관심과 의존을 추구한다.)

When two contrary elements are **juxtaposed**, the sudden surprise catches us off guard.
(두 가지 상반된 요소가 **병치되어있을 때**, 갑작스런 기습은 우리의 허를 찌른다.)

The only thing that it can do now to **appease** the people would be to resign.
(국민을 **달래기 위해** 지금 할 수 있는 일은 사직하는 길밖에 없을 것이다.)

The traffic policeman, who arrives late, tries to **pacify** everyone.
(늦게 도착한 교통경찰은 모든 사람들을 **진정시키려고** 한다.)

scrib, scrip: 쓰다(1)

ascribe ə'skraɪb (어스크**라**이브)
a(하다)+ scribe(쓰다)
=이름을 장부에 써넣다
=~의 탓(덕)으로 돌리다
a(ad)=하다
☞ ascribed: 할당된
ascriptive: 귀속하는

subscribe səb'skraɪb (서브스크**라**이브)
sub(아래에)+ scribe(적다)
=아래에 적다=**구독(가입)하다**
sub=아래에, 밑으로
☞ scribe: 서기

conscription kən'skrɪpʃən (컨스크**립**션)
con(함께)+ scription(적다)
=군대갈 모든 명단을 작성하다
=징집, 징병, 징병제
con(com)=함께
☞ conscript: 징집하다

scrib, scrip: 쓰다(1)
라틴어 scribere는 쓰다의 뜻을 갖고 있다.

prescribe prɪ'skraɪb (프리스크**라**이브)
pre(미리)+ scribe(쓰다)
=미리 써주다=**규정하다, 처방하다**
pre=미리, 먼저
☞ prescription: 처방, 처방전
prescriptible: 시효로 생기는, 규정할 수 있는

scribble 'skrɪbəl (스크**리**블)
scrib(쓰는)+ ble
=휘갈겨 쓰다
☞ scriptorium: 기록실

imprescriptible ɪmprɪ'skrɪptəbəl (임프리스크**립**터블)
im(아닌)+ prescriptible(시효로 생기는)
=(권리 등이) 시효로 소멸되지 않는
im(in)=~이 아닌

예문

The substantial increase in the navy in this period is **ascribed** to him.
(이 시기에 있었던 해군의 실질적인 증가는 그의 **덕분**이다.)
Once someone **subscribes**, send him or her a welcome message immediately.
(일단 누군가가 **가입하면**, 즉시 환영 메시지를 보내라.)
The government implemented an organized taxation system and military **conscription**.
(정부는 조직적인 과세 제도와 군사 **징병제**를 시행했다.)
Your doctor may **prescribe** a medicine for depression or anxiety.
(당신의 의사는 우울증이나 불안증에 대한 약을 **처방할** 수도 있다.)
He quickly **scribbled** down what he was to tell her, feeling like an idiot.
(그는 바보 같은 기분으로 그녀에게 할 말을 재빨리 **갈겨썼다**.)
Liberty of the press, argued Erskine, is an im**prescriptible** natural right, given by God.
(언론의 자유는 신이 부여한 **소멸되지 않는** 자연권이라고 에르스킨은 주장했다.)

proscribe proʊ'skraɪb (프로스크**라**이브)

pro(향하여)+ scribe(쓰다)

=대중을 향해 써서 공표하다

=**금지하다**

pro=앞으로, 향하여

☞ proscription: 금지

inscribe ɪn'skraɪb (인스크**라**이브)

in(안에다)+ scribe(쓰다)

=안에다 쓰다=**쓰다, 새기다**

in=안에

scrib, scrip: 쓰다(2)

라틴어 scribere는 쓰다는 뜻을 갖고 있다.

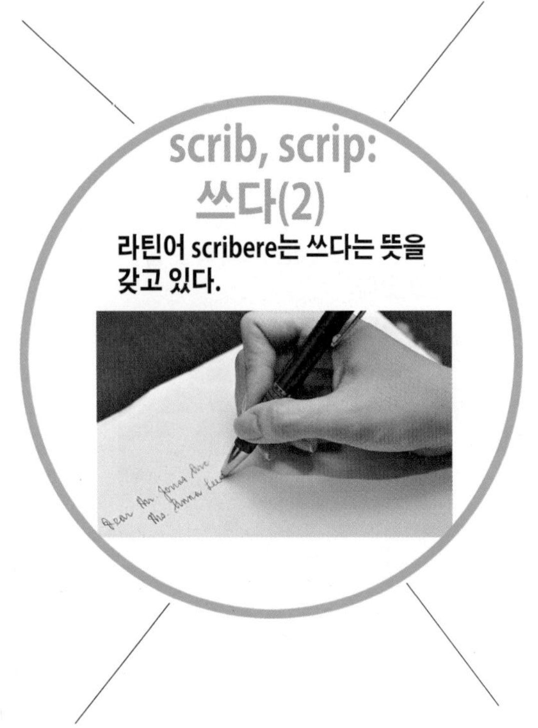

circumscribe 'sɜrkəmskraɪb (**설**컴스크라이브)

circum(둥글게)+ scribe(쓰다)

=둘러서 선을 긋다=**제한하다, 억제하다**

around=둥글게, 돌아서

☞ circumscription: 제한, 억제

postscript 'poʊstskrɪpt (**포**스트스크립트)

post(후에)+ script(작성)

=후에 작성함=**추신, 추서, 후기**

post=후에, 뒤에

☞ Scripture: 성서

예문

The rule of law **proscribes** ex post facto legislation.
(법치는 사후 입법을 **금지한다**.)

We must **inscribe** those words alongside some of today's political utterances.
(우리는 그 말들을 오늘날의 정치적 발언들 중 일부와 함께 **새겨넣어야** 한다.)

From the earliest days of the new state there were efforts to **circumscribe** local authority powers.
(새로운 주의 초기부터 지방권력을 **제한하려는** 노력이 있었다.)

The most poignant part of the letter was the handwritten **postscript**.
(편지의 가장 가슴 아픈 부분은 손으로 쓴 **추서**였다.)

leg: 법의, 파견하다

delegate ˈdɛlɪgɪt (**델**리깃) ˈdɛlɪgeɪt (**델**리게이트)
de(아래로)+ legate(위임하여 보내다)
=위임하여 내려보내다
=**대리인, 대리자로 파견하다**
de=아래로

illegal ɪˈligəl (일**리**걸)
il(아닌)+ legal(법의)
=법적이지 않은=**불법적인**
il(in)=~이 아닌
☞ legal: 법적인, 합법적인
legacy: 유산, 전통
[ˈlɛgəsi]

relegate ˈrɛlɪgeɪt (**렐**리게이트)
re(다시)+ legate(파견하다)
=안 좋은 곳으로 다시 파견하다
=**좌천시키다**
re=다시, 뒤로
☞ relegation: 좌천, 격하

leg: 법의, 파견하다

라틴어 lex는 법(law)의 뜻을 갖고 있다. 이 단어에서 파생된 단어 legare는 위임하여 보내다의 뜻을 갖고 있다.

legislator ˈlɛdʒɪsleɪtər (**레**지스레이털)
legis(법)+ lator(가져오는 사람)
=법을 만드는 사람
=**입법자, 국회의원**
 legislature: 입법부
legislation: 법률, 입법

paralegal pærəˈligəl (패러**리**걸)
para(유사한)+ legal(법의)
=유사 법률가=**준법률가**
para=옆의, 유사한

legitimate lɪˈdʒɪtɪmɪt (리**지**티밋)
leg(법)+ itimate
=법다운=**합법적인, 정당한**

예문

First, about 27 districts sent two **delegates** to this congress.
(우선 약 27개 구에서 두 명의 **대표**를 이번 대회에 파견했다.)
The report also raises concerns over the efforts to tackle **illegal** drug use in prison.
(이 보고서는 또한 감옥에서의 **불법적인** 마약 사용에 대한 우려를 제기하고 있다.)
In the United States, he is **relegated** to subordinate positions and rendered passive by white society.
(미국에서 그는 부하직원으로 **좌천되고** 백인 사회에 의해 수동적으로 변한다.)
One secret of American lawmaking is that **legislators** and legislatures need lobbyists.
(미국 입법부의 한 가지 비밀은 **입법자들**과 입법부가 로비스트를 필요로 한다는 것이다.)
Sometimes lawyers use **paralegals** and law clerks to help research a case.
(때때로 변호사들은 사건을 연구하는 데 도움을 주기 위해 **준법률가들**과 법률 사무원을 이용한다.)
But perjury is not a **legitimate** tool of their trade.
(그러나 위증은 그들 거래의 **합법적인** 도구가 아니다.)

alienate 'eɪlyəneɪt (**에**일리어네이트)

alien(다른)+ ate

=다르게 만들다

=멀어지게(소원하게) 만들다

☛ alienation: 소외
alien: 생경한, 외국인

alternative ɔl'tɜrnətɪv (얼**터**너티브)

alter(또 하나의)+ native

=또 하나의=**대안(의)**

alias 'eɪliəs (**애**일리어스)

alias(또 다른)

=또 다른 이름=**가명**

ali, alt, alter: 다른, 또 하나의(1)

라틴어 alius, alter는 다른, 또 하나의 뜻을 갖고 있다.

inalienable ɪn'eɪlyənəbəl (인**에**일리어너블)

in(~이 아닌)+ alienable(양도할 수 있는)

=양도할 수 없는

in=~이 아닌

alibi 'æləbaɪ (**앨**러바이)

ali(다른)+ bi

=다른 장소에 있었다는 증명

=알리바이

예문

What we have are two things going on: One, a society in which our children are **alienated** and isolated.
(우리가 가진 것은 두 가지이다. 첫째는, 우리 아이들이 **소외되고** 고립되는 사회다.)
It is perfectly possible that an **alternative** government would overturn a hunting ban.
(**대체되는** 정부가 사냥 금지령을 뒤집을 가능성은 충분히 있다.)
Anyway, I was saying that once we leave here we are going to assume **aliases**.
(어쨌든, 나는 우리가 이곳을 떠나면 **가명**을 쓸 것이라고 말하고 있었다.)
Freedom from slavery remains an **inalienable** human right today - see Chapter 15.
(노예로부터의 자유는 오늘날 **양도할 수 없는** 인간의 권리로 남아있다 - 제15장 참조.)
He maintains that he has an **alibi** for the crucial times surrounding the murder.
(그는 살인을 둘러싼 결정적인 시기에 대한 **알리바이**를 가지고 있다고 주장한다.)

alienist ˈeɪlɪənɪst (**에**일리어니스트)
alien(다른)+ ist
=정신 이상자를 다루는 의사
=**정신병 의사**

altruistic æltruˈɪstɪk (앨트루**이**스틱)
altru(다른)+ istic
=다른 사람에게 관심을 돌리는
=**이타적인**
☞ altruism: 이타주의, 이타심
altruist: 이타주의자

ali, alt, alter: 다른, 또 하나의(2)

라틴어 alius, alter는 다른, 또 하나의 뜻을 갖고 있다.

alteration ɔltəˈreɪʃən (얼터**레**이션)
alter(다른)+ ation
=다르게 만들다=**변화, 개조, 옷수선**

altercate ˈɔltərkeɪt (**얼**터케이트)
alter(다른)+ cate
=다른 사람과 논쟁하다
=**언쟁하다**
☞ altercation: 언쟁, 논쟁

예문

The **alienist** says that Mr. Dundas is a severe melancholic.
(그 **정신병 의사**는 던다스 씨가 심각한 우울증 환자라고 말한다.)
His benevolent and **altruistic** nature made him very well known to everyone in the area.
(그의 자애롭고 **이타적인** 성격 덕분에 그는 그 지역의 모든 사람들에게 매우 잘 알려졌다.)
This **alteration** can cause significant changes in porosity and permeability.
(이러한 **개조**는 다공성과 투과성에 상당한 변화를 일으킬 수 있다.)
The two groups did not physically **altercate** to any serious degree.
(그 두 집단은 육체적으로 어떤 심각한 수준에서도 **언쟁을 하지** 않았다.)

unanimous yu'nænɪməs (유**네**니머스)
un(하나의)+ animous(마음의)
=하나의 마음이 된=**만장일치의**
un(unus)=하나
☞ unanimity: 만장일치

animosity ænɪ'mɒsɪti (애니**마**시티)
amin(정신)+ osity
=적대적인 생각=**반감, 적대감**
☞ hostile: 적대적인

magnanimity mægnə'nɪmɪti (매그너**니**미티)
magn(거대한)+ animity(생각)
=큰 생각=**포용, 관대함**
magn(magnus)=거대한, 큰
☞ magnanimous: 도량이 넓은, 너그러운

anim: 이성, 정신, 생각, 생명

라틴어 animus는 이성, 생각, 정신, 생명의 뜻을 갖고 있다.

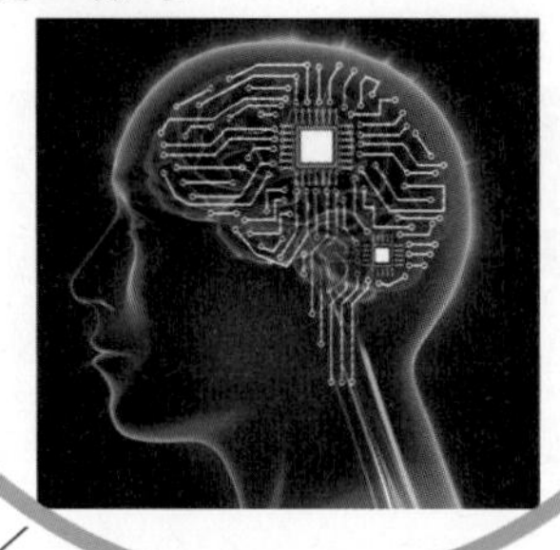

animate 'ænɪmeɪt (**애**니메이트)
anim(생명)+ ate
=생명을 주다=**생기를 불어넣다**
☞ animated: 활기찬, 활발한

pusillanimous pyusɪ'lænɪməs (퓨실**레**니머스)
pusill(매우 약한)+ animous(정신의)
=매우 약한 정신의=**겁 많은, 겁쟁이인**
pusill(pusillis)=매우 약한, 작은
☞ pusillanimity: 겁많음, 소심

animadvert ænɪmæd'vɜrt (애님애드**벌**트)
anim(생각)+ advert(돌리다)
=생각을 ~에게 돌리다=**비난하다, 혹평하다**
advert=돌리다

예문

The proudly partisan audience was **unanimous** in its choice of heroes and villains.
(당당하게 당파적인 관중들은 영웅과 악당의 선택에 있어서는 **만장일치**였다.)
There is strong **animosity** between the two groups and each has its own culture and traditions.
(두 집단 사이에는 강한 **반감**이 있고 각각 고유의 문화와 전통을 가지고 있다.)
Both sides will have to show **magnanimity**.
(양쪽 모두 **관대함**을 보여야 할 것이다.)
It is **animated** by light - direct sunlight creates a glow.
(그것은 빛에 의해 **활성화된다**. 즉 직사광선은 불빛을 만든다.)
Pray do not continue such **pusillanimous** writings.
(그런 **겁쟁이 같은** 글을 계속 쓰지 말기를 기도한다.)
We have already **animadverted** on the extraordinary eagerness of the first Roman to occupy Britain.
(우리는 이미 영국을 점령한 최초의 로마인의 비상한 열망에 대해 **혹평한** 바 있다.)

ambidextrous æmbɪ'dɛkstrəs (앰비**덱**스트러스)

ambi(양쪽의)+ dextrous(능숙한)
=양손을 능숙하게 쓰는=**양손잡이의**
dexter=오른손의, 능숙한
☞ dexterous: 손재주 있는, 솜씨 좋은
dexterity: 재주

ambivalent æm'bɪvələnt (앰**비**벌런트)

ambi(양쪽의)+ valent(힘 있는)
=양쪽의 힘이 공존하는
=**양가성의, 반대 감정이 병존하는**
valent=힘 있는, 강한
☞ ambivalence: 양면가치
valor: 용기, 용맹
convalescence: 요양, 회복=
con(강조)+ valescence(힘을 키움)

amphibious æm'fɪbiəs (앰**피**비어스)

amphi(양쪽의)+ bious(사는)
=양쪽에서 살 수 있는
=**양서류인, 수륙양용의**
bious=사는 (bios=생명, 생활)
☞ amphibian: 양서류, 수륙양용
biopsy: 생체(조직)검사=
bi(생체)+ opsy(보다)
antibiotic: 항생제

ambi, amphi: 양쪽의

라틴어 ambi나 amphi는 양쪽(both)이라는 의미를 갖고 있다.

ambivert 'æmbɪvɜrt (**앰**비벌트)

ambi(양쪽의)+ vert(돌다)
=양쪽으로 휘어진=**양향 성격자**
vert=돌다, 휘다
☞ introvert: 내성적인 사람
extrovert: 외향적인 사람
invert: 뒤집다, 도치시키다

ambiguous æm'bɪgyuəs (앰**비**규어스)

ambi(양쪽의)+ guous(이끌다)
=양쪽으로 이끄는=**애매모호한**
guous=(원형: agere) 몰다, 이끌다
☞ ambiguously: 애매모호하게
ambiguity: 애매모호함

예문

He became **ambidextrous**, using his left hand instead.
(그는 왼손을 대신 사용하여 **양손잡이**가 되었다.)
Their attitude to Hale is **ambivalent** at best and I suspect that it is actively hostile.
(헤일에 대한 그들의 태도는 기껏해야 **양면적이고** 나는 그것이 실제적으로는 적대적이라고 의심한다.)
It is not the first **amphibious** vehicle to plane but it is certainly the first commercial one.
(이것은 비행기로 가는 최초의 **수륙양용** 차량은 아니지만 확실히 첫 번째 상업용 차량이다.)
Introverts tended to outperform **ambiverts** rather than the reverse.
(내향적인 사람들은 그 반대(외향적인 사람들)보다는 **양향적인 사람들**을 능가하는 경향이 있었다.)
Once more, the evidence is **ambiguous** and interpretations have become polarized.
(다시 한 번 증거가 **모호해졌고** 해석도 양극화됐다.)

ann, enn: 해, 년(year)

biennial baɪ'ɛniəl (바이**애**니얼)
bi(두 개의)+ ennial(해의)
=두 해마다=**2년에 한 번씩의**

biannual baɪ'ænyuəl (바이**애**뉴얼)
bi(두 개의)+ annual(해의)
=1년에 2회의=**연 2회의**
bi=두 개의
☞ annual: 매년의
anniversary: 기념일

annals 'ænlz (**애**늘즈)
ann(년의)+ als
=해(년)에 관련된
=**연대기, 연보**

ann, enn: 해, 년(year)

라틴어 annus는 해, 년을 뜻한다.

annuity ə'nuɪti (어**뉴**이티)
ann(년의)+ uity
=1년마다의
=**연금(年金), 연금보험**
☞ Anno Domini (A.D.):
Anno(해, 년)+ Domini(주님)
=(주님의 해)=서기(西紀)

perennial pə'rɛniəl (퍼**레**니얼)
per(계속)+ ennial(년의)
=계속 해(年)가 지속되는
=**지속되는, 영원한, 다년생의**
per=계속

semiannual sɛmi'ænyuəl (새미**애**뉴얼)
semi(반의)+ annual(년의)
=**반년마다의**
semi=반의(half)

예문

This **biennial** festival took place in late June, beginning in 1961 and ran for 28 years.
(이 **2년마다 열리는** 축제는 1961년에 시작하여 28년간 계속되었다.)
Now based in London, he was organizing a **biannual** meeting of his senior team.
(현재 런던에 본부를 두고 있는 그는 **연 2회의** 수석 팀 회의를 조직하고 있었다.)
In the **annals** of American labor relations, history sometimes reverses course.
(미국 노동 관계 **연보**에서 역사는 때로 진로를 역전시킨다.)
Many people believe that all **annuities** are toxic.
(많은 사람들은 모든 **연금보험**에는 독성이 있다고 믿는다.)
Internal communication difficulties were a **perennial** problem with large organisations, he claimed.
(내부 의사소통의 어려움은 대규모 조직에서 발생하는 **영속적인** 문제라고 그는 주장했다.)
A **semiannual** study conducted on how much car shoppers enjoy their online experiences.
(자동차 구매자들이 온라인 경험을 얼마나 즐기는지에 대한 **반년마다의** 연구.)

cephal: 머리

bicephalous baɪ'sɛfələs (바이**세**펄러스)

bi(두 개의)+ cephalous(머리의)

=두 개의 머리를 가진=**쌍두(雙頭)의**

bi=두 개의

☞ cephalic: 머리의

cephalalgia sɛfə'lældʒə (세펄**랠**지아)

cephal(머리)+ algia(통증)

=머리의 통증=**두통**

algia=고통, 통증

☞ neuralgia: 신경통
(neur: 신경)

cephalad: 머리 쪽에, 머리 쪽으로

acephalous eɪ'sɛfələs (에이**세**펄러스)

a(~없는)+ acephalous(머리의)

=**머리가 없는, 지도자가 없는**

a=~이 없는

☞ procephalic: (pro=앞의) 전두부(前頭部)의

라틴어 cephal은 머리(head)의 뜻을 갖고 있다.

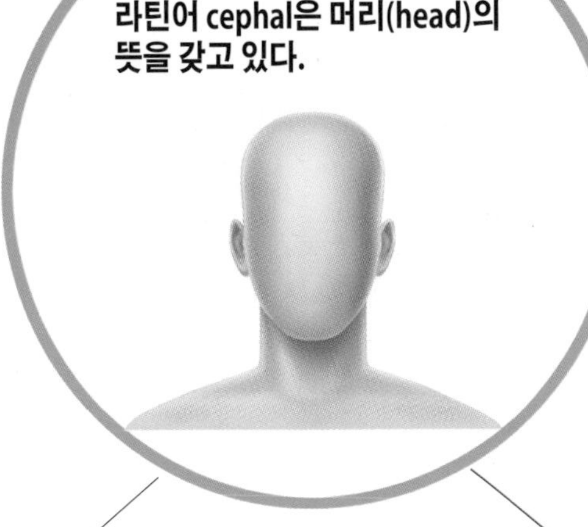

encephalitis ɛnsɛfə'laɪtɪs (엔세퍼**라**이티스)

en(안에)+ cephal(머리)+ itis(염증)

=뇌에 생긴 염증=**뇌염**

en=안에 itis=염증

☞ gastritis: 위염

hydrocephalus haɪdrə'sɛfələs (하이드러**세**펄러스)

hydro(물)+ cephalus(머리의)

=머리에 물이 참=**뇌수종**

hydro=물

예문

On the main facade is an imposing **bicephalous** eagle, which represented the Hapsburg dynasty.
(정면에는 합스부르크 왕조를 대표하는 인상적인 **쌍두** 독수리가 그려져있다.)

A common cause of **cephalalgia** is excessive tension of the temporalis muscle.
(**두통**의 흔한 원인은 측두근의 과도한 긴장이다.)

The earliest human societies were **acephalous**: they existed without formal rulers or leaders.
(초기의 인간 사회에는 **지도자가 없었다**: 그들은 공식적인 통치자나 지도자들 없이 존재했다.)

West Nile virus is a mosquito-borne disease that can cause **encephalitis**, a brain infection.
(웨스트 나일 바이러스는 모기가 매개하는 질병으로 **뇌염**, 즉 뇌에 감염을 일으킬 수 있다.)

Sometimes, the large head size reflects **hydrocephalus** (excess fluid in the brain) and requires surgery.
(때때로, 큰 머리는 **뇌수종**(뇌에 과다한 액체)을 나타내며 수술을 필요로 한다.)

binocular bɪˈnɒkyələr (비**나**큘러)
bin(쌍쌍의)+ ocular(눈의)
=쌍쌍의 눈
=**두 눈으로 보는, 쌍안경**
bin(bini)=쌍쌍의
☞ binocle: 쌍안경

oculist ˈɒkyəlɪst (**아**큐리스트)
ocul(눈)+ ist
=눈 전문가=**안과의사**
☞ oculus: 눈
ocular: 눈의

monocular məˈnɒkyələr (머**나**큘러)
mon(하나의)+ ocular(눈)
=한 눈으로 된=**외눈의, 단안용의**
mon(mono)=하나의

ocul: 눈

라틴어 oculus는 눈(eye)의 뜻을 갖고 있다.

inoculate ɪˈnɒkyəleɪt (이**나**큐레이트)
in(안으로)+ oculate(눈의)
=안으로 싹(눈)을 심다
=**접종하다, 접붙이다**
in=안으로
☞ inoculation: 접종, 접붙임

예문

The residues were dried and we used the 20-125 m fraction to pick specimens under a **binocular** microscope.
(잔여물은 건조되었고 우리는 **쌍안경** 현미경을 통해 표본을 채취하기 위해 20-125m의 파편을 사용했다.)
I went to the **oculist** who blandly told me I would need glasses by the time I was 47.
(나는 47세가 되면 안경이 필요할 거라고 담담하게 말하는 **안과의사**에게 갔다.)
If possible, all children should have their **monocular** visual acuity tested before four years of age.
(가능하다면, 모든 아이들은 4살 이전에 **단안**시력 검사를 받아야 한다.)
Army doctors have started **inoculating** villagers against disease.
(군의관들이 마을 사람들에게 질병 예방 **접종**을 시작했다.)

capture ˈkæptʃər (**캡**쳐)

cap(사로잡다)+ ture

=포로로 잡다, 사로잡다, 생포, 포획

☞ captive: 사로잡힌, 억류된, 포로
captious: 흠잡기 잘하는 [ˈkæpʃəs]
captivity: 감금, 억류
captivate: 사로잡다, 매혹시키다

perceive pərˈsiv (펄**시**브)

per(관통)+ ceive(잡다)

=관통하여 잡다
=인지하다, 깨닫다
per=통과, 계속

☞ perception: 지각, 인지
perceptive: 통찰력 있는, 지각의

occupy ˈɒkyəpaɪ (**아**큐파이)

oc(위에서)+ cupy(사로잡다)

=위에서 사로잡다
=차지하다, 점령하다
ob=위에서

☞ occupied: 사용 중인, 점령된
occupant: 사용자, 입주자
occupation: 직업, 점유
occupancy: 점유, 사용
preoccupied: (생각)에 사로잡힌, 마음을 빼앗기고 있는

cap, cep, cip, ceiv, ceipt, ceit, cup: 잡다, 사로잡다, 가지다(1)

라틴어 capere는 잡다, 가지다의 뜻을 갖고 있다.

participate pɑrˈtɪsɪpeɪt (팔**티**시페이트)

parti(부분의)+ cipate(가지다)

=한 부분을 가지다=**참여하다**
parti=(pars) 부분

☞ participant: 참가자
participle: (나눠 가짐) 분사(分詞)

anticipate ænˈtɪsɪpeɪt (앤**티**시페이트)

anti(미리)+ cipate(가지다)

=미리 가지다=**예상하다, 기대하다**
anti(ante)=미리, 먼저

☞ anticipation: 예상, 기대
anticipant: 앞을 내다보는
anticipatory: 예상하고 하는

예문

The French controlled the island until British forces **captured** it in 1762.
(프랑스는 1762년 영국군이 섬을 **점령할** 때까지 그 섬을 지배했다.)
The intuition **perceives** patterns and rhythms.
(직관은 패턴과 리듬을 **지각한다**.)
The ground floor of the building is presently **occupied** by both a taxi and a bookmaking business.
(그 건물의 1층은 현재 택시회사와 책 만드는 회사에 의해 **점유되어 있다**.)
Twenty two patients **participated** in an additional joint consultation with their own doctor.
(22명의 환자가 자신의 의사와 함께 추가적인 공동 상담에 **참여했다**.)
He probably **anticipated** the way things were moving in terms of the moral and social climate.
(그는 아마도 도덕적, 사회적 풍토 측면에서 상황이 어떻게 돌아가는지 **예상했을** 것이다.)

intercept ɪntər'sɛpt (인털**셉**트)

inter(중간에서)+ cept(가져가다)

=가로막다, 가로채다

inter=중간에

☞ interception: 가로챔, 요격
interceptor: 요격기

deceptive dɪ'sɛptɪv (디**셉**티브)

de(아래로)+ ceptive(가져가는)

=아래로 몰래 가져가는

=기만적인, 속이는

de=아래로, 분리

☞ deceive: 속이다, 기만하다
deceit: 속임수, 사기

incipit 'ɪnsɪpɪt (**인**시핏)

in(안으로)+ cipit(가지다)

=안으로 들어가다

=모두(冒頭), 시작

in=안으로

☞ incipience: 최초, 발단
incipiently: 처음에
inception: 시작, 개시
inceptive: 시초의, 발단의

cap, cep, cip, ceiv, ceipt, ceit, cup: 잡다, 사로잡다, 가지다(2)

라틴어 capere는 잡다, 가지다의 뜻을 갖고 있다.

apperception æpər'sɛpʃən (애펄**셉**션)

ap(하다)+ perception(인식)

=인식함=**통각(統覺)**

ap(ad)=하다, 만들다

☞ apperceptive: 통각적인

municipal myu'nɪsɪpəl (뮤**니**시펄)

muni(의무)+ cipal(가지는)

=로마시대 의무를 가진 시민과 관련된

=지방자치의, 시립의

muni=봉사, 의무

예문

Trees help prevent flooding by **intercepting** raindrops on their leaves, branches, and trunks.
(나무는 잎, 가지, 그리고 줄기에 있는 빗방울을 **가로채서** 홍수를 막는 데 도움을 준다.)
Today it announced the start of legal action alleging misleading and **deceptive** conduct.
(오늘 오해의 소지가 있고 **기만적인** 행위에 대한 법적 조치의 시작을 공표했다.)
They are arranged in the alphabetical order of their **incipit**-that is, the words with which they begin.
(그것의 **시작**은 알파벳순, 즉 그것이 시작되는 단어의 순으로 배열되어있다.)
The process of **apperception**, however, consists rarely or never in mere perceiving.
(그러나 **통각**의 과정은 거의 또는 결코 단순한 인식으로 구성되지 않는다.)
The **municipal** government has been taking steps to solve the city's housing problems.
(**지방자치** 정부는 시의 주택 문제를 해결하기 위한 조치를 취해왔다.)

capacious kə'peɪʃəs (커페이셔스)

cap(차지하다)+ acious

=차지하는=**넓찍한, 큼직한**

☞ capacity: 용량, 수용량
capability: 역량, 능력
capias: 구속영장 ['keɪpiəs]

recuperate rɪ'kupəreɪt (리쿠퍼레이트)

re(다시)+ cuperate(잡다)

=다시 잡다=**회복하다**

re=다시

☞ recuperation: 회복, 만회
recuperative: 회복을 돕는

recipient rɪ'sɪpiənt (리시피언트)

re(뒤로)+ cipient(가지는)

=돌려받는=**수령인, 수취인**

re=다시, 뒤로

☞ receipt: 영수증 [rɪ'sit]

cap, cep, cip, ceiv, ceipt, ceit, cup: 잡다, 사로잡다, 가지다(3)

라틴어 capere는 잡다, 가지다의 뜻을 갖고 있다.

intussusception ɪntəssə'sɛpʃən (인터서셉션)

intus(안에서)+ susception(차지함)

=안에서 차지함=**(생물) 섭취, 장겹침증**

intus=안에서(within)

susceptible sə'sɛptəbəl (서셉터블)

sus(아래로부터)+ ceptible(가져가는)

=아래에서 위로 채가기 쉬운

=**민감한, 영향을 받기 쉬운**

sus(sub)=아래에서, 아래로

☞ susceptive: 민감한
insusceptible: 받아들이지 않는

예문

My Microsoft Outlook engine is not so **capacious**; messages disappear after 28 days.
(나의 마이크로소프트 아웃룩 엔진은 그렇게 **용량이 많지** 않다; 메시지는 28일 후에 사라진다.)
When I was **recuperating** from a long illness last year, doctors advised me against using public transport.
(내가 작년에 오랜 병에서 **회복하고 있을** 때, 의사들은 대중교통을 이용하지 말라고 충고했다.)
Two awards for outstanding achievement were a surprise to the **recipients**.
(두 개의 뛰어난 업적에 대한 상은 **수상자들**에게 놀라운 것이었다.)
In contrast, benign conditions caused the majority of small intestinal **intussusceptions**.
(이와는 대조적으로, 양성의 상태는 소장내 대부분의 **장겹침**을 야기시켰다.)
Adult birds are **susceptible** to lead poisoning when their food source is contaminated.
(다 자란 새들은 음식 공급원이 오염되면 납 중독에 **걸리기 쉽다**.)

later, lat: 측면, 면

collateral kə'lætərəl (컬**레**터럴)
col(함께)+ lateral(측면)
=측면을 함께 함
=**부수적인, 담보물**
col(com)=함께

unilateral yunɪ'lætərəl (유니**래**터럴)
uni(하나의)+ lateral(면)
=한 면의=**일방적인**
uni=하나의

multilateral mʌltɪ'lætərəl (멀티**래**터럴)
multi(많은)+ lateral(면의)
=다면의=**다각적인, 다변적인**
multi=많은

later, lat: 측면, 면
라틴어 latus는 측면, 면(side)의 뜻을 갖고 있다.

bilateral baɪ'lætərəl (바이**래**터럴)
bi(두 개의)+ lateral(면의)
=두 면의=**쌍방의**
bi=두 개의
 lateral: 옆의, 측면의
latitude: 위도

trilateral traɪ'lætərəl (트라이**래**터럴)
tri(세 개의)+ lateral(측면의)
=세 개 측면의=**3자의, 3개국 간의**
tri=세 개의

equilateral ikwɪ'lætərəl (이퀴**래**터럴)
equi(같은)+ lateral(면의)
=같은 면의=**등변의**
equi=같은

예문

Their first concern will be to minimize their risk against loan default by requiring **collateral** or restrictive covenants.
(그들의 첫 번째 관심사는 **담보**나 제한조약을 요구함으로써 대출 채무 불이행에 대한 위험을 최소화하는 것이다.)
Divorce can be by mutual consent or at the initiative of the wife and by the **unilateral** decision of the husband.
(이혼은 서로의 동의나 아내의 주도하에, 그리고 남편의 **일방적인** 결정에 의해 이루어질 수 있다.)
The **multilateral** negotiations offer us the best opportunities as a trading nation.
(**다자간** 협상은 우리에게 무역 국가로서 최고의 기회를 제공한다.)
However, severe side effects may occur, including **bilateral** necrosis of the hip and gastric ulceration.
(그러나 **양쪽의** 고관절 괴사와 위궤양 등 심각한 부작용이 발생할 수 있다.)
We will probably never know what else Kerry told the **Trilateral** Commission behind closed doors.
(케리가 **3국** 위원회에 비공개로 무슨 말을 했는지 우리는 아마 결코 알 수 없을 것이다.)
An **equilateral** triangle of side length one is called a unit triangle.
(측면 길이 1의 **정**삼각형을 단위 삼각형이라고 한다.)

labor: 일(작업)하다

collaborate kə'læbəreɪt (컬**레**버레이트)

col(함께)+ laborate(작업하다)

=함께 작업하다

=협력하다, 공동으로 작업하다

col(com)=함께

☞ collaboration: 공동작업, 합작

laborious lə'bɔriəs (러**보**리어스)

labor(일하다)+ ious

=일하는=**힘든**

elaborate ɪ'læbərɪt (일**레**버릿) ɪ'læbəreɪt (일**레**버레이트)

e(철저히)+ laborate(작업하다)

=철저히 작업하다

=정교한, 정성을 들인, 상술하다

e(ex)=철저히(강조)

☞ elaboration: 공들임, 정교함

laboratory 'læbərətɔri (**래**버러토리)

labor(작업하다)+ atory

=작업하는 장소=**실험실, 연구실**

예문

They discovered they worked well together when **collaborating** on projects for the same clients.
(그들은 같은 고객들을 위한 프로젝트에서 **협력할** 때 일을 더 잘한다는 사실을 발견했다.)

We are in danger of forgetting that democracy is a slow, **laborious**, messy matter.
(우리는 민주주의가 느리고, **힘들고**, 골치아픈 문제라는 것을 잊어버릴 위험에 처해있다.)

In the case of this project, some of the students had made **elaborate** drawings with intricate details.
(이 프로젝트의 경우, 몇몇 학생들은 복잡한 세부사항에 대하여 **정교한** 그림을 그렸다.)

Health benefits are often documented in **laboratory** studies of animals other than humans.
(건강상의 유익은 종종 인간 이외의 동물에 대한 **실험실** 연구에서 기록되고 있다.)

lud, lus: 놀이(연기)하다, 행동하다(1)

collusion kəˈluʒən (컬**루**전)
col(함께)+ lusion(행동)
=함께 행동함=**공모, 결탁**
col(com)=함께
☞ collude: 공모하다

illude ɪˈlud (일**루**드)
il(안에서)+ lude(연기하다)
=안에서 연기하다=**속이다**
il(in)=안에서
☞ illusion: 착각, 환상
illusory: 환상에 불과한

allude əˈlud (얼**루**드)
al(향하여)+ lude(연기하다)
=의도를 가지고 연기하다
=**암시하다, 넌지시 말하다**
al(ad)=향하여, 목적을 위해
☞ allusive: 암시적인

lud, lus:
놀이(연기)하다, 행동하다(1)
라틴어 ludere는 놀이하다, 연기하다, 행동하다의 뜻을 갖고 있다.

delude dɪˈlud (딜**루**드)
de(경멸)+ lude(연기하다)
=경멸적인 연기를 하다
=**속이다, 착각하게 하다**
de=경멸
☞ delusion: 망상
delusive: 기만적인

ludicrous ˈludɪkrəs (**루**디크러스)
lud(연기하다)+ icrous
=연기하는 것 같은
=**터무니없는, 우스꽝스러운**

예문

But experience has shown that this kind of cooperation often leads to **collusion** between the two sides.
(그러나 이런 식의 협력은 종종 양측의 **결탁**으로 이어진다는 것을 경험으로 알 수 있다.)
He **illuded** her about his age.
(그는 그녀에게 자신의 나이를 **속였다**.)
The Times manages to avoid direct joke references to his name, but cunningly **alludes** to it.
(타임즈는 그의 이름에 대한 직접적인 농담은 피하지만 교활하게 그것을 **암시한다**.)
I'm always amazed that otherwise intelligent people are **deluded** into believing its truth.
(나는 한편 똑똑한 사람들이 그 진실을 믿도록 **속아넘어간다**는 사실에 항상 놀란다.)
When you take a look at it, space travel is an inherently **ludicrous** idea.
(당신이 그것을 본다면, 우주 여행은 본질적으로 **터무니없는** 생각이다.)

elude ɪ'lud (일**루**드)

e(밖으로)+ lude(경기하다)

=경기에서 이겨서 빠져나오다

=피하다, 모면하다

e(ex)=밖으로, 이탈

☞ elusion: 도피, 회피
elusive: 찾기 힘든

prelude 'prɛlyud (프**렐**류드)

pre(전에)+ lude(공연)

=본 공연 전에 하는 곡

=서곡, 전주곡

pre=전에

☞ postlude: 후주곡

interlude 'ɪntərlud (**인**털루드)

inter(사이에)+ lude(공연)

=공연 사이=**막간**

inter=사이에

disillusion dɪsɪ'luʒən (디실**루**전)

dis(이탈)+ illusion(환상)

=환상에서 이탈하다

=환상을 깨뜨리다, 환멸

dis=이탈, 반대

예문

Physical strength is useless without not only a purpose, but also agility and lightening speed in order to **elude** enemies.

(적을 **피해가기** 위해서는 목표뿐 아니라 민첩성과 번개같은 속도가 없으면 체력은 무용지물이다.)

A contest and talent hunt will be held as a **prelude** to the event.

(경연과 인재 발굴이 행사의 **전초전**으로 펼쳐진다.)

He dried the dishes, and enjoyed the peaceful **interlude**.

(그는 접시를 말리고, 평화로운 **막간**을 즐겼다.)

If the participation mode is adopted, the farmers will be kept away from the disappointment or **disillusion**.

(참여모드가 채택되면 농민들은 실망이나 **환멸**을 면하게 된다.)

cognitive 'kɒgnɪtɪv (카그니티브)

co(함께)+ gnitive(아는)

=전체를 함께 아는

=인식의, 인지의

co(com)=함께

☞ cognition: 인지, 인식
cognizance: 인지, 이해

agnostic æg'nɒstɪk (애그나스틱)

a(~이 아닌)+ gnostic(아는)

=알지 못하는=**불가지론자**

a(an)=~이 아닌

☞ agnosia: 인지불능증

incognito ɪnkɒg'nitoʊ (인카그니토)

in(~아닌)+ cognito(아는)

=알지 못하는=**가명(익명)으로**

in=~이 아닌

gn, gno: 알다(1)

라틴어 gno는 알다의 뜻을 갖고 있다.

prognosis prɒg'noʊsɪs (프라그노시스)

pro(미리)+ gnosis(앎)

=미리 앎=**예후, 예상, 예측**

pro=앞으로, 미리

☞ prognosticate: 예지하다
gnosis: 영지(靈知)

physiognomy fɪzi'ɒgnəmi (피지아그너미)

physio(신체)+ gnomy(앎)

=신체를 인지함

=얼굴 모습, 생김새, 관상

physio=자연, 본성, 신체, 물질

☞ physiology: 생리, 생리학

예문

Kant distinguished between the matter and the form of **cognitive** experience.
(칸트는 물질과 **인지** 경험의 형태를 구분하였다.)

A considerable minority even consider themselves atheists or **agnostics**.
(상당한 소수는 심지어 스스로를 무신론자나 **불가지론자**라고 생각한다.)

He ended up dying - fighting against his own people **incognito**.
(그는 결국 **익명으로** 자기 민족에 대항하여 싸우다 죽었다.)

He suffered many medical complications and his **prognosis** was poor.
(그는 많은 의학적 합병증을 겪었고 **예후**가 좋지 않았다.)

Her hair and facial features were indistinct, and the only part of her **physiognomy** that was vivid were her eyes.
(그녀의 머리카락과 얼굴 생김새는 뚜렷하지 않았고, **관상**에서 유일하게 생생한 부분은 눈뿐이었다.)

diagnosis daɪəg'noʊsɪs (다이어그**노**시스)
dia(통하여)+ gnosis(앎)
=전체적으로 알다=**진단**
dia=통하여
☞ diagnose: 진단하다

recognize 'rɛkəgnaɪz (**레**커그나이즈)
re(다시)+ cognize(인지하다)
=다시 인지하다
=**인식하다, 인지하다**
re=다시
☞ recognition: 인지, 인정

ignoramus ɪgnə'reɪməs (이그너**레**이머스)
i(in=아닌)+ gnoramus(아는)
=알지 못하는=**무식한 사람**
i(in)=~이 아닌

ignorant 'ɪgnərənt (**이**그너런트)
i(in=아닌)+ gnorant(아는)
=알지 못하는=**무지한, 무식한**
i(in)=~이 아닌
☞ ignorance: 무지, 무식

예문

In fact, heart failure is the most common hospital discharge **diagnosis** for patients over 65 years.
(사실 심부전은 65세 이상의 환자들에게 가장 흔한 퇴원 **진단**이다.)
His voice was so soft, I could hardly **recognize** it.
(그의 목소리는 너무 부드러워서 거의 **인식할** 수가 없었다.)
It is a great thing for intellectuals to discuss politics, but we don't want **ignoramuses** to discuss politics.
(지식인들이 정치를 논하는 것은 훌륭한 일이지만, 우리는 **무식한 사람들**이 정치를 논하는 것을 원하지 않는다.)
It shows how **ignorant**, stupid, and irrational you are.
(그것은 네가 얼마나 **무지하고**, 멍청하고, 비합리적인지를 보여준다.)

convivial kən'vɪviəl (컨**비**비얼)
con(함께)+ vivial(사는)
=함께 사는(=사교적인)
=**명랑한, 유쾌한**
con(com)=함께

revive rɪ'vaɪv (리**바**이브)
re(다시)+ vive(살다)
=다시 살다
=**살아나다, 회복하다**
re=다시
☞ revival: 회복, 부흥
revivalism: 부흥운동

vivacity vɪ'væsɪti (비**베**시티)
viv(살아있다)+ acity
=살아있음=**활기**
☞ vivacious: 쾌활한

viv, vi:
살다, 살아있다(1)
라틴어 vivere는 살다(live) 또는 살아있다의 뜻을 갖고 있다.

vivid 'vɪvɪd (**비**비드)
viv(살아있다)+ id
=살아있는=**생생한, 강렬한**

survive sər'vaɪv (설**바**이브)
sur(넘어서)+ vive(살다)
=넘어서 살다=**살아남다**
sur(=super)=위에, 넘어서
☞ survival: 생존

viable 'vaɪəbəl (**바**이어블)
vi(사는)+ able
=살 수 있는
=**실행 가능한, 생존 가능한**
☞ nonviable: 생존할 수 없는

예문

The atmosphere was **convivial** and the crowds thronged accordingly.
(분위기는 **쾌활했고** 이에 따라 군중이 몰려들었다.)
His eyes were a deep chocolate brown and sparkled to with **vivacity** and arrogance.
(그의 눈은 짙은 초콜릿 갈색이었고 **활기**와 오만함으로 반짝였다.)
At 3:10 pm, he lost consciousness and resuscitative efforts to **revive** him failed.
(오후 3시 10분, 그는 의식을 잃었고 그를 **되살리려는** 소생의 노력은 실패했다.
The images were still **vivid** in her mind, as if she were watching a scene of a movie over and over again.
(마치 영화의 한 장면을 몇 번이고 반복해서 보는 것처럼 그녀의 마음속에서 그 영상들은 여전히 **생생했다**.)
In January he was given six months to live but **survived** longer than doctors predicted.
(1월에 그는 6개월을 살도록 주어졌지만 의사들이 예상한 것보다 더 오래 **살았다**.)
It is hard to see any practical and **viable** alternative to the state at present.
(현재 국가의 실질적이고 **실행 가능한** 대안은 찾아보기 어렵다.)

vivisection vɪvəˈsɛkʃən (비버**섹**션)

vivi(살아있는)+ section(자름)

=살아있는 채로 자름=**생체 해부**

section=자름

vital ˈvaɪtl (**바**이틀)

vi(살다)+ tal

=생명에 관련된=**필수적인**

☞ vitality: 활력

bon vivant ˈbɒn viˈvɑnt (**반** 비**반**트)

bon(좋은)+ vivant(사는)

=좋은 인생을 사는

=**인생을 즐기며 사는 사람**

bon=좋은

viv, vi:
살다, 살아있다(2)

라틴어 vivere는 살다(live) 또는 살아있다의 뜻을 갖고 있다.

joie de vivre ʒwadə ˈvivrə (주아더 **비**브라)

joie(기쁨)+ de(~의)+ vivre(삶)

=**삶의 환희**

joie=기쁨

modus vivendi ˈmoʊdəs vɪˈvɛndi (**모**더스 비**벤**디)

modus(방식)+ vivendi(삶)

=**협정, 타협, 삶의 방식**

modus=방식

예문

I see the point about animal **vivisection** from both sides of the argument.
(나는 논쟁의 양 측면에서 동물 **생체 해부**에 관한 관점을 바라보고 있다.)
He said the project is absolutely **vital** to the future development of the area.
(그는 그 프로젝트가 지역의 향후 발전에 절대적으로 **필수적**이라고 말했다.)
On the surface, he is a refined **bon vivant**; yet, in disguise, he is an internationally renowned jewel thief.
(표면적으로 그는 세련되게 **인생을 즐기는 사람**이지만, 변장하면 그는 국제적으로 유명한 보석 도둑이다.)
But it's her wonderfully innocent **joie de vivre** and youthful exuberance that captured my heart.
(하지만 내 마음을 사로잡은 것은 그녀의 놀랄 만큼 순진한 **삶의 환희**와 젊은이다운 활기이다.)
Whoever becomes mayor will first have to achieve a **modus vivendi** with the council.
(누가 시장이 되든지 간에 먼저 의회와 **협정**을 맺어야 할 것이다.)

cis, cid, scis: 자르다, 죽이다(1)

cis, cid, scis: 자르다, 죽이다(1)

라틴어 caedere는 자르다, 죽이다의 뜻을 갖고 있다.

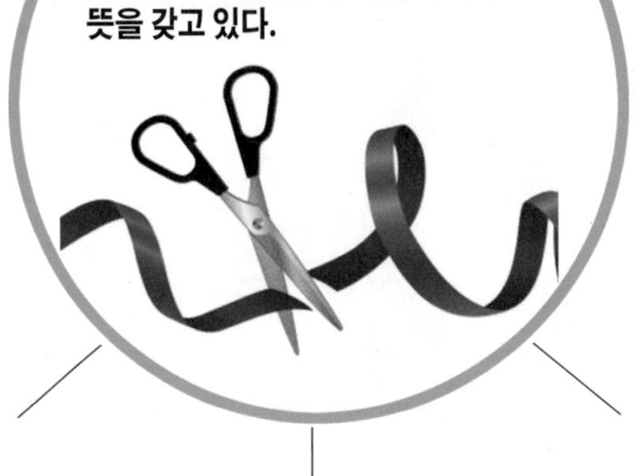

concise kən'saɪs (컨**사**이스)

con(완전히)+ cise(자른)

=완전히 잘라낸

=**간결한, 축약된**

con=완전히(강조)

incise ɪn'saɪz (인**사**이즈)

in(안으로)+ cise(자르다)

=안까지 자르다

=**새기다, 절개하다**

in=안에, 안으로

☞ incisive: 예리한, 날카로운

incisor: 앞니 [ɪn'saɪzər]

suicide 'suəsaɪd (**수**어사이드)

sui(스스로)+ cide(죽이다)

=스스로 죽임=**자살**

sui=스스로

homicide 'hɒməsaɪd (**하**머사이드)

homi(사람)+ cide(죽이다)

=사람을 죽이다=**살인**

homi(homo)=사람

☞ manslaughter: 살인

circumcise 'sɜrkəmsaɪz (**설**컴사이즈)

circum(둥글게)+ cise(자르다)

=둥글게 둘레를 자르다=**할례하다**

circum=둥글게, 돌아서

☞ circumcision: 할례

scissors 'sɪzərz (**시**절즈)

scissors(자르다)

=자르는 도구=**가위**

예문

Overall, the book is very useful as it provides **concise** recent information on the subject.
(전반적으로 이 책은 주제에 대한 **간결한** 최신 정보를 제공하므로 매우 유용하다.)

This is where a drawing is **incised** into cardboard using a sharp point.
(여기는 날카로운 점을 사용하여 그림이 판지로 **절개되는** 곳이다.)

Over the past seven years, 92 people have committed **suicide** or died while attempting to avoid deportation.
(지난 7년간 92명이 추방을 피하려다 **자살하거나** 숨졌다.)

He was charged with criminal **homicide** and is lodged in the county prison.
(그는 형사적 **살인**죄로 기소되어 카운티 교도소에 수감되어 있다.)

To harvest, just take your kitchen **scissors** and cut what you need.
(수확하려면 주방 **가위**를 가지고 필요한 것을 잘라라.)

As a mother, over time I have come to regret that my son was **circumcised**.
(어머니로서, 시간이 지나면서 나는 내 아들이 **할례받은** 것을 후회하게 되었다.)

precise
prɪ'saɪs (프리**사**이스)
pre(미리)+ cise(자르다)
=미리 잘라놓은=**정밀한**
pre=미리, 먼저, 앞서
☞ precision: 정밀성

excise
'ɛksaɪz (**엑**사이즈)
ex(밖으로)+ cise(자르다)
=밖으로 잘라내다
= **삭제하다, 소비세**
ex=밖으로

regicide
'rɛdʒəsaɪd (**레**저사이드)
regi(왕의)+ cide(죽이다)
=왕을 죽이다=**국왕살해**
regi=왕의

cis, cid, scis: 자르다, 죽이다(2)
라틴어 caedere는 자르다, 죽이다의 뜻을 갖고 있다.

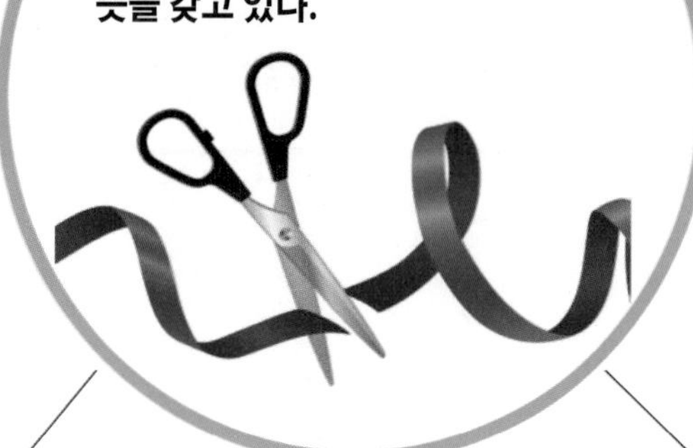

decisive
dɪ'saɪsɪv (디**사**이시브)
de(분리)+ cisive(자르는)
=잘라내는
=**결정적인, 결단력 있는**
de=분리
☞ indecisive: 우유부단한

rescission
rɪ'sɪʒən (리**시**전)
re(완전히)+ scission(자름)
=완전히 잘라냄=**폐지, 철회**
re=완전히(강조)
☞ rescind: 폐지하다, 철회하다

abscission
æb'sɪʒən (애브**시**전)
ab(분리)+ sciccion(자름)
=잘라서 분리해냄=**절단**
ab=이탈, 분리
☞ abscind: 절단하다
scission: 절단, 분리

예문

Whatever its **precise** direction, economic reconstruction was an urgent priority.
(그것의 **정확한** 방향이 무엇이든 간에, 경제 재건은 시급한 우선순위였다.)
In return, drivers would pay no vehicle **excise** duty (road tax) at all.
(그 대가로 운전자들은 자동차 **물품 관세**(도로세)를 전혀 내지 않을 것이다.)
Yes, yes, **regicide** was often accompanied by such atrocities, but this was the 20th century.
(그래, 그래, **국왕살해**에는 그런 잔학행위가 동반되는 경우가 많았지만, 이때가 20세기였어.)
Wind and weather have frequently played a **decisive** role in battles or campaigns.
(바람과 날씨는 전투나 군사작전에서 종종 **결정적인** 역할을 해왔다.)
The presence and balance of plant hormones have been shown to affect **abscission** of leaves, flowers, and immature and mature fruit.
(식물 호르몬의 존재와 균형은 잎, 꽃, 미성숙하고 성숙한 과일의 **절단**에 영향을 미치는 것으로 나타났다.)
So this was not a threat to revoke, this was a notice of **rescission** or revocation.
(그래서 이것은 취소를 위한 위협이 아니었다. 이것은 **철회**나 취소에 대한 통지였다.)

contrite kən'traɪt (컨트**라**이트)

con(함께)+ trite(갈아내는)

=함께 마음을 갈아내는

=**깊이 뉘우치는, 회한에 찬**

con(com)=함께

☞ contrition: 뉘우침, 회개

detriment 'dɛtrɪmənt (**데**트리먼트)

de(없애는)+ triment(갈다)

=갈아서 없앰=**손상**

de=제거, 이탈

☞ detrimental: 해로운

tribulation trɪbyə'leɪʃən (트리뷰**레**이션)

tri(갈다)+ bulation

=갈아짐=**고난, 시련**

tri: 문지르다, 갈다

라틴어 terere는 문지르다, 갈다의 뜻을 갖고 있다.

attrition ə'trɪʃən (어트**리**션)

at(하다)+ trition(문지르다)

=문지르다=**소모, 마멸, 감소**

at(ad)=하다, 만들다

☞ attrite: 닳아진 [ə'traɪt]

trite traɪt (트라이트)

tri(갈다)+ te

=(갈아서) 닳아버린

=**진부한, 독창적이지 못한**

예문

I am immensely **contrite**, and I am sorry for the damage that I've done.
(나는 매우 **뉘우치고** 있으며, 내가 입힌 손해에 대해 미안한 마음을 갖고 있다.)

Our real task is to maintain this position of disparity without **detriment** to our national security.
(우리의 실제 과제는 우리의 국가 안보에 **손상**을 주지 않으면서 불균형의 이 직책을 유지하는 것이다.)

I found myself wondering why I should care about her trials and **tribulations**.
(나는 그녀의 시험과 **시련**에 내가 관심을 가져야 하는 이유를 궁금해하고 있다는 사실을 알았다.)

No other army in the world would choose to sustain such an **attrition** rate.
(세계의 어떤 군대도 이런 **소모**율을 지속하는 것을 선택하지 않을 것이다.)

You might say that this is a **trite** example, but that's a value judgement.
(당신은 이것이 **진부한** 예라고 말할지 모르지만, 그것은 가치 판단이다.)

concoct kɒn'kɒkt (칸**카**크트)
con(함께)+ coct(요리하다)
=함께 섞어서 요리하다
=**만들다, 지어내다**
con(com)=함께
☞ concoction: 혼합물, 조작

decoct dɪ'kɒkt (디**칵**트)
de(아래로)+ coct(요리하다)
=아래로 줄어들게 조리하다
=**(약 등을) 달이다**
de=아래로
☞ decoction: 달임, 탕약

coc: 요리하다

라틴어 coquere는 요리하다의 뜻을 갖고 있다. 이 단어에서 영어의 cook이 나왔다.

precocious prɪ'koʊʃəs (프리**코**우셔스)
pre(먼저)+ cocious(요리하는)
=일찍 요리된=**조숙한**
pre=먼저
☞ precocity: 조숙

cuisine kwɪ'zin (퀴**진**)
cui(요리하다)+ sine
=요리하는 법=**요리법, 요리**
cui=라틴어 coquere에서 유래함
☞ culinary: 요리의, 음식의 ['kyulɪnɛri]

예문

He **concocts** a story of appointments with the council and market inspectors.
(그는 의회와 시장 조사관과의 약속에 대한 이야기를 **꾸며낸다**.)
Extracts were prepared by **decocting** the dry herb with boiling water for 60 minutes.
(추출물은 마른 약초를 끓는 물로 60분간 **달여서** 준비했다.)
A **precocious** child, he read voraciously and soon revealed an extraordinary aptitude for languages.
(**조숙한** 아이였던 그는 열렬히 독서를 하더니 곧 언어에 남다른 소질을 드러냈다.)
Until the 90s, fashionable restaurants offered French **cuisine**, which meant rich sauces.
(90년대까지만 해도 고급 레스토랑에서는 프랑스 **요리**를 내놓았는데, 이것은 풍부한 소스를 의미했다.)

cur, curr, curs, cour: 달리다(1)

concur kən'kɜr (컨**컬**)

con(함께)+ cur(달리다)

=함께 달리다=**동의하다, 일치하다**

con(com)=함께

☞ concurrent: 동시에 발생하는
current: (=달리고 있는) 현재의

cursory 'kɜrsəri (**컬**서리)

curs(달리는)+ ory

=달려가면서 하는=서둘러서 하는

=**대충하는, 피상적인**

☞ cursor: (컴퓨터) 커서
cursive: 필기체

incur ɪn'kɜr (인**컬**)

in(안으로)+ cur(달리다)

=안으로 달리다

=**자초하다, 초래하다, 발생시키다**

in=안으로

☞ incursion: 급습
incursive: 침입하는, 유입하는

cur, curr,
curs, cour: 달리다(1)

라틴어 currere는 달리다의 뜻을 갖고 있다.

excursion ɪk'skɜrʒən (익스**컬**전)

ex(밖으로)+ cursion(달림)

=밖으로 나가다=**여행, 소풍, 외도**

ex=밖으로

☞ excursive:
본론에서 벗어난, 산만한

intercourse 'ɪntərkɔrs (**인**털콜스)

inter(사이에)+ course(달리는)

=서로 교류하는=**교류, 교제, 성교**

inter=사이에, 서로

예문

The opinion **concurred** in a judgment striking down New Jersey's partial birth abortion statute.
(그 의견은 뉴저지의 부분적인 출산 낙태 법령을 무효화하는 판결에서 **일치했다**.)

A **cursory** glance through the annals of history will prove this beyond doubt.
(역사의 연대기를 **대충** 훑어보면 이것에 대해 의심할 여지가 없을 것이다.)

This could be achieved by swapping capacity without **incurring** any additional expense.
(이것은 추가 비용을 **발생시키지** 않고 용량을 교환함으로써 달성할 수 있다.)

This was only a short **excursion** into the forest to report to my brothers.
(이것은 나의 형제들에게 보고하기 위해 숲으로 잠깐 간 **소풍**일 뿐이었다.)

Honestly, this constant social **intercourse** is just exhausting.
(솔직히, 이런 끊임없는 사회적 **교제**는 정말 지칠 뿐이다.)

discourse 'dɪskɔrs (디스콜스)

dis(멀리)+ course(달려감)

=길게 달려감(긴 이야기)
=**담론, 담화**
dis=이탈, 멀리

discursive dɪ'skɜrsɪv (디스컬시브)

dis(멀리)+ cursive(달리는)

=길게 달리는=**두서없는, 산만한**
dis=이탈, 멀리
☞ discursiveness: 산만, 두서없음

recurrent rɪ'kɜrənt (리커런트)

re(다시)+ current(달리는)

=반복해서 달리는
=**되풀이되는, 반복되는**
re=다시
☞ recurrence: 되풀이, 반복
recur: 재발하다

cur, curr, curs, cour: 달리다(2)

라틴어 currere는 달리다의 뜻을 갖고 있다.

precursor prɪ'kɜrsər (프리컬설)

pre(먼저)+ cursor(달리는 사람)

=앞서서 달리는 사람=**선도자**
pre=먼저, 앞에
☞ currency: 통화, 화폐

recourse 'rikɔrs (리콜스)

re(다시)+ course(달려감)

=다시 달려감=**의지, 상환청구**
re=다시, 뒤로
☞ courier: ['kʊriər] 운반원, 배달원, 택배회사

예문

Someone has finally written a book that lifts the **discourse** of our current political debate to a higher level.
(누군가가 마침내 현재 우리의 정치적 논쟁에 대한 **담론**을 한 단계 끌어올리는 책을 썼습니다.)
Her answers are **discursive**; ask her a question and you'd better be prepared for a 10-minute explanation.
(그녀의 대답은 **두서가 없다**. 그녀에게 질문을 하면 10분간의 설명에 대비하는 것이 좋다.)
Its not a **recurrent** dream but I think it has some significance.
(그것은 **반복되는** 꿈은 아니지만 나는 그것이 어느 정도 의미가 있다고 생각한다.)
On the one hand, alchemy is regarded as a **precursor** of the modern science of chemistry.
(한편으로 연금술은 현대 화학의 **선구자**로 간주된다.)
The French Minister added: 'The use of force can only be a final **recourse**.'
(프랑스 장관은 '무력의 사용은 최후로 **의지할 바**가 될 수밖에 없다'고 덧붙였다.)

condone kən'doʊn (컨**돈**)
con(완전히)+ done(주다)
=완전히 주다=**용납하다, 묵과하다**
con(com)=완전히(강조)

donate 'doʊneɪt (**도**네이트)
don(주다)+ ate
=주는=**기부(기증)하다**
☞ donation: 기부
donor: 기부자
donative: 기증물
dowry: 지참금
['daʊri]

anecdote 'ænɪkdoʊt (**애**닉도트)
an(아닌)+ ec(밖으로)+ dote(주다)
=밖으로 주지 않은(공개 안 된)=**일화**
an=~이 아닌
ec(ex)=밖으로

don, dot, dow: 주다(give)
라틴어 donare는 주다의 뜻을 갖고 있다.

antidote 'æntɪdoʊt (**앤**티도트)
anti(반대의)+ dote(주는)
=반대되는 것을 주다=**해독제**
anti=반대의
 antidotal: 해독의

endow ɛn'daʊ (엔**다**우)
en(안에)+ dow(주다)
=안에다 주다
=**기부하다, 부여하다**
en(in)=안에
☞ endowment: 기부(금) 자질, 재능

pardon 'pɑrdn (**팔**든)
par(완전히)+ don(주다)
=완전히 주다
=**용서, 사면, 용서하다**
par(per)=완전히(강조)

예문

'Obviously this sort of behaviour should not be **condoned**,' he said.
('분명히 이런 종류의 행동은 **묵인되어서는** 안 된다'라고 그가 말했다.)
We know that many people have already generously **donated** money and time to help the victims.
(우리는 많은 사람들이 이미 희생자들을 돕기 위해 아낌없이 돈과 시간을 **기부했다**는 것을 안다.)
The book is full of short, interesting **anecdotes** which capture a moment in time.
(그 책은 순간을 포착하는 짧고 흥미로운 **일화**로 가득하다.)
We do not know of an **antidote** to counteract this side effect.
(우리는 이 부작용을 상쇄할 **해독제**에 대해 알지 못한다.)
This God **endowed** him with these gifts since he passed the test, and showed love.
(이러한 신은 그가 시험에 합격한 이후 그에게 이러한 재능을 **부여했고**, 사랑을 보여주었다.)
It is human nature to indulge in sin and then pray to God for **pardon**.
(죄에 탐닉한 다음 신에게 **용서**를 비는 것은 인간의 본성이다.)

fin: 끝, 경계(1)

confine kən'faɪn (컨**파**인)

con(함께)+ fine(경계)

=함께(공동의) 경계를 정하다

=국한하다, 제한하다

con(com)=함께

☞ confines: 한계, 범위

define dɪ'faɪn (디**파**인)

de(완전히)+ fine(끝)

=완전히 끝을 맺다=**정의하다**

de=완전히(강조)

☞ definition: 정의

definitive dɪ'fɪnɪtɪv (디**피**니티브)

de(완전히)+ finitive(끝인)

=완전히 끝낸

=최종적인, 확정적인

de=완전히(강조)

☞ definitively: 결정적으로, 명확하게

라틴어 finis는 끝, 경계의 뜻을 갖고 있다.

infinite 'ɪnfɪnɪt (**인**피닛)

in(아닌)+ finite(끝)

=끝이 없는=**무한의**

in=~이 아닌

☞ infinity: 무한성

infinitude: 무한, 무궁

infinitely: 한없이, 대단히

infinitesimal ɪnfɪnɪ'tɛsɪməl (인피니**테**시멀)

in(아닌)+ finit(끝)+ esimal(서수)

=끝없이 작은=**극미한, 극소의**

in=~이 아닌

esimal=서수를 나타냄

☞ infinitive: 부정사

예문

I propose to **confine** my comments to matters of general policy within the Club.
(나는 내 의견을 클럽 내의 일반적인 정책에 **국한시킬** 것을 제안한다.)

The rules for their establishment are strictly **defined** by existing regulatory documents.
(이들의 설립 규칙은 기존 규제 문서에 의해 엄격히 **정의된다**.)

Although the meeting lasted for over three hours, no **definitive** agreement was reached.
(회의가 3시간 넘게 진행됐지만 **최종적인** 합의는 이뤄지지 않았다.)

We live on a tiny planet in a corner of a vast galaxy starred about with **infinite** space.
(우리는 **무한한** 공간을 가진 광대한 은하의 한 구석에 있는 작은 행성에 살고 있다.)

Any way you look at it, the number is **infinitesimal**.
(어떤 식으로 보더라도 그 수는 **극소수**다.)

affinity əˈfɪnɪti (어**피**니티)

af(가까이)+ finity(경계)

=가까이 접하고 있음
=**친밀감, 관련성**
af(ad)=가까이, 접근

finite ˈfaɪnaɪt (**파**이나이트)

fin(끝)+ ite

=끝이 있는=**한정된, 유한한**
☞ final: 마지막의
finis: 끝, 최후

refine rɪˈfaɪn (리**파**인)

re(완전히)+ fine(끝)

=완전히 끝을 내다
=**정제(제련)하다, 개선하다**
re=완전히(강조)
☞ refinery: 정제(정유)공장

fin: 끝, 경계(2)

라틴어 finis는 끝, 경계의 뜻을 갖고 있다.

indefinite ɪnˈdɛfɪnɪt (인**데**피닛)

in(아닌)+ de(완전히)+ finite(끝난)

=완전히 끝나지 않은
=**무기한의, 분명히 규정되지 않은**
in=~이 아닌
de=완전히(강조)

finance ˈfaɪnæns (**파**이낸스)

fin(끝)+ ance

=빚을 끝내다(해결하다)
=**재원, 금융**
☞ financial: 금융의

예문

He showed a special **affinity** for the understanding and performance of the music of Rachmaninoff.
(그는 라흐마니노프 음악의 이해와 연주에 특별한 **친밀감**을 보였다.)
These challenges include a **finite** budget, and limited personnel and resources.
(이러한 과제는 **한정된** 예산과 제한된 인력과 자원을 포함한다.)
The process gradually **refines** the steel - compacting the grain while adjusting the carbon content.
(이 공정은 탄소 함량을 조절하면서 곡물을 압축하는 강철을 점차적으로 **정제한다**.)
In most cases, such detail is stored for **indefinite** lengths of time.
(대부분의 경우 그러한 세부사항은 **무기한의** 기간 동안 저장된다.)
The last few decades have witnessed many innovations in the consumer **finance** industry.
(지난 몇십 년 동안 소비자 **금융** 산업에서 많은 혁신이 있었다.)

confound kən'faʊnd (컨**파**운드)

con(함께)+ found(붓다)
=다함께 붓다=섞어버리다
=어리둥절(당혹)하게 만들다
con(com)=함께

confuse kən'fyuz (컨**퓨**즈)

con(함께)+ fuse(붓다)
=다함께 붓다=**혼란시키다**
con(com)=함께
☞ confused: 혼란스러운
confusion: 혼란

fus**ible** 'fyuzəbəl (**퓨**저블)

fus(붓는)+ ible
=부어질 수 있는
=잘 녹는, 가용성의
☞ fusion: 융합
(여러 가지가 부어진)

fus, fund, found: 붓다(pour)(1)

라틴어 fundere는 붓다의 뜻을 갖고 있다.

diffuse dɪ'fyuz (디**퓨**즈) dɪ'fyus (디**퓨**스)

dif(분산)+ fuse(붓다)
=여러 곳으로 붓다
=널리퍼지다, 널리퍼진
dif(dis)=분리, 이탈, 멀리
☞ diffusion: 확산, 전파

profuse prə'fyus (프러**퓨**스)

pro(넘치게)+ fuse(붓는)
=넘치게 붓는=**많은, 다량의**
pro=앞으로, 넘치게
☞ profusion: 다량, 풍성함

예문

If you're a fan of either of these artists then this release isn't going to surprise or **confound** you.
(만약 당신이 이 예술가들의 팬이라면, 이 발매는 당신을 놀라게 하거나 **혼란스럽게 하지** 않을 것이다.)
What really **confuses** me is why people buy cell phone covers that flash.
(나를 정말 **혼란스럽게 하는** 것은 왜 사람들이 번쩍이는 휴대폰 커버를 구입하느냐 하는 것이다.)
Other fabrics may be bonded to the fashion fabric with **fusible** web to darken the room even more.
(다른 섬유들은 방을 더 어둡게 하기 위해 **가용성** 망을 가진 패션 원단에 접착될 수 있다.)
Technology today is **diffusing** faster than ever.
(오늘날의 기술은 그 어느 때보다도 빠르게 **확산되고 있다**.)
In traditional surgery using scalpels, bleeding can be so **profuse** that patients need a blood transfusion.
(메스를 사용하는 전통적인 수술에서는 출혈이 너무 **많아서** 환자들이 수혈을 필요로 할 수 있다.)

refund rɪ'fʌnd (리**펀**드)
re(다시)+ fund(붓다)
=다시 부어주다=**환불하다, 환불**
re=다시

effuse ɪ'fyuz (이**퓨**즈)
ef(밖으로)+ fuse(붓다)
=밖으로 붓다
=**발산시키다, 유출시키다**
ef(ex)=밖으로
☞ effusive: 과장된, 야단스러운

fus, fund, found: 붓다(pour)(2)
라틴어 fundere는 붓다의 뜻을 갖고 있다.

suffuse sə'fyuz (서**퓨**즈)
suf(아래에서)+ fuse(붓다)
=아래로 붓다=**퍼지다**
suf(sub)=아래에서
☞ suffusion: 뒤덮음, 가득참

futile 'fyutl (**퓨**틀)
fut(붓는)+ ile
=계속 쏟아붓는
=**헛된, 소용없는**
☞ futility: 헛됨, 무가치 [fyu'tɪlɪti]

예문

The only thing we could do was apologise and **refund** customers' money.
(우리가 할 수 있는 일은 사과하고 고객들의 돈을 **환불하는** 것뿐이었다.)
Each bloom **effuses** a scent as soft as its appearance.
(각각의 꽃은 그것의 겉모습만큼 부드러운 향기를 **발산한다**.)
Yet despite the sinister ideological forces at work, an uncanny tenderness **suffuses** this poem.
(그러나 직장에서의 사악한 이념적 힘에도 불구하고, 묘한 부드러움이 이 시를 **퍼뜨리고 있다**.)
They do not show an act of suicide but an attempt, however **futile**, to escape death.
(그들은 자살 행위가 아니라 죽음을 피하려는 **헛된** 시도를 보여주고 있다.)

fus, fund, found: 붓다(pour)(3)

transfuse træns'fyuz (트랜스**퓨**즈)

trans(옮겨서)+ fuse(붓다)

=옮겨서 붓다=**수혈하다, 주입하다**

trans=건너서, 옮겨서

☞ transfusion: 투입, 수혈

perfuse pər'fyuz (펄**퓨**즈)

per(계속)+ fuse(붓다)

=계속 붓다=**뿌리다, 살포하다, (의학) 관류시키다**

per=통하여, 계속

infuse ɪn'fyuz (인**퓨**즈)

in(안으로)+ fuse(붓다)

=안으로 붓다=**불어넣다, 스미다**

in=안으로

☞ infusion: 투입

foundry 'faʊndri (**파**운드리)

found(붓다)+ ry

=부어서 만드는

=**주조(주물)공장**

예문

He was transferred to the intensive care unit and was **transfused** 12 units of blood over the next 48 hours.
(그는 중환자실로 옮겨졌고 그후 48시간 동안 12개의 혈액을 **수혈받았다**.)

At 10 minutes, lungs were **perfused** with physiologic saline through the pulmonary artery.
(10분 동안 폐는 폐동맥을 통해 생리 식염수에 의해 **관류되었다**.)

There is no negotiating with them because they are **infused** with resentment and hatred.
(그들은 억울함과 증오로 **스며있기** 때문에 그들과의 협상은 불가능하다.)

Created by pouring molten metal directly on the **foundry**'s concrete floor, each panel is unique.
(**주조 공장**의 콘크리트 바닥에 직접 용해된 금속을 부어 만든 각 패널은 독특하다.)

confront**ation** kɒnfrən'teɪʃən (칸프런**테**이션)
con(함께)+ frontation(이마)
=함께 이마를 맞댐=**대치, 대립**
con(com)=함께
☞ confront: 닥치다, 맞서다

affront ə'frʌnt (어프**런**트)
af(접근)+ front(이마)
=이마(얼굴)를 향해 치다
=**모욕, 모욕하다**
af(ad)=향하여, 접근
☞ front: 앞면, 앞부분

라틴어 frontem은 이마(forehead), 앞(front)의 뜻을 갖고 있다.

front**ier** frʌn'tɪər (프런**티**얼)
front(앞면)+ ier
=앞면의=**국경, 경계, 개척자**

effront**ery** ɪ'frʌntəri (이프**런**터리)
ef(밖으로)+ frontery(이마)
=이마를 밖으로 내미는
=**뻔뻔스러움**
ef(ex)=밖으로

forefront 'fɔrfrʌnt (**폴**프런트)
fore(앞의)+ front(앞의)
=앞의 앞
=**맨앞, 선두, 최전선**
fore=앞의

예문

People are coming here to have a violent **confrontation** with the police.
(사람들이 경찰과 격렬하게 **대치**하기 위해 이곳으로 오고 있다.)

His ideas are obviously foolish, easily disproved, an **affront** to any reasoning person.
(그의 사상은 분명히 어리석고, 쉽게 반증되며, 이성을 갖고 있는 사람에 대한 **모욕**이다.)

The North Korean capital, Pyongyang, was captured a month later, and the UN forces advanced towards the **frontier** with China.
(북한의 수도 평양은 한 달 뒤 점령되었으며, 유엔군은 중국과의 **국경**을 향해 진격했다.)

Then, at a time like this our councillors have the mindless **effrontery** to propose a 16 per cent tax increase.
(그리고, 이런 때에 우리 의원들은 16%의 세금 인상을 제안하는 생각없는 **뻔뻔한 짓**을 하고 있다.)

All the above considerations should be at the **forefront** in the development of models.
(위의 모든 고려사항은 모델 개발의 **맨앞**에 있어야 한다.)

consecrate 'kɒnsɪkreɪt (칸시크레이트)

con(완전히)+ secrate(성스러운)

=완전히 성스럽게 하다

=**신성화하다, 바치다**

con(com)=함께, 완전히(강조)

☞ desecrate: ['dɛsɪkreɪt] (신성한 것을)훼손하다

sacrifice 'sækrɪfaɪs (새크리파이스)

sacri(성스러운)+ fice(만들다)

=성스럽게 만듦=**희생, 제물**

☞ sacred: 성스러운 ['seɪkrɪd]

sacerdotal sæsər'doʊtl (새설도틀)

sacer(성스러운)+ dotal(주는)

=성스러움을 주는=**성직자의**

dotal=주는

☞ sacrum: 엉치뼈 (동물 제사드리던 뼈) ['sækrəm]

sacr, secr, sanct: 성스러운(1)

라틴어 sacrare는 성스러운의 뜻을 갖고 있다.

sacrilege 'sækrɪlɪdʒ (새크리리지)

sacri(성스러운)+ lege(가져가는)

=성스러운 것을 가져가는(훔쳐가는)

=**신성모독**

lege=가져가다, 훔쳐가다

sanctify 'sæŋktɪfaɪ (생크티파이)

sancti(성스러운)+ fy(만들다)

=성스럽게 만들다

=**신성하게 하다**

fy=만들다

☞ sanctification: 신성화

예문

This baptist priest is **consecrating** a church before the congregation arrive.
(이 침례교 목사는 신도들이 도착하기 전에 교회를 **성결하게 하고 있다**.)

She gives daily discourses emphasizing that the ritual **sacrifice** of animals or birds is a crime.
(그녀는 동물이나 새의 의식적인 **희생**은 범죄라는 것을 강조하면서 매일의 담화를 한다.)

The man is in fact respected in the family precisely because of the **sacerdotal** function that he fulfils.
(그 남자는 사실상 그가 수행하는 **성직자의** 기능 때문에 완전히 집안에서 존경을 받고 있다.)

Intervention by authority was necessary for very serious sins such as adultery, murder, and **sacrilege**.
(간통, 살인, **신성모독**과 같은 매우 심각한 죄에 대해서는 권위에 의한 개입이 필요했다.)

They **sanctified** the Holy Days and consecrated the marriage vows.
(그들은 **성스러운** 날들을 신성시하고 결혼 서약을 성결화했다.)

execrate ˈɛksɪkreɪt (**엑**시크레이트)
ex(이탈)+(s)ecrate(성스러운)
=성스러움에서 벗어나 있는
=**증오하다, 저주하다**
ex=밖으로, 이탈
☞ execrable: 형편없는
execration: 증오, 저주

sanctuary ˈsæŋktʃuɛri (**생**크츄어리)
sanct(성스러운)+uary
=성스러운 장소=**성역, 피난처**
☞ sanctum: 내실, 성소

sanction ˈsæŋkʃən (**생**크션)
sanct(성스러운)+ion
=신성함을 위해 법령을 제정함
=**제재, 승인, 제재하다**
☞ ratify: 비준(재가)하다

sacr, secr, sanct: 성스러운(2)
라틴어 sacrare는 성스러운의 뜻을 갖고 있다.

obsecration ɒbsɪˈkreɪʃən (아브시크**레**이션)
ob(앞에서)+secration(성스러움)
=성스러운 곳 앞에서=**탄원, 간청**
ob=앞에서

sacrament ˈsækrəmənt (**새**크러먼트)
sacr(성스러운)+ament
=성스러운 의식=**성례, 성찬**

예문

There, Alexander is to be **execrated** because he conquered foreign peoples and overthrew an ancient empire.
(그곳에서 알렉산더는 외국 민족을 정복하고 고대 제국을 전복시켰기 때문에 **증오받을 것이다**.)
He wrapped his arms around me and I sought **sanctuary** in his embrace.
(그가 나를 팔로 감싸자 나는 그의 품에 안기면서 **안식처**를 찾았다.)
In such circumstances the **sanction**, or the threat of it, may not in practice be effective.
(그러한 상황에서 **제재** 또는 그것의 위협은 실제로 효과적이지 않을 수 있다.)
'Ladies and gentlemen of the jury,' he began in **obsecration**.
('배심원 여러분,' 그가 **탄원**하기 시작했다.)
The institution of the **sacrament** of Penance (or 'confession') is found in John 20:19-23.
(속죄의 **성찬**(또는 '고백') 제도는 요한복음 20:19-23에서 찾을 수 있다.)

consensus kən'sɛnsəs (컨**센**서스)
con(함께)+ sensus(인식)
=같은 인식을 함=**의견일치, 합의**
con(com)=함께
☞ consentient: 일치한
consent: 동의(하다)

sentiment 'sɛntɪmənt (**센**티먼트)
sent(느낌)+ iment
=느낌=**정서, 감정**
☞ sentimental: 감상적인

dissent dɪ'sɛnt (디**센**트)
dis(반대)+ sent(인식하다)
=반대의 인식을 갖다
=**반대(하다)**
dis=이탈, 반대

sens, sent: 인식, 느낌(1)

라틴어 sensus는 인식, 느낌의 뜻을 갖고 있다.

assent ə'sɛnt (어**센**트)
as(가까이)+ sent(인식하다)
=인식을 같이하다=**동의(하다)**
as(ad)=가까이, 접근

resent rɪ'zɛnt (리**젠**트)
re(강하게)+ sent(느끼다)
=강하게 느끼다=**분개하다**
re=강하게(강조)
☞ resentment: 분함, 분개

예문

The general **consensus** is that faith in an afterlife is a positive psychological state.
(사후세계에 대한 믿음은 긍정적인 심리상태라는 것이 일반적인 **의견일치**이다.)
These **sentiments** were echoed by various right-wing publications and columnists.
(이러한 **정서**는 여러 우익 출판물과 칼럼니스트에 의해 반향되었다.)
Fair enough, but why did we hear so little **dissent** from within the movement?
(충분히 공평하다. 하지만 우리는 왜 운동 내에서 **반대 의견**을 거의 듣지 못했을까?)
The most honourable manner of signifying their **assent**, is to express their applause by the sound of their arms.
(그들이 **동의**를 표시하는 가장 명예로운 방법은 그들의 팔의 소리로 박수를 보내는 것이다.)
Most of the population **resents** the rich foreigners, even though their living depends on tourism.
(비록 그들의 생활이 관광에 의존하고 있지만, 인구의 대부분은 부유한 외국인들에 대해 **분개한다**.)

sensual ˈsɛnʃuəl (센슈얼)

sens(느낌)+ ual

=느낌의=**감각적인, 관능적인**

☞ sensuality: 관능성, 호색
sensory: 감각의

sensible ˈsɛnsəbəl (센서벌)

sens(인식)+ ible

=인식 있는

=**분별 있는, 합리적인**

☞ sensibility: 감성, 감수성
sentient: 지각이 있는

sensitive ˈsɛnsɪtɪv (센시티브)

sens(인식)+ itive

=인식 있는=**세심한, 예민한**

☞ insensitive: 둔감한

sens, sent: 인식, 느낌(2)

라틴어 sensus는 인식, 느낌의 뜻을 갖고 있다.

presentiment prɪˈzɛntɪmənt (프리젠티먼트)

pre(미리)+ sentiment(느낌)

=미리 느낌=**(불길한) 예감**

pre=미리, 먼저

insensate ɪnˈsɛnseɪt (인센세이트)

in(~없는)+ sensate(감정)

=감정이 없는

=**감각이 없는, 무정한**

in=~아닌, 없는

☞ insensible: 감각이 없는

예문

She was obviously a **sensual** and passionate woman who loved listening to and playing music.
(그녀는 분명히 음악을 듣고 연주하는 것을 좋아하는 **관능적이고** 열정적인 여자였다.)

This is a **sensible** development which will benefit broadcasters and producers alike.
(이것은 방송사와 제작자 모두에게 이익이 될 **합리적인** 발전이다.)

Well we found that females seem to be more **sensitive** to perceiving these signals of fear.
(우리는 여성들이 이러한 공포의 신호를 인지하는 데 더 **민감해**보인다는 것을 발견했다.)

Novelists know how to put vague **presentiments** into words.
(소설가들은 막연한 **예감**을 말로 표현하는 법을 안다.)

In the early days, I was **insensate**, unable to swallow, eat, stand, sit.
(초창기에 나는 **감각이 없었고**, 삼키지도 못하고, 먹지도 못하고, 서있지도, 앉아있지도 못했다.)

consequential kɒnsɪ'kwɛnʃəl (컨시**퀜**셜)

con(함께)+ sequential(따르는)

=함께 따라오는=**~의 결과로 일어나는**

con(com)=함께

☞ consequent: ~의 결과로 일어나는

consequence: 결과, 중요함

consecutive kən'sɛkyətɪv (컨**세**큐티브)

con(함께)+ secutive(따라오는)

=함께 따라오는=**연이은, 연속적인**

con(com)=함께

execute 'ɛksɪkyut (**엑**시큐트)

ex(밖으로)+ (s)ecute(따르다)

=결과가 밖으로 나타나다

=**실행하다, 처형하다**

ex=밖으로

☞ execution: 처형 [ɛksɪ'kyuʃən]

executive: [ɪg'zɛkyətɪv] 행정적인, 간부, 임원

sequ, sec: 따라가다, 따르다(1)

라틴어 sequi는 따라가다, 따르다의 뜻을 갖고 있다.

persecute 'pɜrsɪkyut (**펄**시큐트)

per(완전히)+ secute(따르다)

=완전히 따르게 하다=**핍박하다**

per=완전히(강조)

☞ persecution: 박해, 핍박

prosecute 'prɒsɪkyut (프**라**시큐트)

pro(향하여)+ secute(따라가다)

=법정으로 데려가다

=**기소하다**

pro=향하여, 앞으로

☞ prosecution: 기소

prosecutor: 검사

예문

Part 2 discusses **consequential** repeals and amendments relating to the matters that we have discussed.
(제2부에서는 우리가 논의한 문제와 관련하여 **결과적으로 발생하는** 폐지 및 개정을 논의한다.)

Economists said this ninth **consecutive** rise would be followed by further increases in the months ahead.
(경제학자들은 이번 9회 **연속적인** 상승은 앞으로 몇 달 동안의 추가 상승을 가져올 것이라고 말했다.)

A transactional leader is one who can plan and **execute** an implementation strategy with precision.
(업무적인 지도자는 정확한 실행 전략을 계획하고 **실행할 수 있는** 사람을 말한다.)

We see a dictator using force to repress and **persecute** his opponents.
(우리는 독재자가 그의 반대자들을 억압하고 **박해하기** 위해 무력을 사용하는 것을 본다.)

We will investigate crime and narrow the justice gap so more offenders are successfully **prosecuted**.
(우리는 범죄를 조사하고 사법적인 격차를 줄여 더 많은 범죄자들이 성공적으로 **기소되도록** 할 것이다.)

sequ, sec: 따라가다, 따르다(2)

obsequious əb'sikwiəs (어브**시**퀴어스)
ob(향하여)+ sequious(따라가는)
=~를 따라가는=**아부하는, 비굴한**
ob=다가가는
☞ obsequy: 장례식 ['ɒbsɪkwi]

sequacious sɪ'kweɪʃəs (시**퀘**이셔스)
sequ(따르다)+ acious
=따라가는=**따르는, 순종하는**

subsequent 'sʌbsɪkwənt (**서**브시퀀트)
sub(아래로)+ sequent(따라오는)
=아래에 따라오는=**그 다음의**
sub=아래로
☞ subsequence: 다음, 결과

sequ, sec: 따라가다, 따르다(2)

라틴어 sequi는 따라가다, 따르다의 뜻을 갖고 있다.

sequent 'sikwənt (**시**퀀트)
sequ(따르는)+ ent
=따라오는=**다음에 오는**
☞ sequence: 배열, 순서

sequel 'sikwəl (**시**퀄)
sequ(따라오는)+ el
=따라오는=**속편, 후편**
☞ sequela: 후유증, 결과 [sɪ'kwilə]

예문

Submission here means to be subsequent or responsive, not necessarily **obsequious** or subservient.
(여기서 항복이란 반드시 **비굴하거나** 굴종적인 것이 아니라 다음을 기약하거나 반응하는 것을 의미한다.)
If you read anything without questioning it, then you are just part of the **sequacious** herd.
(만약 당신이 의심하지 않고 어떤 것을 읽는다면, 당신은 단지 **순종하는** 무리의 일부일 뿐이다.)
That which should have happened at or **subsequent** to conversion has never happened.
(일어났어야 할 일 또는 개종 **이후에** 일어나야 할 일은 결코 발생하지 않았다.)
It may, however, yield a more **sequent** conclusion if one minor change in the text be made.
(그러나 본문에서 한 가지 사소한 변경이 이루어진다면 보다 **순차적인** 결론을 내릴 수 있다.)
It was one of the most anticipated **sequels** in motion picture history.
(그것은 영화 역사상 가장 기대되는 **속편들** 중 하나였다.)

consonance ˈkɒnsənəns (칸서넌스)
con(함께)+ sonance(소리냄)
=함께 소리를 냄=**일치, 조화**
con(com)=함께
☞ consonant: 자음, 일치하는

sonorous səˈnɔrəs (서노러스)
son(소리나는)+ orous
=소리가 좋은=**듣기 좋은**

resound rɪˈzaʊnd (리자운드)
re(다시)+ sound(소리나다)
=다시 소리가 나다
=**울려 퍼지다**
re=다시

son, soun: 소리가 나다(1)

라틴어 sonare는 소리가 나다의 뜻을 갖고 있다.

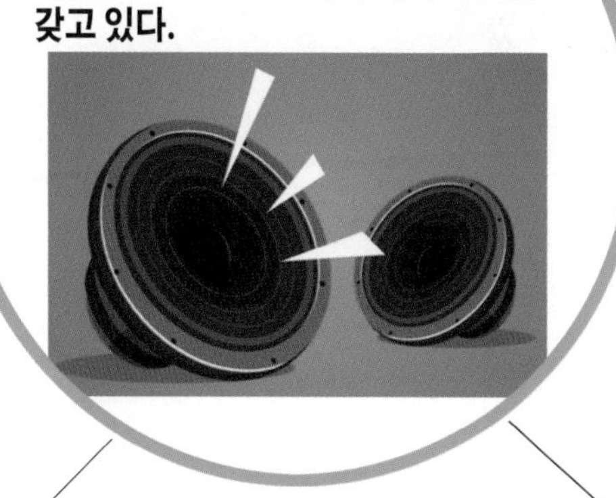

resonant ˈrɛzənənt (레저넌트)
re(강하게)+ sonant(소리나는)
=강하게 소리나는
=**깊이 울리는, 낭랑한**
re=강하게(강조)
☞ resonance: 울림, 공명

ultrasonic ʌltrəˈsɒnɪk (얼트러사닉)
ultra(초월하는)+ sonic(소리의)
=소리를 초월하는=**초음파의**
ultra=위의, 초월하는
☞ supersonic: 초음속의

예문

Body and soul were in **consonance** with each other.
(육체와 영혼은 서로 **조화**를 이루고 있었다.)
When you respond to their outrageous demands, speak in the quiet and **sonorous** voice of reason.
(그들의 터무니없는 요구에 응할 때는 조용하고 **듣기 좋은** 이성적인 목소리로 말해라.)
He hangs up the phone, and the sound of his laughter **resounds** throughout the parking lot.
(그가 전화를 끊고,그의 웃음소리는 주차장 곳곳에 **울려 퍼진다**.)
Her voice, which had been weak, became stronger, deeper, more **resonant**.
(힘이 빠져있던 그녀의 목소리는 점점 더 강해지고,더 깊어지고,더 **낭랑해졌다**.)
Static and dynamic obstacle detection is supplemented by an array of **ultrasonic** sensors.
(정적이며 동적인 장애물 감지 기능은 일련의 **초음파** 센서에 의해 보완된다.)

dissonant ˈdɪsənənt (**디**서넌트)
dis(분리)+ sonant(소리나는)
=어긋나게 소리나는=**불협화음의**
dis=분리, 이탈, 반대

sonant ˈsoʊnənt (**소**우넌트)
son(소리)+ ant
=소리나는=**유성음(의)**

assonance ˈæsənəns (**애**서넌트)
as(가까이)+ sonance(소리)
=음이 서로 가까움=**음의 유사**
as(ad)=가까이

son, soun: 소리가 나다(2)

라틴어 sonare는 소리가 나다의 뜻을 갖고 있다.

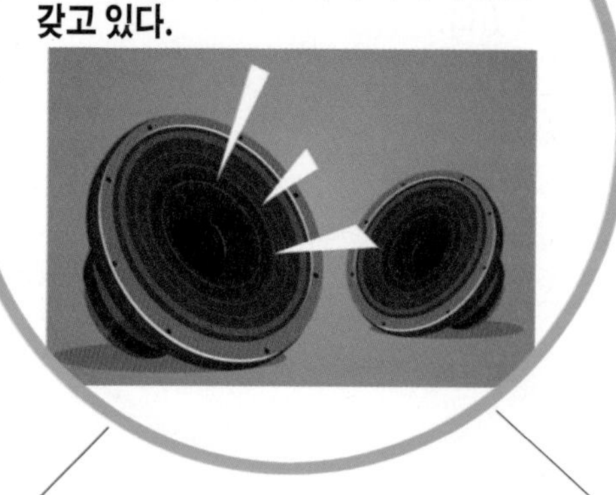

sonogram ˈsɒnəgræm (**사**너그램)
sono(소리)+ gram(도해)
=음을 이용한 검사도
=**초음파 검사**
gram=문서, 도해

unison ˈyunɪsən (**유**니슨)
uni(하나의)+ son(소리)
=하나의 소리=**조화, 화합, 일치**
uni=하나의

The simplicity reminds one of a nursery rhyme, but the melodies and chords are **dissonant**, insidious.
(그 단순성은 동요를 연상시키지만, 멜로디와 화음은 **불협화음**이며 은밀히 퍼진다.)
His hands moved quietly; his voice was clear and **sonant**; his words were few and polite.
(그의 손은 조용히 움직였고, 목소리는 맑고 **유성음**이었으며, 말은 적고 공손했다.)
There's even some **assonance** in those words that make them all the more compatible.
(심지어 그 단어들에는 그것들을 더욱 더 양립하게 만드는 어떤 **음의 유사성**이 있다.)
A **sonogram** uses sound waves to make pictures of organs in the body.
(**초음파 검사**는 음파를 사용하여 신체 내 장기의 사진을 만든다.)
These three management functions must work in **unison** to ensure consistent direction.
(이 세 가지 경영기능은 일치된 방향을 보장하기 위해 **조화** 속에서 작용해야 한다.)

conspiracy kən'spɪrəsi (컨스**피**러시)
con(함께)+ spiracy(호흡함)
=함께 호흡을 맞춤=**음모, 공모**
con(com)=함께
☞ conspire: 음모를 꾸미다

respire rɪ'spaɪər (리스**파**이얼)
re(다시)+ spire(숨쉬다)
=다시 숨쉬다=**호흡하다**
re=다시

respirator 'rɛspɪreɪtər (**레**스피레이털)
re(다시)+ spirator(숨쉬게 하는 것)
=다시 호흡하게 하는 것
=**인공호흡기, 마스크**
re=다시

spir:
숨쉬다, 호흡하다, 불다(1)
라틴어 spirare는 숨쉬다, 호흡하다, 불다의 뜻을 갖고 있다.

expire ɪk'spaɪər (익스**파**이얼)
ex(밖으로)+ (s)pire(숨쉬다)
=밖으로 숨이 빠져나가다
=**숨을 거두다, 만료되다**
ex=밖으로
☞ expiration: 만료, 만기 [ɛkspə'reɪʃən]

suspire sə'spaɪər (서스**파**이얼)
su(b)(아래에서)+ spire(숨쉬다)
=아래로부터 숨쉬다=**한숨짓다**
su(sub)=아래에서
☞ suspiration: 한숨, 긴 탄식

aspire ə'spaɪər (어스**파**이얼)
a(향하여)+ spire(숨쉬다)
=향하여 숨쉬다=**열망하다**
a(ad)=향하여
☞ aspiration: 열망, 야망 [æspə'reɪʃən]

예문

Belief in plots and **conspiracies** was yet another sign of the credulity of the times.
(음모와 **공모**에 대한 믿음은 여전히 시대의 맹신을 보여주는 또 다른 신호였다.)
Do you not remember that you ceased to **respire**, and were not conscious of the fact?
(당신은 **호흡하기**를 멈추었고, 그 사실을 의식하지 않았다는 것을 기억하지 못하십니까?)
At the time, he advocated the use of personal **respirators** instead of dust control in mines.
(당시 그는 광산의 분진 조절 대신 개인용 **인공호흡기**의 사용을 지지했다.)
The old collective agreement **expired** in May and talks began shortly thereafter.
(오래된 단체 협정은 5월에 **만료되었고** 그 직후에 회담이 시작되었다.)
We need to ask ourselves, what kind of success do we **aspire** to achieve and at what cost?
(우리는 어떤 종류의 성공을 **열망하고 있으며** 어떤 대가를 치러야 하는지 자문해볼 필요가 있다.)
Suspire is to utter something with a sigh.
(suspire(**탄식하며 말하다**)는 한숨과 함께 무언가를 말하는 것이다.)

spiracle 'spaɪrəkəl (스**파**이러컬)
spir(호흡)+ acle
=호흡하는 곳
=**공기구멍, 숨구멍**

spirant 'spaɪrənt (스**파**이런트)
spir(숨쉬다)+ ant
=숨을 내쉴 때 나는 음
=**마찰음**
☞ fricative: 마찰음

spirometer spaɪ'rɒmɪtər (스파이**라**미털)
spiro(숨쉬다)+ meter(측정기)
=숨쉬기 측정기=**폐활량계**
meter=측정기

spir:
숨쉬다, 호흡하다, 불다(2)
라틴어 spirare는 숨쉬다, 호흡하다, 불다의 뜻을 갖고 있다.

transpire træn'spaɪər (트랜스**파**이얼)
tran(너머로)+ spire(숨쉬다)
=멀리에서 숨쉬는 기운이 올라오다
= **알고 보니 …이다, 일어나다, 새어나오다**
tran(trans)=건너서, 너머로
☞ transpiration: 증산작용

perspire pər'spaɪər (펄스**파**이얼)
per(계속)+ spire(숨을 쉬다)
=계속 숨을 쉬다=**땀을 흘리다**
per=계속
☞ perspiration: 땀

예문

There is a hole called a **spiracle** behind each eye.
(각각의 눈 뒤에는 **숨구멍**이라고 불리는 구멍이 있다.)
Despite this assertion I do not believe the **spirant** pronunciation is obvious at all.
(이런 주장에도 불구하고 나는 그 **마찰음** 발음이 전혀 분명하다고 생각하지 않는다.)
During the test, you'll breathe into a **spirometer**, which measures the function of your lungs when you inhale and exhale.
(시험하는 동안 숨을 들이쉬고 내쉬었을 때 폐의 기능을 측정하는 **폐활량계** 속으로 숨을 내쉬게 될 것이다.)
However, on examination it **transpired** that envelope A did not actually have a window.
(그러나, 조사해보니 A봉투에는 실제로 창이 없는 것**으로 밝혀졌다.**)
He was **perspiring** from the heat generated in the room.
(그는 방에서 발생한 열 때문에 **땀을 흘리고 있었다**.)

constrain kən'streɪn (컨스트**레**인)
con(함께)+ strain(단단히 묶다)
=함께 단단히 묶다
=**하게 만들다, 강요하다, 제한하다**
con(com)=함께
☞ constraint: 제약, 강박

stringent 'strɪndʒənt (스트**린**전트)
stringent(단단히 묶인)
=단단히 묶인=**엄중한, 긴박한**
☞ strain: 부담, 압박
strict: 엄격한
distress: 고통

astringent ə'strɪndʒənt (어스트**린**전트)
a(향하여)+ stringent(단단히 묶는)
=단단히 묶는 방향의
=**수렴성의, 수축시키는, 씁쓸한**
a(ad)=향하여

string, strain, strict:
단단히 묶다
라틴어 stringere는 단단히 묶다의 뜻을 갖고 있다.

restrict rɪ'strɪkt (리스트**릭**트)
re(뒤에서)+ strict(단단히 묶다)
=뒤에서 단단히 묶다
=**제한하다, 한정하다**
re=뒤로, 뒤에서, 다시
☞ restriction: 제한, 제재

restrain rɪ'streɪn (리스트**레**인)
re(뒤에서)+ strain(단단히 묶다)
=뒤에서 단단히 묶다
=**저지하다, 억누르다**
re=뒤에서
☞ restraint: 저지, 억제, 규제
restrained: 자제하는, 차분한

constrict kən'strɪkt (컨스트**릭**트)
con(함께)+ strict(단단히 묶다)
=함께 단단히 묶다
=**수축되다, 위축시키다**
con(com)=함께
☞ stricture: 비난, 협착, 제한

예문

We are **constrained** to apply only reasonable force when we, our families, or our property is attacked.
(우리는 오직 우리들, 가족, 또는 우리의 재산이 공격받을 때 합리적인 무력만을 가하도록 **제한되어있다.**)

Their produce must be processed under the most **stringent** conditions by well-trained staff.
(그들의 제품은 잘 훈련된 직원들이 가장 **엄격한** 조건에서 가공해야 한다.)

You will find that this lotion is slightly **astringent**, leaving your skin feeling cool and delightfully fragrant.
(이 로션은 약간 **수렴성이 있어서** 피부를 시원하고 향긋하게 만든다는 것을 알게 될 것이다.)

He argued that in the long run export trade would be **restricted** by the tariff barrier to importation.
(그는 장기적으로 수출무역은 수입에 대한 관세장벽에 의해 **제한될** 것이라고 주장했다.)

The government had worked hard to **restrain** price rises for the campaigning period.
(정부는 선거 기간 동안 물가 상승을 **억제하기 위해** 열심히 노력해왔다.)

This will help **constrict** the blood vessel and stop the bleeding.
(이렇게 하면 혈관을 **수축시키고** 출혈을 멈추는 데 도움이 될 것이다.)

contagion kən'teɪdʒən (컨**테**이전)

con(함께)+ tagion(접촉)

=함께 접촉함=**전염, 감염**

con(com)=함께

☞ contagious: 전염성의

contact: 연락(접촉)하다

tangible 'tændʒəbəl (**탠**저블)

tang(만지다)+ ible

=만질 수 있는

=**만질 수 있는, 실재하는**

☞ intangible: (in=not) 무형의, 뭐라고 말할 수 없는

tangent: 접선

contiguous kən'tɪgyuəs (컨**티**규어스)

con(함께)+ tiguous(닿다)

=함께 닿아있는

=**인접한, 근접한**

con(com)=함께

tang, tact, ting, tag, tig, tam: 접촉하다, 만지다

라틴어 tangere는 접촉하다, 만지다의 뜻을 갖고 있다.

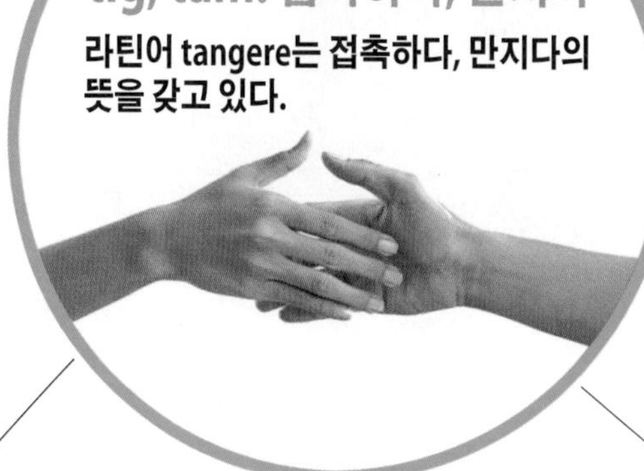

contingent kən'tɪndʒənt (컨**틴**전트)

con(함께)+ tingent(접촉하다)

=다함께 접촉한

=**대표단, 우발적인**

con(com)=함께

☞ contingency: 우발사태, 우발성

contingently: 우연히, 의존적으로

contaminate kən'tæmɪneɪt (컨**태**미네이트)

con(함께)+ taminate(만지다)

=다함께 만지다=**오염시키다**

con(com)=함께

☞ decontaminate: (de=제거) 오염물질을 제거하다

The sick and wounded avoid infecting each other and those who are well escape **contagion**.
(병자와 부상자는 서로 감염되는 것을 피하고, 건강한 사람은 **전염**을 피해야 한다.)

I was on the London Tube the day after the July 7 attacks, and the fear of another attack was almost **tangible**.
(나는 7월 7일 공격 다음 날 런던 튜브를 탔는데, 또 다른 공격에 대한 두려움은 거의 **실재적이었다**.)

In contrast, Wyoming is **contiguous** with six states but has only two other state capitals within 500 miles.
(이와는 대조적으로, 와이오밍은 6개 주와 **인접해있지만** 500마일 이내에는 2개의 주 수도만 있다.)

They are **contingent** and subject to error and influence like any other form of knowledge.
(그것들은 다른 형태의 지식처럼 **우발적이며** 오류와 영향의 지배를 받는다.)

Groundwater will be polluted, which would **contaminate** drinking water.
(지하수는 오염될 것이며 그렇게 되면 식수를 **오염시킬** 수 있다.)

tort, tors, tor: 비틀다, 구부리다(1)

contortion kən'tɔrʃən (컨**톨**션)

con(완전히)+ tortion(비틀다)

=완전히 비틀다=**뒤틀림, 일그러짐**

con(com)=완전히(강조)

☞ contort: 뒤틀리다, 일그러지다

distort dɪ'stɔrt (디스**톨**트)

dis(이탈)+ tort(비틀다)

=비틀어 이탈시키다

=**왜곡하다, 일그러뜨리다**

dis=이탈

☞ distortion: 왜곡

torture 'tɔrtʃər (**톨**쳘)

tort(비틀다)+ ure

=비틀어 고통을 주다

=**고문(하다)**

☞ torturous: 고통스러운

tort, tors, tor: 비틀다, 구부리다(1)

라틴어 torquere는 비틀다(twist), 구부리다의 뜻을 갖고 있다.

torment 'tɔrmɛnt (**톨**먼트) tɔr'mɛnt (톨**먼**트)

tor(비틀다)+ ment

=비틀음=**고통, 고뇌, 괴롭히다**

☞ tormentor: 괴롭히는 사람

extort ɪk'stɔrt (익스**톨**트)

ex(밖으로)+ tort(비틀다)

=비틀어 밖으로 빼내다

=**갈취하다, 빼앗다**

ex=밖으로

☞ extortion: 강요, 강탈

extortive: 강탈하는, 강요하는

예문

Their facial **contortions** are hilarious.
(그들의 얼굴 **일그러짐**은 정말 웃긴다.)

Their faces were **distorted** with fear and anguish.
(그들의 얼굴은 공포와 고뇌로 **일그러졌다**.)

Members of the security forces **torture**, beat and otherwise abuse prisoners and detainees.
(치안 부대의 구성원들은 죄수들과 억류자들을 **고문**하고 구타하고 아니면 학대한다.)

The intense mental and physical **torment** that could be ahead of you will blow your mind.
(당신에게 닥칠 수도 있는 강렬한 정신적이고 육체적 **고통**은 당신의 마음을 날려버릴 것이다.)

Their threats **extort** facilities and subsidies from the regimes that increase their strength and influence.
(그들의 위협은 그들의 힘과 영향력을 증가시키는 정권들로부터 시설과 보조금을 **갈취한다**.)

extortionate ɪk'stɔrʃənɪt (익스**톨**셔닛)
ex(밖으로)+ tortionate(비틀다)
=갈취하는 것과 다름없는
=**터무니없이 높은**
ex=밖으로
■☞ extortionately: 터무니없게

retort rɪ'tɔrt (리**톨**트)
re(다시)+ tort(비틀다)
=맞받아서 비틀다
=**말대꾸하다, 반박하다**
re=다시
■☞ retortion: 응수, 대꾸

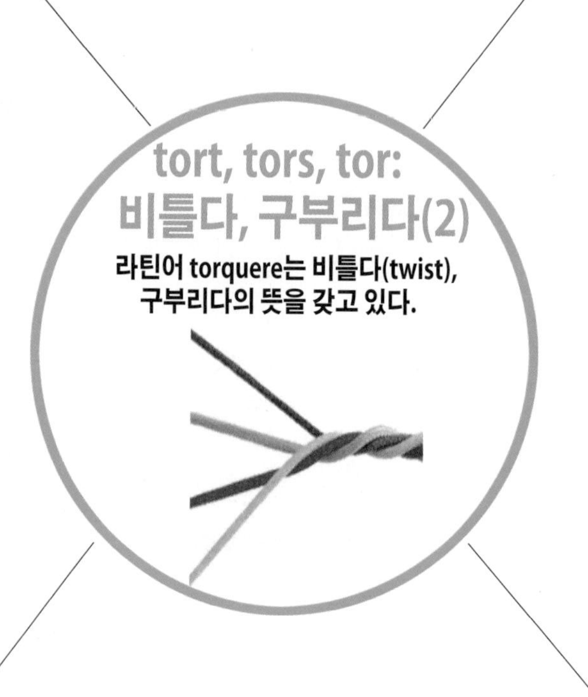

tortuous 'tɔrtʃuəs (**톨**츄어스)
tort(비틀다)+ uous
=비틀어져있는
=**길고 복잡한, 구불구불한**

tort ɪn'tɔrʃən (인**톨**션)
tort(비틀다)
=비틀림
=**불법행위**
■☞ retortion: 응수, 대꾸
torsion: 비틀림

예문

There was beer, there was music and there was undercooked greasy food at **extortionate** prices.
(맥주도 있었고, 음악도 있었고, **터무니없이 높은** 가격의 설익고 기름진 음식도 있었다.)
I opened my mouth to **retort** but couldn't quite come up with anything witty or smart or right.
(나는 **반박하기 위해** 입을 열었지만, 재치 있거나 똑똑하거나 옳은 것은 전혀 생각해낼 수 없었다.)
These veins are **tortuous** and bulky, making it virtually impossible to identify the spinal arteries.
(이 정맥들은 **구불구불하고** 부피가 커서 사실상 척추동맥을 확인할 수 없다.)
And there may be other **torts** and criminal offences that are done by taking control of people.
(그리고 사람들을 통제함으로써 행해지는 다른 **불법 행위**와 범죄 행위가 있을 수도 있다.)

convict kən'vɪkt 'kɒnvɪkt (컨**빅**트) (**칸**빅트)
con(완전히)+ vict(정복하다)
=완전히 정복하다(=이기다)
=**유죄를 선고하다, 기결수**
con(com)=완전히(강조)
☞ conviction: 유죄선고, 확신

invincible ɪn'vɪnsəbəl (인**빈**서블)
in(~아닌)+ vincible(정복할 수 있는)
=정복할 수 없는
=**무적의, 정복할 수 없는**
in=~이 아닌
☞ vincible: 정복할 수 있는

convince kən'vɪns (컨**빈**스)
con(함께)+ vince(정복하다)
=함께 정복하다(이기다)
=**납득(확신)시키다**
con(com)=함께
☞ inconvincible: 납득시킬 수 없는

vinc, vict, vanq: 정복하다
라틴어 vincere는 정복하다의 뜻을 갖고 있다.

evict ɪ'vɪkt (이**빅**트)
e(밖으로)+ vict(정복하다)
=정복하여 밖으로 내보내다
=**쫓아내다, 퇴거시키다**
e(ex)=밖으로
☞ eviction: 축출, 퇴거

evince ɪ'vɪns (이**빈**스)
e(밖으로)+ vince(정복하다)
=(논쟁에서) 이기다
=**분명히 밝히다, 피력하다**
e(ex)=밖으로

vanquish 'væŋkwɪʃ (**뱅**퀴쉬)
vanq(정복하다)+ uish
=정복하다=**격파하다**

예문

He was not **convicted** of any offence, but the police refused to return the money.
(그는 어떠한 위법 행위에 대해서도 **유죄 판결을 받지** 않았지만, 경찰은 그 돈을 돌려주는 것을 거부했다.)
After it survived the 1993 bombing, people thought the towers were **invincible**.
(1993년의 폭격에서 살아남은 후, 사람들은 그 탑들이 **무적이라고** 생각했다.)
It almost **convinces** me that political bias plays a role in mainstream media coverage.
(정치적 편견이 주류 언론 보도에 중요한 역할을 한다는 사실을 나는 거의 **확신하였다**.)
After **evicting** her, the landlord started renovations in hopes of raising the rent for the next tenant.
(그녀를 **퇴거시킨** 후, 집주인은 다음 세입자의 집세를 올릴 수 있기를 바라며 보수 공사를 시작했다.)
His troops had **vanquished** their opponents, now the Army and its prisoners were on their way home.
(그의 군대는 이미 그들의 적들을 **격파했고**, 이제 군대와 포로들은 집으로 돌아가는 길이었다.)
He **evinced** a strong desire to be reconciled with his family.
(그는 가족과 화해하려는 강한 바람을 **피력했다**.)

convene kən'vin (컨**빈**)

con(함께)+ vene(오다)

=함께 모이다=**소집하다, 열다**

con(com)=함께

☞ convention: 관습, 대회
conventional: 관습적인

subvention səb'vɛnʃən (서브**벤**션)

sub(밑에서)+ vention(오는)

=아래에서 오는=**보조금**

sub=아래에서

contravene kɒntrə'vin (칸트러**빈**)

contra(반대의)+ vene(오다)

=반대로 오다=**위반하다**

contra=반대의, 거슬러서

☞ contravention: 위반

ven, vent, veni: 오다(1)

라틴어 venire는 오다(come)의 뜻을 갖고 있다.

circumvent sɜrkəm'vɛnt (설컴**벤**트)

circum(빙 둘러)+ vent(오다)

=빙 둘러 오다=**우회하다**

circum=빙 둘러, 둥글게

☞ circumvention: 우회, 계략으로 속임

prevent prɪ'vɛnt (프리**벤**트)

pre(미리)+ vent(오다)

=먼저 오다=**막다, 예방하다**

pre=먼저, 미리

☞ prevention: 예방, 방지
preventive: 예방적인

예문

The leaders of three religions A, B and C decided to **convene** a meeting to bring about peace.
(A, B, C 세 종교의 지도자들은 평화를 가져오기 위해 회의를 **소집하기로** 결정했다.)

Many are also looking for information on nursing home **subventions** and living alone allowances, she said.
(많은 사람들이 요양원 **보조금**과 혼자 사는 수당에 대한 정보를 찾고 있다고 그녀는 말했다.)

Hitler's orders completely **contravened** international laws, which he scorned.
(히틀러의 명령은 그가 경멸했던 국제법을 완전히 **위반했다**.)

If you come to an obstruction in a road you can seek to **circumvent** it.
(도로에서 장애물을 만나면 당신은 그것을 **우회할 수** 있다.)

The prime focus for us is to **prevent** them happening in the first place.
(우리에게 가장 중요한 초점은 그것이 애초에 일어나지 않도록 **막는** 것이다.)

ven, vent, veni: 오다(2)

intervene ɪntər'vin (인털**빈**)
inter(사이에)+ vene(오다)
=사이에 서다=**개입하다, 끼어들다**
inter=사이에
☞ intervention: 조정, 중재

advent 'ædvɛnt (**애**드벤트)
ad(가까이)+ vent(오다)
=가까이 오다=**도래, 출현**
ad=가까이, 접근

revenue 'rɛvənyu (**레**버뉴)
re(다시)+ venue(오다)
=돌아오는 것=**수입, 세입**
re=다시, 뒤로

covenant 'kʌvənənt (**카**버넌트)
co(함께)+ venant(오다)
=함께 가다=**약속**
co(com)=함께

adventure æd'vɛntʃər (애드**벤**철)
ad(가까이)+ venture(오다)
=곧 일어날 것 같은=**모험**
ad=가까이, 접근

convenience kən'vinyəns (컨**비**니언스)
con(함께)+ venience(오다)
=함께 모임=**편의, 편리**
co(com)=함께
☞ convenient: 편리한

The federal government **intervened** in labor disputes to prevent deaths, not just to interfere.
(연방정부는 단지 간섭을 하기 위해서가 아니라 죽음을 막기 위해 노동쟁의에 **개입했다**.)
With the **advent** of the Internet, the right to free speech has become a realization.
(인터넷의 **출현**으로 언론의 자유권이 실현되었다.)
New **revenue** sources will include sponsorship, competitions, selling expertise and online offerings.
(새로운 **수입원**은 후원, 대회, 판매 전문지식 및 온라인 오퍼링을 포함할 것이다.)
The marriage **covenant** is the foundation of the family.
(결혼 **언약**은 가족의 기초이다.)
It is now common for many families to alter their customs to suit their **convenience**.
(이제 많은 가정들은 그들의 **편의**에 맞추기 위해 그들의 관습을 바꾸는 것이 일반적이다.)
It is also an exciting **adventure** and a story of a quest that must be fulfilled.
(그것은 또한 흥미진진한 **모험**이며 반드시 이루어져야 하는 탐구에 대한 이야기이다.)

stru, struct: 쌓다, 짓다

라틴어 struere는 쌓다, 짓다의 뜻을 갖고 있다.

construe kən'stru 'kɒnstru (컨스트**루**) (**칸**스트루)

con(함께)+ strue(쌓다)

=함께 만들어가다
=**이해(해석)하다, 해석**
con(com)=함께
☞ misconstrue: 오해(곡해)하다

construct kən'strʌkt 'kɒnstrʌkt (컨스트**락**트)(**칸**스트락트)

con(함께)+ struct(짓다)

=함께 짓다=**건설하다, 건립(구축)**
con(com)=함께
☞ construction: 건설
structure: 구조, 건축물

instrument 'ɪnstrəmənt (**인**스트러먼트)

in(안에)+ strument(지음)

=안에다 만들다=**기구, 도구**
in=안에
☞ instrumentalism: 도구주의

obstruct əb'strʌkt (어브스트**락**트)

ob(앞에)+ struct(쌓다)

=누군가의 앞에다 쌓아놓다
=**막다, 방해하다**
ob=앞에, 다가가는
☞ obstruction: 방해, 장애물

instruct ɪn'strʌkt (인스트**락**트)

in(안에)+ struct(쌓다)

=안에다 쌓아주다=**지시하다, 가르치다**
in=안에
☞ instructive: 유익한
instructor: 강사

destroy dɪ'strɔɪ (디스트**로**이)

de(반대)+ stroy(짓다)

=짓다의 반대=**파괴하다**
de=아래로, 반대
☞ destruction: 파괴

예문

The definition's use of words like 'traitor' cannot be **construed** as representations of fact.
('배신자'와 같은 단어들의 정의는 사실의 표현이라고 **해석될 수** 없다.)

As more residential buildings are **constructed**, the question of affordability has come up again.
(주거용 건물들이 더 많이 **건설되면서**, 구입능력에 대한 문제가 다시 제기되었다.)

This **instrument** is a favourite tool of the armed forces and mountain climbers all over the world.
(이 **기구**는 전 세계 군대와 산악인들이 즐겨 사용하는 도구다.)

The number of demonstrators was sharply reduced and they did not **obstruct** the roads.
(시위대의 수가 급격히 줄었고 그들은 도로를 **막지** 않았다.)

These are unstable forms of oxygen that cause cellular damage by **destroying** important fats in the body.
(이것은 신체 내의 중요한 지방을 **파괴함**으로써 세포에 손상을 입히는 불안정한 형태의 산소이다.)

I have been **instructed** by higher ranked officials to start our preparation for attack now.
(나는 고위 관리들로부터 지금 공격 준비를 시작하라는 **지시를 받았다**.)

converge kən'vɜrdʒ (컨**벌**지)

con(함께)+ verge(굽어지다)

=함께 한쪽으로 기울다

=모여들다, 수렴되다

com=함께

☞ convergence: 수렴

convergent: 집중적인, 모여드는

verge vɜrdʒ (벌지)

verge(기울어진)

=지평선까지 기울어져 내려와있는

=길가, 가장자리, 경계, 직전, 기울다

라틴어 vergere는 굽어지다, 기울다의 뜻을 갖고 있다.

diverge dɪ'vɜrdʒ (디**벌**지)

di(분리)+ verge(굽어지다)

=분리되며 굽어지다

=갈라지다, 분기하다

di(dis)=분리

☞ divergent: 갈라지는, 분기하는

combustible kəm'bʌstəbəl (컴**버**스터벌)

com(완전히)+ bustible(불타는)

=완전히 불타는

=불이 잘 붙는, 가연성인

com=완전히(강조)

☞ combustion: 연소 [kəm'bʌstʃən]

combust: 연소하기 시작하다

combustibility: 가연성

bust:
불타다

라틴어 burere는 불타다의 뜻을 갖고 있다.

incombustible ɪnkəm'bʌstəbəl (인컴**버**스터벌)

in(~이 아닌)

+ combustible(가연성의)

=가연성이 아닌=**불연성의**

in=~이 아닌

☞ noncombustible: 불연성의, 불타지 않는

It's where our main subway lines **converge**, where uptown meets downtown, where east meets west.
(그곳은 우리의 주요 지하철 노선이 **모이는** 곳이고, 거기서 시외곽은 시내와 만나고, 동쪽과 서쪽이 만나는 곳이다.)

The flat **verges** were littered with seaweed and plastic flotsam.
(평평한 **길가**에는 해초와 플라스틱 표류물이 어질러져 있었다.)

He thought that many small changes could cause two lines of life to **diverge**.
(그는 많은 작은 변화들이 삶의 두 선을 **갈라지게** 할 수 있다고 생각했다.)

If the materials are **combustible**, the fire protection system will be designed differently than for a noncombustible building.
(재료가 **가연성**인 경우, 화재 보호 시스템은 불연성 건물과 다르게 설계된다.)

We keep our important papers in an **incombustible** safe in the basement.
(우리는 중요한 서류를 지하실에 있는 **불연성** 금고에 보관한다.)

commiserate kə'mɪzəreɪt (커**미**저레이트)
com(함께)+ miserate(비통한)
=함께 비통해하다
=위로하다, 측은히 여기다
com=함께
☞ commiseration: 긍휼

misery 'mɪzəri (**미**저리)
misery(비참)
=비참, 고통, 빈곤
☞ miserable: 비참한
miser: (불쌍한 사람)
=구두쇠, 수전노

miser: 비참한, 비통한
라틴어 miser는 비참한, 비통한의 뜻을 갖고 있다.

vast, wast: 비어있다
라틴어 vastus는 비어있다(empty)의 뜻을 갖고 있다.

devastate 'dɛvəsteɪt (**데**버스테이트)
de(완전히)+ vastate(비어있는)
=완전히 비우다=**완전히 파괴하다**
de=완전히(강조)
☞ devastation: 황폐, 파괴
vast: 광대한 vastidity: 광대, 거대

wastage 'weɪstɪdʒ (**웨**이스티지)
wast(비어있는)+ age
=비어있게 만들다=**낭비, 손상**
☞ waste: 낭비하다, 낭비
폐기물, 쓰레기

예문

I would also like to **commiserate** with the unsuccessful candidates.
(나는 또한 성공하지 못한 후보들에게 **위로를 표하고** 싶다.)
The people who are refugees in their own land will keep living in distress, fear and **misery**.
(자기 땅에서 피난민인 사람들은 고통과 공포와 **비참함** 속에서 계속 살아갈 것이다.)
Unless income can be generated from elsewhere, many tourist businesses will be **devastated**.
(다른 곳에서 수입을 창출할 수 없는 한 많은 관광사업은 **황폐화될** 것이다.)
Often this **wastage** is a direct result of cost shifting between federal and state governments.
(종종 이러한 **낭비**는 연방정부와 주정부 간 비용변동의 직접적인 결과다.)

comparable ˈkɒmpərəbəl (캄퍼러벌)

com(함께)+ parable(같은)

=다함께 같은=**비슷한, 비교할 만한**

com=함께

☞ incomparable: 비할 데가 없는

comparatively: 비교적

imparity ɪmˈpærɪti (임패리티)

im(~아닌)+ parity(동등함)

=동등하지 않음=**같지 않음, 불균등**

im(in)=~이 아닌

☞ parity: 동등함

disparity dɪˈspærɪti (디스패리티)

dis(이탈)+ parity(같음)

=같음에서 벗어남=**차이**

dis=이탈, 반대

par: 같은, 동등한

라틴어 par는 동등한(equal)의 뜻을 갖고 있다.

disparage dɪˈspærɪdʒ (디스패리지)

dis(이탈)+ parage(동등함)

=동등하지 않은 계급의 사람과 결혼함

=**폄하하다, 얕보다**

dis=이탈

☞ disparagement: 경멸, 비하

pari passu ˈpari ˈpassu (파리 파수)

pari(같은)+ passu(걸음)

=같은 걸음

=**같은 보조로, 발맞추어**

passu=(pace) 속도, 걸음

☞ faux pas: 실례, 무례, 실수

(faux=잘못된) [foʊ ˈpɑ]

예문

It was a large wooden fort **comparable** to Disney's Magic Castle of today.

(그것은 오늘날의 디즈니 매직 캐슬과 **비교할 만한** 커다란 목조 요새였다.)

For nearly two decades, enrollment of women at the University of Tokyo has hovered around 20 percent, an **imparity** that extends across many top colleges.

(거의 20년 동안, 도쿄 대학의 여성 등록률은 약 20%를 맴돌았는데, 이것은 많은 일류 대학에까지 퍼져있는 **불균등**이다.)

Prevailing economic theory suggests that such information **disparities** can lead to market failure.

(지배적인 경제이론은 그러한 정보**격차**가 시장실패로 이어질 수 있음을 시사한다.)

I don't mean to **disparage** your achievements.

(나는 너의 업적을 **폄하할** 생각이 없다.)

Early opera developed **pari passu** with solo song.

(초기 오페라는 솔로곡과 **발맞추어** 발전했다.)

complacent kəm'pleɪsənt (컴플**레**이선트)

com(완전히)+ placent(기쁘게 하는)

=자신을 완전히 기쁘게 하는

=**자기만족적인**

com=완전히(강조)

☞ complacency: 안일, 안주

complaisant kəm'pleɪsənt (컴플**레**이선트)

com(완전히)+ plaisant(기쁘게 하는)

=남을 완전히 기쁘게 하는

=**남의 뜻에 잘 따르는**

com=완전히(강조)

placate 'pleɪkeɪt (플**레**이케이트)

plac(달래는)+ ate

=**달래다**

☞ placatory: 달래는 ['pleɪkətɔri]

plac, pli, pla, ple: 달래다, 기쁘게 하다(1)

라틴어 placere는 달래다, 기쁘게 하다의 뜻을 갖고 있다.

placebo plə'siboʊ (플러**시**보)

plac(기쁘게 하다)+ ebo(미래직설법)

=나는 기쁘게 할 것이다=**위약**

placid 'plæsɪd (플**래**시드)

plac(달래다)+ id

=달래다=**차분한, 잔잔한**

☞ placidity: 조용함, 평온 [plə'sɪdəti]

예문

Trying different things keeps you alive and stops you being **complacent**.
(다른 것을 시도하는 것은 당신을 살아있게 만들고 당신이 **자기 만족적이게** 하는 것을 막아준다.)

And a **complaisant** public is also, of course, invaluable to the transaction.
(그리고 물론 **남의 뜻에 잘 따르는** 대중은 그 거래에도 매우 유용하다.)

It **placated** my brother and me for hours, despite the chaos going on around us.
(우리 주위에서 벌어지고 있는 혼란에도 불구하고 그것이 몇 시간 동안 나의 형과 나를 **달래주었다**.)

Is it unethical for a doctor to knowingly prescribe a **placebo** without informing the patient?
(의사가 환자에게 알리지 않고 고의로 **위약**을 처방하는 것은 비윤리적인가?)

His **placid** nature and sense of humour instilled confidence in patients seeking counselling.
(그의 **차분한** 성격과 유머감각은 상담을 원하는 환자들에게 자신감을 심어주었다.)

implacable ɪm'plækəbəl (임플**래**커블)

im(~이 아닌)+ placable(달래기 쉬운)

=달래기 어려운, 확고한, 바꿀 수 없는

im(in)=~이 아닌

☞ placable: 달래기 쉬운 ['plækəbəl]

displease dɪs'pliz (디스플**리**즈)

dis(반대)+ please(즐겁게 하다)

=즐겁지 않게 하다

=불쾌하게 만들다

dis=반대, 이탈

supple 'sʌpəl (**서**펄)

sup(아래로)+ ple(달래다)

=아래에서 낮은 자세로 달래다

=유연한, 탄력 있는

sup(sub)=아래에서

plac, pli, pla, ple:
달래다, 기쁘게 하다(2)

라틴어 placere는 달래다, 기쁘게 하다의 뜻을 갖고 있다.

supplicate 'sʌplɪkeɪt (**서**플리케이트)

sup(아래에서)+ plicate(달래다)

=낮은 자세로 신을 달래다

=간청하다, 탄원하다

sup(sub)=아래에서

☞ supplication: 탄원, 애원
suppliant: 탄원하는
supplicant: 탄원자

plead plid (플리드)

ple(달래다)+ ad

=달래다

=애원하다, 간청하다

☞ pleading: 애원

예문

When the young girl refuses, the two become **implacable** opponents.
(어린 소녀가 거절하면, 두 사람은 **완강한** 반대자가 된다.)
Everything I did seemed to annoy and **displease** him.
(내가 하는 모든 일이 그를 짜증나게 하고 **불쾌하게 만드는** 것 같았다.)
His baritone was strong and **supple** but never forced.
(그의 바리톤은 강하고 **유연했지만** 결코 강요되지 않았다.)
She tells him to **supplicate** her mother first and then leaves.
(그녀는 그에게 먼저 어머니에게 **간청하고** 나서 떠나라고 말한다.)
It exploded as he **pleaded** with police to diffuse it.
(그가 경찰에게 그것을 확산시켜 달라고 **애원하자** 그것은 폭발했다.)

compliance kəm'plaɪəns (컴플**라**이언스)

com(완전히)+ pliance(채움)

=완전히 채움(지킴)=**준수, 따름**

com=완전히(강조)

☞ comply: 준수하다

compliment

'kɒmpləmənt 'kɒmpləmɛnt

(**캄**플러먼트) (**캄**플러멘트)

com(완전히)+ pliment(채움)

=완전히 채워줌

= **칭찬, 찬사, 칭찬하다**

com=완전히(강조)

☞ complimentary: 무료의, 칭찬하는

complement

'kɒmpləmɛnt 'kɒmpləmənt

(**캄**플러멘트) (**캄**플러먼트)

com(완전히)+ plement(채움)

=완전히 채워줌

=**보완하다, 보어, 보철**

com=완전히(강조)

☞ complementary: 보완적인, 보충의

ple, pli, ply: 채우다(1)

라틴어 plere는 채우다의 뜻을 갖고 있다.

supplement

'sʌplɪmənt 'sʌplɪmɛnt

(**서**플리먼트) (**서**플리멘트)

sup(아래에서)+ plement(채움)

=아래에서 채움=**보충, 보충물, 부록, 보충하다**

sup(sub)=아래에서

☞ supply: 공급(하다)

supplementary: 보충의, 추가의

accomplish ə'kɒmplɪʃ (어**캄**플리쉬)

ac(하다)+ com(함께)+ plish(채우다)

=함께 채우다=**성취하다, 완수하다**

ac(ad)=하다, 만들다

com=함께

☞ accomplished: 기량이 뛰어난

예문

In order to ensure **compliance**, we need also to develop our means of action.
(**이행**을 보장하기 위해서는 행동수단도 개발해야 한다.)
I guess it's polite to start off a criticism with a **compliment**.
(**칭찬**과 함께 비판을 시작하는 게 정중하다고 여겨진다.)
The private economy has long been considered a **complement** to the State sector.
(민간 경제는 오랫동안 국가 부문을 **보완**하는 것으로 여겨져왔다.)
See the online **supplement** for additional detail on the methods used in this study.
(이 연구에서 사용된 방법에 대한 자세한 내용은 온라인 **부록**을 참조하십시오.)
They are dedicated to **accomplishing** the missions they were called to perform.
(그들은 그들에게 수행하도록 요구된 임무를 **완수하기 위해** 헌신한다.)

complete kəm'plit (컴플**리**트)

com(완전히)+ plete(채우다)

=완전히 채우다=**완료하다, 완전한**

com=완전히(강조)

☞ completion: 완료, 완성

deplete dɪ'plit (디플**리**트)

de(반대)+ plete(채우다)

=채우다의 반대

=**감소시키다, 고갈시키다**

de=아래로, 반대

☞ depletion: 고갈, 소모

implement

'ɪmplɪmənt 'ɪmplɪmɛnt

(**임**플리먼트) (**임**플리멘트)

im(안에다)+ plement(채우다)

=**도구, 실시, 시행하다**

im(in)=안으로

ple, pli, ply:
채우다(2)

라틴어 plere는 채우다의 뜻을 갖고 있다.

plebeian plɪ'biən (플리**비**언)

plebe(서민)+ ian

=서민의=**평민의, 서민의**

plebe=서민, 군중

(서민, 군중을 뜻하는 plebe는 채우다의 뜻을 갖고 있는 ple에서 유래했다. 채워진=많은 사람)

☞ plebiscite: 국민투표

expletive 'ɛksplɪtɪv (**엑**스플리티브)

ex(밖으로)+ pletive(채우는)

=밖에다 채우는=**욕설, 비어**

ex=밖으로

예문

It is not necessary to produce a **complete** list, or a closer analysis here.
(여기서 **완전한** 목록을 만들거나 보다 면밀한 분석을 할 필요는 없다.)
About half of the world's rivers are severely **depleted** and polluted.
(세계의 강 중에서 약 절반은 심각하게 **고갈되고** 오염되어있다.)
Today, artists can use various **implements** to cut the blocks of wood.
(오늘날, 예술가들은 나무의 블록을 자르는 데 다양한 **도구들**을 사용할 수 있다.)
In 494 B.C., the **plebeians** threatened to leave Rome and set up their own independent state.
(기원전 494년, **평민들**은 로마를 떠나 독자적인 국가를 세우겠다고 위협했다.)
She looked exactly like a tiny doll lying there... until a stream of **expletives** issued from her mouth.
(그녀는 마치 작은 인형처럼 보였어... **욕설**이 그녀의 입에서 쏟아져 나올 때까지 말이야.)

replete rɪˈplit (리플**리**트)

re(다시)+ plete(채우다)

=다시 채운=**가득한, 충분한**

re=다시

☞ repletion: 충만, 충실

plethora ˈplɛθərə (플**레**써라)

ple(채우다)+ thora

=꽉 찬=**과다, 과잉**

pleonasm ˈpliənæzəm (플**리**어내즘)

ple(채우다)+ onasm

=과잉의=**췌언, 겹말**

예문

The same rock solid gameplay, **replete** with superb control and surprisingly deep levels, is back.
(뛰어난 제어력과 놀랍도록 깊은 레벨로 **가득 찬** 동일한 록 솔리드 게임 플레이가 돌아왔다.)

Going through a major physical change can bring about a **plethora** of feelings.
(중대한 신체적 변화를 겪는 것은 감정의 **과잉**을 불러올 수 있다.)

And 'hackneyed cliché' is itself a **pleonasm**.
(그리고 '진부한 상투적인 문구(hackneyed cliché)'는 그 자체가 **췌언**이다.)

replenish rɪ'plɛnɪʃ (리플**레**니쉬)
re(다시)+ plenish(가득 찬)
=다시 가득 차게 하다
=**다시 채우다, 보충하다**
re=다시

plenitude 'plɛnɪtud (플**레**니튜드)
plen(가득 찬)+ itude
=가득 참=**풍부함**
☞ plenty: (가득 찬)=충분한

plenary 'plinəri (플**리**너리)
plen(가득 찬)+ ary
=가득 찬
=**총회의, 전원출석의, 제한 없는**

plenipotentiary plɛnɪpə'tɛnʃiɛri (플레니퍼**텐**시어리)
pleni(가득 찬)+ potentiary(능력 있는)
=모든 권한을 갖고 있는=**전권대사**
potentiary=능력 있는

예문

As water migrates, it **replenishes** soil water around the seed during germination and emergence.
(물이 이동하면서 발아 및 출현 시 종자 주변의 토양수를 **보충해준다**.)
We are dependent on the **plenitude** of products and services available to us that meet only our lowest expectations.
(우리는 우리의 가장 낮은 기대를 충족시키는 제품과 서비스의 **풍부함**에 의존한다.)
Governors, regents and mayors will also attend the **plenary** meeting at the national legislative complex.
(주지사, 섭정 및 시장은 또한 국가 입법부에서 열리는 **총회** 회의에 참석할 것입니다.)
For months now its **plenipotentiaries** have been negotiating with Iran about Tehran's nuclear programme.
(수개월 동안 그것의 **전권위임자들**은 이란의 핵 프로그램에 대해 이란과 협상해왔다.)

pon, pos, posit, pound: 두다(1)

compound

'kɒmpaʊnd kəm'paʊnd
(**캄**파운드) (컴**파**운드)
com(함께)+ pound(두다)

=함께 섞다
=복합체, 화합물, 혼합시키다
com=함께

component kəm'poʊnənt (컴**포**넌트)

com(함께)+ ponent(놓는)

=함께 놓여있는=**요소, 부품**
com=함께

composition kɒmpə'zɪʃən (캄퍼**지**션)

com(함께)+ position(놓아둠)

=함께 놓아둠=**구성, 작곡**
com=함께
☞ compositor: 조판공 [kəm'pɒzɪtər]
composite: 합성의, 합성물
compose: 구성하다, 작곡하다

pon, pos, posit, pound: 두다(1)

라틴어 ponere는 두다(put, place)의 뜻을 갖고 있다.

propound prə'paʊnd (프러**파**운드)

pro(앞에다)+ pound(두다)

=앞에다 놓다=**제기하다**
pro=앞에
☞ proposition: 제의, 제안
proposal: 제안, 제의

proponent prə'poʊnənt (프러**포**넌트)

pro(앞에다)+ ponent(놓는)

=앞에다 제시하는=**지지자, 제창자**
pro=앞에

예문

In the last 100 years, humans have introduced hundreds of new, synthetic **compounds** into the environment.
(지난 100년 동안, 인간은 수백 가지의 새로운 합성 **화합물**을 환경에 도입했다.)
It is clear that dietary fibre is a key **component** in whole grain that delivers health benefits.
(식이 섬유가 건강상의 이점을 전달하는 전곡류의 핵심 **요소**임은 분명하다.)
The ingredient and nutrient **composition** of the basal diet is presented in Tables 1 and 2.
(기초 식단의 구성 요소와 영양 **구성**은 표 1과 표 2에 제시되어있다.)
We can **propound** the idea that entertainment is not optional, but a constituent element of human development.
(우리는 오락은 선택사항이 아니라 인간 발전의 구성 요소라는 생각을 **제안할 수 있다**.)
He is of course one of the chief **proponents** of the libertarian view.
(그는 물론 자유주의적 견해의 주요 **지지자** 중 한 명이다.)

expound ɪk'spaʊnd (익스**파**운드)
ex(밖으로)+ pound(놓다)
=밖으로 펼쳐놓다=**자세히 설명하다**
ex=밖으로
☞ exposition: (상세한) 설명
전시회, 박람회
expository: 설명적인

expose ɪk'spoʊz (익스**포**즈)
ex(밖에다)+ pose(놓다)
=밖에다 놓다=**드러내다**
ex=밖으로
☞ exposure: 노출, 폭로

impose ɪm'poʊz (임**포**즈)
im(하다)+ pose(놓다)
=놓다
=**도입하다, 부과하다**
im(in)=하다, 만들다
☞ imposition: 시행, 도입
superimpose: 겹쳐놓다
(super=위에)
[supərɪm'poʊz]

pon, pos, posit, pound: 두다(2)
라틴어 ponere는 두다(put, place)의 뜻을 갖고 있다.

impostor ɪm'pɒstər (임**파**스털)
im(하다)+ postor(두다)
=거짓으로 남에게 부과시키는 사람
=**사기꾼**
im(in)=하다, 만들다
☞ impost: 부과금, 세금

postpone poʊst'poʊn (포스트**폰**)
post(뒤에)+ pone(두다)
=뒤로 두다=**연기하다, 미루다**
post=후에, 뒤에
☞ postponement: 연기

예문

Jean Jacques Rousseau **expounded** the idea that government rested on a social contract.
(Jean Jacques Rousseau는 정부가 사회적 계약에 의존하고 있다는 생각에 대해 **자세히 설명했다**.)
The low quality fish they dry on sand, **exposing** it to birds and animals, may not bring them good revenue.
(그들이 모래 위에 말려서 새와 동물에게 **노출시키는** 낮은 품질의 물고기는 좋은 수익을 가져다주지 못할 것이다.)
Russia's foreign minister declared that democracy cannot be **imposed** from the outside.
(러시아 외무장관은 민주주의는 외부에서 **부과될** 수 없다고 선언했다.)
He turned detective, tracked down the **impostor** and called the police.
(그는 형사로 변신하여 **사기꾼**을 추적하고 경찰에 신고했다.)
Most of them keep on **postponing** their preparations till the last day.
(그들 대부분은 마지막 날까지 준비를 계속 **미루고 있다**.)

pon, pos, posit, pound: 두다(3)

depose dɪˈpoʊz (디**포**즈)
de(이탈)+ pose(두다)
=이탈(제거)시키다
=**물러나게 하다, 퇴위시키다**
de=이탈, 아래로
☞ deposition: 퇴적, 퇴위

deposit dɪˈpɒzɪt (디**파**짓)
de(아래에)+ posit(두다)
=아래에 두다
=**보증금, 예금, 두다, 놓다**
de=아래로
☞ depository: 보관소
depot: 창고

dispose dɪˈspoʊz (디스**포**즈)
dis(분리)+ pose(두다)
=분리해서 두다
=**배치하다, 처분하다, 버리다**
dis=이탈, 제거, 분리
☞ disposal: 처리, 배치

pon, pos, posit, pound: 두다(3)
라틴어 ponere는 두다(put, place)의 뜻을 갖고 있다.

disposable dɪˈspoʊzəbəl (디스**포**저벌)
dis(분리)+ posable(둘 수 있는)
=버릴 수 있는
=**쓰고 버리는, 일회용의**
dis=이탈, 제거, 분리

superpose supərˈpoʊz (수펄**포**즈)
super(위에)+ pose(놓다)
=위에 놓다=**위에 놓다, 겹쳐놓다**
super=위에, 초월하여
☞ superposition: 겹쳐놓기

예문

He has been in exile since being **deposed** by military coup in 1967.
(그는 1967년 군사 쿠데타로 **물러난** 뒤 망명 중이다.)
Unlike safe investments such as bank **deposits** or Treasury bonds, dividends are not guaranteed.
(은행 **예금**이나 재무부 채권 등 안전한 투자와 달리 배당금은 보장되지 않는다.)
You cannot sell them or **dispose** of them without the permission of the finance company.
(금융회사의 허가 없이는 그것들을 팔거나 **처분할 수** 없다.)
Even the razor should be a **disposable** one, thrown out after use.
(면도칼도 **일회용이어야** 하고, 사용한 후에 버려야 한다.)
The easiest way to tell whether a molecule is chiral or not is to try to **superpose** it on its mirror image.
(분자가 키랄인지 아닌지를 구별하는 가장 쉬운 방법은 분자를 거울 이미지 위에 **겹쳐놓아** 보는 것이다.)

pon, pos, posit, pound: 두다(4)

preposition prɛpəˈzɪʃən (프레퍼**지**션)
pre(앞에)+ position(놓여짐)
=앞에 놓여있는=**전치사**
pre=앞에

transpose trænsˈpoʊz (트랜스**포**즈)
trans(맞은편에)+ pose(놓다)
=맞은편에 놓다=**뒤바꾸다**
trans=건너서, 맞은편에
☞ transposition: 바꾸어 놓음, 전위(轉位)

contraposition
kɒntrəpəˈzɪʃən (칸트러퍼**지**션)
contra(반대의)+ position(두다)
=반대쪽에 서다=**대치, 대립**
contra=반대의, 거슬러

pon, pos, posit, pound: 두다(4)
라틴어 ponere는 두다(put, place)의 뜻을 갖고 있다.

posit ˈpɒzɪt (**파**짓)
posit(놓다)
=놓다=**사실로 상정하다**
☞ posture: 자세

interpose ɪntərˈpoʊz (인털**포**즈)
inter(사이에)+ pose(두다)
=사이로 들어가다=**끼어들다**
inter=사이로

예문

Moreover, many words have uses without meanings - personal names, **prepositions**, conjunctions, and the like are cases in point.
(게다가, 많은 단어들이 아무런 의미 없이 사용된다 - 개인 이름, **전치사**, 접속사, 그리고 이와 같은 것들이 적절한 경우들이다.)
It became an international incident because he **transposed** two syllables.
(그가 두 음절을 **뒤바꿔서** 그것은 국제적인 사건이 되었다.)
We have given examples and illustrations in the paragraph describing conversion by **contraposition**.
(우리는 그 단락에서 **대치**에 의한 변환을 묘사하는 예와 삽화를 제시하였다.)
He also **posited** a genetic basis for this when he was lecturing at Edinburgh.
(그는 또한 에든버러에서 강의할 때 이것에 대한 유전적 근거를 **상정하였다**.)
At least one starter switch is **interposed** between the starter and the starter battery.
(적어도 하나의 스타터 스위치가 스타터와 스타터 배터리 사이에 **끼어있다**.)

repository rɪ'pɒzɪtɔri (리**파**지토리)
re(강조)+ pository(두다)
=두는 곳=**저장소, 보관소**
re=강조의 의미
☞ repose: 휴식, 두다

compost 'kɒmpoʊst (**캄**포스트)
com(함께)+ post(두다)
=함께 뿌리다=**퇴비, 비료**
com=함께

opposite 'ɒpəzɪt (**아**퍼짓)
op(반대쪽에)+ posite(놓인)
=반대쪽에 놓인
=**반대의, 다른 편의**
op(ob)=대항하는
☞ opposition: 반대
opponent: 상대, 적수

pon, pos, posit, pound: 두다(5)
라틴어 ponere는 두다(put, place)의 뜻을 갖고 있다.

apposite 'æpəzɪt (**애**퍼짓)
ap(가까이)+ posite(두다)
=가까이에 놓다=**적절한, 적절하다**
ap(ab)=가까이, 향하여
☞ apposition: 동격

suppose sə'poʊz (서**포**즈)
sup(아래에)+ pose(놓다)
=밑에 깔다
=**생각하다, 추정하다**
sub=아래에
☞ supposition: 추정, 추측
supposed: 소위 …라는

예문

We believe that the gallery's main function should be as a **repository** of British art.
(우리는 화랑의 주요 기능이 영국 예술의 **보관소**가 되어야 한다고 믿는다.)
There is no fertilizer better than **compost**, and you can make it yourself for free!
(**퇴비**보다 더 좋은 비료는 없으며, 무료로 직접 만들 수 있다!)
Daniel ran away with a friend down the **opposite** side of the hill.
(다니엘은 언덕 **반대**편으로 친구와 함께 도망쳤다.)
Two years later, the comparison still seems **apposite**.
(2년이 지난 지금도 그 비교는 **적절해**보인다.)
I only **suppose** there's going to be several stitches because it was such a deep cut.
(너무 깊게 베어서 몇 바늘 꿰매야 할 것 같다고 나는 **추정할** 뿐이다.)

pon, pos, posit, pound: 두다(6)

presuppose prisə'poʊz (프리서**포**즈)

pre(미리)+ suppose(추정하다)

=미리 추정(생각)하다

=예상하다, 상정하다

pre=먼저, 미리

☞ presupposition: 예상, 추정

supposititious səpɒzɪ'tɪʃəs (서파지**티**셔스)

sup(아래에)+ posititious(놓다)

=다른 것을 대신 아래에 놓다=**가짜의**

sup(sub)=아래에

suppository sə'pɒzɪtɔri (서**파**지토리)

sup(아래에)+ pository(놓다)

=아래로 넣는 약=**좌약(坐藥)**

sup(sub)=아래로

pon, pos, posit, pound: 두다(6)

라틴어 ponere는 두다(put, place)의 뜻을 갖고 있다.

예문

Protest, however, also **presupposed** the possibility of improving one's condition by exerting pressure.
(그러나 항의도 압력을 가함으로써 자신의 상태를 개선할 가능성을 **전제로 했다**.)

Yet if he aided the real Hugh to escape, he, the **supposititious** Hugh who had played his role, must continue it.
(하지만 그가 Hugh를 탈출하도록 도왔다면, 그의 역할을 했던 **가짜** Hugh인 그는 그것을 계속해야 한다.)

A drug allergy was suspected and eventually traced to analgesic **suppositories**.
(약물 알레르기가 의심되었고 결국 진통제 **좌약**으로 추적되었다.)

volv, volu, volt: 구르다, 굴리다

라틴어 volvere는 구르다, 굴리다의 뜻을 갖고 있다.

convoluted ˈkɒnvəluːtɪd (**칸**벌루티드)
con(함께)+ voluted(구르는)
=여러개가 함께 굴러가는
=복잡한, 구불구불한
con(com)=함께
☞ convolve: 감다, 감기다

evolve ɪˈvɒlv (이**발**브)
e(밖으로)+ volve(굴리다)
=밖으로 굴리다
=발전시키다, 진전시키다
e(ex)=밖으로
☞ evolution: 진화, 발전
evolutionism: 진화론

involve ɪnˈvɒlv (인**발**브)
in(안으로)+ volve(굴리다)
=안으로 굴리다
=끌어들이다, 연루시키다, 수반하다
in=안으로
☞ involved: 관련된
involvement: 관련, 개입, 연루

revolution rɛvəˈluʃən (레벌**루**션)
re(뒤로)+ volution(회전)
=뒤로 돌리다=**혁명, 회전**
re=뒤로
☞ revolutionize: 대변혁(혁신)을 일으키다
revolve: 회전하다

revolt rɪˈvoʊlt (리**볼**트)
re(뒤로)+ volt(돌다)
=뒤로 돌림
=봉기, 반란(을 일으키다)
re=뒤로

devolve dɪˈvɒlv (디**발**브)
de(아래로)+ volve(굴리다)
=아래로 굴러 떨어뜨리다
=양도하다, 이양하다
de=아래로, 분리
☞ devolution: 권력이양

예문

To say that it is **convoluted** and extremely complicated is an understatement.
(그것은 **매우 난해하고** 극도로 복잡하다고 말하는 것은 절제된 표현이다.)

The delicate ceramic pieces began with a simple meaning and gradually **evolved** into something deeper.
(섬세한 도자기 조각들은 단순한 의미에서부터 시작해서 점차 더 깊은 것으로 **발전했다**.)

Payment of a penalty **involves** no admission of guilt or record of criminal conviction.
(벌금의 지불은 유죄의 인정이나 범죄의 전과를 **수반하지** 않는다.)

They regard the 1917 Russian **revolution** as merely a capitalist revolution overthrowing feudalism.
(그들은 1917년 러시아 혁명을 단지 봉건주의를 타도하는 자본주의 **혁명**으로 간주한다.)

The State Government **devolving** its powers on local self-governments is not to be criticised.
(지방 자치 정부에 권력을 **이양하는** 주 정부는 비난받아서는 안 된다.)

He urged workers around the world to **revolt** against their rulers.
(그는 전 세계의 노동자들에게 그들의 통치자에 대해 **반란**을 일으키라고 촉구했다.)

prehend, prehens, pregn: 붙잡다

comprehensive

kɒmprɪ'hɛnsɪv (캄프리**헨**시브)

com(함께)+ prehensive(붙잡는)

=전체를 붙잡는=**종합적인**

com=함께

☞ comprehension: 이해력, 이해력 연습

reprehend

rɛprɪ'hɛnd (레프리**헨**드)

re(강조)+ prehend(붙잡다)

=강하게 잡아내다

=**꾸짖다, 비난하다**

re=강하게

☞ reprehensible: 비난받을 만한

reprehension: 비난

apprehend

æprɪ'hɛnd (애프리**헨**드)

ap(가까이)+ prehend(붙잡다)

=다가가서 붙잡다=**체포하다**

ap(ad)=가까이

☞ prehension: 파악

prehend, prehens, pregn: 붙잡다

라틴어 prehendere는 붙잡다의 뜻을 갖고 있다.

apprehensive

æprɪ'hɛnsɪv (애프리**헨**시브)

ap(가까이)+ prehensive(붙잡는)

=미리 가서 붙잡는=**걱정되는, 불안한**

ap(ad)=가까이

☞ apprehension: 우려, 불안, 체포

impregnable

ɪm'prɛgnəbəl (임프**레**그너블)

im(~아닌)+ pregnable(붙잡을 수 있는)

=사로 잡을 수 없는=**난공불락의, 무적의**

im=~이 아닌

☞ pregnable: 정복할 수 있는

예문

Both states signed their treaties claiming they were elements of a **comprehensive** peace.
(두 주 모두 그것은 **포괄적** 평화의 요소라고 주장하며 조약에 서명했다.)

My intent is not to lecture or **reprehend** - surely, I have my vices and my insalubrious addictions.
(나의 의도는 강의하거나 **비난하려는** 것이 아니다. 확실히, 나는 나의 악행과 불결한 중독을 가지고 있다.)

During the follow-up interviews, one subject admitted that he was **apprehended** via an arrest warrant.
(후속 인터뷰 동안 한 피실험자는 체포 영장을 통해 **체포되었다**고 시인했다.)

The board of directors looked tense and **apprehensive**, anticipating the storm that was about to break.
(이사회는 곧 닥칠 폭풍을 예상하여 긴장하며 **걱정스러운** 표정을 보였다.)

The walls surrounding the city were **impregnable**, never before breached by an attacking army.
(그 도시를 둘러싼 성벽은 **난공불락으로**, 공격하는 군대에게 뚫린 적이 없었다.)

ter: 겁먹게 만들다, 놀라게 만들다

deter dɪ'tɜr (디**털**)
de(이탈)+ ter(겁을 주다)
=겁을 주어 떠나게 하다
=**단념시키다, 그만두게 하다**
de=분리, 이탈
☞ deterrence: 제지, 억제
deterrent: 억제책, 억지력

terror 'tɛrər (**테**럴)
ter(겁먹게 만드는)+ ror
=겁먹게 만듦=**두려움, 공포**
☞ terrorist: 테러범

terrible 'tɛrəbəl (**테**러블)
ter(놀라게 하다)+ rible
=놀라게 할 만한
=**끔찍한, 소름끼치는**
☞ terribly: 너무, 대단히

ter:
겁먹게 만들다,
놀라게 만들다
라틴어 terrere는 겁먹게 만들다, 놀라게 만들다의 뜻을 갖고 있다.

terrific tə'rɪfɪk (터**리**픽)
ter(놀라게 만들다)+ rific
=놀라게 만들 만한
=**아주 좋은, 멋진, 엄청난**
☞ terrify: 무섭게 하다
겁먹게 하다

enfant terrible
ɑfɑtɛ'ri blə (안판 테**리**블)
enfant(아이)+ terrible(무서운)
=**무서운 아이**
enfant=아이

예문

Fear of it can **deter** people from coming forward when they have seen a crime being committed.
(사람들은 범죄가 저질러지는 것을 보았을 때 그것에 대한 두려움 때문에 나서지 **못할 수** 있다.)
He awoke in **terror**, thinking he was in a tunnel that had collapsed.
(그는 무너진 터널에 있는 줄 알고 **공포**에 질려 잠에서 깨어났다.)
There, amid the danger and **terrible** conditions, he found a new sense of purpose.
(그는 위험하고 **끔찍한** 상황 속에서 새로운 목적의식을 발견했다.)
I would love to come back sometime because it's a **terrific** club full of lovely people.
(사랑스런 사람들로 가득찬 **멋진** 클럽이기 때문에 나는 언젠가 다시 오고 싶다.)
She was an **enfant terrible** who didn't care what people thought.
(그녀는 사람들이 어떻게 생각하는지 상관하지 않는 **무서운 아이**였다.)

pict, pig: 그리다

depict dɪ'pɪkt (디**픽**트)
de(완전히)+ pict(그리다)
=완전히 그리다
=그리다, 묘사하다
de=완전히(강조)

pictogram 'pɪktəgræm (**픽**터그램)
picto(그리다)+ gram(문자)
=그려진 문자=**그림문자**
gram=문자, 문서, 글자
☞ pictograph: 상형문자

pictorial pɪk'tɔriəl (픽**토**리얼)
pict(그리다)+ orial
=그리는=**그림의, 회화적인**

pigment 'pɪgmənt (**피**그먼트)
pig(그리다)+ ment
=그리는 재료=**색소, 안료**

picturesque pɪktʃə'rɛsk (픽쳐**레**스크)
pict(그리다)+ uresque
=그리는 것 같은=**그림 같은**

Her paintings include a painting that **depicts** a group of women in tears.
(그녀의 그림에는 눈물을 글썽이는 한 무리의 여성들을 **그린** 그림이 포함되어있다.)
The Aztecs produced painted books written in **pictograms** rather than in words derived from an alphabet.
(아즈텍인들은 알파벳에서 파생된 단어보다는 **그림문자**로 쓰여진 그림책을 제작했다.)
The text was written first and he made a **pictorial** illustration from it.
(본문이 먼저 쓰여졌고 그는 그것을 토대로 **그림이 그려진** 삽화를 만들었다.)
Sources for **pigments** were animals, plants and minerals.
(**색소**의 공급원은 동물, 식물, 광물이었다.)
People like Austrian resorts for their village atmosphere and **picturesque** settings.
(사람들은 그들의 마을 분위기와 **그림 같은** 환경 때문에 오스트리아의 리조트를 좋아한다.)

sol, sul: 혼자의

desolate 'dɛsəlɪt 'dɛsəleɪt (**데**설릿) (**데**설레이트)

de(완전히)+ solate(혼자인)

=완전히 혼자인

=황량한, 적막한, 적막하게 만들다

de=완전히(강조)

solitary 'sɒlɪtɛri (**살**리테리)

sol(혼자)+ itary

=혼자인

=외로운, 고독한

☞ solo: 혼자서 하는
solus: 혼자서
['sɔlʊs]

solitude 'sɒlɪtud (**살**리튜드)

sol(혼자)+ itude

=혼자임=**고독**

☞ sole: 유일한, 단 하나의
[soʊl]
solely: 오로지, 단지

sol, sul: 혼자의

라틴어 solus는 혼자(alone)의 뜻을 갖고 있다.

soliloquy sə'lɪləkwi (설**리**러퀴)

soli(혼자)+ loquy(말함)

=혼자 말함=**혼잣말, 독백**

loquy=말함

☞ soliloquize:
혼잣말을 하다, 독백하다

sullen 'sʌlən (**설**런)

sul(혼자)+ len

=혼자여서(시무룩한)

=뚱한, 시무룩한

solipsism 'sɒlɪpsɪzəm (**살**립시즘)

sol(혼자)+ ips(자아)+ ism(주의)

=자아만 홀로 존재함=**유아론(唯我論)**

ipse=자아, 자신

☞ solifidian: [sɒlə'fɪdiən]
(fid=믿음) 유신론자(唯信論者)

예문

We can't begin to imagine how the geologists survived so long in this wild and **desolate** place.
(우리는 지질학자들이 이 거칠고 **황량한** 장소에서 어떻게 오랫동안 살아남았는지 상상할 수 없다.)
A mate who doesn't need your help may prove aloof and **solitary**.
(당신의 도움이 필요하지 않은 친구는 냉담하고 **고독한** 것으로 판명될 수도 있다.)
Yet we have a better chance of **solitude** here than on most islands.
(그러나 우리는 대부분의 섬보다 이곳에서 **고독**의 가능성이 더 높다.)
Occasionally, during the action, a speech is highlighted as a **soliloquy**.
(때때로, 행동 중에 연설은 **독백**으로 강조된다.)
It seems that transcendental phenomenology inevitably involves **solipsism**.
(초월적 현상학은 필연적으로 **유아론**을 수반하는 것 같다.)
I shrink into myself and become **sullen** and uncommunicative.
(나는 속으로 움츠러들어 **시무룩해지고** 소통하지 않게 되었다.)

deficient dɪˈfɪʃənt (디**피**션트)
de(이탈)+ ficient(만들다)
=만들지 못하는=**부족한, 결핍된**
de=이탈, 아래로
☞ deficiency: 결핍, 결함

defective dɪˈfɛktɪv (디**펙**티브)
de(이탈)+ fective(만들다)
=잘못 만들어진=**결함이 있는**
de=이탈, 아래로
☞ defeat: 패배시키다
=de(~않는)+ feat(하다)
(=하지 못하게 만드는)
undefeated: 불패의, 무패의
defeatism: 패배주의

effectuate ɪˈfɛktʃueɪt (이**펙**츄에이트)
ef(밖으로)+ fectuate(만들다)
=밖으로 보이게 만들어내다
=**유발하다, 발효시키다**
ef(ex)=밖으로
☞ effect: 영향, 결과, 효과
affect: af(ad=더하다)+ fect
=영향을 미치다
affection: 애정, 애착, 보살핌

fac, fic, fig, fait, fect, feit, feas, fy: 만들다, 하다(1)

라틴어 facere는 만들다, 하다의 뜻을 갖고 있다.

factitious fækˈtɪʃəs (팩**티**셔스)
fact(만들다)+ itious
=만들어낸=**꾸며낸, 인위적인**
☞ faction: (만들어낸 것) 당파
fiction: (만들어낸 것) 소설, 허구

sufficient səˈfɪʃənt (서**피**션트)
suf(아래에서)+ ficient(만드는)
=밑에서 계속 만들어내는
=**충분한**
suf(sub)=아래에서
☞ sufficiency: 충분한 양
insufficient: 불충분한

예문

Deaf people are sometimes treated as being mentally **deficient**.
(귀가 먼 사람들은 가끔 정신적으로 **모자라는** 사람 취급을 받는다.)
Relaxation is one of the treatments for **defective** vision.
(휴식은 **결함이 있는** 시력에 대한 치료법 중 하나이다.)
School choice would **effectuate** a transfer of power from government to individuals.
(학교 선택은 정부에서 개인으로 권력을 이양하는 **효과를 가져올** 것이다.)
They are as **factitious** as the old-fashioned appeals to the memory of Brutus.
(그들은 브루투스의 기억에 대한 구태의연한 호소만큼이나 **인위적이다**.)
This would not happen if we had **sufficient** staff and resources to do our job properly.
(우리가 일을 제대로 할 수 있는 **충분한** 인력과 자원을 가지고 있다면 이런 일은 일어나지 않을 것이다.)

deficit ˈdɛfɪsɪt (**데**피싯)

de(이탈)+ ficit(만드는)

=이익을 만들어내지 못하는

=**적자, 결손**

de=이탈, 벗어난

efficient ɪˈfɪʃənt (이**피**션트)

ef(밖으로)+ ficient(만들다)

=밖으로(가시적으로) 만들어내는

=**효율적인, 유능한**

ef(ex)=밖으로

☞ efficiency: 효율, 능률
inefficient: 비효율적인

infect ɪnˈfɛkt (인**펙**트)

in(안에다)+ fect(만들다)

=안에다 영향을 주다

=**감염시키다, 오염시키다**

in=안에

☞ infection: 감염, 전염병
infective: 전염성이 있는

fac, fic, fig, fait, fect, feit, feas, fy: 만들다, 하다(2)

라틴어 facere는 만들다, 하다의 뜻을 갖고 있다.

disinfect dɪsɪnˈfɛkt (디스인**펙**트)

dis(이탈)+ infect(감염시키다)

=감염에서 벗어나게 하다

=**소독하다, 살균하다**

dis=이탈, 반대

☞ disinfection: 소독, 살균
disinfectant: 소독약, 살균제

defect ˈdifɛkt dɪˈfɛkt (**디**펙트) (디**펙**트)

de(이탈)+ fect(만들다)

=이탈하다=**결함, 탈주하다**

de=분리, 이탈

☞ defection: 탈주, 망명
defector: 탈주자, 망명자 [dɪˈfɛktər]

예문

One of them is designed to reduce the federal budget **deficit** by almost $40 billion over five years.
(그중 하나는 5년 동안 연방 예산 **적자**를 거의 400억 달러 줄이기 위해 고안된 것이다.)
I find that the present system works well and offers an **efficient** service at a relatively low cost.
(나는 현재의 시스템이 잘 작동하고 있고 비교적 저렴한 비용으로 **효율적인** 서비스를 제공한다는 것을 알았다.)
Mosquitoes that bite **infected** animals then bite humans typically transmit the disease.
(**감염된** 동물을 물어뜯고 나서 사람을 무는 모기는 전형적으로 질병을 전염시킨다.)
Destroy badly diseased plants, and thoroughly clean and **disinfect** their containers before reusing them.
(심하게 병든 식물을 없애고, 재사용하기 전에 용기를 철저히 청소하고 **소독한다**.)
At the same time, our mind has the potential to become completely free of **defects** and limitations.
(동시에 우리의 마음은 **결함**과 한계로부터 완전히 자유로울 수 있는 잠재력을 가지고 있다.)

proficient prə'fɪʃənt (프러**피**션트)
pro(앞으로)+ ficient(만들다)
=진보를 이루다=**능숙한, 능한**
pro=앞으로

facilitate fə'sɪlɪteɪt (퍼**실**리테이트)
fac(하다)+ ilitate
=하도록 만들다
=**촉진하다, 용이하게 하다**
☞ facilitation: 편리화, 촉진
facilitator: 촉진자, 촉진제

refection rɪ'fɛkʃən (리**펙**션)
re(다시)+ fection(만들다)
=다시 힘을 내다=**원기회복**
re=다시
☞ refectory: 구내식당

fac, fic, fig, fait, fect, feit, feas, fy: 만들다, 하다(3)

라틴어 facere는 만들다, 하다의 뜻을 갖고 있다.

faculty 'fækəlti (**패**컬티)
fac(하다)+ ulty
=할 수 있음=**능력, 학부**

facile 'fæsɪl (**패**실)
fac(하다)+ ile
=쉽게 하는=**안이한, 손쉬운**
☞ facility: 시설, 기관

예문

Though obviously very **proficient** at what they do, they are also used to their own way of doing things.
(그들이 하는 일은 분명히 매우 **능숙하지만**, 그들은 또한 그들 자신의 행동방식에 익숙해져있다.)
The consent process is **facilitated** by face to face interviews with a trained nurse.
(동의 과정은 훈련된 간호사와 대면하여 **촉진된다**.)
Jewish celebration of Rosh Hashana offers hope, **refection** and plenty of food for thought.
(로시 하샤나의 유대인 축제는 희망과 **원기회복** 그리고 사유를 위한 풍부한 음식을 제공한다.)
Power tools should only be used when your mental and physical **faculties** are at their best.
(파워 도구는 당신의 정신적, 육체적 **능력**이 최고일 때만 사용해야 한다.)
The truth itself is far more complex than these **facile** comparisons, which also makes it more durable.
(진리 자체는 이러한 **손쉬운** 비교보다 훨씬 더 복잡해서, 또한 그것을 더 오래 지속시킨다.)

confection kən'fɛkʃən (컨**펙**션)
con(함께)+ fection(만듦)
=섞어서 만듦=**당과제품, 과자**
con(com)=함께, 다같이

counterfeit 'kaʊntərfɪt (**카**운털핏)
counter(대응하여)+ feit(만들다)
=대응하여 비슷하게 만들다
=**위조(의), 모조(의), 위조하다**
counter=반대의, 대응하여

malfeasance mæl'fizəns (맬**피**전스)
mal(나쁜)+ feasance(행위)
=나쁜 행위=**불법행위, 부정행위**
mal(원형: malus)=나쁜, 악한
☞ malefic: 사악한

fac, fic, fig, fait, fect feit, feas, fy: 만들다, 하다(4)

라틴어 facere는 만들다, 하다의 뜻을 갖고 있다.

vitrify 'vɪtrɪfaɪ (**비**트리파이)
vitri(유리)+ fy(만들다)
=유리를 만들다
유리로 되다(만들다)
vitri(원형: vitrum)=유리
☞ vitreous: 유리 같은
in vitro: 시험관에서 진행되는
in vitro fertilization: 체외수정
vitriol: 독설

putrefy 'pyutrəfaɪ (**퓨**트러파이)
putre(부패한)+ fy(만들다)
=부패하게 만들다=**부패하다**
putre(원형: putris)=썩은, 부패한
☞ putrid: 부패하는, 썩는

예문

Too bad the final dish is an over-baked **confection** that falls well below its primary chef's abilities.
(마지막 요리가 1차 주방장의 능력보다 훨씬 못 미치는 너무 많이 구운 **과자**라는 것은 유감스러운 일이다.)
Martin works in Buenos Aires as a courier for a crime outfit, transporting **counterfeit** money.
(마틴은 부에노스아이레스에서 범죄조직의 배달원으로 일하며 **위조**지폐를 운반한다.)
This would occur whenever the public is made aware of official **malfeasance** or incompetence.
(이것은 대중이 공식적인 **부정행위**나 무능을 알게 될 때마다 발생할 것이다.)
The silica and other minerals in the clay **vitrify** under heat and will not become soft clay again.
(점토 속의 실리카와 다른 미네랄은 열을 가하면 **유리화가 되며** 다시 부드러운 점토가 되지 않는다.)
Raw meat **putrefies** because it is an ideal food for micro-organisms.
(생고기는 미생물에 이상적인 먹이이기 때문에 **부패한다**.)

preci, praise, prise: 가격, 가치

depreciate dɪ'priʃieɪt (디프**리**시에이트)
de(아래로)+ preciate(가격)
=가치를 떨어뜨리다
=**가치가 떨어지다, 평가절하하다**
de=아래로
☞ depreciation: 가치하락, 평가절하

precious 'prɛʃəs (프**레**셔스)
preci(가치)+ ous
=가치 있는=**귀중한**

appraise ə'preɪz (어프**레**이즈)
ap(만들다)+ praise(가치)
=가치를 매기다
=**평가하다, 감정하다**
ap(ad)=만들다, 접근
☞ appraisal: 감정, 평가

preci, praise, prise: 가격, 가치

라틴어 pretium은 가격(price), 가치의 뜻을 갖고 있다.

praise preɪz (프레이즈)
prase(가치)
=가치를 인정하다
=**칭찬, 찬사, 찬양, 칭찬하다, 찬양하다**

appreciate ə'priʃieɪt (어프**리**시에이트)
ap(만들다)+ preciate(가치)
=가치를 만들다
= **진가를 알아보다, 감사하다**
ap(ad)=만들다
☞ appreciation: 감사, 감탄

예문

Buying a cheaper car that **depreciates** rapidly is a false economy.
(급격히 **가치가 떨어지는** 값싼 자동차를 구입하는 것은 잘못된 경제이다.)
An unpleasant manner can lose you **precious** business.
(불쾌한 태도는 **소중한** 사업을 잃게 할 수 있다.)
Secondly, the problem of how to **appraise** the quality of qualitative studies remains.
(둘째, 질적 연구의 질을 어떻게 **평가하느냐**의 문제가 남아있다.)
She said the miniature displays had been particularly **praised** by the judge.
(그녀는 미니어처 디스플레이가 판사에게 특히 **칭찬을 받았다**고 말했다.)
She feels that he does not **appreciate** her.
(그녀는 그가 자신의 **진가를 알아보지** 못한다고 느끼고 있다.)

deviate 'divieɪt (**디**비에이트)
de(일탈)+ viate(길)
=길에서 벗어나다
=**벗어나다, 일탈하다**
de=일탈
☞ deviant: 벗어난, 일탈적인
devious: 정직하지 못한, 기만적인, 우회하는
deviation: 일탈, 탈선, 편차

obvious 'ɒbviəs (**아**브비어스)
ob(앞에서)+ vious(길)
=길가다 자주 만나는=**명백한**
ob=앞에서

obviate 'ɒbvieɪt (**아**브비에이트)
ob(앞에서)+ viate(길)
=길 앞에 가서 미리 서있음
=**제거하다, 미연에 방지하다**
ob=앞에서

via, vio, voy, vit: 길(1)
라틴어 via는 길의 뜻을 갖고 있다.

trivial 'trɪviəl (트**리**비얼)
tri(세 개)+ vial(길)
=삼거리(=흔한, 평범한)
=**사소한, 하찮은**
tri=세 개의

envoy 'ɛnvɔɪ (**엔**보이)
en(안으로)+ voy(길)
=길을 따라 보내다
=**사절, 특사**
en(in)=안으로
☞ via: 경유하여

inevitable ɪn'ɛvɪtəbəl (인**에**비터블)
in(아닌)+ e(밖으로)+ vit(길)+ able
=길에서 벗어날 수 없는
=**불가피한, 피할 수 없는**
in=~이 아닌
e(ex)=밖으로

예문

Sometimes members **deviate** from the course, and commanders must take corrective actions.
(때때로 구성원들이 코스를 **벗어나기** 때문에 지휘관들은 시정조치를 취해야 한다.)
The most **obvious** reason for this condition is that the Europeans insist on it.
(이러한 상태에 대한 가장 **분명한** 이유는 유럽인들이 그것을 고집하기 때문이다.)
This, however, does not **obviate** the need for democratic forces to formulate a strategy for change.
(그러나 이는 민주주의 세력이 변화를 위한 전략을 수립할 필요성을 **없애주는** 것은 아니다.)
There are several lessons to be learned from this incident, some **trivial**, some quite important.
(이 사건에서 배워야 할 교훈이 몇 가지 있는데, **사소한** 교훈도 있고, 상당히 중요한 교훈도 있다.)
Prior to the amendment, the president had the prerogative to appoint ambassadors or accept foreign **envoys**.
(개정 이전에 대통령은 대사를 임명하거나 외국 **특사**를 받아들일 수 있는 특권을 갖고 있었다.)
He insists tax rises, while economically perilous, are **inevitable**.
(그는 경제적으로는 위험하지만 세금 인상이 **불가피하다**고 주장한다.)

voyage 'vɔɪɪdʒ (**보**이지)

voy(길)+ age

=길을 가다=**여행, 항해**

☞ voyager: 여행자

previous 'priviəs (프**리**비어스)

pre(앞의)+ vious(길)

=전의 길=**이전의**

pre=앞의, 전의

viaduct 'vaɪədʌkt (**바**이어닥트)

via(길)+ duct(이끄는)

=길을 이끄는

=**구름다리, 고가교**

duct=이끌다

via, vio, voy, vit: 길(2)

라틴어 via는 길의 뜻을 갖고 있다.

pervious 'pɜrviəs (**펄**비어스)

per(통과)+ vious(길)

=통과하여 가는

=**투과시키는, 통과시키는**

per=통과

☞ perviousness: 통과성

impervious ɪm'pɜrviəs (임**펄**비어스)

im(~이 아닌)+ pervious(통과시키는)

=통과시키지 않는

=**~에 영향받지 않는, 통과시키지 않는**

im(in)=~이 아닌

☞ imperviousness: 불침투성, 둔감

예문

My recent boat trip down the Li River was like a **voyage** back in time.
(내가 최근에 리 강에서 배를 타고 내려간 것은 과거로 거슬러 올라가는 **항해**와 같았다.)

To my surprise, it showed that the item had been delivered at 6pm the **previous** evening.
(놀랍게도, 그것은 그 물건이 **전**날 저녁 6시에 배달되었다는 것을 보여주었다.)

An old railway **viaduct** at Stamford Bridge, near York, was to be saved.
(요크 근처 스탬포드 브리지에 있는 오래된 철도 **고가교**는 보존되어야 했다.)

The parking lot uses **pervious** limestone and is landscaped with indigenous plants.
(그 주차장은 **투과성 있는** 석회암을 사용하였으며 토착 식물들로 조경되어있다.)

Our council seem **impervious** to criticism and oblivious to basic common sense.
(우리 의회는 비판에 **영향을 받지 않고** 기본적인 상식을 잊고 있는 것 같다.)

duct, duc, due: 이끌다, 인도하다(1)

deduct dɪ'dʌkt (디**닥**트)
de(아래로)+ duct(이끌다)
=아래로 가져가다
=**빼다, 공제하다**
de=아래로
☞ deduction: 도출, 공제
deductible: 공제할 수 있는

abduct æb'dʌkt (애브**닥**트)
ab(분리)+ duct(데려가다)
=분리헤 데려가다=**유괴하다**
ab=분리
☞ abduction: 유괴, 납치
hijacking: 항공기 납치, 강탈

seduce sɪ'dus (시**듀**스)
se(분리)+ duce(이끌다)
=분리해서 이끌다=**유혹하다**
se=분리
☞ seduction: 유혹
seductive: 유혹적인, 매혹적인

duct, duc, due: 이끌다, 인도하다(1)
라틴어 ducere는 이끌다, 인도하다의 뜻을 갖고 있다.

deduce dɪ'dyus (디**듀**스)
de(아래로)+ duce(가져오다)
=아래로 가져오다
=**추론하다, 연역하다**
de=아래로
☞ deducible: 추론할 수 있는
deductive: 연역적인

educt 'idʌkt (**이**닥트)
e(밖으로)+ duct(이끌다)
=밖으로 나온
=**추출물, 추론의 결과, 유리체(遊離體)**
e(ex)=밖으로

예문

The landlord said he would **deduct** the amount from the housing deposit.
(집주인은 주택 보증금에서 그 금액을 **공제하겠다**고 말했다.)
A new law took effect last year that makes it illegal to **abduct** young girls and force them into marriage.
(어린 소녀들을 **납치하여** 강제로 결혼시키는 것을 불법으로 하는 새로운 법이 작년에 발효되었다.)
The girl had never so easily **seduced** a man.
(그 소녀는 남자를 그렇게 쉽게 **유혹한** 적이 없었다.)
It's not possible to **deduce** moral conclusions from first principles.
(첫 번째 원칙에서 도덕적 결론을 **추론하는** 것은 불가능하다.)
To sum up, it seems to the writer that the poison of loco is a product, and not an **educt**.
(요약하자면, 작가에게 로코의 독은 **추론의 결과**가 아니라 산물인 것 같다.)

ductile 'dʌktl (닥털)

duct(끌다)+ ile

=잡아끄는

=연성인, 잡아 늘릴 수 있는

conduct kən'dʌkt (컨닥트) 'kɒndʌkt (칸닥트)

con(함께)+ duct(이끌다)

=함께 이끌다

=행동하다, 지휘하다, 행동, 지휘

con(com)=함께

☞ conductor: 지휘자, 도체

conductive kən'dʌktɪv (컨닥티브)

con(함께)+ ductive(이끄는)

=함께 이끄는

=(열·전기 등을) 전도하는

con(com)=함께

☞ conduction: (전기나 열의) 전도

duct, duc, due: 이끌다, 인도하다(2)

라틴어 ducere는 이끌다, 인도하다의 뜻을 갖고 있다.

aqueduct 'ækwɪdʌkt (애퀴닥트)

aque(물)+ duct(이끌다)

=물을 이끌어가는=**송수로**

aque(원형: aqua)=물

☞ aquatic: 물속에서 자라는
aqueous: 수용성의

subduction səb'dʌkʃən (서브닥션)

sub(아래로)+ duction(가져가다)

=아래로 가져가다

=제거, 삭감, 섭입(攝入)

sub=아래로

☞ subduction zone: 침몰지대

예문

The process is readily adaptable to joining **ductile** metals.
(그 과정은 **연성** 금속의 접합에 쉽게 적응할 수 있다.)

From February 1998 until June 2000 we **conducted** an anonymous survey among these patients.
(1998년 2월부터 2000년 6월까지 이러한 환자들을 대상으로 익명 조사를 **실시했다**.)

A first layer of insulating material is formed on the first layer of the electrically **conductive** material.
(절연 물질의 첫 번째 층은 전기 **전도** 물질의 첫 번째 층에서 형성된다.)

Some arch bridges and **aqueducts** built by the Romans are still standing.
(로마인들이 건설한 일부 아치교와 **수로**는 아직도 건재하다.)

Nevertheless, **subduction** of Africa beneath Iberia starting in the Late Eocene has been proposed.
(그럼에도 불구하고, Late Eocene에서 시작되는 이베리아 아래의 아프리카에 대한 **섭입**이 주장되었다.)

duct, duc, due: 이끌다, 인도하다(3)

subdue səb'dyu (서브**듀**)
sub(아래로)+ due(이끌다)
=아래로 가져가다
=진압하다, 가라앉히다
sub=아래로
☞ subdued: 가라앉은, 우울한

induce ɪn'dyus (인**듀**스)
in(안으로)+ duce(이끌다)
=안으로 이끌다
=설득하다, 유도하다
in=안으로
☞ inductive: 귀납적인, 유도의
inducement: 유인책, 유도
induction: 인도, 소개, 귀납법

endue ɛn'dyu (엔**듀**)
en(안으로)+ due(인도하다)
=안으로 인도하다
=부여하다, (옷을) 입다
en(in)=안으로

duct, duc, due: 이끌다, 인도하다(3)

라틴어 ducere는 이끌다, 인도하다의 뜻을 갖고 있다.

traduce trə'dyus (트러**듀**스)
tra(건너)+ duce(이끌다)
=맞은편으로 보내버리다
=비방하다, 중상하다
tra(trans)=건너, 멀리
☞ traducement: 중상, 명예손상
traducer: 중상자, 명예손상자

adduce ə'dyus (어**듀**스)
ad(만들다)+ duce(이끌다)
=가져오다
=(증거 , 이유 등을) 제시하다
ad=만들다, 향하여

reduction rɪ'dʌkʃən (리**닥**션)
re(뒤로)+ duction(끌어감)
=뒤로 끌어감=**축소, 삭감**
re=뒤로, 다시
☞ reduce: 줄이다, 축소하다
reducible: 축소(환원)할 수 있는
redux: (명사 뒤에 사용) 돌아온

예문

New York police used a non-lethal Taser stun gun to **subdue** one of the bombing suspects captured last week.
(뉴욕 경찰은 지난주 붙잡힌 폭탄 용의자 중 한 명을 **제압하기 위해** 비살상용 테이저건을 사용했다.)
It's clear that the federal law prohibits anybody from **inducing** anyone to come into the United States illegally.
(연방법은 아무도 불법적으로 미국에 들어오도록 **유도하는** 것을 금지하고 있는 것이 분명하다.)
O may God give me learning, even language; and **endue** me with qualifications to magnify His name while I live.
(하나님께서 나에게 배움을 주시고, 언어도 주시고, 내가 살아있는 동안 그분의 이름을 높일 수 있는 자격을 **주시기를** 빕니다.)
You **traduced** my name around the world without ever having asked me a single question.
(당신은 나에게 단 한 번도 질문하지 않고 전 세계에 걸쳐 내 이름을 **비방했다**.)
A **reduction** in fuel subsidies is planned for October, which will cause fuel prices to increase.
(연료 보조금 **삭감**이 10월로 예정되어 있어 연료 가격이 상승할 것이다.)
No specific evidence has been **adduced** in respect of this allegation.
(이 혐의와 관련하여 어떤 구체적인 증거도 **제시되지** 않았다.)

decapitate dɪˈkæpɪteɪt (디**케**피테이트)
de(제거)+ capitate(머리)
=머리를 제거하다
=목을 베다, 참수하다
de=제거

captain ˈkæptɪn (**캡**틴)
capt(머리)+ ain
=우두머리
=선장, 기장, 대위
☞ capital: (머리)=수도, 자본금

capricious kəˈprɪʃəs (커프**리**셔스)
cap(머리)+ ricious(고슴도치의)
=고슴도치의 머리 같은
=변덕스러운, 잘 변하는
ricious(원형: riccio)=고슴도치의
☞ caprice: 갑작스러운 변화, 변덕

capit, capt, cap, cep, ceps, chapt, cip: 머리(1)
라틴어로 caput은 머리의 뜻을 갖고 있다.

recapitulate rikəˈpɪtʃəleɪt (리커**피**처레이트)
re(다시)+ capitulate(머리=중요 부분)
=중요 부분만 살펴보다
=개요를 말하다, 개괄하다
re=다시, 강조
☞ recapitulation: 개괄

capitulate kəˈpɪtʃəleɪt (커**피**처레이트)
capit(머리=중요章)+ ulate
=항복문서의 중요장에 서명하다
=굴복하다, 항복하다
☞ capitulation: 항복
chapter: 장(章)

예문

They were not merely murdered; they were **decapitated** and the heads taken by their assailant.
(그들은 단순히 살해된 것이 아니다; 그들은 **목이 잘리고** 그들의 공격자에 의해 머리를 빼앗겼다.)
A ship **captain** traversing the open seas without a good navigation system will surely get lost.
(좋은 항해 시스템 없이 공해를 횡단하는 **선장**은 틀림없이 길을 잃을 것이다.)
It will be a difficult task as the ship has become overloaded, **capricious** and the ocean is tempestuous.
(배가 과적을 하고 **변덕스럽고**, 바다가 거칠어졌기 때문에 그것은 어려운 일이 될 것이다.)
Let us begin by briefly **recapitulating** the novel's plot.
(먼저 그 소설의 줄거리를 간략하게 **요약해보자**.)
They were finally forced to **capitulate** to the terrorists' demands.
(그들은 마침내 테러리스트들의 요구에 따라 **항복해야** 했다.)

capit, capt, cap, cep, ceps, chapt, cip: 머리(2)

capsize 'kæpsaɪz (**캡**사이즈)

cap(머리)+ size(가라앉다)

=뱃머리가 가라앉다
=**뒤집히다, 뒤집다**

precipitous prɪ'sɪpɪtəs (프리**시**피터스)

pre(앞으로)+ cipitous(머리의)

=머리가 앞으로 가는
=**가파른, 급작스러운**
pre=앞으로
☞ precipice: 절벽, 낭떠러지 ['prɛsəpɪs]

precipitate prɪ'sɪpɪteɪt (프리**시**피테이트)

pre(앞으로)+ cipitate(머리)

=머리가 먼저 앞으로 가다
=**촉발시키다, 치닫게 하다**
pre=앞으로

precipitation prɪsɪpɪ'teɪʃən (프리시피**테**이션)

pre(앞으로)+ cipitation(머리)

=머리 앞으로 떨어짐=**강수, 강수량, 침전**
pre=앞으로

capillary 'kæpɪlɛri (**캐**피렐리)

cap(머리)+ illary

=머리카락 모양의 혈관
=**모세혈관**
capillary(원형: capillus)
=머리카락
☞ capillarity: 모세관 현상

예문

Officials say the migrants ended up in the water after their boat **capsized**.
(관계자들은 이주민들이 보트가 **전복된** 후 결국 물에 빠졌다고 말한다.)
A bus took us to a **precipitous** cliff with a door at its base.
(버스가 우리를 기슭에 문이 있는 **가파른** 절벽으로 데려다주었다.)
Will our relationship pass the test or will the new situation **precipitate** a change for the worse?
(우리의 관계가 시험에 합격할 것인가, 아니면 새로운 상황이 더 나쁜 쪽으로 변화를 **촉발시킬** 것인가?)
The past few weeks have been stormy ones, but at resort level, **precipitation** is still falling as rain.
(지난 몇 주 동안 폭풍우가 몰아쳤지만 리조트 수준에서 **강수량**은 여전히 하락하고 있다.)
Between the arteries and the veins are networks of tiny blood vessels called **capillaries**.
(동맥과 정맥 사이에는 **모세혈관**이라 불리는 작은 혈관들의 네트워크가 있다.)

delinquent dɪˈlɪŋkwənt (딜**링**퀀트)

de(분리)+ linquent(떠난)

=(법에서) 완전히 떠난

=**비행의, 채무를 이행하지 않은**

de=분리

☞ delinquency: 범죄, 비행, 체납

relinquish rɪˈlɪŋkwɪʃ (릴**링**퀴쉬)

re(완전히)+ linquish(떠나다)

=완전히 떠나다=**포기하다, 내주다**

re=완전히(강조)

☞ relinquishment: 포기, 양도

relic ˈrɛlɪk (**렐**릭)

re(뒤로)+ lic(떠나다)

=떠나면서 뒤에 남긴 것

=**유물, 유적**

re=뒤로

☞ relict: 잔존생물 [ˈrɛlɪkt]

linqu, lict: 떠나다, 버리다

라틴어 linquere는 떠나다, 버리다의 뜻을 갖고 있다.

derelict ˈdɛrəlɪkt (**델**러릭트)

de(완전히)+ relict(버린)

=완전히 포기한=**버려진, 유기된**

de=완전히(강조)

☞ dereliction: 포기, 유기

reliction rɪˈlɪkʃən (릴**릭**션)

re(뒤로)+ liction(떠나다)

=떠나면서 뒤로 남겨진 것

=**수위 감퇴에 의한 토지의 증대**

re=뒤로

예문

Punish the **delinquent** employees and also the people who contaminate the atmosphere.
(**범죄성향을 보이는** 직원들과 분위기를 오염시키는 사람들을 처벌하라.)

There is no evidence of her ever wishing to voluntarily **relinquish** the post.
(그녀가 자진해서 그 자리를 **포기하기를** 바란다는 증거는 없다.)

Even more tragic is the loss of thousands of cultural and historical **relics**.
(더욱 비극적인 것은 수천 점의 문화적, 역사적 **유물**을 잃어버린 것이다.)

The **derelict** condition of the Market House has been criticised by the town council.
(입회소의 **버려진** 상태는 시의회로부터 비난을 받아왔다.)

Reliction is the gradual uncovering of land caused by the recession of a body of water.
(**수위 감퇴에 의한 토지의 증대**는 물의 감퇴로 인한 토지의 점진적인 노출이다.)

equilibrium ikwə'lɪbriəm (이퀼**리**브리엄)
equi(같은)+ librium(균형)
=균형이 맞는=**평형, 균형, 평정**
equi=같은

deliberation dɪlɪbə'reɪʃən (딜리버**레**이션)
de(완전히)+ liberation(저울질하다)
=신중히 저울질하다
=**숙고, 신중함, 심의**
de=완전히(강조), 아래로
☞ deliberate: 고의의, 신중한, 숙고하다
deliberative: 깊이 생각하는

lib:
저울질하다,균형을 맞추다
저울, 균형을 뜻하는 라틴어 libra에서 나온 librare는 저울질하다, 균형을 맞추다의 뜻을 갖고 있다.

libration laɪ'breɪʃən (라이브**레**이션)
lib(균형)+ ration
=**균형, 진동, (달의) 칭동(秤動)**

void: 비어있는
라틴어 voide는 비어있다의 뜻을 갖고 있다.

devoid dɪ'vɔɪd (디**보**이드)
de(결여)+ void(비어있는)
=완전히 비어있는
=**~이 전혀 없는**
de=결여

avoid ə'vɔɪd (어**보**이드)
a(밖으로)+ void(비어있는)
=모두 비워버리다
=**방지하다, 피하다**
a(ex)=밖으로
☞ unavoidable: 불가피한
avoidance: 회피, 방지

voidable 'vɔɪdəbəl (**보**이더블)
void(비어있는)+ able
=비울 수 있는=**비울(취소할) 수 있는**
☞ void: 허공, 무효화시키다

예문

Some people feel that it is a bad idea for jurors to discuss their **deliberations**.
(일부 사람들은 배심원들이 그들의 **심의**를 논의하는 것은 좋지 않은 생각이라고 느끼고 있다.)
The two forces seeking **equilibrium** are gravity and pressure from the surrounding liquid.
(**평형**을 추구하는 두 힘은 주변 액체의 중력과 압력이다.)
The one on the left illustrates the manner in which the **libration** in longitude is made apparent.
(왼쪽에 있는 것은 경도의 **균형**이 명백하게 만들어지는 방식을 보여준다.)
The only problem with these theories is that they are entirely **devoid** of evidence.
(이 이론들의 유일한 문제점은 그들이 완전히 증거가 **전혀 없다**는 것이다.)
In the meantime, patients should be advised to **avoid** excessive exposure to sunlight.
(한편, 환자들은 햇빛에 과도하게 노출되는 것을 **피해야** 한다.)
The offspring of **voidable** or invalid marriages may be made legitimate by application to the courts.
(**무효가 되거나** 효력이 없는 결혼에 의한 자손은 법원에 신청함으로써 합법화될 수 있다.)

decline dɪ'klaɪn (디클**라**인)
de(아래로)+ cline(휘어지다)
=아래로 휘어지다
=**감소하다, 거절하다, 감소, 퇴조**
de=아래로
☞ declination: 경사, 편차

recline rɪ'klaɪn (리클**라**인)
re(뒤로)+ cline(굽히다)
=뒤로 굽히다
=**비스듬히 기대다**
re=뒤로

incline ɪn'klaɪn (인클**라**인)
in(안으로)+ cline(휘다)
=안으로 휘다=**~쪽으로 기울다**
in=안으로
☞ inclination: 의향, 성향, 경향, 경사

disinclination dɪsɪnklɪ'neɪʃən (디스인클리**네**이션)
dis(아닌)+ inclination(의향)
=의향이 없음=**내키지 않음**
dis=~이 아닌

예문

However, the singles market continued to **decline**, with a drop of nearly 30 per cent on overall sales.
(그러나 전체 매출에서 30% 가까이 하락하는 등 독신시장은 계속 **감소하였다**.)
Brian crossed his arms and **reclined** in the passenger seat.
(브라이언은 팔짱을 끼고 조수석에 **비스듬히 기대었다**.)
Even children seem to be more **inclined** towards indoor activities and television rather than playing outdoors.
(아이들조차 야외에서 놀기보다는 실내 활동이나 텔레비전에 더 **쏠리는** 것 같다.)
There was a tendency to abuse freedom, and a **disinclination** to accept systems.
(자유를 남용하는 경향이 있었고, 제도를 받아들이는 것을 **꺼려했다**.)

decadence ˈdɛkədəns (데커던스)

de(아래로)+ cadence(떨어짐)

=아래로 떨어짐=**타락, 퇴폐**

de=아래로

☞ decay: 부식, 퇴락 [dɪˈkeɪ]

coincide koʊɪnˈsaɪd (코인사이드)

co(함께)+ in(안으로)+ cide(떨어지다)

=함께 안으로 떨어지다

=**동시에 일어나다, 일치하다**

co(com)=함께

in=안으로

☞ coincidence: 우연의 일치, 동시발생 [koʊˈɪnsɪdəns]

deciduous dɪˈsɪdʒuəs (디시주어스)

de(아래로)+ ciduous(떨어지는)

=아래로 떨어지는

=**매년 잎이 떨어지는, 낙엽성의**

cad, cas, cid, cay: 떨어지다(1)

라틴어 cadere는 떨어지다(fall)의 뜻을 갖고 있다.

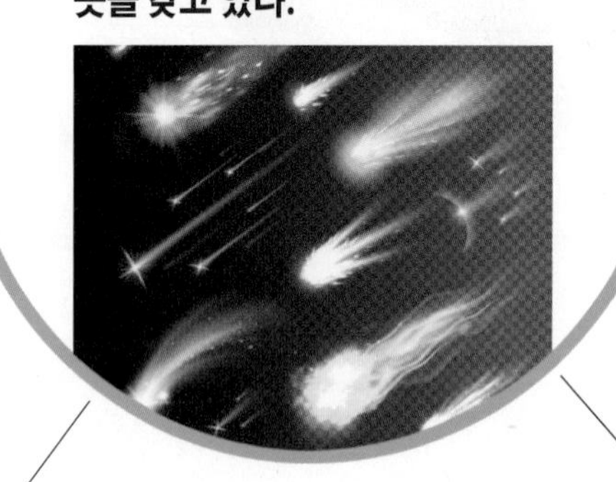

incident ˈɪnsɪdənt (인시던트)

in(안으로)+ cident(떨어지는)

=안으로 떨어진=**일, 사건**

in=안으로

☞ incidence: 발생 정도, 발생률, 발병률

incidental ɪnsɪˈdɛntl (인시덴털)

in(안으로)+ cidental(떨어지는)

=안으로 떨어지는

=**부수적인, 우연적인**

in=안으로

☞ incidentally: 그런데, 부수적으로, 우연히

예문

There can be little doubt that we, too, live in a time of cultural and moral **decadence**.
(우리 역시 문화적, 도덕적 **퇴폐**의 시대에 살고 있다는 데에는 의심의 여지가 거의 없다.)

The event will **coincide** with the Summit of the Americas in Quebec City, which runs April 20-22.
(이 행사는 4월 20일부터 22일까지 열리는 퀘벡 시에서 열리는 미주 정상회의와 **동시에 열린다**.)

Most of the **deciduous** trees have shed their leaves by mid-December.
(**낙엽**수는 대부분 12월 중순까지 잎이 떨어졌다.)

Then a couple of **incidents** happened one after the other that changed my life.
(그 후 내 인생을 바꾼 **사건들**이 잇따라 일어났다.)

Book sales as such became an **incidental**, minor percentage of daily turnover in this and other bookshops.
(거기에서의 도서 판매는 **부수적인** 것이 되었고, 여기와 다른 서점에서의 일일 매출의 일부분이 되었다.)

cad, cas, cid, cay: 떨어지다(2)

accident 'æksɪdənt (액시던트)

ac(향하여)+ cident(떨어지는)

=떨어지는=**사고, 재해, 우연**

ac(ad)=향하여

☞ accidental: 우연한, 돌발적인

cascade kæs'keɪd (캐스케이드)

cascade(떨어지는)

=떨어지는=**(작은) 폭포**

☞ cataract: 폭포, 백내장

recidivism rɪ'sɪdɪvɪzəm (리시디비즘)

re(다시)+ cidivism(떨어짐)

=다시 빠짐=**상습적 범행, 상습(성)**

re=다시

cad, cas, cid, cay: 떨어지다(2)

라틴어 cadere는 떨어지다(fall)의 뜻을 갖고 있다.

cadence 'keɪdns (케이든스)

cad(떨어지다)+ ence

=떨어짐=**억양, 마침, 운율**

☞ cadenza: 카덴차

cadaver kə'dævər (커대벌)

cad(떨어지다)+ aver

=쓰러진=**시체, 사체**

☞ cadaverous: 죽은 사람(유령) 같은

예문

Air **accident** investigators say the incident was 'serious' and are checking instructions from air traffic control.
(항공 **사고** 조사관들은 이 사건이 '심각한' 사건이라고 말하며 항공 교통 관제소의 지시를 확인하고 있다.)
The end of the road for most expeditions comes at New's Pools, a series of **cascades** at 7,500 feet.
(대부분의 탐험에서 도로의 끝은 7,500피트에 달하는 일련의 **폭포**인 New's Pools와 만난다.)
The prison has succeeded in reducing **recidivism**.
(감옥은 **재범성**을 줄이는 데 성공했다.)
Her voice was the same, but the **cadence** and inflection of speech was entirely Karen's.
(그녀의 목소리는 같았지만, 그 **억양**이나 굴절은 전적으로 카렌의 것이었다.)
In the second study, the surgeons performed a variety of surgical procedures on a human **cadaver**.
(두 번째 연구에서 외과의사들은 인간의 **시체**에서 다양한 수술 절차를 수행했다.)

ridiculous rɪ'dɪkyələs (리디큐러스)
rid(웃다)+ iculous
=웃기는=**웃기는, 말도 안 되는**

rid, ris: 웃다

라틴어 ridere는 웃다의 뜻을 갖고 있다.

deride dɪ'raɪd (디라이드)
de(아래로)+ ride(웃다)
=깔보며 웃다=**조롱하다**
de=아래로
☞ derision: 조롱, 조소 [dɪ'rɪʒən]
derisive: 조롱하는 [dɪ'raɪsɪv]
derisory: 보잘것없는, 하찮은

risible 'rɪzəbəl (리저블)
ris(웃다)+ ible
=웃을 수 있는
=**비웃음을 살 만한, 우스꽝스러운**

spon, spou: 약속하다, 맹세하다

라틴어 spondere는 약속하다, 맹세하다의 뜻을 갖고 있다.

despondent
dɪ'spɒndənt (디스판던트)
de(제거)+ spondent(약속한)
=맹세가 사라져버린
=**낙담한, 실의에 빠진**
de=제거
☞ despondence: 낙담, 의기소침
despond: 낙담하다

sponsor 'spɒnsər (스판설)
spon(약속하다)+ sor
=약속한 사람=**후원자**
☞ spouse: (약속한 사람)
=배우자 [spaʊs][spaʊz]

respondent rɪ'spɒndənt (리스판던트)
re(다시)+ spondent(약속한)
=다시 약속한=**응답자, 피항소인**
re=다시 ☞ respond=응답하다

예문

It's **ridiculous** that such a beautiful landmark should be closed off for so long.
(이렇게 아름다운 랜드마크를 그렇게 오랫동안 폐쇄하다니 **말도 안 된다**.)
The other parties have **derided** the proposal as a plan for a 'fantasy island'.
(다른 당사자들은 그 제안을 '환상의 섬'에 대한 계획이라고 **비웃었다**.)
To a lot of Europeans, these judgements seem almost **risible**.
(많은 유럽인들에게 이러한 판단은 거의 **우스꽝스럽게** 보인다.)
I was so embarrassed by myself, but I was also really **despondent**.
(나는 나 자신에게 너무 당황했지만, 또한 정말 **낙담했다**.)
For example, be a **sponsor** of a local art contest or an artist award.
(예를 들어, 지역 예술 경연대회나 예술가 상의 **후원자**가 되세요.)
Almost one fourth of the **respondents** replied that it was cheaper than they expected.
(**응답자**의 거의 4분의 1이 예상보다 저렴하다고 답했다.)

desult**ory** ˈdɛsəltɔri (**데**설토리)

de(아래로)+ sultory(뛰는)

=(이 말에서 저 말로) 뛰어내리는

=**두서없는, 종잡을 수 없는**

de=아래로

exult ɪgˈzʌlt (이그**절**트)

ex(위로)+ (s)ult(뛰다)

=뛰어오르다

=**기뻐하다, 의기양양하다**

ex=밖으로, 위로

☞ exultation: 의기양양함, 기뻐서 어쩔 줄 모름 [ɛgzʌlˈteɪʃən]

sali**ent** ˈseɪliənt (**세**일리언트)

sali(뛰다)+ ent

=뛰어올라와 있는

=**두드러진, 핵심적인**

☞ salience: 돌출, 돌기, 현저성

assail əˈseɪl (어**세**일)

as(하다)+ sail(뛰어들다)

=달려들다=**공격하다, 괴롭히다**

as(ad)=하다

☞ assailant: 공격을 가한 사람

assault əˈsɔlt (어**솔**트)

as(하다)+ sault(뛰어들다)

=달려들다=**폭행, 공격**

as(ad)=하다

예문

Over the years, there have been some **desultory** attempts to turn Fungus into a film.
(몇 년 동안, 펑구스를 영화로 만들려는 **두서없는** 시도가 있었다.)

It was, almost, as if he was **exulting** in our miseries.
(그것은, 거의 그가 우리의 불행을 **기뻐하는** 것 같았다.)

A more interesting question is: is it OK to ‘enhance’ real evidence, if the **salient** facts are true?
(더 흥미로운 질문은 이것이다. **핵심적인** 사실이 맞는 것이라면 실제 증거를 ‘강화’하는 것이 괜찮은가 하는 것이다.)

As one historian wrote, all forms of property were **assailed**, all signs of wealth and privilege were attacked.
(한 역사학자가 썼듯이, 모든 형태의 재산은 **공격을 받았고**, 모든 부와 특권의 징후는 공격받았다.)

He later pleaded guilty to **assaulting** a police officer and was sentenced to one day in jail.
(이후 그는 경찰관을 **폭행**한 혐의에 대해 유죄가 인정돼 징역 1일을 선고받았다.)

resilient rɪˈzɪlyənt (리**질**리언트)
re(다시)+ silient(뛰어오르는)
=다시 뛰어오르는
=**회복력 있는, 탄력 있는**
re=다시
☞ resilience: 회복력, 탄성

somersault ˈsʌmərsɔlt (**서**멀솔트)
somer(위로)+ sault(뛰다)
=위로 뛰다=**공중제비, 재주넘기**
somer(supra)=위로

saltation sælˈteɪʃən (샐**테**이션)
salt(뛰다)+ ation
=뛰어오름
=**춤추기, 도약, 격변**

sali, salt, sal, sail, sili, sult, sault: 뛰다, 뛰어넘다(2)
라틴어 salire는 뛰다, 뛰어넘다의 뜻을 갖고 있다.

salacious səˈleɪʃəs (설**레**이셔스)
sal(뛰어오르는)+ acious
=암컷에게 뛰어오르다
=**외설스러운, 음란한**

sally ˈsæli (**샐**리)
sal(뛰는)+ ly
=갑자기 뛰는
=**재치 있는 농담, 기습공격**

예문

They were **resilient** people of noble character who knew the line between right and wrong.
(그들은 옳고 그름의 경계를 알고 있는 고귀한 성격의 **탄력 있는** 사람들이었다.)
I did a **somersault** and landed gracefully on my feet.
(나는 **공중제비**를 하고 우아하게 내 발로 착지했다.)
This process, in which sand grains bounce downwind, is called **saltation**.
(모래알이 바람을 타고 튕겨 내려가는 이 과정을 **도약**이라고 한다.)
Defending their intrusion into private life, they argued that their literature was neither **salacious** nor exploitive.
(그들은 사생활 침해를 변호하면서 자신들의 문학이 **외설스럽거나**, 착취적이지도 않다고 주장했다.)
The garrison there made a **sally** against us.
(그곳의 주둔군은 우리를 **기습공격**했다.)

nounc, nunc: 전달하다, 알리다

nounc, nunc: 전달하다, 알리다

라틴어 nuntiare는 전달하다, 알리다의 뜻을 갖고 있다.

announce əˈnaʊns (어**나**운스)
an(향하여)+ nounce(알리다)
=~에게 알리다=**발표하다, 알리다**
an(ad)=향하여
☞ announcer: 아나운서

denounce dɪˈnaʊns (디**나**운스)
de(아래로)+ nounce(알리다)
=깎아내리는 말을 하다
=**맹렬히 비난하다, 고발하다**
de=아래로
☞ denunciation: 맹렬한 비난 [dɪnʌnsiˈeɪʃən]

pronounce prəˈnaʊns (프러**나**운스)
pro(앞으로)+ nounce(알리다)
=사람들에게 알리다
=**발음하다, 발표하다, 선언하다**
pro=앞으로
☞ pronunciation: 발음

renounce rɪˈnaʊns (리**나**운스)
re(뒤로)+ nounce(알리다)
=뒤로 물러날 것을 알리다
=**포기하다, 포기를 선언하다**
re=뒤로
☞ renunciation: 포기 [rɪnʌnsiˈeɪʃən]

enunciate ɪˈnʌnsieɪt (이**난**시에이트)
e(밖으로)+ nunciate(알리다)
=밖으로 알리다
=**(또렷이) 말하다, 밝히다**
e(ex)=밖으로
☞ enunciation: 발음(방법), 똑똑한 말투, 언명, 진술

예문

In a surprise statement last week, the European Commission **announced** its intention to water down the rules.
(지난주 갑작스러운 성명에서, 유럽 위원회는 이 규칙들을 약화시킬 것이라고 **발표했다**.)
The culture of the establishment is **denounced** as oppressive.
(기득권 문화는 억압적이라고 **비난받는다**.)
They were examined by a doctor but were **pronounced** dead at the scene.
(그들은 의사의 진찰을 받았으나 현장에서 사망 **선언을 받았다**.)
In 1947, Italy signed the Treaty of Paris, **renouncing** all its colonial claims.
(1947년 이탈리아는 모든 식민지 주장을 **포기하면서** 파리 조약을 맺었다.)
There are many principles of war **enunciated** by many experts.
(많은 전문가들에 의해 **밝혀진** 많은 전쟁의 원리가 있다.)

deline**ate** dɪˈlɪnieɪt (딜**리**니에이트)

de(완전히)+ lineate(선을 긋다)

=정확히 선을 그리다

=그리다, 묘사하다

de=완전히(강조)

☞ delineation: 묘사

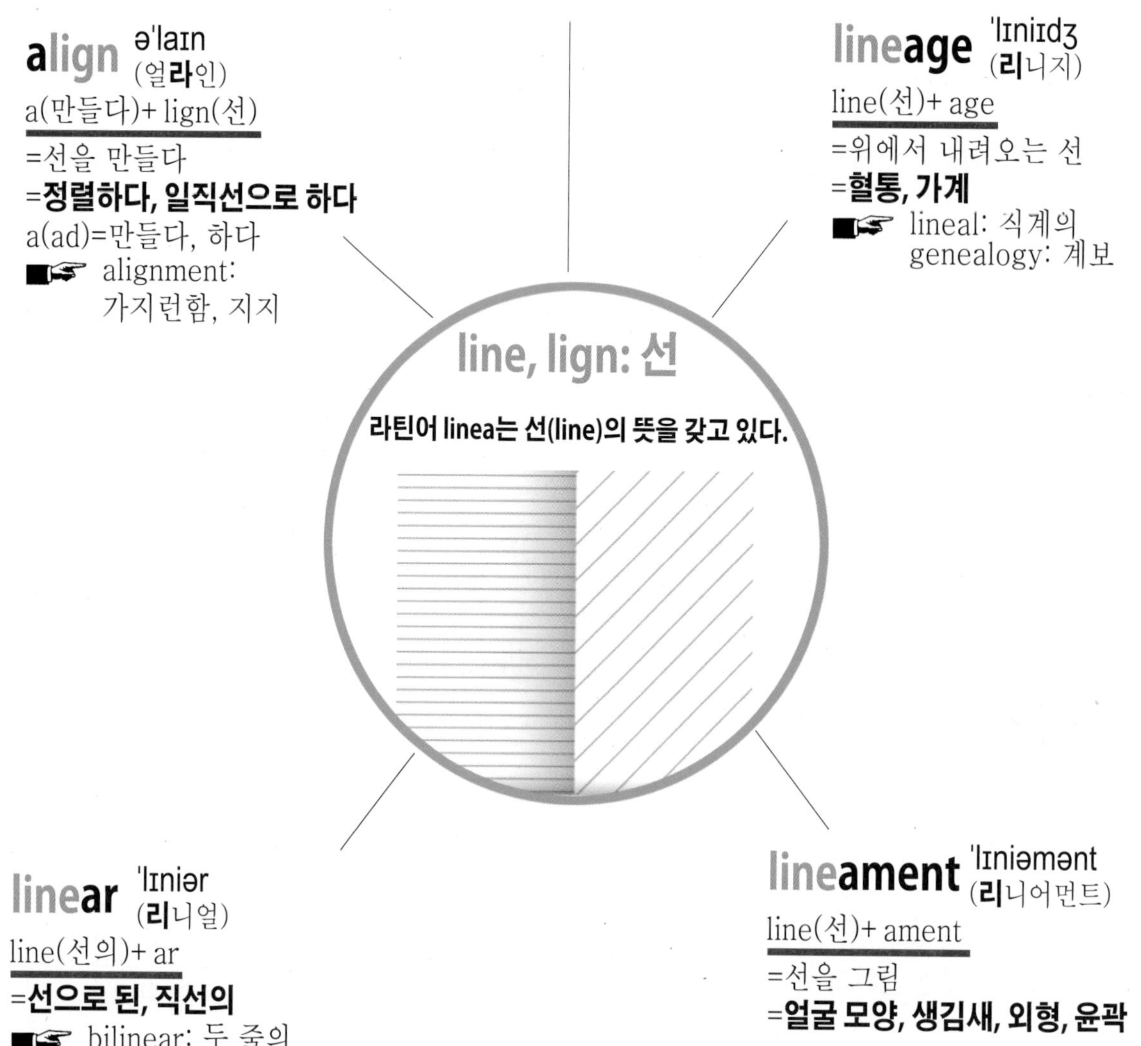

align əˈlaɪn (얼**라**인)

a(만들다)+ lign(선)

=선을 만들다

=정렬하다, 일직선으로 하다

a(ad)=만들다, 하다

☞ alignment: 가지런함, 지지

line**age** ˈlɪniɪdʒ (**리**니지)

line(선)+ age

=위에서 내려오는 선

=혈통, 가계

☞ lineal: 직계의
genealogy: 계보

line**ar** ˈlɪniər (**리**니얼)

line(선의)+ ar

=선으로 된, 직선의

☞ bilinear: 두 줄의

line**ament** ˈlɪniəmənt (**리**니어먼트)

line(선)+ ament

=선을 그림

=얼굴 모양, 생김새, 외형, 윤곽

예문

He describes the sociological evidence **delineating** the impact of fatherlessness upon children.
(그는 아버지의 부재가 아이들에게 미치는 영향을 **묘사하는** 사회학적 증거를 설명한다.)

I know that many of your values do, indeed, **align** with Republican policies.
(나는 당신의 많은 가치들이 실제로 공화당의 정책과 **일치한다**는 것을 안다.)

Parental **lineage** has never been a discriminating factor for or against anyone.
(부모의 **혈통**은 어느 누구에게도 차별적인 요소가 된 적이 없다.)

The author abandons the conventions of **linear** narrative and normal chronology.
(저자는 **선형적**인 서술과 일반 연대기의 관례를 버린다.)

His vanity is a **lineament** in his character which had entirely escaped me.
(그의 허영심은 나로부터 완전히 벗어났던 그의 성격의 한 **단면**이다.)

dehydrate diˈhaɪdreɪt (디**하**이드레이트)
de(제거)+ hydrate(물)
=물을 제거하다
=건조시키다, 수분을 빼다
de=제거

anhydrous ænˈhaɪdrəs (앤**하**이드러스)
an(없는)+ hydrous(물)
=물이 없는=**무수(無水)의**
an=~이 없는

hydr: 물

그리스어 hydor는 물의 뜻을 갖고 있다.

hydrant ˈhaɪdrənt (**하**이드런트)
hydr(물)+ ant
=물이 나오는=**소화전**

hydrogen ˈhaɪdrədʒən (**하**이드러전)
hydro(물)+ gen(만드는)
=물을 만들어냄=**수소(水素)**
gen=만들다
☛ hydrocarbon: 탄화수소

hydrophobia haɪdrəˈfoʊbiə (하이드러**포**비아)
hydro(물)+ phobia(공포증)
=물 공포증=**공수병(恐水病), 광견병**
phobia=공포증

carbohydrate
kɑrboʊˈhaɪdreɪt (칼보**하**이드레이트)
carbo(탄소)+ hydrate(물)
=탄소와 물로 구성된
=탄수화물(炭水化物)
carbo=탄소

예문

When you're **dehydrated**, your skin is one of the first organs to show it.
(**탈수되면** 피부가 가장 먼저 그것을 보여주는 기관 중의 하나이다.)
The plants produced urea ammonium nitrate and **anhydrous** ammonia.
(그 식물들은 요소 질산 암모늄과 **무수** 암모니아를 생산했다.)
Originally, extinguishing systems included **hydrants** and standpipes to assist manual efforts.
(원래 소화 시스템은 수작업에 도움이 되는 **소화전**과 급수탑을 포함했다.)
Chemically, oil is made up of chains of carbon, **hydrogen** and oxygen called fatty acid.
(화학적으로 기름은 탄소, **수소**, 그리고 지방산이라고 불리는 산소의 사슬로 이루어져있다.)
There's a stage of rabies where people develop **hydrophobia**, a bizarre and irrational fear of water.
(사람들이 물에 대한 이상하고 비합리적인 공포증인 **공수병**이 생기는 광견병 단계가 있다.)
Use food labels to keep track of the grams of fat, protein and **carbohydrates** in each food.
(각 음식에서 지방, 단백질, **탄수화물**의 그램을 추적하기 위해 식품 라벨을 사용하세요.)

port: 나르다, 옮기다

deport dɪ'pɔrt (디**폴**트)
de(분리)+ port(보내다)

=떠나보내다=**추방하다**
de=분리
☞ deportation: 추방
portable: 이동하기 쉬운

portfolio pɔrt'foʊlioʊ (폴트**폴**리오)
port(옮기다)+ folio(잎사귀)

=가져다니는 시트=**포트폴리오**
folio=잎사귀, 시트(sheet)

port: 나르다, 옮기다

라틴어 portare는 나르다, 옮기다의 뜻을 갖고 있다.

teleport 'tɛləpɔrt (**텔**러폴트)
tele(멀리)+ port(옮기다)

=멀리 옮기다
=**순간 이동시키다(이동하다)**
tele=멀리

comport kəm'pɔrt (컴**폴**트)
com(함께)+ port(나르다)

=함께 감당하다
=**행동(처신)하다**
com=함께
☞ comportment: 행동, 처신

rapport ræ'pɔr (래**폴**)
r(e)(다시)+ ap(하다)+ port(옮기다)

=다시 가져오다=**관계, 교감**
re=다시
ap(ad)=하다

transport
træns'pɔrt (트랜스**폴**트)
'trænspɔrt (트**랜**스폴트)
trans(너머로)+ port(나르다)

=멀리 나르다=**수송하다, 수송**
trans=너머로
☞ transportation: 운송, 수송

예문

A 1996 immigration reform law allows the government to **deport** illegal aliens convicted of an aggravated felony.
(1996년 이민개혁법은 정부가 가중적인 중죄로 유죄 판결을 받은 불법체류자를 **추방할 수 있도록** 하고 있다.)
Part of their course work involves creating actual marketing pieces for their **portfolios**.
(그들의 강좌의 일부는 **포트폴리오**를 위한 실제 마케팅 작품을 만드는 것을 포함한다.)
We can go places in seconds by **teleporting** ourselves.
(우리는 우리 자신을 **순간 이동함으로써** 몇 초 안에 다른 곳으로 갈 수 있다.)
In particular, how can doctors be persuaded to **comport** themselves as scientists?
(특히, 의사들이 어떻게 스스로를 과학자로 **처신하도록** 설득할 수 있을까?)
He has a great **rapport** with the other players and he and his wife socialise with them.
(그는 다른 선수들과 좋은 **관계**를 맺고 있고 그와 그의 아내는 그들과 교제한다.)
About 80 percent of the world's commercial goods are **transported** by ships.
(전 세계 상업용품의 약 80%가 선박으로 **운송된다**.)

importune ɪmpɔr'tun (임폴**튠**)
im(~없는)+ portune(항구)
=항구가 없어 배를 대기가 어려운
=(아직 기회가 오지 않음)
=**성가시게 조르다**
☞ importunate: 성가시게 조르는

opportunity ɒpər'tyuɪti (아펄**튜**니티)
op(향하여)+ portunity(항구)
=항구 쪽으로 부는 바람=**기회**
op(ob)=다가가는, 향하여

portu: 항구

라틴어 portus는 항구의 뜻을 갖고 있다. 이 단어에서 옮기다는 뜻의 port가 나왔다.

opportune ɒpər'tyun (아펄**튠**)
op(접근)+ portune(항구)
=항구 쪽으로 부는 바람
=**적절한, 적기의**
op(ob)=다가가는, 향하여
☞ inopportune: 때가 안 좋은

clement, clemency: 온화한

라틴어 clementem은 온화한의 뜻을 갖고 있다.

inclement ɪn'klɛmənt (인클**레**먼트)
in(~아닌)+ clement(온화한)
=온화하지 않은=**날씨가 좋지 않은(궂은)**
in=~이 아닌
☞ inclemency: 험악, 혹독함
clement: 온화한, 관대한 clemency: 관용, 온유

clementine 'klɛməntaɪn (클**레**먼타인)
clement(온화한)+ ine
=온화한 기후에서 자라는=**귤**

예문

But I didn't **importune** or invite other people to do it.
(하지만 나는 다른 사람들이 그것을 하도록 **성가시게 조르거나** 초대하거나 하지 않았다.)
It was an **opportunity** of a lifetime and I was really pleased to have the chance to meet him.
(그것은 평생의 **기회**였고 나는 그를 만날 기회를 갖게 되어 정말 기뻤다.)
He also believed it was an **opportune** time to walk away.
(그는 또한 지금이 떠날 수 있는 **적절한** 시기라고 믿었다.)
The Mass will only be moved indoors if the weather is **inclement**.
(미사는 **날씨가 좋지 않을** 때만 실내로 옮겨질 것이다.)
They also grow **clementines** and high quality olives for oil.
(그들은 또한 오일을 위하여 **귤**과 질 좋은 올리브도 재배한다.)

flect, flex: 굽히다, 구부리다

deflect dɪ'flɛkt (디플**렉**트)

de(반대의)+ flect(구부리다)

=반대로 구부리다

=**방향을 바꾸다, 피하다**

de=반대의

☞ deflection: 굴절, 편향, 꺾임

inflect ɪn'flɛkt (인플**렉**트)

in(안으로)+ flect(굽어지다)

=안으로 굽어지다

=**(단어·언어가) 굴절하다 (어미·어형 변화를 하다)**

in=안으로

☞ inflection: (단어·언어의) 굴절 (어미·어형 변화)

flex**ible** 'flɛksəbəl (플**렉**서벌)

flex(굽히다)+ ible

=굽힐 수 있는

=**신축성(융통성) 있는**

☞ flexibility: 탄력, 신축성, 유연성

flect, flex: 굽히다, 구부리다

라틴어 flectere는 굽히다, 구부리다의 뜻을 갖고 있다.

reflect rɪ'flɛkt (리플**렉**트)

re(뒤로)+ flect(구부러지다)

=뒤로 구부러지다

=**비추다, 반사하다, 반영하다**

re=뒤로

☞ reflection: 반영, 반사, 심사숙고

genuflect 'dʒɛnyʊflɛkt (**제**뉴플렉트)

genu(무릎)+ flect(굽히다)

=무릎을 굽히다=**무릎을 꿇다**

genu=무릎

☞ genuflection: 무릎꿇기

예문

An attempt to **deflect** a comet or asteroid is already in the planning stage.
(혜성이나 소행성을 **비껴가게** 하려는 시도는 이미 계획 단계에 있다.)

There are two present-tense verbs here, both **inflected** for plural agreement.
(여기에는 두 개의 현재 시제 동사가 있는데, 둘 다 복수 일치를 위해 **굴절되었다**.)

The **flexible** rubber sole is unrestricting, enabling great movement of the entire foot.
(**신축성 있는** 고무 밑창은 발 전체를 크게 움직일 수 있게 해준다.)

The lightness or darkness of a color affects whether it can absorb or **reflect** heat and light.
(색의 밝음이나 어두움은 그것이 열과 빛을 흡수하거나 **반사할 수 있는지** 여부에 영향을 미친다.)

When the two were standing before him, his apprentice **genuflected** to the master.
(두 사람이 그의 앞에 서있을 때, 그의 견습생은 주인에게 **무릎꿇어 인사했다**.)

debacle deɪˈbɑkəl (데이**바**컬)
de(제거)+ bacle(빗장)
=빗장이 제거됨
=(봄에 강의 얼음이 녹으면 큰 홍수가 일어난 데서 유래)
=**대실패, 재해**
de=제거

bacteria bækˈtɪəriə (백**티**어리아)
bac(막대기)+ teria
=(처음 발견된 세균의 모양이 막대기 모양이어서)
=**박테리아, 세균**

bacillus bəˈsɪləs (버**실**러스)
bac(막대기)+ illus
=막대균=**바실루스균(막대균)**

baguette bæˈgɛt (배**게**트)
bag(막대)+ uette
=막대 모양의 빵=바게트

예문

His handling of the **debacle** was masterful, saving the parent company from financial collapse.
(**재해**에 대한 그의 처리는 능숙해서 모회사를 재정파탄에서 구했다.)
Most chest infections are usually caused by germs such as **bacteria** or viruses.
(대부분의 흉부 감염은 보통 **박테리아**나 바이러스와 같은 세균에 의해 발생한다.)
The **bacillus** was thought to have proliferated in water polluted by sewage.
(**바실루스균**은 하수에 의해 오염된 물에서 증식된 것이라 생각되었다.)
Like authentic **baguettes**, the tofu at EN is made fresh, five times per evening.
(진짜 **바게트**처럼, EN의 두부는 매일 저녁 5번 신선하게 만들어진다.)

bruis, bris, bri: 깨지다 / crep: 갈라지다

debris də'bri (더브**리**)
de(아래로)+ bris(깨지다)
=깨져서 아래에 남음
=**잔해, 쓰레기**
de=아래로

bruise bruz (브루즈)
bruise(깨진)
=**멍, 타박상, 타박상을 입히다**
☞ bruised: 멍든

bruis, bris, bri: 깨지다

라틴어 brisare는 깨지다의 뜻을 갖고 있다.

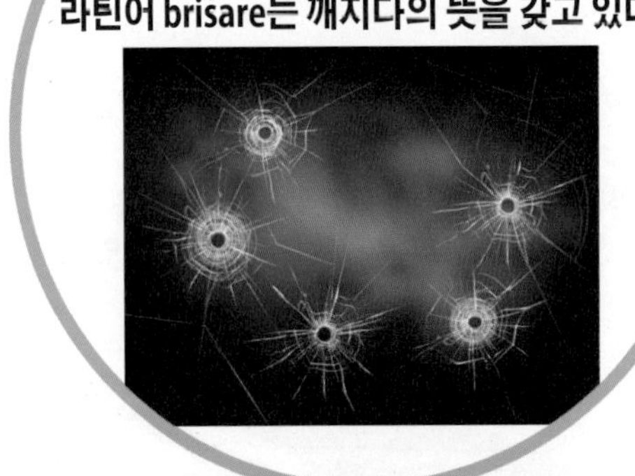

brittle 'brɪtl (브**리**틀)
brittle(깨지는)
=**잘 부러지는, 불안정한**

decrepit dɪ'krɛpɪt (디크**레**핏)
de(아래로)+ crepit(갈라진)
=갈라져 가라앉은
=**노후한, 노쇠한**
de=아래로
☞ decrepitude: 노후, 노쇠
crack: 갈라지다
craven: (마음이 갈라지는) =용기 없는, 비겁한

crep: 갈라지다

라틴어 crepare는 갈라지다의 뜻을 갖고 있다.

discrepancy dɪ'skrɛpənsi (디스크**레**펀시)
dis(분리)+ crepancy(갈라짐)
=분리되어 갈라짐
=**차이, 불일치**
dis=분리
☞ discrepant: 서로 어긋나는, 모순된

예문

Some of the bodies remained under **debris** as rescue workers cleared rubble.
(구조대원들이 돌무더기를 치우는 동안 시신 일부가 **잔해** 속에 남아있었다.)
"My son has come home with black eyes and **bruises** on his body," he said.
(그는 "아들이 검은 눈과 몸에 **멍**이 든 채 집으로 돌아왔다"고 말했다.)
In severe cases, nails may become **brittle** and break easily.
(심한 경우에는 손톱이 **잘 부러지고** 쉽게 깨질 수 있다.)
She lives alone with her young baby in a damp, **decrepit** house.
(그녀는 축축하고 **노쇠한** 집에서 어린 아기와 단둘이 살고 있다.)
On the other hand, there may be some minor **discrepancies** due to local variations.
(한편, 국소적 변동에 의한 약간의 사소한 **불일치**가 있을 수 있다.)

decelerate di'sɛləreɪt (디**셀**러레이트)
de(제거)+ celerate(속도를 내다)
=속도를 제거하다=**속도를 줄이다**
de=제거
☞ deceleration: 감속

accelerate æk'sɛləreɪt (액**설**러레이트)
ac(더하다)+ celerate(속도를 내다)
=속도를 더 내다=**가속화하다**
ac(ad)=더하다
☞ accelerator: 가속장치 [æk'sɛləreɪtər]

celerity sə'lɛrɪti (설**레**리티)
celer(빠른)+ ity
=빠름=**민첩함, 기민함**

celer: 빠른, 신속한

라틴어 celer는 빠른, 신속한의 뜻을 갖고 있다.

accelerant æk'sɛlərənt (액**설**러런트)
ac(더하다)+ celerant(속도를 내는)
=더 속도를 내게 하는=**촉진제, 촉매**
ac(ad)=더하다
☞ cardioaccelerator: 심장기능 촉진제

accelerando æksɛlə'rændoʊ (액설러**랜**도)
ac(더하다)+ celerando(빠르게)
=더 빠르게=**점점 빠르게**
ac(ad)=더하다

예문

House price inflation is **decelerating**, which will slow the rate of growth in the average mortgage size.
(집값 인플레이션의 **속도가 줄고 있어서** 평균 주택담보대출 규모 증가율이 둔화될 것으로 보인다.)
The vehicle **accelerates** from 0 to 60 mph in roughly 16 seconds.
(차량은 약 16초 만에 0~60mph로 **가속한다**.)
An individual's crime calculus is influenced by three factors: certainty, severity, and **celerity** of punishment.
(개인의 범죄 미적분학은 확실성, 심각성, 처벌의 **신속성**이라는 세 가지 요인에 의해 영향을 받는다.)
Teenagers are often injured from illicit activities involving **accelerants**, such as petrol, or electrocution.
(십 대들은 종종 휘발유나 감전사 같은 **촉진제**와 관련된 불법적인 활동으로 상처를 입는다.)
The second half of the song was always sung **accelerando**.
(그 노래의 후반부에서는 항상 **점점 빠르게**로 불렀다.)

funct, fungi: 수행하다

defunct dɪ'fʌŋkt (디**펑**크트)

de(반대의)+ funct(수행하다)

=수행되지 않는

=행해지지 않는, 현존하지 않는

de=반대의

fungible 'fʌndʒəbəl (**펀**저블)

fungi(수행하다)+ ble

=수행 가능한

=대체 가능의, 대신할 수 있는

malfunction mæl'fʌŋkʃən (맬**펑**션)

mal(나쁜)+ function(수행)

=수행이 잘 안 됨=**고장, 기능불량**

mal=나쁜

funct, fungi: 수행하다

라틴어 fungi는 수행하다의 뜻을 갖고 있다.

dysfunction dɪs'fʌŋkʃən (디스**펑**션)

dys(나쁜)+ function(수행)

=수행이 잘 안 됨=**기능장애, 역기능**

dys=나쁜

perfunctory pər'fʌŋktəri (펄**펑**크터리)

per(통과)+ functory(수행하는)

=통과시켜버리는

=형식적인, 의무적인

per=통과

예문

The last address I could find for you was in the Detroit area, but it's now **defunct**.
(내가 마지막으로 찾아줄 수 있는 주소는 디트로이트 지역이었는데 지금은 **존재하지 않아**.)

Pure competition, as Schumpeter sees it, exists only in open markets for **fungible** commodity products.
(슘페터가 보는 바와 같이 순수한 경쟁은 오직 **대체 가능한** 상품들의 개방된 시장에서만 존재한다.)

As a result, many suffered major mechanical **malfunctions** during the battle.
(그 결과, 많은 사람들이 전투 중에 심각한 기계 **오작동**을 겪었다.)

Severe sepsis is defined as sepsis associated with evidence of one or more acute organ **dysfunctions**.
(심각한 패혈증은 하나 이상의 급성 기관의 **기능장애**와 관련된 패혈증으로 정의된다.)

Anyone with even the most **perfunctory** interest in classical music will have their own favourite Mozart piece.
(클래식 음악에 대해 아주 **형식적인** 관심이라도 있는 사람이라면 누구나 자신이 좋아하는 모차르트 곡을 갖게 될 것이다.)

lav, luv, lug, lut: 씻다

라틴어 lavere는 씻다(wash)의 뜻을 갖고 있다.

deluge ˈdɛlyudʒ (**델**류즈)

de(제거)+ luge(씻다)

=물로 씻어 없애다 (노아홍수로 세상을 멸망시킨 것에서 유래)

=**홍수, 폭우, 쇄도**

de=제거

diluvial dɪˈluviəl (딜**루**비얼)

di(제거)+ luvial(씻다)

=물로 씻어 없애다

=**대홍수로 생겨난, 홍적(洪積)층의**

di(de)=제거

antediluvian æntidɪˈluviən (앤티딜**루**비언)

ante(전의)+ diluvian(대홍수의)

=홍수 전의

=**대홍수 이전의, 아주 구식인, 진부한**

ante=이전의

alluvium əˈluviəm (얼**루**비엄)

al(더하다)+ luvium(씻김)

=물에 씻겨 내려온 흙이 쌓임=**충적토**

al(ad)=더하다

☞ alluvial: 충적토의

lavatory ˈlævətɔri (**래**버토리)

lav(씻다)+ atory

=씻는 장소=**화장실**

☞ lavage: 세척

dilute dɪˈlut (딜**루**트)

di(제거)+ lute(씻다)

=씻어 없앰

=**희석하다, 묽게 하다**

di(de)=제거

☞ dilution: 희석

예문

The **deluges** also prompted an increase in crop prices.
(**홍수**는 또한 농작물 가격의 상승을 유발했다.)
These numbers defy uniformitarian mechanisms and are much more consistent with a **diluvial** mechanism.
(이 숫자들은 균일주의적인 메커니즘을 거스르며 **대홍수적인** 메커니즘과 훨씬 더 일치한다.)
Such methods are, of course, **antediluvian** now.
(물론 그러한 방법들은 이제 **구식**이다.)
In the east, river gravels and **alluvium** from the North Sea have produced dark, rich soils.
(동쪽에서는 강의 자갈과 북해로부터 온 **충적토**가 어둡고 기름진 토양을 만들어냈다.)
I swallowed my tears and washed my face in the small sink in the adjacent **lavatory**.
(나는 눈물을 삼키고 인접한 **화장실**의 작은 싱크대에서 얼굴을 씻었다.)
If the higher concentration is used, it should be **diluted** appropriately with sterile water.
(높은 농도로 사용할 경우 멸균수로 적절하게 **희석해야** 한다.)

dismiss dɪs'mɪs (디스**미**스)

dis(멀리)+ miss(보내다)

=멀리 보내버리다

=묵살하다, 기각하다, 해고하다

dis=멀리

☞ dismissal: 해고, 해산

dismissible: 해고할 수 있는

dismissive: 무시하는, 멸시하는

permit pər'mɪt (펄**밋**)

per(통과)+ mit(가게 하다)

=통과시켜주다

=허용하다, 허락하다, 허가

per=통과

☞ permission: 허락, 허가, 승인

permissive: 관대한, 자유방임적인, 허용할 수 있는

demise dɪ'maɪz (디**마**이즈)

de(이탈)+ mise(보내다)

=떠나보내다=**종말, 죽음**

de=이탈

miss, mis, mit: 보내다, 가게 하다(1)

라틴어 mittere는 보내다의 뜻을 갖고 있다.

omit oʊ'mɪt (오우**밋**)

o(강조)+ mit(가게 하다)

=그냥 가게 하다

=생략하다, 빠뜨리다

o(ob)=강조

☞ omission: 생략, 누락

submit səb'mɪt (서브**밋**)

sub(밑으로)+ mit(가다)

=밑으로 들어가다

=굴복(항복)하다, 제출하다

sub=밑으로

☞ submission: 항복, 굴복, 제출

submissive: 순종적인, 고분고분한

예문

I think we can safely **dismiss** their objections.
(나는 우리가 그들의 반대를 **묵살해도** 무방하다고 생각한다.)

My ignorance of his **demise** may have caused offence, and I apologize for that.
(그의 **죽음**에 대한 나의 무시가 반감을 불러일으켰을지도 모른다. 나는 그것에 대해 사과한다.)

The only exception to this rule is if state law **permits** patients to gain access to laboratory results.
(이 규칙의 유일한 예외는 주 법에 의해 환자가 실험실 결과에 접근할 수 있도록 **허용하는** 것이다.)

Many of my favorite parts of the book were **omitted** from the movie.
(내가 좋아하는 책의 많은 부분이 영화에서 **누락되었다**.)

As leaders and teachers, they call the community to **submit** to the authority of Jesus Christ.
(지도자와 교사로서 그들은 공동체를 예수 그리스도의 권위에 **복종하도록** 부른다.)

premise ˈprɛmɪs (프**레**미스)
pre(먼저)+ mise(보내다)
=먼저 보내다=**전제, 전제하다**
pre=먼저

intermit ɪntərˈmɪt (인털**밋**)
inter(중간에)+ mit(보내다)
=사이에 보내다
=**일시 멈추다, 중단시키다**
inter=중간에
☞ intermittent: 간헐적인
intermission: 중간 휴식시간

commit kəˈmɪt (커**밋**)
com(함께)+ mit(가게 하다)
=함께 가다=**저지르다, 범하다**
com=함께
☞ commitment: 공약, 헌신

miss, mis, mit: 보내다, 가게 하다(2)
라틴어 mittere는 보내다의 뜻을 갖고 있다.

compromise ˈkɒmprəmaɪz (**캄**프러마이즈)
com(함께)+ pro(앞서)+ mise(보내다)
=함께 약속하다=**타협, 타협하다**
com=함께
pro=먼저, 앞서

commission kəˈmɪʃən (커**미**션)
com(함께)+ mission(보냄)
=함께 보냄(위임하다, 맡기다)
=**위원회, 수수료**
com=함께
☞ committee: 위원회
commissary: 매점, 대리

예문

Such propositions appear only as **premises**, never as conclusions.
(그러한 제안들은 단지 **전제**로서만 나타나며, 결코 결론으로 나타나지는 않는다.)
Though often in feeble health, he seldom allowed physical languor to **intermit** his work.
(그는 건강이 좋지 않은 경우가 많았지만 자신의 일을 **일시 멈추게 하는** 육체적 나른함을 거의 허락하지 않았다.)
More criminals than ever before are carrying weapons to **commit** crimes.
(그 어느 때보다 많은 범죄자들이 범죄를 **저지르기 위해** 무기를 소지하고 있다.)
The workable **compromise** between these extremes involves balancing competing goals.
(이 극단들 사이의 실행 가능한 **타협**은 경쟁적인 목표의 균형을 이루는 것을 포함한다.)
The **commission** has the authority to summon anyone, including state officials without the approval of the president.
(**위원회**는 대통령의 승인 없이 국가 공무원을 포함한 모든 사람을 소환할 수 있는 권한을 갖고 있다.)

missive ˈmɪsɪv (**미**시브)
miss(보내다)+ ive
=보내는=**서한, 편지**

emit ɪˈmɪt (이**밋**)
e(밖으로)+ mit(보내다)
=밖으로 내보내다
=**발하다, 배출하다**
e(ex)=밖으로
☞ emission: 배출, 배기가스

emissary ˈɛmɪsɛri (**에**미세리)
e(밖으로)+ missary(보내는)
=밖으로 보낸 사람=**사절, 밀사**
e(ex)=밖으로

miss, mis, mit:
보내다, 가게 하다(3)
라틴어 mittere는 보내다의 뜻을 갖고 있다.

transmit trænsˈmɪt (트랜스**밋**)
trans(건너로)+ mit(보내다)
=멀리 보내다=**전송하다, 옮기다**
trans=건너로
☞ transmission: 전송, 전달

demit dɪˈmɪt (디**밋**)
de(분리)+ mit(보내다)
=분리시켜 보내다
=**해고시키다, 사직하다**
de=분리, 제거
☞ demission: 사직, 퇴위

예문

There were also a surprising number of **missives** about the value of local credit unions.
(지역신용조합의 가치에 대한 **편지**도 의외로 많았다.)
Classical mechanics could not accurately predict the spectrum of radiation **emitted** by a heated body.
(고전역학은 열을 받은 몸이 **방출하는** 방사선의 스펙트럼을 정확하게 예측할 수 없었다.)
The British sent e**missaries** here to promote trade.
(영국은 무역을 촉진하기 위해 이곳에 **사신**을 보냈다.)
Take, for example, malaria, which involves infection by a parasite **transmitted** by mosquitoes.
(모기가 **옮기는** 기생충에 의한 감염을 수반하는 말라리아를 예로 들어보자.)
Pathan was vice chancellor of the university for two terms and recently **demitted** the office.
(Pathan은 두 번의 임기 동안 그 대학의 부총장을 지냈고 최근에 그 직책을 **사임했다**.)

manumit mænyə'mɪt (매뉴**밋**)
manu(손)+ mit(보내다)
=손에서 내보내다
=(노예를) 해방하다
manu=손
☞ manumission: 해방

remit rɪ'mɪt (리**밋**)
re(뒤로)+ mit(보내다)
=되돌려보내다
=송금(하다), 면제(하다)
re=뒤로
☞ remittance: 송금
remitter: 송금인

remiss rɪ'mɪs (리**미**스)
re(뒤로)+ miss(보내다)
=뒤로 미루는=**태만한**
re=뒤로

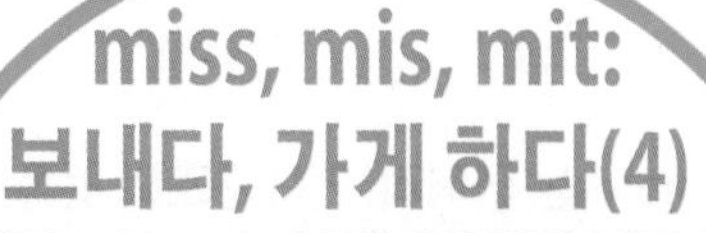

surmise sər'maɪz (설**마**이즈)
sur(이후에)+ mise(보내다)
=이후에 보내다=나중에 판단해보다
=추정(추측)하다
sur=넘는, 이후에

pretermit pritər'mɪt (프리털**밋**)
preter(앞서)+ mit(보내다)
=지나쳐 보내다
=간과하다, 묵과하다
preter= 앞서, 지나쳐
☞ pretermission: 묵과

예문

He gave the law, that every shire in the kingdom should annually **manumit** one thrall.
(그는 왕국의 모든 주들이 매년 한 명의 노예를 **해방하도록** 법을 제정했다.)
Demands for payment were made and a partial payment was **remitted**.
(지불 요구가 있었고 부분 지불금이 **송금되었다**.)
"t would be **remiss** not to consider this in the future," he said.
(그는 "미래에 이 점을 고려하지 않는 것은 **태만한** 것이다"라고 말했다.)
I'm **surmising** that the riders were actually instructors performing for the benefit of the contestants.
(나는 그 라이더들이 실제로 참가자들의 이익을 위해 공연하는 강사였다고 **추측하고 있다**.)
We will **pretermit** these absurd and silly men.
(우리는 이 터무니없고 어리석은 사람들을 **묵과할 것이다**.)

mole, mol: 덩어리, 거대구조

demolition dɛmə'lɪʃən (데멀**리**션)

de(아래로)+ molition(건축물)

=무너트림=**파괴, 타파**

de=아래로

☞ demolish: 무너뜨리다

molecule 'mɒləkyul (**말**러큘)

mole(덩어리)+ cule(작은)

=작은 덩어리=**분자**

cule=작은

molest mə'lɛst (멀**레**스트)

mole(덩어리)+ st

=짐이 되게 하다

=**성추행하다, 괴롭히다**

☞ molestation: 방해, 추행

mole, mol:
덩어리, 거대구조

라틴어 moles는 덩어리, 거대구조의 뜻을 갖고 있다.

unmolested ʌnmə'lɛstɪd (언멀**레**스티드)

un(~아닌)+ molested(괴롭힘받는)

=괴롭힘받지 않는

=**공격(방해)받지 않는**

un=~이 아닌

molester mə'lestər (멀**레**스털)

mole(덩어리)+ ster

=짐이 되는 사람

=**괴롭히는 사람, 치한**

예문

The new survey has been ordered and notices will be issued before any **demolitions** are carried out.
(새로운 조사가 지시되었고 어떠한 **철거**라도 그것이 실행되기 전에는 통지가 이루어질 것이다.)
It works by affecting a **molecule** called nitric oxide, which expands blood vessels.
(그것은 혈관을 팽창시키는 산화질소라는 **분자**에 영향을 주어 작용한다.)
In this respect I cannot but feel sorry for anyone who hates or **molests** any person purely on account of nationality.
(이런 점에서 나는 순전히 국적 때문에 어떤 사람을 미워하거나 **괴롭히는** 사람에게 미안함을 느끼지 않을 수 없다.)
They were allowed to walk **unmolested** by the police.
(그들은 경찰에 의해 **방해받지 않고** 걸어가도록 허락되었다.)
In these Apocryphal accounts, they appear as the **molesters**, assailants, and destroyers of men.
(이 외경의 기록에서 그들은 사람들에 대한 **치한**, 폭행범, 파괴자로 나온다.)

denigrate ˈdɛnɪgreɪt (**데**니그레이트)

de(완전히)+ nigrate(검은)

=검게 만들다=**폄하하다**

de=완전히(강조)

☞ denigration: 명예훼손

nig, neg: 검은

라틴어 niger는 검다의 뜻을 갖고 있다.

negro ˈnigroʊ (**니**그로)

neg(검은)+ ro

=검은 사람=**흑인**

☞ nigga: (경멸적인 의미) 흑인

rang: 선, 줄

옛 프랑스어 reng은 선, 줄의 뜻을 갖고 있다.

deranged dɪˈreɪndʒd (디**레**인지드)

de(벗어난)+ ranged(선)

=선에서 벗어난

=**정상이 아닌, 미친**

de=이탈

☞ derange: 흐트러뜨리다
derangement: 교란, 착란

arrange əˈreɪndʒ (어**레**인지)

ar(가까이)+ range(선)

=선에 맞추다

=**마련하다, 정리(배열)하다**

ar(ad)=접근, 가까이

☞ arrangement: 정리, 준비

예문

Any discussion of the concept will be used to criticise and **denigrate** it.
(그 개념에 대한 어떠한 논의도 그것을 비판하고 **폄하하는** 데 사용될 것이다.)

The native white population of Texas bitterly resents the influx of **negro** labor.
(텍사스의 백인 원주민들은 **흑인** 노동력의 유입을 몹시 원망한다.)

A **deranged** old lady with totally messed up hair walked around shouting at everybody else.
(머리가 완전히 헝클어진 **정신 이상** 할머니가 다른 사람들에게 소리를 지르며 돌아다녔다.)

On the white table, the fine silverware had been **arranged** in order.
(하얀 탁자 위에는 고급 은그릇이 순서대로 **배열되어있었다**.)

intestine ɪn'tɛstɪn (인**테**스틴)

intes(안에 있는)+ tine

=몸 안에 있는=**장, 창자**

☞ intestinal: 장(창자)의

enteritis ɛntə'raɪtɪs (엔터**라**이티스)

enter(안에 있는)+ itis(염증)

=장의 염증=**장염**

itis=염증

☞ enteric: 장의

gastroenteritis gæstroʊɛntə'raɪtɪs (개스트로엔터**라**이티스)

gastro(위장)+ enteritis(장염)

=**위장염**

gastro=위장

☞ endoscope: 내시경

intes, intus, enter: 안에 있는(within)

라틴어 intus는 안에 있는의 뜻을 갖고 있다.

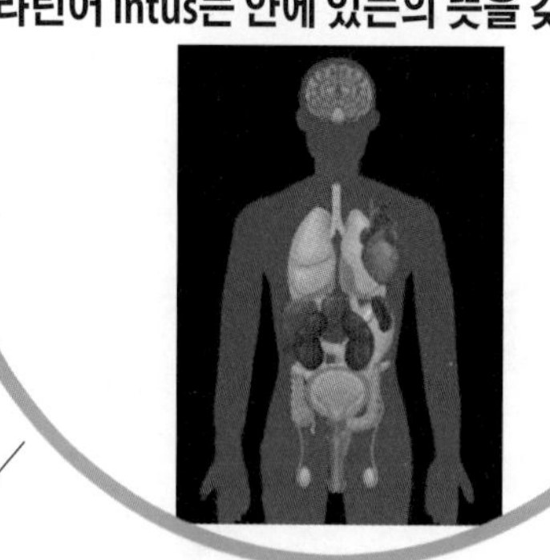

gastroenterology gæstroʊɛntə'rɒlədʒi (개스트로엔터**랄**러지)

gastro(위장)+ enter(안에 있는)+ ology(학문)

위와 장 등 소화기를 다루는 학문=**소화기 내과**

logy=학문

intussusception ɪntəssə'sɛpʃən (인터스서**셉**션)

intus(안에서)+ susception(아래서 잡음)

=장내의 아래에서 잡음

=**섭취, 장중첩증**

susception=sus(sub)+ ception(잡다)
(아래에서 붙잡음)

예문

The most familiar choice is the small intestine, the upper stretch of our **intestine** just below the stomach.
(가장 익숙한 선택은 소장이며, 우리 **장**의 윗부분은 바로 위장의 아래로 뻗어있다.)

In salmonella infections relapses of **enteritis** or bacteremia are common.
(살모넬라 감염에서 **장염**이나 균혈증의 재발은 흔히 있는 일이다.)

The infection was similar to the strain of viral **gastroenteritis** which hit the hospital two years ago.
(이 감염은 2년 전에 병원을 강타한 바이러스성 **위장염**의 종류와 유사했다.)

He contributed significantly to research in many areas of clinical **gastroenterology** and tropical parasitology.
(그는 임상 **소화기 내과**와 열대 기생충학의 여러 분야의 연구에 크게 기여했다.)

In contrast, benign conditions caused the majority of small intestinal **intussusceptions**.
(이와는 대조적으로, 양호한 상태는 대부분의 작은 장내에서 **장중첩증**을 야기시켰다.)

deprecate ˈdɛprɪkeɪt (**데**프리케이트)
de(반대)+ precate(기도하다)
=나쁘게 되도록 기도하다
=**반대하다, 비난하다**
de=반대 ☞ deprecaion: 반대, 항의

precarious prɪˈkɛəriəs (프리**케**어리어스)
preca(간청하다)+ rious
=사람에게 간청만 하는
=(다른 사람의 뜻에 의존하려는)
=**불안정한, 위태로운**
☞ precatory: 기원하는

preca: 기도하다, 간청하다
라틴어 precari는 기도하다, 간청하다의 뜻을 갖고 있다.

imprecate ˈɪmprɪkeɪt (**임**프리케이트)
im(안으로)+ precate(기도하다)
=악을 안으로 부르다
=**(재난·저주 등을) 빌다**
im=안으로
☞ imprecation: 저주, 욕설

plor: 울다, 외치다
라틴어 plorare는 울다, 외치다의 뜻을 갖고 있다.

deplore dɪˈplɔr (디플**로**어)
de(완전히)+ plore(울다)
=심하게 울다
=**개탄하다, 한탄하다**
de=완전히(강조)
☞ deplorable: 개탄스러운
deploration: 개탄함

explore ɪkˈsplɔr (익스플**로**어)
ex(밖으로)+ plore(외치다)
=밖으로 소리치다
(소리지르며 사냥지역을 정찰하던 데서 유래)
=**탐사하다, 탐험하다**
ex=밖으로
☞ exploration: 탐사, 탐험

implore ɪmˈplɔr (임플**로**어)
im(안에다)+ plore(울부짖다)
=**애원하다, 간청하다** im=안에다

예문

But this blog strongly **deprecates** that kind of cynicism about politics.
(그러나 이 블로그는 정치에 대한 그러한 냉소를 강하게 **비판한다**.)
Are you ready to catch yourself, to tumble safely out of a **precarious** position?
(당신은 자신을 붙잡을 준비가 되어있는가, **불안정한** 위치에서 안전하게 굴러떨어질 준비가 되어있는가?)
This made the sage even more furious and he **imprecated** a curse on Karna.
(이로 인해 현자는 더욱 격노했고 그는 카르나에게 저주를 **빌었다**.)
Its main purpose is to **deplore** the use of violence in this dispute.
(그것의 주요 목적은 이 분쟁에서 폭력을 사용하는 것을 **개탄하는** 것이다.)
We **explore** the surrounding areas and view the scenery through the eyes of lovers and friends.
(우리는 연인과 친구의 눈을 통해 주변 지역을 **탐험하고** 풍경을 감상한다.)
"Please don't talk that way," Ellen **implored**.
("제발 그런 식으로 말하지 마." 엘렌이 **애원했다**.)

derivative dɪ'rɪvətɪv (디**리**버티브)
de(분리)+ rivative(시내)
=시내에서 갈라져 나옴
=**파생어, 파생물, 다른 것을 본뜬**
de=분리

derive dɪ'raɪv (디**라**이브)
de(분리)+ rive(시내)
=시내에서 갈라져 나오다
=**나오다, 파생되다**
de=분리
☞ derivation: 어원, 파생

riv: 시내, 강
라틴어 rivus는 시내, 강의 뜻을 갖고 있다.

rival 'raɪvəl (**라**이벌)
riv(시내)+ al
=같은 시내를 사용하는 다른 사람
=**경쟁자**
☞ rivalry: 경쟁

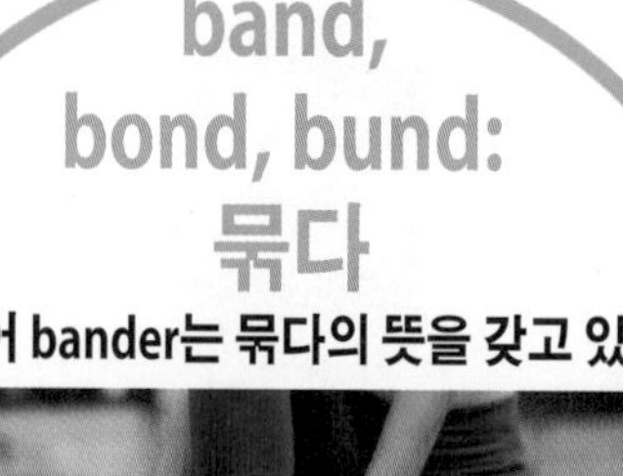

band, bond, bund: 묶다
라틴어 bander는 묶다의 뜻을 갖고 있다.

disband dɪs'bænd (디스**밴**드)
dis(반대)+ band(묶다)
=묶인 것을 풀다
=**해산하다, 해체하다**
dis=반대

bondage 'bɒndɪdʒ (**반**디지)
bond(묶다)+ age
=묶음=**구속, 속박**
☞ bandage: 붕대
bundle: 꾸러미, 묶음

예문

The hull is a new design rather than a **derivative** of an older system.
(선체는 오래된 시스템의 **파생물**이라기보다는 새로운 디자인이다.)
He did repeatedly make clear that his story was **derived** from what his source said.
(그는 자신의 이야기가 그의 정보원이 말한 것에서 **나온** 것임을 거듭 분명히 했다.)
Over the past four years, we have seen competition mainly from domestic **rivals**.
(지난 4년 동안 우리는 주로 국내 **경쟁자들**과의 경쟁을 보아왔다.)
Mr James said the performers had gone their separate ways since the circus **disbanded** on Sunday.
(제임스 씨는 서커스가 일요일에 **해체된** 이후 연주자들이 각자의 길을 떠났다고 말했다.)
Slaves resisted their **bondage** in a variety of ways.
(노예들은 다양한 방법으로 그들의 **속박**에 저항했다.)

despicable dɪ'spɪkəbəl (디스**피**커벌)
de(아래로)+ spicable(바라보는)
=아래로 바라볼 만한
=**경멸할 만한, 비열한**
de=아래로

retrospective rɛtrə'spɛktɪv (레트러스**펙**티브)
retro(뒤로)+ spective(보는)
=뒤를 돌아보는
=**회상하는, 회고적인, 소급 적용되는**
retro=뒤로
☞ retrospection: 회고, 회상

despise dɪ'spaɪz (디스**파**이즈)
de(아래로)+ spise(보다)
=아래로 쳐다보다=**경멸하다**
de=아래로
☞ despite: ~임에도 불구하고
spiteful: 악의적인

spec, spect, spic, spi: 보다(1)
라틴어 specere는 보다의 뜻을 갖고 있다.

respite 'rɛspɪt (**레**스핏)
re(뒤로)+ spite(보다)
=뒤를 돌아보다
=**일시적인 중단, 한숨 돌리기**
re=뒤로

respect rɪ'spɛkt (리스**펙**트)
re(다시)+ spect(보다)
=존경의 마음이 생겨 다시 보다
=**존경, 존경하다**
re=다시
☞ disrespect: 무례, 결례 (dis=반대의)

예문

A **despicable** attack of blatant hatred has failed completely to tear us apart.
(노골적인 증오의 **비열한** 공격이 우리를 완전히 갈라놓지 못했다.)
The problem of **retrospective** awareness of the deleterious effects of mining is difficult to deal with.
(광산의 해로운 영향에 대한 **소급적** 인식의 문제는 다루기 어렵다.)
I could tell them why they could hate and **despise** others, but that is not leadership.
(나는 왜 그들이 다른 사람들을 미워하고 **경멸할 수 있는지** 그들에게 말할 수 있었지만, 그것은 리더십이 아니다.)
They have no **respite** from routine school activities even during holidays.
(그들은 휴일에도 일상적인 학교 활동으로부터의 **일시적인 중단**이 없다.)
I have found a new admiration and **respect** for what she has achieved.
(나는 그녀가 성취한 것에 대한 새로운 찬사와 **존경**을 발견했다.)

prospect 'prɒspɛkt (프라스펙트)

pro(앞으로)+ spect(보다)

=앞을 내다보다=**전망, 조망**

pro=앞으로

☞ prospective: 장래의, 유망한 [prə'spɛktɪv]

prospectus: 안내서, 취지서 [prə'spɛktəs]

perspective pər'spɛktɪv (펄스펙티브)

per(통과)+ spective(보는)

=관통해서 보는=**관점, 안목, 시각**

per=통과

perspicacious pɜrspɪ'keɪʃəs (펄스피케이셔스)

per(통과)+ spicacious(보는)

=꿰뚫어서 볼 줄 아는

=**명민한, 총기 있는**

per=통과

spec, spect, spic, spi: 보다(2)

라틴어 specere는 보다의 뜻을 갖고 있다.

perspicuous pər'spɪkyuəs (펄스피큐어스)

per(통과)+ spicuous(보이는)

=투명하게 보이는

=**(언어나 문체 등이) 명쾌한, 명료한**

per=통과

☞ perspicuity: 명확함 [pɜrspɪ'kyuɪti]

spectator 'spɛkteɪtər (스펙테이털)

spect(보다)+ ator

=보는 사람=**관중**

☞ spectacle: (볼 만한 것) 볼거리, 구경거리

spectacular: 장관을 이루는, 극적인

예문

Maybe the **prospect** of the landscape turning into a tourist facility will force a political change in the end.
(아마도 그 풍경이 관광시설로 변모할 것이라는 **전망**은 결국 정치적 변화를 강요할 것이다.)

She also avoided any hint of **perspective**, seeing painting as essentially two-dimensional.
(그녀는 또한 그림을 본질적으로 2차원적인 것으로 보고 어떤 **관점**의 암시도 피했다.)

But you're not going to be reading this book for any **perspicacious** insight into the human condition.
(하지만 당신은 인간의 상태에 대한 **총민한** 통찰력을 얻기 위해 이 책을 읽지는 않을 것이다.)

It provides simpler and more **perspicuous** explanations than its rivals.
(그것은 경쟁자들보다 더 간단하고 **명료한** 설명을 제공한다.)

For the first time in years I attended a championship match not as a reporter but as a **spectator**.
(몇 년 만에 처음으로 나는 리포터가 아닌 **관중**으로 챔피언십 경기를 관람했다.)

specter ˈspɛktər (스**펙**털)

spect(보다)+ er

=보임, 나타남=**유령, 망령**

specimen ˈspɛsɪmən (스**페**시먼)

spec(보다)+ imen

=보여주는 것=**견본, 표본, 시료**

specious ˈspiʃəs (스**피**셔스)

spec(보다)+ ious

=보기에만 좋은

=**허울만 그럴듯한**

☞ species: (보이는 모양)=종(種)

spec, spect, spic, spi: 보다(3)

라틴어 specere는 보다의 뜻을 갖고 있다.

specification spɛsɪfɪˈkeɪʃən (스페시피**케**이션)

speci(보다)+ fication(만들다)

=볼 수 있도록 만든 것

=**설명서, 사양, 스펙**

fication=(원형: facere=만들다)

speculation spɛkyəˈleɪʃən (스페큐**레**이션)

spec(보다)+ ulation

=면밀히 살펴봄=**추측, 투기**

☞ speculate: 추측하다, 투기하다

예문

Of course, this scary apparition is a **specter** much more often cited than sighted.
(물론, 이 무서운 유령은 보이는 것보다 훨씬 더 자주 인용되는 **망령**이다.)

Its displays cover millions of **specimens**, including fossils, meteorites, mammals, plants, minerals, and insects.
(이 전시물은 화석, 운석, 포유류, 식물, 광물, 곤충을 포함한 수백만 개의 **표본**을 포함하고 있다.)

These arguments are **specious**, but they are based on rosy assumptions or bad analogies.
(이 주장들은 **허울만 그럴듯할** 뿐 장밋빛 가정이나 잘못된 유추에 바탕을 두고 있다.)

The house has been built exactly to our **specifications**.
(그 집은 정확히 우리의 **사양**대로 지어졌다.)

There has long been **speculation** that excessive accumulation of starch may impair chloroplast function.
(탄수화물의 과도한 축적이 엽록체 기능을 손상시킬 수 있다는 **추측**이 오랫동안 있어왔다.)

auspicious ɔ'spɪʃəs (오스**피**셔스)
au(새)+ spicious(보는)
=새를 보는(날아가는 새를 보면 길조라고 점을 친 데서 유래함)
=상서러운, 길조의
au=(원형: avis) 새
☞ inauspicious: 불길한
aviation: 비행술, 항공

suspect sə'spɛkt (서스**펙**트) 'sʌspɛkt (**사**스펙트)
su(아래에서)+ spect(보다)
=아래에서 위로 살펴보다
=의심하다, 용의자
su(sub)=아래에서
☞ suspicious: 수상한, 의심스러운
suspicion: 혐의, 의혹

introspection ɪntrə'spɛkʃən (인트러스**펙**션)
intro(안으로)+ spection(보기)
=안을 살펴봄=**반성, 자기성찰**
intro=안으로

spec, spect, spic, spi: 보다(4)
라틴어 specere는 보다의 뜻을 갖고 있다.

circumspect 'sɜrkəmspɛkt (**설**컴스펙트)
circum(둘레의)+ spect(보다)
=둘레를 살펴보는=**신중한**
circum=둘레의

conspicuous kən'spɪkyuəs (컨스**피**큐어스)
con(완전히)+ spicuous(보이는)
=완전히 보이는
=눈에 잘 띄는, 두드러진
con=완전히(강조)
☞ inconspicuous: 눈에 잘 안 띄는

예문

Such timely rainfall is considered very **auspicious** in our religious tradition.
(이렇게 때맞춰 내리는 비는 우리의 종교적 전통에서 매우 **상서로운** 것으로 여겨진다.)
If you **suspect** a heart attack, even if it feels like indigestion, act immediately.
(심장마비가 **의심되면** 설사 그것이 소화불량처럼 느껴지더라도 즉시 행동하라.)
From the internal viewpoint of **introspection**, mental reality is composed of sensations and images.
(**자기성찰**의 내적 관점에서 보면, 정신적 실재는 감각과 이미지로 구성되어있다.)
They were **circumspect**, typically observing the dog from a distance.
(그들은 보통 멀리서 개를 관찰하는 등 **신중했다**.)
The most visible and **conspicuous** fact is that people now live better than half a century ago.
(가장 가시적이고 **두드러진** 사실은 사람들이 이제 반세기 전보다 더 잘살고 있다는 것이다.)

destitute ˈdɛstɪtyut (**데**스티튜트)
de(분리)+ stitute(서있는)
=있는 장소에서 분리되어있는
=빈곤한, 결핍된
de=분리
☞ destitution: 결핍, 궁핍

substitute ˈsʌbstɪtyut (**서**브스티튜트)
sub(밑에서)+ stitute(세우다)
=아래에서 세워주다
=대리자, 대체물, 대신하다
sub=밑에서
☞ substitution: 대체, 대리

prostitute ˈprɒstɪtyut (프**라**스티튜트)
pro(앞에)+ stitute(서있는)
=몸을 팔려고 사람들 앞에 서있음=**매춘부**
pro=앞에, 앞으로
☞ prostitution: 매춘, 성매매

sta-, sti- :
서다, 세우다(1)

라틴어 stinare와 statuere는 서다, 세우다의 뜻을 갖고 있다.

restitution rɛstɪˈtyuʃən (레스티**튜**션)
re(다시)+ stitution(세우다)
=다시 세우다=**반환, 배상**
re=다시
☞ restitute: 회복하다, 반환하다

institution ɪnstɪˈtyuʃən (인스티**튜**션)
in(안에)+ stitution(세워짐)
=안에 세워짐=**기관, 제도**
in=안에
☞ institute: 기관, 도입하다

예문

Old age homes are necessary, but essentially for the **destitute** and the poor.
(노령자 주택은 필요하지만, **빈곤한** 사람들과 가난한 사람들을 위해서는 필수적인 것이다.)
There is no **substitute** for continuous incremental improvements and training, but these tools can help.
(지속적인 점진적 개선과 훈련을 **대체할 수 있는 것**은 없지만, 이 도구는 도움이 될 수 있다.)
Another important point that needs to be considered is the reason why people use **prostitutes**.
(고려해야 할 또 다른 중요한 점은 사람들이 **매춘부**를 이용하는 이유이다.)
He was ordered to pay $6,000 in **restitution**.
(그는 **보상금**으로 6,000달러를 지불하라는 명령을 받았다.)
He lectured at many professional and academic **institutions** world-wide.
(그는 전 세계의 많은 전문 **기관**과 학술 기관에서 강의를 했다.)

constitution kɒnstɪ'tyuʃən (칸스티**튜**션)

con(함께)+ stitution(세우다)

=함께 세워놓은 것=**헌법**

com=함께

☞ constitute: ~이 되다, 구성하다

statute 'stætʃut (스**태**츄트)

statute(세우다)

=세워놓은 것=**법령, 법규**

☞ statue: (세워놓은 것) =동상 ['stætʃu]

static: (서있는) 고정된, 정적인

ecstasy 'ɛkstəsi (**엑**스터시)

ec(밖에)+ stasy(서있음)

=자신의 몸 밖에 서있는 느낌 =**황홀감, 희열**

ec(ex)=밖에

sta-, sti-: 서다, 세우다(2)

라틴어 stinare와 statuere는 서다, 세우다의 뜻을 갖고 있다.

metastasis mə'tæstəsɪs (머**테**스터시스)

meta(변화)+ stasis(위치)

=위치가 변화됨=**전이**

meta=변화, 더 높은

superstition

supər'stɪʃən (수펄스**티**션)

super(위의)+ stition(서있음)

=현실 위에 서있는=**미신**

super=위에

☞ superstitious: 미신적인

prostate 'prɒsteɪt (프**라**스테이트)

pro(앞쪽에)+ state(서있는)

=신체의 앞쪽에 서있는 =**전립선(前立腺)**

pro=앞에

☞ prostatitis: (itis=염증) 전립선염

prostatalgia: 전립선통

예문

The draft for a European **constitution** is intended to codify these conditions.
(유럽 **헌법** 초안은 이러한 조건을 성문화하기 위한 것이다.)

The provision or the ability to suspend a sentence is provided by **statute**.
(선고를 유예하는 조항이나 능력은 **법령**에 의해 규정되어있다.)

That weird feeling of **ecstasy** overwhelmed her and her mind became foggy for a moment.
(그 이상한 **황홀감**이 그녀를 압도했고 그녀의 정신은 잠시 흐릿해졌다.)

Breast tumors may also be the result of **metastasis** from primary prostate cancer.
(유방 종양은 1차 전립선암에서 **전이**된 결과일 수도 있다.)

The **prostate** gland surrounds the urethra at the base of the bladder in men.
(**전립선**은 남성의 방광 밑부분에 있는 요도를 둘러싸고 있다.)

He also claimed that Philosophy alone douses the flames of **superstition**.
(그는 또한 철학만이 **미신**의 불길을 끈다고 주장했다.)

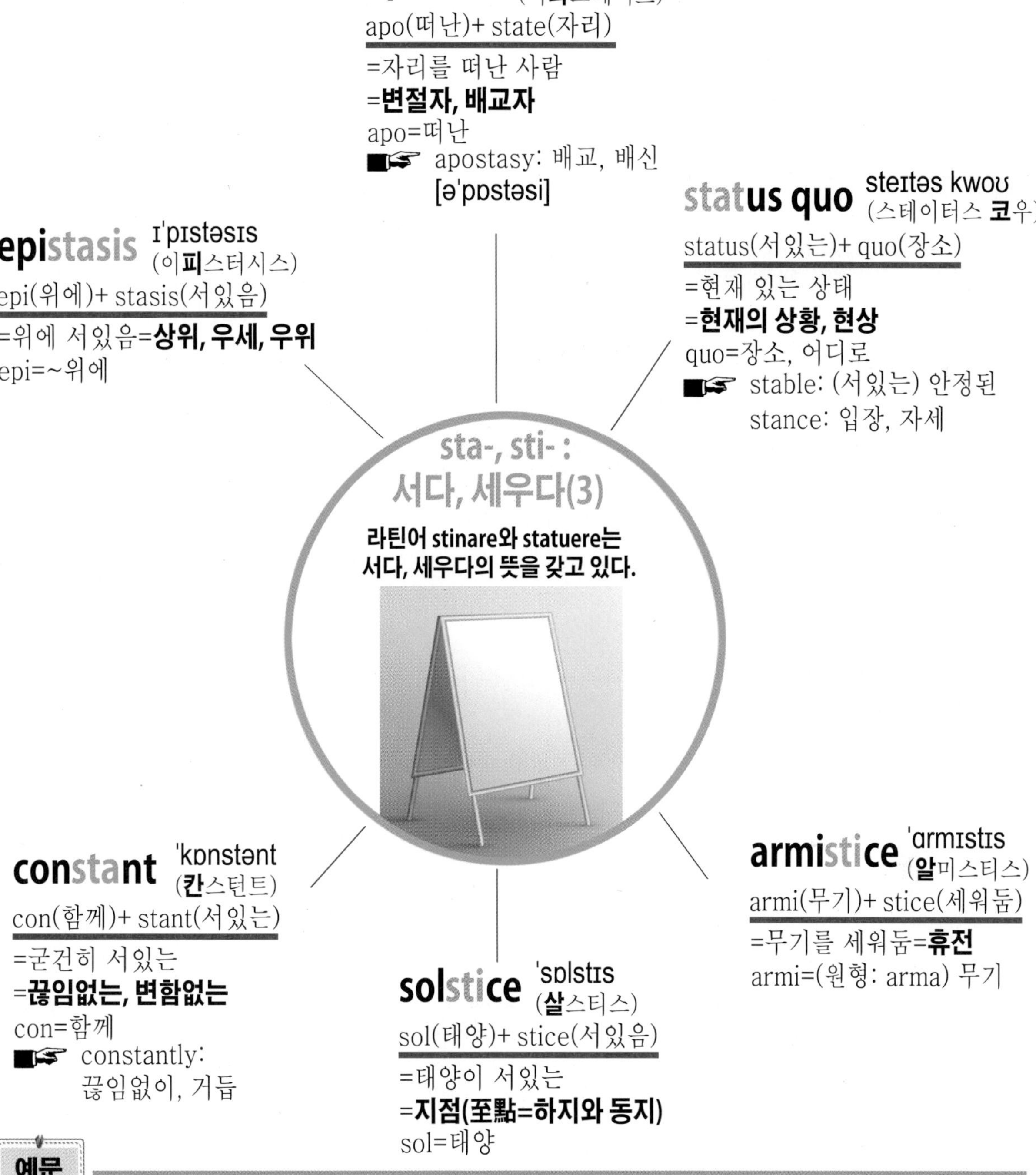

apostate əˈpɒsteɪt (어**파**스테이트)

apo(떠난)+ state(자리)

=자리를 떠난 사람

=**변절자, 배교자**

apo=떠난

☞ apostasy: 배교, 배신 [əˈpɒstəsi]

epistasis ɪˈpɪstəsɪs (이**피**스터시스)

epi(위에)+ stasis(서있음)

=위에 서있음=**상위, 우세, 우위**

epi=~위에

status quo steɪtəs kwoʊ (스테이터스 **코**우)

status(서있는)+ quo(장소)

=현재 있는 상태

=**현재의 상황, 현상**

quo=장소, 어디로

☞ stable: (서있는) 안정된

stance: 입장, 자세

constant ˈkɒnstənt (**칸**스턴트)

con(함께)+ stant(서있는)

=굳건히 서있는

=**끊임없는, 변함없는**

con=함께

☞ constantly: 끊임없이, 거듭

solstice ˈsɒlstɪs (**살**스티스)

sol(태양)+ stice(서있음)

=태양이 서있는

=**지점(至點=하지와 동지)**

sol=태양

armistice ˈɑrmɪstɪs (**알**미스티스)

armi(무기)+ stice(세워둠)

=무기를 세워둠=**휴전**

armi=(원형: arma) 무기

예문

The importance of **apostates** and other religious dissidents is crucial.
(**변절자**와 다른 종교적 반체제 인사들의 중요성은 결정적인 것이다.)

For geneticists, **epistasis** is associated with the limits of the additive model of gene action.
(유전학자들에게 **우성**은 유전자 작용의 첨가 모델의 한계와 관련이 있다.)

Default options are the dirty options and because of **status quo** bias they are likely to stay that way for a while.
(기본 옵션은 추잡한 선택사항이며, **현재의 상황**에 대한 편견 때문에 그들은 당분간 그런 상태를 유지할 가능성이 높다.)

They are however symbolic of a **constant** noise in the background.
(그러나 그것들은 배경에서의 **끊임없는** 소음을 상징한다.)

Both sides agreed to an **armistice** to bury the dead and collect the wounded.
(양측은 전사자를 매장하고 부상자를 수습하기 위한 **휴전**에 합의했다.)

Now that the **solstice** has passed, winter is officially upon us.
(이제 **동지**가 지나갔으므로 공식적으로 겨울이 다가왔다.)

obstinate 'ɒbstɪnət (**아**브스티넛)
ob(앞에)+ stinate(서있다)
=앞에 서서 버티는
=고집 센, 완강한
ob=앞에

substance 'sʌbstəns (**서**브스턴스)
sub(밑에)+ stance(서있음)
=밑에 서있는 것=**물질, 실체, 본질**
sub=아래에
☞ substantive: 실질적인
substantial: 상당한
substantiate: 입증하다

destine 'dɛstɪn (**데**스틴)
de(완전히)+ stine(세우다)
=완전히 세워놓다
=예정해두다, 정해지다
de=완전히(강조)
☞ destination: 목적지
destiny: 운명

sta-, sti-: 서다, 세우다(4)

라틴어 stinare와 statuere는 서다, 세우다의 뜻을 갖고 있다.

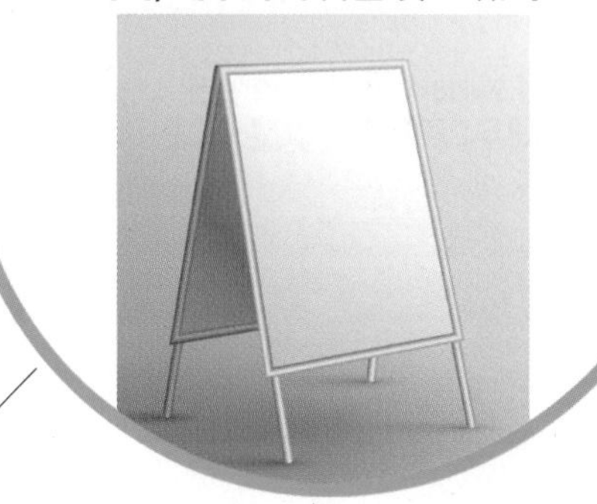

predestine prɪ'dɛstɪn (프리**데**스틴)
pre(미리)+ destine(정하다)
=(하나님이 사람을) 운명짓다
pre=미리
 predestined: 운명지워진
predestination: 숙명, 운명, 예정

homeostasis hoʊmiə'steɪsɪs (호미어스**테**이시스)
homeo(같은)+ stasis(상태)
=같은 상태로 있는=**(생물의) 항상성**
homeo=(원형: homos) 같은
☞ homogeneous: 동종의
homeopathy: 동종요법

obstacle 'ɒbstəkəl (**아**브스터컬)
ob(앞에)+ stacle(서있는 것)
=앞에 서있는 것=**장애물**
ob=앞에
☞ obstetrician: ob+ stetrician
=(산모 앞에 서있는)
=산과(産科) 전문의

예문

You can have really strong, **obstinate** opinions, so long as your facts are true, you're OK.
(당신은 정말 강하고 **완고한** 의견을 가질 수 있다. 당신의 사실이 진실인 한, 당신은 괜찮다.)
Hydrochloric acid is a corrosive **substance**, as such it can be used to clean metal surfaces.
(염산은 부식성 **물질**로 금속 표면을 청소하는 데 사용될 수 있다.)
Because God has chosen and **destined** us, we have been called into an intimate relationship with him.
(하나님이 우리를 선택하시고 **운명지어주셨기** 때문에, 우리는 그와 친밀한 관계로의 부름을 받았다.)
It is through grace, as Augustine explains, not merit, that God **predestines** his elect.
(어거스틴이 설명하듯이, 하나님이 그분의 선택한 자들을 **예정한** 것은 그들의 훌륭함 때문이 아니라 은혜로 인한 것이다.)
Resistance is the process of avoiding change and is a major **obstacle** to progress.
(저항은 변화를 회피하는 과정이며 진보를 가로막는 주요한 **장애물**이다.)
Tissue **homeostasis** depends not only on the rate of cell proliferation, but also on the rate of cell death.
(세포조직의 **항상성**은 세포의 증식 속도뿐만 아니라 세포의 사망률에도 달려있다.)

insistent ɪn'sɪstənt (인**시**스턴트)
in(안에)+ sistent(서있는)
=안에서 세우는
=고집(주장)하는, 우기는
in=안에
☞ insist: 고집하다, 주장하다
insistence: 고집, 주장

assist ə'sɪst (어**시**스트)
as(만들다)+ sist(서다)
=서있게 만들다
=도와주다, 거들다
as(ad)=하다, 만들다
☞ assistant: 조수, 조력자
assistance: 도움, 원조, 지원

persist pər'sɪst (펄**시**스트)
per(계속)+ sist(서있다)
=계속 서있다
=고집하다, 지속하다
per=계속
☞ persistent: 끈질긴, 집요한
persistence: 고집, 끈기
persistency: 지속력

sist: 서있다, 세우다

라틴어 sistere는 서있다, 세우다의 뜻을 갖고 있다.

resist rɪ'zɪst (리**지**스트)
re(반대)+ sist(서있다)
=반대하며 서있다=**저항하다**
re=반대
☞ resistance: 저항
resistant: 잘 견디는
irresistible: 저항하기 어려운 [ɪrɪ'zɪstəbəl]

subsist səb'sɪst (서브**시**스트)
sub(밑에서)+ sist(서있다)
=밑에서부터 버티며 서있다
=근근이 살다, 존속하다
sub=밑에서
☞ subsistence: 최저생활
subsistent: 존립하는

consist kən'sɪst (컨**시**스트)
con(함께)+ sist(서있다)
=함께 서있다
=구성되다, 이루어져 있다
con(com)=함께
☞ consistent: 일관된
consistency: 일관성

예문

Despite Jake's **insistent** questions, he refused to explain the purchases.
(Jake의 **끈질긴** 질문에도 불구하고, 그는 구매에 대한 설명을 거부했다.)
The foundation combines emotional, physical and academic programs to **assist** the children who need it the most.
(이 재단은 감정적, 신체적, 학술적 프로그램을 결합해 그것을 가장 필요로 하는 아이들을 **돕는다**.)
We are always impressed with artists who **persist** in making abstract work.
(우리는 항상 추상적인 작품을 만드는 것을 **고집하는** 예술가들에게 감명을 받는다.)
One important measure in **resisting** infection is to quit smoking.
(감염에 **저항하는** 한 가지 중요한 방법은 담배를 끊는 것이다.)
Old people often **subsist** on very small incomes.
(노인들은 흔히 아주 적은 수입으로 **근근이 살아간다**.)
Lunch was in a typical Cuban restaurant and **consisted** of fruit, rice and chicken.
(점심은 전형적인 쿠바 식당에서 했고 과일, 쌀, 닭으로 **구성되어있었다**.)

suad, suas: 충고하다, 설득하다

라틴어 suadere는 충고하다, 설득하다의 뜻을 갖고 있다.

dissuade dɪ'sweɪd (디스**웨**이드)
dis(이탈)+ suade(충고하다)
=그만두도록 설득하다
=**단념하게 하다**
dis=이탈, 반대
☞ dissuasive: 말리는
dissuasion: 단념시킴, 만류
suasion: 권고, 설득

persuade pər'sweɪd (펄수**웨**이드)
per(계속)+ suade(충고하다)
=충고를 계속하다=**설득하다**
per=계속
☞ persuasion: 설득

sola, sole: 달래다, 위로하다

라틴어 solari는 달래다, 위로하다의 뜻을 갖고 있다.

console kən'soʊl (컨**소**울)
con(완전히)+ sole(달래다)
=완전히 달래다=**위로하다**
con(com)=완전히(강조)
☞ consolation: 위로

disconsolate dɪs'kɒnsəlɪt (디스**칸**설릿)
dis(반대)+ consolate(위로하다)
=위로가 없는=**암담한**
dis=반대
☞ solace: 위로, 위안

inconsolable ɪnkən'soʊləbəl (인컨**소**울러블)
in(~아닌)+ consolable(위로할 수 있는)
=위로할 수 없는=**슬픔을 가눌 수 없는**
in=~이 아닌
☞ consolatory: 위로하기 위한

We wanted to keep her close to us so we **dissuaded** her from taking up that course.
(우리는 그녀를 우리와 가까이 두고 싶어서 그녀가 그 강좌를 수강**하지 못하도록 설득했다**.)
They only lived in Las Vegas for six months, until Jena **persuaded** her mom to move to Los Angeles.
(그들은 제나가 엄마를 **설득하여** 로스앤젤레스로 이사할 때까지 라스베가스에서 6개월밖에 살지 않았다.)
A woman, who looked like his mother, was petting him on his back, **consoling** him.
(그의 어머니를 닮은 한 여인이 그를 **위로하며** 그의 등을 쓰다듬고 있었다.)
If you finish fourth and you don't race well, then you can be frustrated and **disconsolate**.
(당신이 4위를 했고 잘 뛰지 못하면 좌절하고 **암담할 수 있다**.)
One day when he was particularly **inconsolable**, I called out to the mother.
(어느 날 그가 특별히 **슬픔을 가눌 수 없을** 때, 나는 어머니에게 소리쳤다.)

disfigure dɪsˈfɪgyər (디스**피**규얼)
dis(제거)+ figure(모양)
=모양을 망가뜨리다
=**흉하게 만들다, 망가뜨리다**
dis=제거
☞ disfigurement: 손상

figurative ˈfɪgyərətɪv (**피**규러티브)
figur(모양)+ ative
=모양의=**조형의, 비유적인**
☞ figure: 모습, 수치(數値)

transfigure trænsˈfɪgyər (트랜스**피**규얼)
trans(넘어서는)+ figure(모양)
=모양을 변경함=**변모시키다**
trans=넘어서는, 변경

figur: 모습, 모양
라틴어 figura는 모습, 모양의 뜻을 갖고 있다.

configure kənˈfɪgyər (컨**피**규얼)
con(함께)+ figure(모양을 만들다)
=함께 모양을 만들다
=**환경을 설정하다, 형상화하다**
con(com)=함께
☞ configuration: 배열, 배치, 환경설정

figurehead ˈfɪgyərhɛd (**피**규얼헤드)
figure(모양)+ head(머리)
=모양만 있는 머리
=**명목상의 최고위자, 허수아비**

예문

Severe inflammatory acne can cause **disfiguring** cysts and deep scars.
(심한 염증성 여드름은 **흉한** 낭포와 깊은 상처를 유발할 수 있다.)
The art of urban wall painting is a way of reclaiming lost territory - in both a literal and a **figurative** sense.
(도시 벽화의 예술은 잃어버린 영토를 문자 그대로 그리고 **비유적**으로 되찾는 방법이다.)
People have imaginatively **transfigured** their experiences of real life into visions of the unknown world.
(사람들은 상상에 의해 실생활의 경험을 미지의 세계에 대한 환상으로 **바꾸어놓았다**.)
When **configuring** the aircraft for landing, things got interesting.
(착륙을 위해 항공기를 **설정할** 때, 모든 것이 흥미로워졌다.)
The highest official is the prime minister, and the president is a **figurehead** with no real power.
(최고 관료는 총리고, 대통령은 실권이 없는 **명목상의 최고위자**이다.)

dissection dɪ'sɛkʃən (디**섹**션)
dis(분리)+ section(자름)
=잘라서 분리함=**해부, 절개**
dis=분리
☞ dissect: 해부(절개)하다

vivisection vɪvɪ'sɛkʃən (비비**섹**션)
vivi(살아있는)+ section(자름)
=산 채로 자름=**생체해부**
vivi=살아있는

bisect baɪ'sɛkt (바이**섹**트)
bi(두 개의)+ sect(자르다)
=두 개로 자르다
=**이등분하다, 양분하다**
bi=두 개의
☞ bisection: 이등분, 양분

sect, seg: 자르다
라틴어 secare는 자르다의 뜻을 갖고 있다.

segment 'sɛgmənt (**세**그먼트)
seg(자르다)+ ment
=자름=**부분, 분절**

insect 'ɪnsɛkt (**인**섹트)
in(안에)+ sect(자르다)
=안쪽이 마디로 나뉘어있음=**곤충**
in=안에
☞ insecticide: 살충제
sector: 부문

예문

Public **dissections** were outlawed in Britain 130 years ago.
(130년 전 영국에서는 공개적인 **해부**가 금지되었다.)
I see the point about animal **vivisection** from both sides of the argument.
(나는 논쟁의 양쪽 관점에서 동물 **생체 해부**에 대한 요점을 이해하고 있다.)
A double-glazed window **bisects** the room, which will separate MSPs from their secretaries.
(이중 유리로 된 창문이 방을 **양분하는데**, 이 창문은 MSP와 비서들을 분리시킬 것이다.)
Furthermore, the courtyard's pavement is divided into ten **segments**.
(더구나 안뜰의 포장도로는 열 **부분**으로 나뉜다.)
It was an unusual **insect**, with coloured wings that faded from red to yellow.
(그것은 붉은색에서 노란색으로 퇴색한 색의 날개를 가진 특이한 **곤충**이었다.)

dissemble dɪ'sɛmbəl (디**셈**블)
dis(완전히)+ semble(비슷한)
=완전히 비슷하게 만들다
=숨기다, 가식적으로 꾸미다
dis=완전히(강조)

resemble rɪ'zɛmbəl (리**젬**블)
re(완전히)+ semble(비슷한)
=완전히 비슷하다=**닮다**
re=완전히(강조)
☞ resemblance: 닮음

simul**taneous** saɪməl'teɪniəs (사이멀**테**이니어스)
simult(같은 시간의)+ aneous
=같은 시간에 일어나는
=동시의
☞ simultaneously: 동시에, 일제히

simil-, simul-, -semble: 비슷한, 같은(1)

라틴어 similis는 비슷한, 같은의 뜻을 갖고 있다.

simil**itude** sɪ'mɪlɪtud (시**밀**리튜드)
simil(비슷한)+ itude
=비슷함=**유사함**
☞ similarity: 유사성, 닮음
similar: 비슷한, 유사한

simil**e** 'sɪmɪli (**시**밀리)
simile(비슷한)
=직유(直喩), 비유, 똑같게

예문

It is time to stop **dissembling**, delaying and deceiving.
(이제 더 이상 **숨기고**, 미루고, 속이는 것을 멈춰야 할 때다.)
The theory of dogs **resembling** their owners was put to the test at a fun dog show recently.
(개는 주인을 **닮는다**는 이론은 최근 재미있는 개 전시회에서 시험대에 올랐다.)
So they installed, at their own expense, **simultaneous** translation facilities.
(그래서 그들은 자비로 **동시**통역시설을 설치했다.)
Part of this **similitude** has to do with the role of the state in matters of the church.
(이러한 **유사성**의 일부는 교회의 문제에서 국가의 역할과 관련이 있다.)
But the greatest fun of the book comes from the rhyming sentences that bear many vivid metaphors, **similes** and puns.
(그러나 이 책의 가장 큰 재미는 많은 생생한 은유와 **직유**와 말장난이 있는 운율문장에서 나온다.)

simil-, simul-, -semble: 비슷한, 같은(2)

assemble əˈsɛmbəl (어**셈**블)

as(만들다)+ semble(비슷한)

=비슷하게 만들다=함께 모이다

=모으다, 모이다, 조립하다

as(ad)=만들다

☞ assembly: 의회, 집회

assimilate əˈsɪmɪleɪt (어**시**밀레이트)

as(만들다)+ similate(비슷한)

=비슷하게 만들다

=소화하다, 동화시키다

as(ad)=만들다

☞ assimilation: 흡수, 동화

simulate ˈsɪmyəleɪt (**시**뮬레이트)

simul(비슷한)+ ate

=비슷하게 행동하다

=~한 체하다, 모의실험하다

☞ simulation: 모의실험

verisimilitude vɛrɪsɪˈmɪlɪtud (베리시**밀**리튜드)

veri(진짜의)+ similitude(비슷함)

=진짜와 비슷함=**그럴듯함, 신빙성**

veri=진짜의

dissimulation dɪsɪmyəˈleɪʃən (디시뮬**레**이션)

dis(완전히)+ simulation(비슷함)

=완전히 비슷한 체하다=**시치미, 위장**

dis=완전히(강조)

☞ dissimulate: 감추다, 시치미를 떼다

예문

At the end, it said: "a large crowd **assembled** outside the church to see her departure."
(마지막에는 "그녀의 출발을 보기 위해 많은 군중들이 교회 밖에 **모였다**"라고 쓰여 있었다.)

Even the worst decisions are eventually **assimilated** into the culture of commerce.
(심지어 최악의 결정도 결국 상업문화에 **동화된다**.)

Daily activities often focus on communication or **simulate** situations for participants to experience.
(일상적인 활동은 종종 참여자들이 경험할 수 있도록 의사소통이나 **모의실험하는** 상황에 초점을 맞춘다.)

At the same time, Western artists are exacting and relentless in their pursuit of historical **verisimilitude**.
(동시에, 서양 예술가들은 역사적 **신빙성**을 추구하는 데 있어서 엄격하고 가차없다.)

Indeed, the play of **dissimulation** and deception reaffirms the truth about what we see.
(사실, **위장**과 기만극은 우리가 보는 것에 대한 진실을 재확인시켜준다.)

demo, dem: 사람들

epidemic ɛpɪ'dɛmɪk (에피**데**믹)

epi(위에)+ demic(사람들의)

=사람들 사이에 도는

=유행성의, 전염성의, 유행병

epi=위에, 사이에

☞ epidemiology: 역학(疫學), 전염병학

pandemic pæn'dɛmɪk (팬**데**믹)

pan(모든)+ demic(사람들의)

=모든 사람들에게 유행하는

=범유행병, 범유행의

pan=모든

demography dɪ'mɒgrəfi (디**마**그러피)

demo(사람들)+ graphy(기록)

=사람들을 기록함=**인구통계학**

graphy=쓰다, 기록하다

☞ demotic: 일반 사람들의

demo, dem: 사람들

그리스어 demos는 사람들의 뜻을 갖고 있다.

demagogue 'dɛməgɒg (**데**머가그)

dem(사람들)+ agogue(지도자)

=사람들의 지도자=**선동가**

agogue=지도자

☞ pedagogue: 교사 (ped=어린아이)

endemic ɛn'dɛmɪk (엔**데**믹)

en(안에)+ demic(사람들의)

=사람들 안에 있는

=고유의, 풍토성의

en(in)=안에

demotic dɪ'mɒtɪk (디**마**틱)

demo(사람들)+ tic

=사람들의=**일반 사람들의**

예문

I remembered hearing about the cholera **epidemic** which had struck just before I was born.
(나는 내가 태어나기 직전에 발생했던 콜레라 **전염병**에 대해 들은 것을 기억했다.)

Most topical is the risk of **pandemic** influenza, which seems to be the highest in three decades.
(가장 큰 화제는 30년 만에 가장 높은 것으로 보이는 **유행성** 독감의 위험이다.)

The study of **demography** and life-history evolution has a rich, theoretical foundation.
(**인구통계학**과 생활사 진화에 대한 연구는 풍부하고 이론적인 토대를 가지고 있다.)

He is a powerful **demagogue** and a high ranking political propagandist for the Republican party.
(그는 강력한 **선동가**이며 공화당의 고위 정치 선전가다.)

The disease is still **endemic** in many Latin American countries and large epidemics of rubella occur periodically.
(그 질병은 여전히 많은 라틴아메리카 국가의 **풍토병**이며 풍진의 대규모 전염병이 주기적으로 발생한다.)

The **demotic** form of the encyclopedia poem is the scrapbook.
(백과사전적 시의 **일반적인** 형식은 스크랩북이다.)

epidermis ɛpɪ'dɜrmɪs (에피**덜**미스)

epi(위에)+ dermis(피부)

=위에 있는 피부=**표피**

epi=위에

☞ dermis: 피부, 진피

dermatology

dɜrmə'tɒlədʒi (덜머**탈**러지)

dermat(피부)+ ology(학문)

=피부에 관한 학문

=**피부과학, 피부과**

logy=학문

☞ dermatologist: 피부과 전문의

hypodermic

haɪpə'dɜrmɪk (하이퍼**덜**믹)

hypo(아래의)+ dermic(피부)

=피부 아래의

=**피하주사, 피하의**

hypo=아래의

dermabrasion

dɜrmə'breɪʒən (덜머브**레**이전)

derma(피부)+ (a)brasion(연마)

=피부를 벗겨냄=**박피술, 피부찰상법**

abrasion=마모, 찰과상

pachyderm

'pækɪdɜrm (**패**키덤)

pachy(두꺼운)+ derm(피부)

=두꺼운 피부를 가진=**후피동물**

pachy=두꺼운

예문

The skin consists of an **epidermis**, dermis, adipose tissue layer and subcutaneous connective tissue.
(피부는 **표피**, 진피, 지방조직층, 피하 결합조직으로 구성되어있다.)

This test is usually carried out in **dermatology** departments in hospital.
(이 테스트는 주로 병원의 **피부과**에서 진행된다.)

It can also be spread among drug users via shared **hypodermic** needles.
(그것은 또한 함께 쓴 **피하 주사** 바늘을 통해 약물 사용자들 사이에 퍼질 수 있다.)

Surgical excision, **dermabrasion**, electrosurgery and cryosurgery may be curative.
(외과적 절제, **피부찰상법**, 전기외과술 그리고 저온수술은 치료효과가 있다.)

His love for **pachyderms** developed further when he undertook study on man - elephant conflict.
(**후피동물**에 대한 그의 사랑은 인간과 코끼리와의 갈등이라는 연구에 착수하면서 더욱 발전했다.)

ortho: 올바른, 곧은

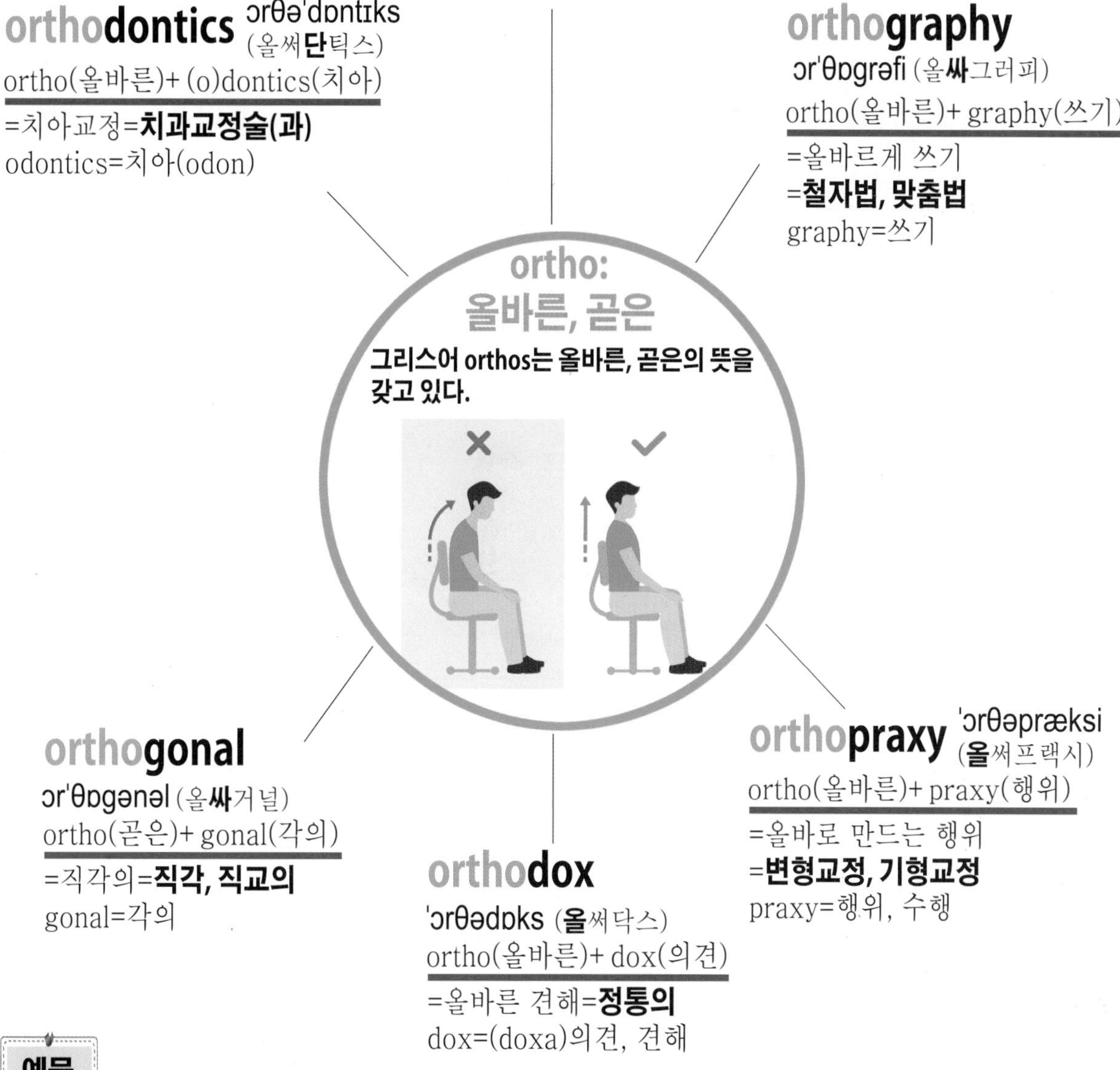

예문

Physical therapists often specialize in sports medicine and **orthopedics**.
(물리치료사들은 종종 스포츠 의학과 **정형외과**를 전문으로 한다.)
The branch of dentistry that specialises in aligning teeth is called **orthodontics**.
(치아 맞춤을 전문으로 하는 치과의학과는 **치과교정술**이라고 불린다.)
At least in some **orthographies**, semantics play a larger role in single-word naming than previously thought.
(적어도 일부 **맞춤법**에서는 의미론이 이전에 생각했던 것보다 단어의 이름 짓기에 더 큰 역할을 한다.)
Mathematically speaking, alternate universes are **orthogonal**; they're located at right angles to each other.
(수학적으로 말하면, 대안적인 우주들은 **직교적**이다; 그들은 서로 직각으로 위치한다.)
In the study of religion, **orthopraxy** is correct conduct, both ethical and liturgical.
(종교에 대한 연구에서, **변형교정**은 윤리적이면서도 전례적인 행위에 있어서 행동을 바로잡는 것이다.)
I now accepted the **orthodox** Christian doctrine of Creation.
(나는 이제 창조에 대한 **정통적인** 기독교 교리를 받아들였다.)

epithet ˈɛpɪθɛt (**에**피쎗)
epi(위에)+ thet(두다)
=위에 더해서 얹다
=**별칭, 칭호, 욕**
epi=위에

synthesis ˈsɪnθəsɪs (**신**써시스)
syn(함께)+ thesis(두다)
=다함께 두다=**종합, 합성**
syn=함께
☞ synthesize: 합성(종합)하다
photosynthesis: 광합성 (photo=빛)

antithesis æn'tɪθəsɪs (앤**티**써시스)
anti(반대의)+ thesis(두다)
=반대편에 두다
=**반대, 대조, 대립**
anti=반대의

anathema ə'næθəmə (어**내**써머)
ana(위에)+ thema(두다)
=악마에게 바쳐진 것
=**절대 반대, 아주 싫은 것, 저주**
ana=위에

thet, thes, them, the: 놓다, 두다

그리스어 tithenai는 놓다, 두다의 뜻을 갖고 있다.

hypothesis
haɪ'pɒθəsɪs (하이**파**써시스)
hypo(아래)+ thesis(두다)
=밑에 깔려있는
=**가설, 가정, 추측**
hypo=아래에

prosthesis
prɒs'θisɪs (프라스**씨**시스)
pros(더하다)+ thesis(두다)
=덧붙여놓다
=**보형물, 인공삽입물**
pros=앞으로, 더하다
☞ parenthesis: 괄호, 삽입구

hypothecate
haɪ'pɒθɪkeɪt (하이**파**씨케이트)
hypo(아래)+ thecate(두다)
=아래에 두다=**담보로 잡다**
hypo=아래에

예문

In Ancient Greek poetry, poets used **epithets** to make names fit the metrical patterns they composed within.
(고대 그리스 시에서 시인들은 그들이 작곡한 운율 패턴에 맞는 이름을 만들기 위해 **별칭**을 사용했다.)
Knowledge, analysis and **synthesis** are continuous processes.
(지식, 분석, **종합**은 지속적인 과정이다.)
As the world knows, terrorism is the **antithesis** of love.
(세계가 알고 있듯이 테러리즘은 사랑의 **반대**다.)
The idea that one would voluntarily inject poison into one's body was **anathema** to me.
(자발적으로 몸에 독약을 주입하겠다는 생각은 내게 **혐오감**을 주었다.)
The only thing you can do is say the evidence suggests that the **hypothesis** is true.
(당신이 할 수 있는 유일한 것은 그 **가설**이 사실임을 그 증거가 암시한다고 말하는 것이다.)
His upper jaw was removed and a **prosthesis** was fitted.
(그의 위턱이 제거되었고 **보형물**이 설치되었다.)
Of course, New Zealand does not separate out **hypothecated** social security taxes.
(물론 뉴질랜드는 **저당 잡힌** 사회보장세를 따로 떼어내지는 않는다.)

epitome ɪ'pɪtəmi (이**피**터미)
epi(위에)+ tome(자르다)
=윗부분(불필요한 부분)을 잘라냄
=완벽한 (본)보기, 전형, 발췌, 개요
epi=위에

dichotomy daɪ'kɒtəmi (다이**카**터미)
dicho(두 개로)+ tomy(자름)
=두 개로 자름=**이분법, 양분, 이분**
dicho=두 개로

anatomy ə'nætəmi (어**내**터미)
ana(위로)+ tomy(자르다)
=위로 자르다
=해부학, 구조, 몸
ana=위로
☞ atom: 원자
=a(not)+ tom
(더 이상 자를 수 없는)

tom: 자르다
그리스어 temnein은 자르다의 뜻을 갖고 있다.

entomology
ɛntə'mɒlədʒi (엔터**말**러지)
entomo(곤충)+ logy(학문)
=곤충학
entomo=en(안에)+ tom(잘림)
(안쪽이 마디로 나뉘어진=곤충)
☞ entomologist: 곤충학자

entomophagous
ɛntə'mɒfəgəs (엔터**마**퍼거스)
entomo(곤충)+ phagous(먹는)
=곤충을 먹는
=식충성의, 곤충을 먹이로 하는
phagous=먹는, 먹이로 하는
☞ entomophagy: 식충성(食虫性)

예문

Helen's older sister Jenny is the **epitome** of the perfect Mum.
(헬렌의 언니 제니는 완벽한 엄마의 **전형**이다.)
The old **dichotomies** of liberal-conservative, internationalist-isolationist, dove-hawk are breaking apart.
(진보-보수, 국제주의자-고립주의자, 비둘기파-매파 등의 낡은 **이분법들**이 깨지고 있다.)
The basic human sciences involved are **anatomy**, physiology, and psychology.
(관련된 기본적인 인간과학은 **해부학**, 생리학, 심리학이다.)
The book also describes different areas of scientific study, including **entomology** (the study of insects).
(이 책은 **곤충학**-곤충에 관한 연구- 등 과학 연구의 다른 분야도 기술하고 있다.)
An **entomophagous** organism is one that eats insects (also called an Insectivore).
(**식충성** 유기체는 곤충을 먹는 생물이다.)

epiphyte ˈɛpɪfaɪt (**에**피파이트)
epi(위에)+ phyte(식물)
=식물 위에 얹혀서 사는
=착생식물, 기생균
epi=위에

aerophyte
ˈɛərəfaɪt (**에**어러파이트)
aero(공기)+ phyte(식물)
=공기로만 사는 식물
=기생식물
aero=공기

phyte, phyto: 식물

그리스어 phyton은 식물의 뜻을 갖고 있다.

phyto**plankton**
faɪtəˈplæŋktən
(파이터플**랭**크턴)
phyto(식물)+ plankton
=식물성 플랭크톤
☞ phytochemical: 식물 속에 함유된 화학 물질
phytoncide: 피톤치드

pervade pərˈveɪd (펄**베**이드)
per(전체의)+ vade(가다)
=전체로 가다
=만연하다, 스며들다
per=전체의, 통과하는
☞ pervasive: 만연하는

vade, vas: 가다

라틴어 vadere는 가다의 뜻을 갖고 있다.

evade ɪˈveɪd (이**베**이드)
e(밖으로)+ vade(가다)
=밖으로 가다
=피하다, 빠져나가다
e(ex)=밖으로
☞ evasive: (빠져나가는) 얼버무리는
evasion: 회피, 모면, 얼버무리기

invade ɪnˈveɪd (인**베**이드)
in(안으로)+ vade(오다)
=안으로 오다
=침입하다, 침략하다
in=안으로
☞ invasion: 침입, 침략

예문

Many tropical orchids are **epiphytes**, growing on the side of trees, and will not do well if their roots stay wet.
(많은 열대 난초들은 나무 한켠에서 자라는 **착생식물**로, 뿌리가 젖어있으면 잘 자라지 않을 것이다.)
Aerophyte a plant growing entirely in the air, and receiving its nourishment from it.
(**기생식물**은 완전히 공기 중에서 자라며, 공기로부터 영양을 공급받는다.)
This mixing leads to better growing conditions for tiny, free-floating ocean plants called **phytoplankton**.
(이 혼합물은 **식물성 플랑크톤**이라고 불리는 작고 자유롭게 떠다니는 해양 식물들에게 더 나은 환경을 가져다준다.)
For five years he **evaded** police in Mexico, Canada and France before being captured in England.
(5년 동안 그는 영국에서 붙잡히기 전에 멕시코, 캐나다, 프랑스에서 경찰을 **피해 다녔다**.)
If they open their windows, the smell **pervades** their homes and lingers there for a long time.
(그들이 창문을 열면 냄새가 집 안에 **스며들어** 그곳에 오랫동안 남아있다.)
British armed forces **invaded** Mesopotamia in 1914 with promises of freedom - from the Turks.
(영국군은 1914년 터키로부터의 해방을 약속하고 메소포타미아를 **침공했다**.)

pel, pul: 몰다, 치다(1)

expel ɪk'spɛl (익스**펠**)

ex(밖으로)+ pel(몰아내다)

=밖으로 몰아내다

=쫓아내다, 내쫓다, 추방하다

ex=밖으로

☞ expulsion: 축출, 추방, 파면 [ɪk'spʌlʃən]

compulsory kəm'pʌlsəri (컴**펄**서리)

com(함께)+ pulsory(몰다)

=다함께 몰다

=강제적인, 의무적인, 필수의

com=함께

☞ compel: 강요하다

compelling: 흥미진진한

compulsion: 강요, 충동

impel ɪm'pɛl (임**펠**)

im(안으로)+ pel(몰다)

=안으로 몰다

=억지로 시키다

im(in)=안으로

☞ impulse: 충동, 자극, 충격

impulsive: 충동적인

pel, pul: 몰다, 치다(1)

라틴어 pellere는 몰다, 치다의 뜻을 갖고 있다.

dispel dɪ'spɛl (디스**펠**)

dis(분리)+ pel(몰다)

=몰아서 없애다

=떨쳐버리다, 없애다

dis=분리, 제거

pulsate 'pʌlseɪt (**펄**세이트)

pul(뛰다)+ sate

=뛰는=**맥박이 뛰다**

☞ pulse: 맥박

pulsation: 맥박, 파동

pulsimeter: 맥박계

예문

You are incredibly lucky that the headmaster hasn't **expelled** you, and brought criminal charges against you.
(당신은 믿을 수 없을 정도로 운이 좋게도 교장이 당신을 **추방하지** 않았고, 당신을 형사 고발하지 않았다.)

Military service is still **compulsory** in Russia and men aged 18 serve two years.
(러시아에서 군 복무는 여전히 **의무적이며** 18세 남성들은 2년을 복무한다.)

This drive for happiness **impels** us to seek out the things that make us feel good.
(행복에 대한 이러한 욕구는 우리로 하여금 기분 좋게 하는 것들을 찾도록 **강요한다**.)

Such words **dispelled** any doubts, despair or lingering suspicions.
(그런 말들은 어떤 의심, 절망, 혹은 오랜 의심을 **떨쳐버렸다**.)

Feeling his heart **pulsating** strongly in his chest, he started towards her, and then stopped in his tracks.
(가슴에서 심장이 강하게 **두근거리는** 것을 느끼면서 그는 그녀를 향해 출발하더니, 이윽고 그의 발길을 멈췄다.)

propulsive prə'pʌlsɪv (프러**펄**시브)

pro(앞으로)+ pulsive(모는)

=앞으로 몰아가는

=추진력 있는, 추진하는

pro=앞으로

☞ propulsion: 추진(력)

propel: 나아가게 하다

pel, pul: 몰다, 치다(2)

라틴어 pellere는 몰다, 치다의 뜻을 갖고 있다.

repel rɪ'pɛl (리**펠**)

re(뒤로)+ pel(몰다)

=뒤로 몰아내다

=격퇴하다, 쫓아내다

re=뒤로

repellent rɪ'pɛlənt (리**펠**런트)

re(뒤로)+ pellent(몰다)

=뒤로 쫓아내는

=역겨운, 혐오감을 주는, 방충제

re=뒤로

☞ repulsion: 역겨움, 혐오감, 반발

interpellate ɪntər'pɛleɪt (인터**펠**레이트)

inter(사이에)+ pellate(몰다)

=서로 몰아가다

=질문하다, 질의하다

inter=사이에, 서로

예문

A strong blast of air gave the vehicle its **propulsive** force.
(강한 공기의 폭발은 차량에게 **추진**력을 주었다.)

In the physical world, once an attacker is **repelled**, you follow up with counterattack.
(물리적 세계에서는 일단 공격자가 **격퇴되고** 나면 당신은 반격에 나선다.)

As a result, the metamorphic forms have a simultaneously **repellant** and enticing effect.
(결과적으로, 변성 형태는 **혐오스러우면서도** 유혹적인 효과를 동시에 지닌다.)

In 1885 several deputies, calling themselves Socialists, began to **interpellate** the ministry on the labor questions.
(1885년, 몇몇 의원들은 그들 자신을 사회주의자로 칭하며 노동부에 노동 문제에 대해 **질문하기** 시작했다.)

exalt ɪg'zɔlt (이그**졸**트)
ex(밖으로)+ alt(높은)
=밖으로 높이 올리다
=격상시키다, 칭송하다
ex=밖으로
☞ exaltation: 찬양

alt: 높은

라틴어 altus는 높은의 뜻을 갖고 있다.

al**titude** 'æltɪtud (**앨**티튜드)
alt(높은)+ itude
=높음=**고도(高度), 해발**
☞ altitudinal: 고도의
altitude sickness: 고산병

alt**ar** 'ɔltər (**올**털)
alt(높은)+ ar
=높은 곳에 있는
=제단

alt**ocumulus**
æltoʊ'kyumyələs (앨토**큐**뮬러스)
alto(높은)+ cumulus(무더기)
=높은 곳에 있는 구름무더기
=고적운(高積雲)
cumulus=더미, 무더기

예문

They always **exalt** Christ and clearly speak of the preacher's deep spiritual knowledge of his Saviour.
(그들은 항상 그리스도를 **높이 칭송하고** 그의 구세주에 대한 설교자의 깊은 영적 지식에 대해 분명히 말한다.)
Therefore, the airplane may not be controllable at lower **altitudes** and airspeeds.
(따라서, 비행기는 낮은 **고도**와 대기 속도에서는 통제할 수 없을 수도 있다.)
The requirements for **altars**, incense, and offerings were described to Moses by God.
(**제단**, 향, 제물에 대한 요건은 하나님께서 모세에게 설명하셨다.)
Ahead of an incoming weather system, the sky was speckled with **altocumulus** clouds.
(다가오는 기상 시스템에 앞서서, 하늘에는 **고적운**이 얼룩져있었다.)

faci, face, fici: 얼굴, 모습, 표면

efface ɪ'feɪs (이**페**이스)

ef(제거)+ face(모습)

=모습을 제거하다

=**지우다, 없애다**

ef(ex)=제거

☞ deface: 외관을 훼손하다

ineffaceable: 지울 수 없는, 지워지지 않는

surface 'sɜrfɪs (**설**피스)

sur(위의)+ face(표면)

=표면 위=**표면, 겉**

sur=위의

☞ facial: 얼굴의, 안면의

superficial supər'fɪʃəl (수퍼**피**셜)

super(위의)+ ficial(표면의)

=표면 위의=**표면적인, 피상적인**

super=위의

☞ superficies: 표면, 외면, [supər'fɪʃiiz] 지상권

faci, face, fici: 얼굴, 모습, 표면

라틴어 facies는 얼굴, 모습, 표면의 뜻을 갖고 있다.

prima facie

'praɪmə 'feɪʃii (프**라**이머 **페**이시)

prima(첫째의)+ facie(모습)

=첫 모습=**처음에 진실로 여겨지는**

prima=첫째의

facade fə'sɑd (퍼**사**드)

fac(얼굴)+ ade

=**(건물의) 정면, 허울**

예문

In this way, Morrison implies that the traumatic impact of slavery can never be fully **effaced**.
(이와 같이 모리슨은 노예제도가 주는 정신적 충격을 결코 완전히 **지울 수** 없음을 암시한다.)

A little over 70 percent of the Earth's **surface** is covered in water.
(지구 **표면**의 70% 약간 넘는 부분이 물로 덮여있다.)

Before reading the book I only had a **superficial** knowledge of his life and career.
(그 책을 읽기 전에 나는 그의 삶과 경력에 대한 **피상적인** 지식만 가지고 있었다.)

That they joined the administration in the first place is **prima facie** evidence of impaired judgment.
(그들이 애초에 행정부에 합류했다는 것은 판단력이 손상되었다는 **일단의** 증거다.)

The building **facades** facing the courtyard were to be cleaned and restored.
(안마당을 마주보고 있는 건물 **정면**은 청소하고 복원해야 했다.)

effervescent ɛfər'vɛsənt (에펄**베**선트)

ef(밖으로)+ fervescent(끓기 시작하는)

=밖으로 끓기 시작하는

=**열광하는, 활발한, (藥)발포성의**

ef(ex)=밖으로

☞ effervesce: 부글부글 거품이 일다, 흥분하다

ferment fər'mɛnt 'fɜrmɛnt (펄**멘**트) (**펄**멘트)

fer(끓는)+ ment

=부글부글 끓음

=**발효되다, 소요, 동요**

fervent 'fɜrvənt (**펄**번트)

ferv(뜨거운)+ ent

=뜨거운=**열렬한, 강렬한**

☞ fervor: 열정
fervid: 열렬한

ferv, fer: 뜨거운, 끓는

라틴어 fervere는 뜨거운, 끓는의 뜻을 갖고 있다.

perfervid pər'fɜrvɪd (펄**펄**비드)

per(완전히)+ fervid(열렬한)

=완전히 열렬한=**매우 열심인, 열렬한**

per=완전히(강조)

예문

He is bubbly, **effervescent**, and clearly chock full of manic energy.
(그는 명랑 쾌활하고, **열광적이며**, 분명히 열정의 에너지가 충만해있다.)
Without lactase, milk and other lactose-rich foods **ferment** in the intestine, releasing excessive gas.
(유당분해효소가 없으면 우유와 다른 유당이 풍부한 음식들이 장에서 **발효되어** 과도한 가스를 방출한다.)
For them, there was only one prerequisite to opening a dancehall: a **fervent** passion for music and entertainment.
(그들에게는 댄스홀을 열어야 할 한 가지 전제조건이 있었는데 바로 음악과 엔터테인먼트에 대한 **강렬한** 열정이었다.)
He was a **perfervid** nationalist who was jailed for his beliefs.
(그는 자신의 신념때문에 수감된 **열렬한** 민족주의자였다.)

trude, trus: 밀다

extrude ɪk'strud (익스트**루**드)

ex(밖으로)+ trude(밀다)
=밖으로 밀다=**밀어내다**
ex=밖으로
☞ extrusion: 밀어냄, 분출
extrusive: 분출된
extruder: 압출기, 성형기

intrude ɪn'trud (인트**루**드)

in(안으로)+ trude(밀다)
=안으로 밀고 들어오다
=**침범하다**
in=안으로
☞ intrusion: 침범
intruder: 침입자, 불청객

abstruse æb'strus (애브스트**루**스)

abs(이탈)+ truse(밀다)
=밀어서 멀리 보낸=**난해한**
abs(ab)=이탈

trude, trus: 밀다

라틴어 trudere는 밀다의 뜻을 갖고 있다.

obtrude əb'trud (어브트**루**드)

ob(다가와서)+ trude(밀다)
=밀고 들어오다=**끼어들다**
ob=가까이, 다가오는
☞ obtrusion: 강요, 참견
obtrusive: 두드러진

protrusion proʊ'truʒən (프로트**루**전)

pro(앞으로)+ trusion(밀림)
=앞으로 밀림=**돌출, 돌출부**
pro=앞으로
☞ protrude:
튀어나오다, 돌출되다

예문

Put a towel on the handles and using your body weight, press down to **extrude** the noodles.
(수건을 손잡이에 대고 체중을 이용하여 누름으로써 국수를 **밀어내라**.)
But, it also should be aimed at Americans who don't like the idea of the government **intruding** on their private lives.
(그러나 정부가 그들의 사생활을 **침해하는** 것을 좋아하지 않는 미국인들을 겨냥해야 한다.)
Now, this is not an **abstruse** philosophical distinction that we are seeking to make.
(자, 이것은 우리가 추구하는 **난해한** 철학적 구분이 아닙니다.)
Thin membrane-like fins were **obtruding** from his forearms and lower legs.
(얇은 막 모양의 지느러미가 팔뚝과 다리에서 **돌출되어**있었다.)
This first **protrusion** of that fact caused a painful confusion in his mind.
(그 사실에 대한 이 첫 번째 **돌출**은 그의 마음에 고통스러운 혼란을 야기시켰다.)

extract ˈɛkstrækt ɪkˈstrækt
(**엑**스트랙트)(익스트**랙**트)

ex(밖으로)+ tract(끌어내다)

=밖으로 끌어내다

=발췌, 추출물, 추출하다

ex=밖으로

☞ extraction: 추출

detract dɪˈtrækt
(디트**랙**트)

de(이탈)+ tract(끌다)

=다른 데로 끌고 가다

=(주의를) 딴 데로 돌리다, 손상시키다

de=이탈

☞ detraction: 감쇄, 비난
detractive: 비난하는

protract proʊˈtrækt
(프로트**랙**트)

pro(앞으로)+ tract(끌다)

=앞으로 끌다

=시간을 오래끌다, 연장하다

pro=앞으로

☞ protraction: 오래끌기, 연장, 돌출

tract, trac, treat, traught, trahend, tray: 끌다, 당기다(1)

라틴어 trahere는 끌다, 당기다의 뜻을 갖고 있다.

retreat rɪˈtrit
(리트**릿**)

re(뒤로)+ treat(끌다)

=뒤로 가다

=후퇴(하다), 철수(하다)

re=뒤로

trace treɪs
(트레이스)

trace(당기는)

=잡아당기는

=추적하다, 자취, 흔적

☞ traceable: 추적할 수 있는

예문

The resources required for transformation can only be **extracted** from the conventional force structure.
(변환에 필요한 자원은 기존의 힘 구조에서만 **추출할 수 있다.**)

The low correlation value is therefore explicable and does not **detract** from the findings.
(따라서 낮은 상관 관계값은 설명 가능하며 조사 결과를 **손상시키지** 않는다.)

Their mission is not rescue, it is only to prolong a struggle, to **protract** a fate.
(그들의 임무는 구조가 아니라 투쟁을 늘이고 운명을 **연장하는** 것이다.)

I just received word that the enemy forces are **retreating**.
(적군이 **퇴각한다**는 전갈을 방금 받았다.)

Detectives eventually **traced** Young, who was living in Glasgow with a wife and children.
(형사들은 결국 글래스고에서 아내와 아이들과 함께 살고 있던 영을 **추적했다.**)

abstract æb'strækt (애브스트**랙**트) 'æbstrækt (**애**브스트랙트)

abs(분리)+ tract(끌고 가다)

=(현실에서) 떼어놓다, 분리해 끌어낸

=**추상적인, 요약, 초록**

abs(ab)=분리

☞ abstracted: 마음이 쏠린, 정신이 딴 데 팔린

attract ə'trækt (어트**랙**트)

at(가까이)+ tract(끌다)

=가까이 끌어들이다

=**마음을 끌다, 끌어모으다**

at(ad)=가까이

☞ attraction: 끌림, 매력

contract 'kɒntrækt (**칸**트랙트) kən'trækt (컨트**랙**트)

con(함께)+ tract(끌다)

=함께 끌고 가다

=**계약, 수축하다**

con(com)=함께

distract dɪ'strækt (디스트**랙**트)

dis(분리)+ tract(당기다)

=분리시키다

=**집중이 안 되게 하다, 딴 데로 돌리다**

dis=분리

☞ distraction: 집중을 방해하는 것

distraught dɪ'strɔt (디스트**롯**)

dis(분리)+ traught(당긴)

=분리해서 가져간

=**완전히 제정신이 아닌, 심난한**

dis=분리

예문

It will be easier at this time to put **abstract** ideas into concrete form.
(이번에는 **추상적인** 생각을 구체적인 형태로 표현하는 것이 더 쉬울 것이다.)

The other approach is to **attract** foreign investment, which brings technology with it.
(또 다른 접근법은 외국인 투자를 **유치하는** 것인데, 이것은 그것과 함께 기술을 가져온다.)

Every employee must be given a **contract** of employment.
(모든 직원은 반드시 고용 **계약**을 체결해야 한다.)

I don't know if we've got enough bananas to **distract** him.
(나는 우리가 그를 **산만하게 할** 만큼 충분한 바나나를 가지고 있는지 모르겠다.)

Michelle and her children's deaths have shattered their families and left them **distraught**.
(Michelle과 그녀의 아이들의 죽음은 그들의 가족을 산산조각 냈고 그들을 **심난하게** 만들었다.)

retraction rɪ'trækʃən (리트**랙**션)
re(뒤로)+ traction(당김)
=뒤로 당김=**철회, 취소**
re=뒤로
☞ retractable: 취소할 수 있는
retract: 취소하다

subtraction səb'trækʃən (서브트**랙**션)
sub(아래에서)+ traction(당기다)
=아래에서 당기다=**빼냄, 삭감, 공제**
sub=아래에서
☞ subtract: 빼다, 감하다

subtrahend 'sʌbtrəhɛnd (**서**브트러헨드)
sub(아래에서)+ trahend(당기다)
=아래에서 당기다
=**빼는 수, 감수(減數)**
sub=아래에서

tract, trac, treat, traught, trahend, tray: 끌다, 당기다(3)

라틴어 trahere는 끌다, 당기다의 뜻을 갖고 있다.

contractile kən'træktl (컨트**랙**틀)
con(함께)+ tractile(당기다)
=함께 잡아당기는=**수축성의**
con(com)=함께

portray pɔr'treɪ (폴트**레**이)
por(앞으로)+ tray(당기다)
=앞으로 당기다(당겨서 보다)
=**그리다, 묘사하다**
por(pro)=앞으로
☞ portrait: 초상화
portrayal: 묘사

예문

The president has given instructions for the ambassador to be called in order to demand a **retraction**.
(대통령은 **철회**를 요구하기 위해 대사를 소집하라는 지시를 내렸다.)
It is important that leaders of organisations have the skills to make additions and **subtractions**.
(조직의 리더는 덧셈과 **뺄셈**을 수행하는 기술을 보유하는 것이 중요하다.)
I need help understanding the rules of subtracting binary numbers when the **subtrahend** is larger then the minuend.
(나는 **감수**가 피감수보다 클 때 이진수를 빼는 규칙을 이해하는 데 도움이 필요하다.)
Smooth muscle fibers usually contract slowly but are capable of sustained **contractile** activity.
(부드러운 근육 섬유는 보통 천천히 수축하지만 지속적인 **수축** 활동을 할 수 있다.)
At its worst, the literature **portrays** the professor as a rusty wheel ignoring the paradigm shift.
(최악의 경우, 문학은 그 교수를 패러다임의 변화를 무시하는 녹슨 바퀴로 **묘사한다**.)

extinguish ɪk'stɪŋgwɪʃ (익스팅귀시)

ex(완전히)+(s)tinguish(끄다)

=완전히 끄다
=끄다, 진압하다, 없애다
ex=완전히(강조)

extinct ɪk'stɪŋkt (익스팅크트)

ex(완전히)+(s)tinct(꺼진)

=완전히 꺼진=**멸종된, 사라진**
ex=완전히(강조)
☞ extinction: 멸종, 소멸

instinct 'ɪnstɪŋkt (인스팅크트)

in(안으로)+stinct(찌르다)

=안으로 찌르다=**본능**
in=안으로

stingu, stinct: 끄다, 찌르다

라틴어 stinguere는 끄다, 찌르다의 뜻을 갖고 있다.

distinguish dɪ'stɪŋgwɪʃ (디스팅귀시)

di(이탈)+stinguish(찌르다)

=찔러서 분리하다
=구별하다, 식별하다
di(dis)=이탈
☞ sting: 찌르다

distinct dɪ'stɪŋkt (디스팅크트)

di(이탈)+stinct(찌르는)

=찔러서 분리시키는
=뚜렷한, 분명한, 구별되는
di(dis)=이탈
☞ distinction: 차이, 뛰어남
distinctive: 독특한

예문

The fire is **extinguished** before it burns away the paper, leaving behind a dark residue.
(불은 종이를 태워버리기 전에 **꺼지고**, 어두운 잔여물을 남겼다.)
With excessive fishing, these species are almost **extinct**.
(과도한 어업으로 이 종들은 거의 **멸종되었다**.)
Biologists also are interested in the honey bee's social **instincts** and behavioral traits.
(생물학자들은 꿀벌의 사회적 **본능**과 행동 특성에도 관심이 있다.)
What I have difficulty with is **distinguishing** different noises in loud areas.
(내가 어려움을 겪는 것은 시끄러운 지역에서 여러 소음을 **구별하는** 것이다.)
There are different types of arthritis that occur in children that are **distinct** from adult types.
(어린이들에게서 발생하는 관절염에는 성인유형과는 **구별되는** 여러 유형이 있다.)

culpable ˈkʌlpəbəl (**컬**퍼블)
culpa(비난)+ ble
=비난받을 만한 잘못이 있는
=과실이 있는, 비난받을 만한

exculpate ˈɛkskʌlpeɪt (**엑**스컬페이트)
ex(밖으로)+ culpate(비난)
=비난에서 벗어나게 하다
=무죄를 입증하다, 혐의를 벗겨주다
ex=밖으로
☞ exculpation: 변명, 변호
exculpatory: 무죄를 증명하는, 변명의 [ɪkˈskʌlpətɔri]

culprit ˈkʌlprɪt (**컬**프릿)
culp(비난)+ rit
=비난받을 사람=**범인**
☞ mea culpa: 내 탓입니다

culpa, culp: 비난, 잘못

라틴어 culpa는 비난, 잘못의 뜻을 갖고 있다.

inculpate ɪnˈkʌlpeɪt (인**컬**페이트)
in(안으로)+ culpate(잘못)
=잘못을 씌우다=**죄를 씌우다**
in=안으로

inculpable ɪnˈkʌlpəbəl (인**컬**퍼블)
in(없는)+ culpable(잘못한)
=잘못하지 않은
=죄 없는, 결백한
in=~아닌, ~이 없는

예문

It is difficult to apportion blame since both sides seem to be equally **culpable**.
(양쪽 모두 똑같이 **과실이 있는** 것처럼 보이기 때문에 비난을 가하기는 어렵다.)
Therefore it should not be possible for the director to **exculpate** himself by consent of the company.
(따라서 이사가 회사의 동의에 의해 자신의 **혐의를 벗는** 것은 가능하지 않아야 한다.)
In eight percent of the cases, the **culprits** plundered the victim's bank accounts.
(사건의 8%에서 **범인**은 피해자의 은행 계좌를 털었다.)
The most likely motives to cause one to falsely **inculpate** another are currying favor, revenge, and exculpation.
(한 사람이 다른 사람을 거짓으로 **죄를 씌우는** 가장 유력한 동기는 아첨, 복수, 그리고 변명이다.)
Much of the product of industry is assigned to the agents of production mainly on the basis of **inculpable** possession.
(산업 생산물의 대부분은 주로 **결백한** 소유에 기초하여 생산 대리인에게 맡겨진다.)

hale, hal: 숨쉬다, 호흡하다

라틴어 halare는 숨쉬다, 호흡하다의 뜻을 갖고 있다.

exhale ɛks'heɪl (엑스**헤**일)

ex(밖으로)+ hale(숨쉬다)

=밖으로 숨쉬다=**내쉬다, 내뿜다**

ex=밖으로

☞ exhalation: 발산, 증발 [ɛkshə'leɪʃən]

inhale ɪn'heɪl (인**헤**일)

in(안으로)+ hale(숨쉬다)

=안으로 숨을 쉬다

=**숨을 들이마시다**

in=안으로

☞ inhalation: 흡입

inhalant: 흡입제 [ɪn'heɪlənt]

halitosis hælɪ'toʊsɪs (헬리**토**시스)

halit(숨쉬는)+ osis

=숨쉬는 데서 나는 냄새

=**구취, 입냄새**

vapor, vap: 증기

라틴어 vapor는 증기의 뜻을 갖고 있다.

evaporation ɪvæpə'reɪʃən (이베퍼**레**이션)

e(밖으로)+ vaporation(증기)

=밖으로 증기가 나옴

=**증발, 발산**

e(ex)=밖으로

☞ evaporate: 증발하다

evaporable: 증발하기 쉬운

vaporize 'veɪpəraɪz (**베**이퍼라이즈)

vapor(증기)+ ize

=증기가 만들어지다

=**증발하다, 기화하다**

☞ vapor: 증기

vaporizer: 증발기, 기화기

예문

I closed my eyes and breathed in; upon **exhaling** I opened my eyes and smiled.
(나는 눈을 감고 숨을 들이쉬었고, 숨을 **내쉬면서** 눈을 뜨고 미소를 지었다.)

As you **inhale** a polluted air it creates a lot of problem in your system.
(당신이 오염된 공기를 **들이마실** 때 그것은 당신의 몸에 많은 문제를 일으킨다.)

The **halitosis** is a condition in which the breath smells unpleasant.
(**구취**는 숨쉴 때 불쾌한 냄새가 나는 질환이다.)

Snow cover prevents **evaporation** of water from the soil.
(눈덮개는 토양에서 물의 **증발**을 방지한다.)

There is a large current which is sufficient to **vaporize** carbon.
(탄소를 **증발시키기**에 충분한 큰 전류가 있다.)

erupt ɪ'rʌpt (이**럽**트)

e(밖으로)+rupt(깨지다)

=깨져서 밖으로 나오다

=**분출하다, 폭발하다**

e(ex)=밖으로

☞ eruption: 폭발, 분화

abrupt ə'brʌpt (어브**럽**트)

ab(분리)+rupt(깨지다)

=깨져 분리되다

=**돌연한, 갑작스런**

ab=분리

☞ abruptly: 갑자기, 뜻밖에

rupture 'rʌptʃər (**럽**쳐)

rupt(깨지다)+ure

=깨짐=**파열, 균열, 탈장, 파열되다**

rupt: 깨지다, 부서지다

라틴어 rumpere는 깨지다, 부서지다의 뜻을 갖고 있다.

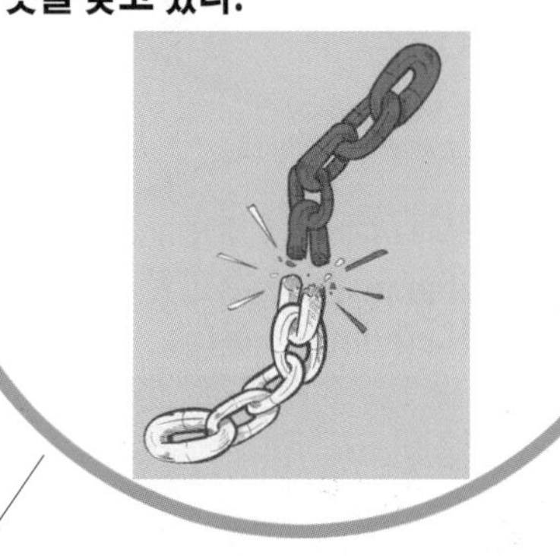

disruption dɪs'rʌpʃən (디스**럽**션)

dis(이탈)+ruption(깨짐)

=깨져서 이탈함=**붕괴, 분열, 중단**

dis=이탈

☞ disrupt: 방해하다, 지장을 주다

corrupt kə'rʌpt (커**럽**트)

cor(함께)+rupt(깨진)

=모두가 깨진=**부패한, 타락한**

cor(com)=다함께

☞ corruption: 부패, 타락

예문

Suppose that the mountain **erupts**, leaving lava around the countryside.
(산이 **폭발하여** 용암이 시골지역에 남았다고 가정해보라.)

The fairy tale romance has come to an **abrupt** and totally unexpected end.
(동화 같은 로맨스는 **갑작스럽고** 전혀 예기치 못한 종말을 맞이했다.)

If this happens the tube may **rupture**, causing further symptoms.
(이렇게 되면 튜브가 **파열되어** 추가 증상을 일으킬 수 있다.)

Airport management said today there had been no delays or **disruptions** to flights.
(공항 관리자들은 오늘 비행이 지연되거나 **중단**되지는 않았다고 말했다.)

Dirty money flowing from abroad is criminal, **corrupt**, or commercially tax-evading at its source.
(해외에서 유입되는 더러운 돈은 원천적으로 범죄적이거나 **부패하거나** 상업적으로 탈세한 것이다.)

centr: 중심, 중앙

그리스어 kentron은 중심, 중앙의 뜻을 갖고 있다.

eccentric ɪk'sɛntrɪk (익**센**트릭)

ec(밖에)+ centric(중심의)

=중심(정상)에서 벗어나 있는

=**괴짜인, 별난, 기이한**

ec(ex)=밖에

☞ eccentricity: 기이한 행동

centrifugal sɛn'trɪfyəgəl (센트**리**퓨걸)

centri(중심)

+ fugal(도망가는)

=중심에서 도망가는

=**원심의, 원심성의**

fugal=도망가는

☞ centrifuge: 원심분리기

concentric kən'sɛntrɪk (컨**센**트릭)

con(함께)+ centric(중심의)

=중심을 함께하는

=**중심이 같은, 동심원의**

con(com)=함께

☞ concentrate: 집중하다

concentration: 집중, 농도

hum: 땅, 흙

라틴어 humus는 땅, 흙의 뜻을 갖고 있다 (humare=묻다).

exhume ɪg'zum (이그**줌**)

ex(밖으로)+ hume(땅)

=땅 밖으로 파내다

=**파내다, 발굴하다**

ex=밖으로

inhume ɪn'hyum (인**흄**)

in(안으로)+ hume(땅)

=땅 속으로=**매장하다**

in=안으로

humiliate hyu'mɪlieɪt (휴**밀**리에이트)

hum(땅)+ iliate

=땅바닥까지=**굴욕감을 주다**

 humility: 겸손

humble: 겸손한

humus: 부식토

posthumous 'pɒstʃəməs (**파**스추머스)

post(후의)+ humous(땅)

=땅에 묻힌 이후

=**사후(死後)의**

post=이후의

예문

Did I mention that my uncle is slightly **eccentric**?
(내가 삼촌이 약간 **괴짜라고** 말했었나?)

Magnesium powder is also produced by gas jet or **centrifugal** disintegration of molten metal.
(마그네슘 분말은 가스 분사나 용해된 금속의 **원심** 분해에 의해서도 만들어진다.)

One that really caught my attention was of three **concentric** circles with a vertical line bisecting them.
(내가 정말 주목한 것은 그것들을 이등분하는 수직선을 가진 세 개의 **동심**원이었다.)

The bodies were **exhumed** on the orders of a judge.
(시체는 판사의 명령에 의해 **발굴되었다**.)

It was the living that **inhumed** the dead, after all.
(결국 죽은 사람을 **매장한** 것은 살아있는 사람이었다.)

I've known my friend for a long time, but she **humiliates** me in front of my other friends.
(오래 전부터 아는 친구인데 그녀는 다른 친구들 앞에서 나에게 **굴욕감을 준다**.)

She was a genius and deserves a **posthumous** award of some kind.
(그녀는 천재였으며 어떤 종류의 **사후** 상을 받을 자격이 있다.)

effigy ˈɛfɪdʒi (**에**피지)
ef(밖으로)+figy(모양을 만들다)
=밖으로 모양을 만듦=**모형, 인형**
ef(ex)=밖으로

figment ˈfɪgmənt (**피**그먼트)
fig(만들어낸)+ment
=만들어낸 것
=**꾸며낸 것, 허구(虛構), 가공의 일**

fic, fig, feig: 모양을 만들다, 고안하다

라틴어 fingere는 모양을 만들다, 고안하다의 뜻을 갖고 있다.

fictitious fɪkˈtɪʃəs (픽**티**셔스)
fic(만들어낸)+titious
=만들어낸
=**허구의, 지어낸**
☞ fictive: 상상의, 가공적인
fictional: 허구적인

feign feɪn (페인)
feign(만들어내다)
=만들어내다
=**가장하다, ~인 척하다**
☞ feint: 상대방을 속이는 동작

norm: 표준, 규범

라틴어 norma는 표준, 규범의 뜻을 갖고 있다.

enormous
ɪˈnɔrməs (이**놀**머스)
e(밖으로)+normous(표준)
=표준을 벗어난
=**막대한, 거대한**
e(ex)=밖으로
 enormity: 엄청남, 심각함, 극악

abnormal
æbˈnɔrməl (애브**놀**멀)
ab(이탈)+normal(표준)
=정상에서 벗어난
=**비정상적인**
ab=이탈
☞ normalization: 표준화, 정상화
normative: 규범적인

예문

The **effigy** on her tomb in the abbey shows her beauty and is remarkable for its attention to detail.
(수도원에 있는 그녀의 무덤에 새겨진 이 **모형**은 그녀의 아름다움을 보여주며 세부묘사에 주의를 기울인 것으로 유명하다.)
She knew now that these visions were not **figments** of her imagination.
(그녀는 이제 이러한 비전이 자신의 상상력에서 나온 **허구**가 아님을 알았다.)
She used four **fictitious** names on bogus loan applications to her company and pocketed the proceeds.
(그녀는 가짜 대출 신청서에 네 명의 **가짜** 이름을 사용해 회사에 제출했고 그 수익을 착복했다.)
At least three of his opponents claim he **feigned** injury as a psychological tactic.
(그의 반대자들 중 적어도 세 명은 그가 심리적인 전술로 부상당한 것처럼 **가장했다**고 주장한다.)
The main building was across from him and the **enormous** main doors were wide open.
(본관은 그의 건너편에 있었고 **거대한** 본관 문은 활짝 열려있었다.)
A true food allergy is an **abnormal** response to a food triggered by the immune system.
(진정한 식품 알레르기는 면역체계에 의해 유발되는 음식에 대한 **비정상적인** 반응이다.)

fulg, fulmi: 빛나다

effulgent ɪ'fʌldʒənt (이**펄**전트)
ef(밖으로)+ fulgent(빛나는)
=밖으로 빛나는
=**찬란히 빛나는, 눈부신**
ef(ex)=밖으로
☞ effulgence: 광휘, 광채
effulge: 눈부시게 빛나다

fulgent 'fʌldʒənt (**펄**전트)
fulg(빛나는)+ ent
=**눈부시게 빛나는, 찬란한**

fulg, fulmi:
빛나다
라틴어 fulgere는 빛나다의 뜻을 갖고 있다.

fulminate 'fʌlmɪneɪt (**펄**미네이트)
fulmi(섬광)+ nate
=섬광이 번쩍이듯 하다
=**맹렬히 비판하다**
fulmi=섬광
☞ fulmination: 폭발, 맹렬한 비난
fulminant: 전격적인

refulgent rɪ'fʌldʒənt (리**펄**전트)
re(강하게)+ fulgent(빛나는)
=강하게 빛나는=**환히 빛나는**
re=강하게(강조)
☞ refulgence: 광채, 찬란함

예문

In the night sky, nothing is brighter and more **effulgent** than the moon.
(밤하늘에 달보다 밝고 **눈부신** 것은 없다.)
The **fulgent** morning air heightened colors and sounds.
(**찬란한** 아침 공기는 색깔과 소리를 고조시켰다.)
She **fulminated** against this opinion for decades.
(그녀는 수십 년 동안 이 의견을 **맹렬히 비판했다**.)
I stepped outside under a **refulgent** sky, and I saw a tiny yellow-brown bird fly over the house into an oak.
(나는 **환히 빛나는** 하늘 아래에서 밖으로 나섰는데, 아주 작은 황갈색 새가 집 위로 날아와 오크나무로 들어가는 것을 보았다.)

egress 'igrɛs (**이**그레스)
e(밖으로)+ gress(걸어감)
=밖으로 걸어감=**떠남, 나감, 출구**
e(ex)=밖으로

digression dɪ'grɛʃən (디그**레**션)
di(이탈)+ gression(가다)
=벗어나서 가다
=**지엽으로 흐름, 여담, 탈선**
di(dis)=이탈
☞ digress: 주제에서 벗어나다

aggression ə'grɛʃən (어그**레**션)
ag(가까이)+ gression(가다)
=가까이 접근하다=**공격, 침략**
ag(ad)=가까이, 접근
☞ aggressive: 공격적인

grad, gress, gred: 걷다, 가다
라틴어 gradi는 걷다, 가다의 뜻을 갖고 있다.

gradual 'grædʒuəl (그**레**주얼)
grad(걷는)+ ual
=걸어가는=**점진적인**
☞ gradually: 서서히

transgress træns'grɛs (트랜스그**레**스)
trans(넘어서)+ gress(가다)
=넘어서 가다=**넘어서다, 어기다**
trans=넘어서
☞ transgression: 위반, 범죄
transgressive: 위반하기 쉬운

ingredient ɪn'gridiənt (인그**리**디언트)
in(안으로)+ gredient(들어가는)
=안에 들어있는
=**재료, 성분, 구성요소**
in=안으로

예문

The control of a door for emergency **egress** cannot be impeded by the access control system.
(비상 **출구**를 위한 도어의 제어는 접근 제어 시스템에 의해 방해될 수 없다.)
Except for a few meandering authorial **digressions**, the novel maintains a cracking pace from start to finish.
(그 소설은 몇 가지 종잡을 수 없는 저자의 **여담**을 제외하고는 처음부터 끝까지 아주 빠른 속도를 유지하고 있다.)
Furthermore there is the issue of his **aggression** and hostile behaviour.
(게다가 그의 **공격**과 적대적인 행동에 대한 문제가 있다.)
Progress may be **gradual**, and there are likely to be setbacks.
(진전은 **점진적일** 수 있고, 차질을 겪을 가능성이 있다.)
Does the text in some way **transgress** these limits?
(본문이 어떤 점에서 이러한 한계를 **넘어서는가**?)
Combine the remaining **ingredients**, season with salt and pepper and place on a plate.
(남은 **재료들**을 섞고 소금과 후추로 간을 맞추고 접시에 담으세요.)

lap, lab: 미끄러지다

elapse ɪˈlæps (일**랩**스)
e(소멸)+ lapse(미끄러지다)
=미끄러지듯 없어지다
=(시간이) 흐르다, 지나다
e(ex)=소멸
☞ lapse: 과실, 실수, 경과, 소멸하다

relapse rɪˈlæps (릴**랩**스)
re(다시)+ lapse(미끄러지다)
=다시 미끄러지다
=재발, 악화, 다시 빠지다
re=다시

collapse kəˈlæps (컬**랩**스)
col(함께)+ lapse(미끄러지다)
=한꺼번에 미끄러지다
=붕괴되다, 무너지다, 실패, 붕괴
col(com)=함께

lap, lab: 미끄러지다
라틴어 labi는 미끄러지다의 뜻을 갖고 있다.

labile ˈleɪbəl (**레**이벌)
lab(미끄러지는)+ ile
=미끄러지는=**불안정한**

labefaction læbəˈfækʃən (레버**팩**션)
labe(미끄러지는)+ faction(만들다)
=미끄러지게 만들다
=동요, 쇠약, 몰락
faction=만듦

예문

As more time **elapsed**, my chances of survival would grow progressively slim.
(시간이 더 **지날수록** 나의 생존 가능성은 점점 희박해질 것이다.)
All patients were cured ultimately and no patients **relapsed** during six months of follow up.
(모든 환자들은 궁극적으로 치료되었고 6개월간의 추적검사 동안 어떤 환자도 **재발하지** 않았다.)
The structure **collapsed** in a cloud of dust and debris.
(그 구조물은 먼지와 파편 구름 속에서 **무너졌다**.)
We may be the most **labile** culture in all history.
(우리는 역사상 가장 **불안정한** 문화에 살고 있을지 모른다.)
Several experts have been brought in to plan the **labefaction** of Napoleon.
(나폴레옹 **몰락** 계획을 세우기 위해 몇 명의 전문가가 투입되었다.)

emancipate ɪ'mænsɪpeɪt (이**맨**시페이트)
e(밖으로)+ man(손)+ cipate(잡다)
=손에 잡고 있는 것을 밖으로 내보내다
=**해방시키다**
e(ex)=밖으로 cipate=잡다
☞ emancipation: 해방

manuscript 'mænyəskrɪpt (**매**뉴스크립트)
manu(손)+ script(쓰다)
=손으로 쓰다=**원고, 필사본, 사본**
script=쓰기, 글

manual 'mænyuəl (**매**뉴얼)
manu(손)+ al
=손의=**손으로 하는, 설명서**

manu, mani, man, main: 손(1)

라틴어 manus는 손(hand)의 뜻을 갖고 있다.

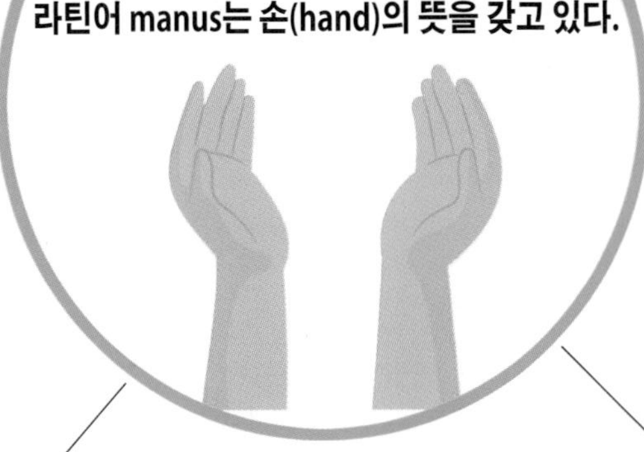

manipulation mənɪpyə'leɪʃən (머니퓨**레**이션)
mani(손)+ pulation(채움)
=손에 채움=**교묘한 처리, 조작**
pulation=채움

mansuetude 'mænswɪtyud (**맨**스위튜드)
man(손)+ suetude(익숙한)
=손에 익숙하게 된
=**유순, 온순**
suetude=익숙한

예문

By this time writing had been truly **emancipated** from the state.
(이때까지 글은 진정으로 국가로부터 **해방되어있었다**.)
These **manuscripts** are written by people in the past to tell us what has happened.
(이 **원고들**은 과거에 사람들이 우리에게 무슨 일이 일어났는지 말해주기 위해 쓴 것이다.)
He says his company doesn't even sell **manual** faucets anymore.
(그는 자기 회사가 더 이상 **수동** 수도꼭지도 팔지 않는다고 말한다.)
It allows for **manipulation** of written text and images with minimal cyber skills.
(최소한의 사이버 기술로 필기 텍스트와 이미지를 **조작**할 수 있다.)
They began to answer him with **mansuetude** and reverence.
(그들은 **온순**하고 경건하게 그에게 대답하기 시작했다.)

manacle 'mænəkəl (매너클)

mana(손)+ cle

=손에 채우는 것=**수갑**

manufacture

mænyə'fæktʃər (메뉴**팩**철)

manu(손)+ facture(만들다)

=손으로 만들다=**제조하다**

facture=만들다

mandate 'mændeɪt (**맨**데이트)

man(손)+ date(주다)

=어떤 사람의 손에 넘기다

=**권한, 위임통치, 명령하다**

date=(원형: donare) 주다

☞ mandatory: 법에 정해진, 의무적인

manu, mani, man, main: 손(2)

라틴어 manus는 손(hand)의 뜻을 갖고 있다.

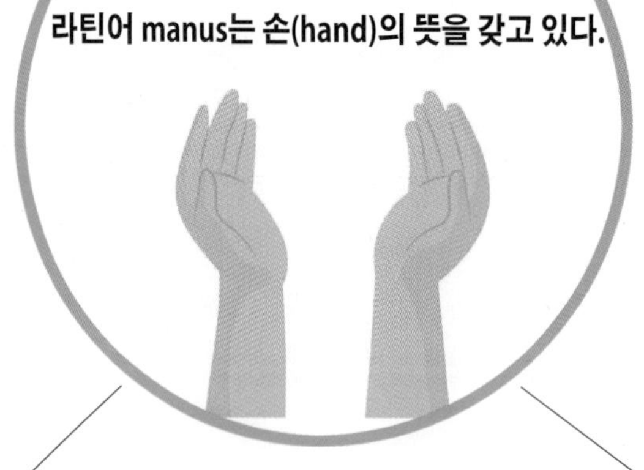

mortmain 'mɔrtmeɪn (**몰**트메인)

mort(죽은)+ main(손)

=비인격적 소유권

=**영구양도, 소유, 과거의 지배력**

mort=죽은

maneuver mə'nuvər (머**누**벌)

man(손)+ euver(작동하다)

=손으로 작동시키다

=**책략 , 술책, 공작, 책략을 부리다, 기동하다, 연습하다**

euver=작동하다

예문

She was chained to the wall, her wrists and ankles shackled by iron **manacles**.
(그녀는 벽에 사슬로 묶여있었고, 손목과 발목에 쇠**수갑**이 채워져있었다.)

Most imitation guns are specifically **manufactured** to be exact replicas.
(대부분의 모조총은 정확한 복제품으로 특별히 **제작된다**.)

Even some local trade officials ignored the new **mandates** to recruit women.
(심지어 일부 지역 무역 관리들도 여성 채용에 대한 새로운 **명령**을 무시했다.)

All Catholic governments tightened up legislation against **mortmain**.
(모든 천주교 정부는 **영구양도**에 대한 법률을 강화했다.)

Attackers employed three **maneuvers** to generate movement and control.
(공격자들은 이동과 통제를 하기 위한 세 가지 **책략**을 사용했다.)

eminent ˈɛmɪnənt (**에**미넌트)
e(밖으로)+ minent(돌출된)
=밖으로 돌출된=**저명한, 탁월한**
e(ex)=밖으로

preeminent priˈɛmɪnənt (프리**에**미넌트)
pre(앞에)+ eminent(밖으로 돌출된)
=앞으로 돌출된
=**탁월한, 발군의, 현저한**
pre=앞에

surmount sərˈmaʊnt (설**마**운트)
sur(위에)+ mount(산)
=산을 넘다=**극복하다, 이기다**
sur=위에

mount, mont, minent: 산(1)

라틴어 mons는 산의 뜻을 갖고 있다. 이 단어에서 돌출되었다는 뜻의 -minere가 유래했다.

remount riˈmaʊnt (리**마**운트)
re(다시)+ mount(산)
=다시 산에 오르다
=**다시 올라타다, 다시 조직하다**
re=다시
☞ mount: 시작하다, 오르다

imminent ˈɪmɪnənt (**이**미넌트)
im(만들다)+ minent(돌출된)
=돌출되게 만들다
=**목전의, 임박한, 절박한**
im(in)=만들다

예문

Here are some excerpts from the opinions expressed by some **eminent** personalities.
(다음은 **저명한** 인물이 표현한 의견에서 발췌한 내용이다.)
He's the world's **preeminent** expert on psychopathy and a regular advisor to the FBI.
(그는 세계에서 **가장 뛰어난** 정신 질환 전문가로 FBI의 정규 고문이다.)
The Koreans argue that those obstacles are easily **surmounted**.
(한국인들은 그러한 장애물들이 쉽게 **극복된다**고 주장한다.)
After they **remount** their horse and donkey, the two begin another of their incredible conversations.
(말과 당나귀에 다시 **올라탄** 후, 두 사람은 또 다른 믿을 수 없는 대화를 시작한다.)
I will tell you that it did not appear to be a terrorist event and there is no **imminent** threat.
(나는 그것이 테러사건으로 보이지 않았으며 **임박한** 위협도 없다고 말해주겠다.)

amount ə'maʊnt (어**마**운트)

a(추가)+ mount(산)

=산 위에 쌓이다(꼭대기)

=총액, 합계, 총계가 ~에 이르다

a(ad)=추가

paramount 'pærəmaʊnt (**패**러마운트)

par(옆에 있는)+ amount(꼭대기)

=꼭대기에 있는

=다른 무엇보다 중요한, 최고의

par(per)=옆에 있는

☞ tantamount: ['tæntəmaʊnt] (나쁜 효과가) ~와 마찬가지의, ~에 상당하는 (tant: ~만큼의)

promontory 'prɒməntɔri (프**라**먼토리)

pro(앞으로)+ montory(산)

=바다 쪽으로 튀어나와있는 산

=갑, 곶

pro: 앞으로

mount, mont, minent: 산(2)

라틴어 mons는 산의 뜻을 갖고 있다. 이 단어에서 돌출되었다는 뜻의 -minere가 유래했다.

prominent 'prɒmɪnənt (프**라**미넌트)

pro(앞으로)+ minent(돌출된)

=앞으로 돌출된=**두드러진, 현저한**

pro=앞으로

☞ prominence: 중요성, 명성, 현저함

montage mɒn'tɑʒ (만**타**지)

mont(산)+ age

=산처럼 하나하나 쌓아올림

=몽타주, 짜깁기한 것

예문

This is in total contrast to the **amount** of walking or exercise involving the use of the legs.
(이것은 다리의 사용을 수반하는 걷기나 운동의 **총합**과는 완전히 대조적이다.)

Free trade is a principle which recognizes the **paramount** importance of individual action.
(자유 무역은 개인 행동의 **최고의** 중요성을 인정하는 원칙이다.)

The house sits on a rocky **promontory** at the southern tip of Kata beach, one of the best on the island.
(그 집은 섬에서 손꼽히는 카타 해변의 남쪽 끝에 있는 바위투성이의 **갑**에 자리 잡고 있다.)

Frank was **prominent** in the community life of the region and was widely known throughout the district.
(프랭크는 그 지역의 공동체 생활에서 **두드러졌고** 그 지역 전체에 널리 알려져있었다.)

The video quality suffers greatly from this **montage** approach to the presentation.
(비디오 품질은 프레젠테이션에 대한 이러한 **몽타주** 접근방식으로 인해 큰 어려움을 겪고 있다.)

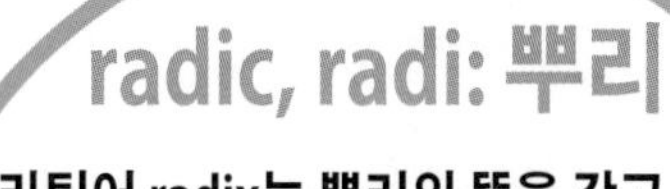

eradicate ɪ'rædɪkeɪt (이**래**디케이트)

e(밖으로)+ radicate(뿌리)

=뿌리를 제거하다

=근절하다, 뿌리뽑다

e(ex)=밖으로, 제거

☞ eradicable: 근절할 수 있는

radical 'rædɪkəl (**래**디컬)

radic(뿌리)+ al

=뿌리의

=근본적인, 급진적인

☞ radicalism: 급진주의

radic, radi: 뿌리

라틴어 radix는 뿌리의 뜻을 갖고 있다.

radish 'rædɪʃ (**래**디쉬)

radi(뿌리)+ sh

=뿌리의=**무**

rudi, rud: 투박한, 못 배운

라틴어 rudis는 투박한, 못 배운의 뜻을 갖고 있다.

erudite 'ɛryʊdaɪt (**에**류다이트)

e(밖으로)+ rudite(못 배운)

=못 배운 데서 빠져나온

=학식 있는, 박식한

e(ex)=밖으로

☞ erudition: 학식, 박식

rudiment 'rudɪmənt (**루**디먼트)

rudi(가공되지 않은)+ ment

=가공되지 않음=**기본, 기초**

☞ rudimentary: 기초적인

rude: 무례한

예문

It is difficult to erase it from the memory of the brain even after **eradicating** the disease.
(병을 **뿌리뽑고** 나서도 그것을 머리의 기억에서 지우기는 어렵다.)

Both groups would be affected by a **radical** change in the business climate.
(두 그룹 모두 **급격한** 경영 환경 변화에 영향을 받을 것이다.)

We ate it with rice and a salad with **radishes** and cucumbers.
(우리는 그것을 밥과 **무**와 오이를 곁들인 샐러드와 함께 먹었다.)

But he is also very **erudite**, scholarly, and has lots of fresh ideas.
(하지만 그는 또한 매우 **박식하고**, 학구적이며, 많은 신선한 생각을 가지고 있다.)

I left with a fair understanding of the **rudiments** of dressmaking.
(나는 옷 만들기의 **기본**을 상당하게 이해하고 떠났다.)

expiate ˈɛkspieɪt (**엑**스피에이트)
ex(완전히)+ piate(경건한)
=완전히 경건하게 만들다
=**속죄하다**
ex=완전히(강조)
☞ expiation: 속죄
expiatory: 속죄의

pious ˈpaɪəs (**파**이어스)
pious
=**경건한, 독실한**
☞ piety:
경건함, 독실함

pious, pia:
경건한
라틴어 pius는 경건한의 뜻을 갖고 있다.

impious ˈɪmpiəs (**임**파이어스)
im(아닌)+ pious(경건한)
=경건하지 않은=**불경한**
im(in)=~이 아닌
☞ impiety:
경건하지 않음

explosion
ɪkˈsploʊʒən (익스플**로**전)
ex(밖으로)+ plosion(손뼉)
=그리스의 경기에서
손뼉소리로 경기자를
경기장 밖으로
내쫓은 데서 유래.
손뼉소리가 폭발음처럼
매우 시끄러움
=**폭발, 폭파**
ex=밖으로
☞ explode:
터지다, 폭발하다

plod, plos:
손뼉을 치다
라틴어 plaudere는 손뼉을 치다의 뜻을 갖고 있다.

implosive ɪmˈploʊsɪv (임플**로**시브)
im(안의)+ plosive(손뼉치는)
=안에서 폭발하는
=**내파(內破)의, 내파음**
im(in)=안에
☞ plosive: 파열음

예문

The professor sees in his pupil a chance to **expiate** past sins.
(그 교수는 제자를 통해 과거의 죄를 **속죄할** 기회를 엿본다.)
Of all the religions, the best religion is to repeat God's Name and to do **pious** deeds.
(모든 종교 중에서 최고의 종교는 신의 이름을 되풀이하고 **경건한** 행위를 하는 것이다.)
Either conception is to the Jew not only **impious** and blasphemous, but incomprehensible.
(어느 쪽이든 유대인에게는 **불경스럽고** 신성모독적일 뿐만 아니라 이해할 수 없는 개념이다.)
In the northern province, a bomb **explosion** damaged an oil pipeline.
(북부 지방에서는 폭탄 **폭발**로 송유관이 파손되었다.)
There are several advantages in using an **implosive** source for seismic imaging beneath the seafloor.
(해저 밑의 지진 영상에 **내파음** 소스를 사용하는 데는 몇 가지 이점이 있다.)

evacuate ɪ'vækyueɪt (이**베**큐에이트)

e(밖으로)+ vacuate(비우다)

=밖으로 내보내서 비우다

=**대피시키다, 철수시키다**

e(ex)=밖으로

☞ evacuation: 철수, 대피

evacuee ɪvækyu'i (이베큐**이**)

e(밖으로)+ vacuee(비워지는 사람)

=밖으로 비워지는 사람=**피난민**

e(ex)=밖으로

vacuum 'vækyum (**베**큠)

vacuu(비어있는)+ m

=진공의

=**진공, 공백, 진공청소기**

vacuous 'vækyuəs (**베**큐어스)

vacu(비어있는)+ ous

=비어있는=**멍청한, 얼빠진**

☞ vacuity: 멍함, 멍청함

vacuole 'vækyuoʊl (**베**큐올)

vacu(비어있는)+ ole

=비어있는 것

=**(세포속의) 액포(液胞)**

예문

Thousands of people were **evacuated** from the airport and at least 200 flights delayed.
(수천 명의 사람들이 공항에서 **대피했고** 적어도 200편의 항공편이 연착되었다.)

Hundreds of thousands of **evacuees** and refugees need urgent help to pay for basic necessities.
(수십만 명의 **피난민들**과 난민들은 기본적인 생필품들을 구입하기 위한 긴급한 도움이 필요하다.)

Radiation, for example, is the only method by which internal energy can be transferred through a **vacuum**.
(예를 들어 방사선은 내부 에너지가 **진공**을 통해 전달될 수 있는 유일한 방법이다.)

I have been repelled by attempts to portray him as a **vacuous** man with an artificial smile and no convictions.
(나는 그를 인위적인 미소와 신념이 없는 **멍청한** 사람으로 묘사하려는 시도로 인해 퇴짜를 맞았다.)

Plant cell **vacuoles** are multifunctional organelles that occupy a large part of most plant cells.
(식물 세포의 **액포**는 대부분의 식물 세포의 많은 부분을 차지하는 다기능 기관이다.)

exorbitant ɪgˈzɔrbɪtənt (이그**졸**비턴트)
ex(밖으로)+ orbitant(궤도의)
=궤도를 벗어난=**과도한, 지나친**
ex=밖으로
☞ orbit: 궤도
orbital: 궤도의
exorbitance: 과대, 과도

deorbit diˈɔrbɪt (디**올**빗)
de(이탈)+ orbit(궤도)
=궤도에서 이탈하다
=**궤도에서 벗어나다**
de=이탈

orbit: 궤도
라틴어 orbita는 궤도의 뜻을 갖고 있다.

periorbital pɪəriˈɔrbɪtəl (피어리**올**비털)
peri(주위의)+ orbital(궤도의)
=궤도 주위의
=**안와주위(眼窩周圍)의, 안와골막(眼窩骨膜)의**

expurgate ˈɛkspərgeɪt (**엑**스펄게이트)
ex(완전히) + purgate(세척하다)
=완전히 세척하다
=**제거하다**
ex=완전히
☞ expurgation: 삭제

purga, purge: 세척하다
라틴어 purgare는 세척하다의 뜻을 갖고 있다.

purgative ˈpɜrgətɪv (**펄**거티브)
purga(세척하다)+ tive
=세척을 해주는=**설사제**

purgation pɜrˈgeɪʃən (펄**게**이션)
purga(세척하다)+ tion
=세척=**정화, 정제**
☞ purgatory: (영혼을 정화하는 곳)=연옥

예문

Besides, shop owners charge an **exorbitant** rate for every thing they sell here.
(게다가, 가게 주인들은 여기서 파는 모든 물건에 대해 **터무니없이 비싼** 요금을 부과한다.)
ClearSpace received a European Space Agency contract to **deorbit** a derelict rocket upper stage in 2025.
(ClearSpace는 2025년에 버려진 로켓의 상단을 **궤도에서 이탈시킨다는** 유럽 우주국과의 계약을 체결했다.)
17-month-old male presents with fever, right **periorbital** swelling.
(17개월 된 남자아이는 열이 있고, 우측 **안와골막**염이 있다.)
If anything, the translation has managed to **expurgate** many of the careless clauses.
(어쨌든, 번역은 부주의한 많은 조항들을 간신히 **삭제해**냈다.)
The **purgative** activity of RH appears to be due to rhein and the sennoside components.
(RH의 **설사제** 작용은 Rhein과 Sennoside 성분 때문인 것으로 보인다.)
It takes place as a kind of massive **purgation** cleansing of the cosmos that allows the new creation to occur.
(그것은 새로운 창조가 일어날 수 있도록 해주는 우주의 거대한 **정화** 세척의 일환으로 발생한다.)

exploit 'ɛksplɔɪt (**엑**스플로잇)
ex(밖으로)+ ploit(접다)
=밖으로 접다=펼치다
=**이용하다, 착취하다**
ex=밖으로
☞ exploitation: 착취
exploitative: 착취하는

explicate 'ɛksplɪkeɪt (**엑**스플리케이트)
ex(밖으로)+ plicate(접다)
=펼치다=**해석하다, 설명하다**
ex=밖으로
☞ explication: 설명, 해석

explicit ɪk'splɪsɪt (익스플**리**싯)
ex(밖으로)+ plicit(접힌)
=펼쳐진=**분명한, 명쾌한**
ex=밖으로
☞ explicitly: 명백히
inexplicit: 명료하지 않은
(in=~이 아닌)

plica, ploi, plic, ploy, ply: 접다(1)

라틴어 plicare는 접다(fold)의 뜻을 갖고 있다.

duplicate 'dyuplɪkeɪt (**듀**플리케이트) 'dyuplɪkɪt (**듀**플리킷)
du(두 개의)+ plicate(접다)
=이중으로 접다=**복제하다, 똑같은**
du(duo)=두 개의
☞ duplication: 복제, 중복

duplicity dyu'plɪsɪti (듀플**리**시티)
du(두 번)+ plicity(접음)
=이중으로 접음
=**이중성, 표리부동**
du(duo)=두 개의

예문

Currently, manufacturers are **exploiting** the natural resources with very low efficiency.
(현재 제조업자들은 매우 낮은 효율로 천연자원을 **이용하고 있다**.)
He also uses it to **explicate** the notion of a constitutive rule.
(그는 또한 그것을 구성 규칙의 개념을 **설명하는** 데 사용한다.)
During the initial days after the diagnosis, your patient or the parents may need very **explicit** instructions.
(진단 후 초기 며칠 동안 환자나 부모에게 매우 **명확한** 지침이 필요할 수 있다.)
The government will issue a new or **duplicate** number to the name on the certificate.
(정부는 인증서의 이름에 새 번호 또는 **중복** 번호를 발급할 것이다.)
But hypocrisy, **duplicity** and deception are recognized skills of diplomacy.
(그러나 위선, **이중성**, 속임수는 인정받는 외교의 기술이다.)

plica, ploi, plic, ploy, ply: 접다(2)

complicate 'kɒmplɪkeɪt (**캄**플리케이트)

com(함께)+ plicate(접힌)

=다함께 접혀져있는=**복잡하게 만들다**

com=함께

☞ complicated: 복잡한

complication: 문제, 합병증, 분규

complicity kəm'plɪsɪti (컴플**리**시티)

com(함께)+ plicity(접힘)

=함께 접혀있는

=**공모, 연루, 결탁**

com=함께

accomplice ə'kɒmplɪs (어**캄**플리스)

ac(하다)+ com(함께)+ plice(접다)

=함께 접혀있는=**공범, 공모자**

ac(ad)=하다 com=함께

plica, ploi, plic, ploy, ply: 접다(2)

라틴어 plicare는 접다(fold)의 뜻을 갖고 있다.

replica 'rɛplɪkə (**레**플리카)

re(다시)+ plica(접음)

=다시 접음=**모형, 복제품**

re=다시

replicate 'rɛplɪkeɪt (**레**플리케이트)

re(다시)+ plicate(접다)

=다시 접다=**복제하다**

re=다시

예문

Proper land ownership documentation is another matter that is **complicating** the struggle.
(적절한 토지 소유 서류는 투쟁을 **복잡하게 만드는** 또 다른 문제다.)

The media's **complicity** in war crimes continues unabated, of course.
(물론 전쟁범죄에 대한 언론의 **공모**는 수그러들지 않고 계속되고 있다.)

They forget that keeping silent in the face of injustice makes them **accomplices** of the criminals.
(그들은 불의에 직면하여 침묵을 지키는 것은 범죄자들의 **공범**이 된다는 사실을 잊고 있다.)

The city has estimated that it would cost $110,000 to raze the existing work and rebuild an exact **replica**.
(시는 기존 작품을 파괴하고 정확한 **복제품**을 다시 만드는 데 11만 달러가 들 것으로 추산했다.)

A lot of immigrants finish up **replicating** the culture they came from.
(많은 이민자는 그들이 가졌던 문화를 **복제하는** 일을 그만둔다.)

plica, ploi, plic, ploy, ply: 접다(3)

reply rɪ'plaɪ (리플**라**이)
re(뒤로)+ ply(접다)
=뒤로 접다
=**대답하다, 대응하다, 회신하다, 답장, 회신**
re=뒤로

pliable 'plaɪəbəl (플**라**이어블)
pli(접다)+ able
=접을 수 있는
=**유연한, 잘 휘어지는**
☞ pliant: 나긋나긋한, 얌전한
plait: (머리를) 땋다

implicit ɪm'plɪsɪt (임플**리**싯)
im(안에)+ plicit(접힌)
=안에 싸여있는
=**암시된, 내포된**
im(in)=안에
☞ implicitly: 암암리에, 넌지시
implicate: 연루되다

plica, ploi, plic, ploy, ply: 접다(3)
라틴어 plicare는 접다(fold)의 뜻을 갖고 있다.

imply ɪm'plaɪ (임플**라**이)
im(안에)+ ply(접다)
=안에 싸여있다
=**시사하다, 함축하다**
im(in)=안에
☞ implication: 함축, 암시

deploy dɪ'plɔɪ (디플**로**이)
de(반대의)+ ploy(접다)
=접힌 걸 펴다
=**배치하다, 전개하다**
de=반대의
☞ deployment: 전개, 배치
deployable: 배치(동원)할 수 있는

예문

So I have been hurt and bewildered and unable to **reply** to you.
(그래서 나는 상처받고 당황해서 너에게 **답장을 할** 수 없었다.)
But when it is warm, the rubber is **pliable** and retains high elasticity, even when being stretched hard.
(그러나 따뜻할 때는 고무가 **유연하고** 단단하게 늘일 때도 고탄력을 유지한다.)
The process of learning to read seems to involve both explicit and **implicit** learning.
(읽기를 배우는 과정은 명료한 학습과 **암묵적인** 학습을 병행하는 것 같다.)
He seems to **imply** that domestic violence, especially against women, isn't that big a deal.
(그는 가정폭력이, 특히 여성에 대한 폭력이 그렇게 큰 문제가 아니라는 것을 **암시하는** 것 같다.)
A second priority for immediate response will be **deploying** troops engaged in training.
(즉각적인 대응의 두 번째 우선순위는 훈련에 참가한 군대를 **배치하는** 것이다.)

ped, pod: 발(1)

expedite 'ɛkspɪdaɪt (**엑**스피다이트)
ex(밖으로)+ pedite(발)
=발이 족쇄에서 빠져나오다
=더 신속히 처리하다, 촉진하다
ex=밖으로
☞ expeditious: 신속한, 효율적인
expedient: 방편, 처방, 편리한 [ɪk'spidiənt]

pedestrian pə'dɛstriən (퍼**데**스트리언)
ped(발)+ estrian
=걸어가는 사람=**보행자**

pedestal 'pɛdəstl (**페**더스털)
ped(발)+ estal
=발받침=**받침대**

ped, pod: 발(1)
라틴어 ped-는 발의 뜻을 갖고 있다.

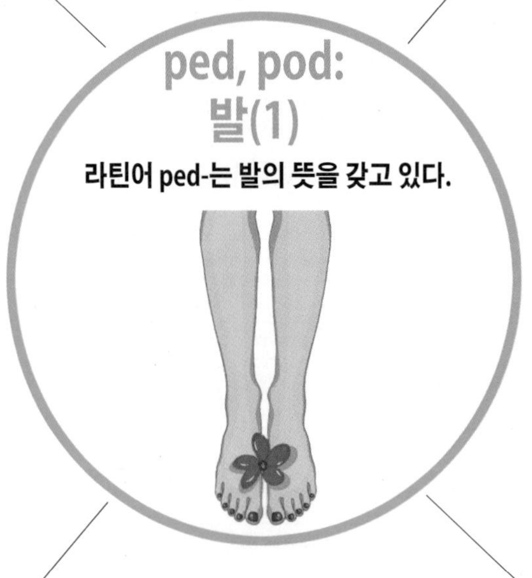

tripod 'traɪpɒd (트**라**이파드)
tri(세 개의)+ pod(다리)
=세 개의 다리=**삼각대**
tri=세 개의

podiatrist pə'daɪətrɪst (퍼**다**이어트리스트)
pod(발)+ iatrist(치료자)
=발 치료자=**발병 전문가**
iatrist=치료자
☞ podiatry: 발병학, 발병 치료

예문

This intimate knowledge **expedites** the decision-making process and ultimately saves time and money.
(이 은밀한 지식은 의사결정 과정을 **빠르게 하고** 궁극적으로 시간과 돈을 절약한다.)
The new crossing would improve conditions both for **pedestrians** and vehicles.
(새로운 건널목은 **보행자**와 차량 모두의 환경을 개선시킬 것이다.)
His sculptures are either displayed on **pedestals** or mounted on walls.
(그의 조각품들은 **받침대**에 전시되거나 벽에 세워져있다.)
Another great visual effect is to put the camera on the **tripod** and use a zoom lens.
(또 다른 훌륭한 시각 효과는 카메라를 **삼각대**에 놓고 줌 렌즈를 사용하는 것이다.)
If a toe has a discharge, it is likely infected and needs to be treated by a **podiatrist**.
(발가락이 방전되면 감염되기 쉬우므로 **발병전문가**의 치료를 받아야 한다.)

ped, pod: 발(2)

impede ɪm'pid (임**피**드)
im(안으로)+ pede(발)
=발을 족쇄 안에다 넣다
=**방해하다**
im(in)=안으로
☞ impediment: 방해, 방해물

podium 'poʊdiəm (**포**디엄)
pod(발)+ ium
=발 딛는 곳=**연단, 지휘대**

antipodes æn'tɪpədiz (앤**티**퍼디즈)
anti(반대의)+ podes(발)
=반대쪽에 있는 발
=**(지구상의) 정반대 쪽에 있는 두 지점, 대척지(對蹠地)**
anti=반대의

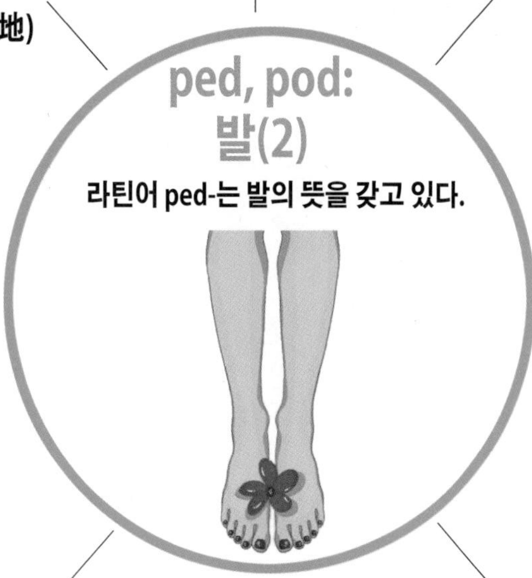

quadruped 'kwɒdrʊpɛd (**콰**드루페드)
quadru(4개의)+ ped(발)
=4개의 발=**네발짐승**
quadru=4개의

pedicure 'pɛdɪkyʊər (**페**디큐얼)
pedi(발)+ cure(치료)
=발치료=**발관리, 발톱관리**
cure=치료, 돌봄

예문

And therefore, it **impedes** our efforts to prevent recurrence of conflict.
(그러므로, 그것은 갈등의 재발을 막기 위한 우리의 노력을 **방해한다**.)
Strictly speaking, the words “choice”, “chance” and “destiny” are **antipodes** of each other.
(엄밀히 말하면, “선택”, “찬스”, “운명”이라는 단어는 서로 **대척점**에 있는 말이다.)
Scott is now taking the **podium** to call the audience to order.
(스콧은 이제 청중들에게 명령을 내리기 위해 **연단**에 올라가고 있다.)
Lions are **quadrupeds**, so they walk on four legs, not two.
(사자는 **네발짐승**이어서 두 개가 아니라 네 개의 다리로 걷는다.)
Treat your feet to a **pedicure** at home once a week - and feel the difference!
(일주일에 한 번 집에서 **발톱관리**를 하고 그 차이를 느껴라!)

expunge ɪk'spʌndʒ (익스**펀**지)
ex(밖으로)+ punge(찌르다)
=밖으로 찔러 구멍을 내다
=**지우다, 삭제하다**
ex=밖으로
(지워야 할 글자는 아래에 구멍을 내서 표시했던 데에서 유래함)

puncture 'pʌŋktʃər (**펑**크철)
punct(찌르다)+ ure
=찌름=**펑크, 구멍**

compunction
kəm'pʌŋkʃən (컴**펑**크션)
com(강하게)+ punction(찌르다)
=마음을 강하게 찌르다-**죄책감**
com=강하게(강조)
☞ compunctious: 양심에 가책되는, 후회하는

pung, punct, poig: 찌르다
라틴어 pungere는 찌르다의 뜻을 갖고 있다.

pungent 'pʌndʒənt (**펀**전트)
pung(찌르다)+ ent
=찌르는=**톡 쏘는 듯한, 신랄한**

poignant 'pɔɪnyənt (**포**이니언트)
poig(찌르다)+ nant
=마음을 찌르는
=**가슴 아픈, 가슴 저미는**

acupuncture 'ækyʊpʌŋktʃər (**애**큐펑크철)
acu(날카로운)+ puncture(찌름)
=날카로운 도구로 찌름=**침술**
acu=날카로운
☞ acupuncturist: 침술사 (미국에서는 한의사)

예문

They demanded that school officials apologize and **expunge** the incident from her son's records.
(그들은 학교 관계자들이 사과하고 아들의 기록에서 그 사건을 **삭제해줄** 것을 요구했다.)
'My wheelchair is constantly getting **punctures** because of the smashed glass,' said Mr Everton.
('내 휠체어는 부서진 유리 때문에 계속 **펑크**가 나고 있다'고 에버튼 씨가 말했다.)
The truth is that the average consumer today has no moral **compunction** about beating the system.
(오늘날의 일반 소비자들은 시스템을 이기는 것에 대해 도덕적인 **양심의 가책**을 느끼지 않는다는 것이 진실이다.)
The **pungent** smell of burnt wood and a powerful odor of sweat saturated the very walls of the shop.
(불에 탄 나무의 **톡 쏘는** 냄새와 강한 땀냄새가 가게의 벽을 가득 채웠다.)
That memory, painful and **poignant**, still inspires the Scot.
(고통스럽고 **가슴 아픈** 그 기억은 여전히 스코틀랜드 사람들에게 영감을 준다.)
We can see how **acupuncture**, homoeopathy and herbalism might be tested.
(우리는 **침술**, 동종요법, 약초술이 어떻게 시험될 수 있는지 알 수 있다.)

exterminate ɪk'stɜrmɪneɪt (익스**털**미네이트)

ex(밖으로)+ terminate(경계선의)

=경계선 밖으로 쫓아내다

=전멸시키다, 근절하다

ex=밖으로

☞ exterminator: 근절자, 몰살자

terminate 'tɜrmɪneɪt (**털**미네이트)

termin(끝)+ ate

=끝나다

=끝나다, 종료되다, 끝내다

☞ terminal: 종착역, 단말기

determined dɪ'tɜrmɪnd (디**털**민드)

de(완전히)+ termined(끝내는)

=완전히 끝내는

=단단히 결심한, 단호한

de=완전히(강조)

☞ determine: 알아내다, 결정하다

termin, term: 끝, 한계, 경계

라틴어 termen은 끝, 한계, 경계의 뜻을 갖고 있다.

terminology tɜrmɪ'nɒlədʒi (털미**날**러지)

termin(용어)+ ology(학문)

=전문용어, 용어

logy=학문

(끝, 한계를 뜻하는 terminus가 단어, 표현의 의미를 갖게 되었다.)

interminable ɪn'tɜrmɪnəbəl (인**털**미너블)

in(아닌)+ terminable(끝나는)

=끝나지 않는=**끝없이 계속되는**

in=~이 아닌

예문

After **exterminating** the entire population, the soldiers set fire to the buildings.
(군인들은 전 인구를 **전멸시킨** 후 건물에 불을 질렀다.)

He was advised to **terminate** the contract.
(그는 계약을 **종료할** 것을 권고받았다.)

But as the two men emerged from the White House they displayed a **determined** sense of unity.
(그러나 두 사람이 백악관에서 나오면서 그들은 **결연한** 일체감을 보였다.)

Students were required to perform individual self study of medical **terminology**.
(학생들은 의학 **용어**에 대한 개별적인 자기 연구를 수행하도록 요구되었다.)

This is an **interminable** argument that must be decided situationally.
(이것은 상황에 맞게 결정해야 할 **끝없이 계속되는** 논쟁이다.)

patria, patri, petra, pater: 조국, 아버지

expatriate ɛks'peɪtrieɪt (엑스**페**이트리에이트)
ex(밖으로)+ patriate(조국)
=조국 밖으로
=국외로 추방하다, 국외거주자
ex=밖으로
☞ patriot: 애국자 ['peɪtriət]
patron: 후원자
patriotism: 애국심

patriarch 'peɪtriɑrk (**페**이트리알크)
patri(아버지)+ arch(우두머리)
=아버지가 우두머리인
=가장, 족장, 가부장
arch=통치
☞ patriarchy: 가부장제 ['peɪtriɑrki]

sympatric sɪm'pætrɪk (심**패**트릭)
sym(같은)+ patric(조국의)
=같은 지역의
=동지역성(同地域性)의
sym=같은

patria, patri, petra, pater: 조국, 아버지
라틴어 patria는 조국, 아버지의 뜻을 갖고 있다.

perpetrate 'pɜrpɪtreɪt (**펄**피트레이트)
per(완전히)+ petrate(낳다)
=완전히 낳다(가져오다)
=저지르다, 자행하다
per=완전히
(petrate는 아버지의 뜻을 갖고 있지만 의미가 변하여 낳다, 가져오다의 뜻도 갖게 되었다.)

repatriation ripeɪtri'eɪʃən (리페이트리**에**이션)
re(다시)+ patriation(조국)
=다시 조국으로=**본국 송환, 귀환**
re=다시
☞ repatriate: 본국으로 송환하다

patrimony 'pætrɪmoʊni (**패**트리모니)
patri(아버지)+ mony(상태)
=아버지가 남긴
=세습재산, 유산
☞ paternity: 부성

예문

Many who **expatriated** will return to invest their money.
(**국외로 추방된** 많은 사람들은 그들의 돈을 투자하기 위해 돌아올 것이다.)
The family **patriarch** makes all decisions regarding living arrangements, children's marriages, and money.
(**가장**은 생활 준비, 아이들의 결혼, 그리고 돈에 관한 모든 결정을 내린다.)
These two **sympatric** species are reproductively isolated and represent highly divergent lineages in the genus.
(이 두 **동지역성의** 종은 생식적으로 격리되어있으며, 그 속(屬)에 있어서는 매우 다른 혈통을 나타낸다.)
Figuring out why an adult **perpetrates** such acts will always remain a psychiatrist's delight.
(어른이 왜 그런 행동을 **자행하는지** 알아내는 것은 항상 정신과 의사의 기쁨으로 남을 것이다.)
According to the law of Abdera, whoever wasted his **patrimony** would be deprived of the rites of burial.
(아브데라의 율법에 따르면, 누구든지 자신의 **유산**을 낭비하는 자는 장례의식이 박탈될 것이다.)
Repatriation is one of the great neglected areas of expatriate life.
(**귀환**이란 국외거주자의 삶에서 가장 무시되는 분야 중 하나이다.)

extemporaneous

ɪkstɛmpə'reɪniəs (익스템퍼**레**이니어스)
ex(밖으로)+ temporaneous(시간의)
=시간 밖으로=(준비할) 시간이 없는
=**즉석의, 임기응변의**
ex=밖으로
☞ extempore: 즉흥적인

temporary

'tɛmpərɛri (**템**퍼레리)
tempo(시간)+ rary
=시간의=**일시적인, 임시의**
☞ temporal: 현세적인, 시간의
tempo: 완급, 박자

contemporary

kən'tɛmpərɛri (컨**템**퍼레리)
con(함께)+ temporary(시간의)
=같은 시간의=**동시대의, 현대의**
con(com)=함께

tempo: 시간
라틴어 tempus는 시간의 뜻을 갖고 있다.

temporize

'tɛmpəraɪz (**템**퍼라이즈)
tempo(시간)+ rize
=시간을 끌다
=**미루다, 시간을 끌다**

tempest

'tɛmpɪst (**템**피스트)
temp(시간)+ est
=시간(계절)이 되면 찾아오는
=**폭풍**

예문

I said that his big problem is that he's just not very good at **extemporaneous** speaking.
(나는 그의 큰 문제는 **즉흥적인** 말을 잘하지 못한다는 것이라고 말했다.)
In the past, permanent and **temporary** staff always had the same pay and conditions.
(과거에는 영구직과 **임시**직 직원들은 항상 같은 급여와 조건을 가지고 있었다.)
The event was recorded by a **contemporary** historian.
(그 사건은 **동시대의** 역사가에 의해 기록되었다.)
The council had **temporized** on quite crucial decisions.
(의회는 상당히 중요한 결정에 대해 **시간을 끌었다**.)
There wasn't any thunder or lightning, just rain, but it was quite a **tempest** nonetheless.
(천둥도 번개도 없고 비만 내리는데 그럼에도 불구하고 꽤 심한 **폭풍**이었다.)

maldiction mælɪ'dɪkʃən (맬리**딕**션)
male(나쁜)+ diction(말)
=나쁜 말=**저주**
diction=말

malefactor 'mælɪfæktər (**맬**리팩털)
male(나쁜)+ factor(하는 사람)
=나쁜 일을 하는 사람=**악인**
factor=하는 사람

malevolence mə'lɛvələns (멀**레**버런스)
male(나쁜)+ volence(바라는)
=나쁜 것을 바람=**증오, 악의**
volence=바라는
☞ malevolent: 악의 있는

male, mali, mal: 나쁜, 악한(1)
라틴어 malus는 나쁜, 악한의 뜻을 갖고 있다.

malicious mə'lɪʃəs (멀**리**셔스)
mali(나쁜)+ cious
=나쁜=**악의적인**
☞ malice: 악의, 적의 ['mælɪs]

malaise mæ'leɪz (맬**레**이즈)
mal(나쁜)+ aise
=나쁨=**해악, 불만, 고질병, 불쾌감**

예문

We got into yet another argument over something stupid that turned into exchanging insults and **maledictions**.
(우리는 모욕과 **저주**로 변해버린 어리석은 일에 대해 또 다른 논쟁을 벌이게 되었다.)
She must have been a terrible **malefactor** indeed if her crimes are in proportion to her penalty.
(만약 그녀의 범죄가 그녀의 처벌에 비례한다면, 그녀는 정말로 끔찍한 **악인**이었을 것이다.)
You know nothing of love, since all you promote is hatred and **malevolence**.
(당신은 사랑에 대해 아무것도 모른다. 왜냐하면 당신이 조장하는 것은 증오와 **악의**뿐이기 때문이다.)
Two people are facing possible prosecutions for **malicious** or criminal damage.
(두 사람이 **악의적**이거나 범죄적인 피해로 기소될 가능성에 직면해있다.)
He had **malaise**, lethargy, and poor appetite but no history of night sweats.
(그는 **불쾌감**, 무기력함, 식욕 부진이 있었지만 밤에 땀을 흘린 적은 없었다.)

malign məˈlaɪn (멀**라**인)

mali(나쁜)+ gn(태어난)

=나쁜 본성의

=**비방하다, 해로운**

gn=태어난

malignant məˈlɪgnənt (멀**리**그넌트)

mali(나쁜)+ gnant(태어난)

=나쁜 본성의=**악성의, 악의에 찬**

gnant=태어난

dismal ˈdɪzməl (**디**즈멀)

dis(날들)+ mal(나쁜)

=나쁜 날들

=**음울한, 비참한, 솜씨 없는**

dis=dies(날들)

male, mali, mal: 나쁜, 악한(2)

라틴어 malus는 나쁜, 악한의 뜻을 갖고 있다.

malabsorption

mæləbˈsɔrpʃən (멜어브**솔**프션)

mal(나쁜)+ absorption(흡수)

=나쁜 흡수=**흡수장애**

absorption=흡수

malnourished

mælˈnɜrɪʃt (맬**너**리쉬트)

mal(나쁜)+ nourished(공급된)

=영양공급이 잘 안 된

=**영양실조의**

nourished=영양이 공급된

예문

But he denied the army had been **maligning** politicians to discredit them.
(그러나 그는 군대가 정치인들의 명예를 떨어뜨리기 위해 **비방해왔다**는 사실을 부인했다.)

There is also concern over infective and **malignant** complications.
(감염성 합병증과 **악성** 합병증에 대한 우려도 있다.)

In achieving this aim, the frequently **dismal** weather helps immeasurably.
(이 목표를 달성하는 데 있어서, 자주 **음울한** 날씨가 엄청나게 도움이 된다.)

Weight loss is accomplished both by restriction of food quantity and **malabsorption** of nutrients.
(체중 감량은 음식물 양의 제한과 영양소의 **흡수장애**에 의해 이루어진다.)

A **malnourished** body requires a complete balanced food packet that builds up its ability to absorb nutrients.
(**영양실조된** 신체는 영양분을 흡수하는 능력을 기르는 완전히 균형잡힌 음식 패킷을 필요로 한다.)

emollient ɪ'mɒlyənt (이**말**리언트)
e(밖으로)+ mollient(부드러운)
=부드럽게 만드는=**진정(완화)시키는**
e(ex)=밖으로

mollify 'mɒlɪfaɪ (**말**리파이)
molli(부드러운)+ fy(만들다)
=부드럽게 만들다
=**달래다, 진정시키다**
fy=만들다
☞ mollification: 달래기, 완화
mollified: 진정된
mollescent: 연화되기 쉬운

molli, moll, mul: 부드러운
라틴어 mollis는 부드러운의 뜻을 갖고 있다.

mollusk 'mɒləsk (**말**러스크)
moll(부드러운)+ usk
=부드러운 동물=**연체동물**

arti, ars, ert: 기술, 재주
라틴어 ars는 기술, 재주의 뜻을 갖고 있다.

arsenal 'ɑrsnəl (**알**스널)
ars(기술)+ enal
=기술의=**무기, 무기공장**
☞ artillery: 대포

artifact 'ɑrtɪfækt (**알**티팩트)
arti(기술)+ fact(만들다)
=기술을 사용해 만들다
=**인공물**
fact=만들다
☞ artifice: 책략, 계략
artificial: 인공의

inert ɪn'ɜrt (인**얼**트)
in(~아닌)+ ert(기술)
=기술이 없는
=**기력이 없는, 비활성의**
in=~이 아닌

예문

Very occasionally, **emollient** creams may sting the skin when first applied to very dry skin.
(아주 가끔, 매우 건조한 피부에 처음 바를 때, **부드러운** 크림은 피부를 쏘게 할 수 있다.)
Her mother called in tears, and now Anna feels that she has to travel to Davis to **mollify** her.
(그녀의 어머니는 눈물을 흘리며 소리쳤고, 이제 안나는 그녀를 **달래기** 위해 데이비스로 여행을 가야 한다고 느낀다.)
A shell protects a **mollusk**'s organs from predators.
(껍질은 **연체동물**의 장기를 포식자로부터 보호한다.)
The caves contained many prehistoric **artifacts**.
(그 동굴에는 선사시대의 **인공물들**이 많이 있었다.)
The 1968 treaty did nothing to reduce the **arsenals** of existing nuclear weapons powers.
(1968년 조약은 기존 핵무기 보유국의 **무기**를 줄이는 데 아무런 도움이 되지 않았다.)
Two hours later, we watched through glass as her **inert** body was wheeled into the intensive care recovery.
(두 시간 후, 우리는 유리를 통해 그녀의 **기력 없는** 몸이 집중치료 회복실로 옮겨지는 것을 지켜보았다.)

frigorific frɪgəˈrɪfɪk (프리거**리**픽)
frigori(차가운)+ fic(만드는)
=차갑게 만드는=**냉각시키는**
fic=만드는

frigid ˈfrɪdʒɪd (프**리**지드)
frig(차가운)+ id
=차가운=**몹시 추운**
☞ frigidity: 불감증

frisson friˈsoʊn (프리**소**운)
fris(차가운)+ son
=차가움=**전율**

frig, fris: 차가운
라틴어 frigus는 차가운의 뜻을 갖고 있다.

refrigerant rɪˈfrɪdʒərənt (리프**리**저런트)
re(다시)+ frigerant(차가운)
=차갑게 만드는
=**식히는, 해열하는, 냉매**
re=다시

refrigerate rɪˈfrɪdʒəreɪt (리프**리**저레이트)
re(다시)+ frigerate(차가운)
=차갑게 만들다
=**냉장하다, 냉동하다**
re=다시
☞ refrigerator: 냉장고

예문

This vaporization of liquids is a **frigorific** or cooling process.
(이 액체의 증발은 **냉각시키거나** 식히는 과정이다.)
Forecasters are warning of more snow and **frigid** temperatures across Europe the next two days.
(기상 통보관들은 앞으로 이틀 동안 유럽 전역에 더 많은 눈과 **매우 추운** 기온을 예고하고 있다.)
I always feel a slight **frisson** when I cross over to the south.
(내가 남쪽으로 넘어갈 때에는 항상 가벼운 **전율**을 느낀다.)
Replacement **refrigerants** have now been developed which are less harmful to the ozone layer.
(이제는 오존층에 덜 해로운 대체 **냉매**가 개발되어있다.)
If the room temperature is above 90°F, **refrigerate** perishable foods within one hour.
(실온이 화씨 90도 이상이면 부패하기 쉬운 음식은 1시간 이내에 **냉장보관해야** 한다.)

fortify 'fɔrtɪfaɪ (폴티파이)

forti(강한)+ fy(만들다)

=강하게 만들다
=기운(용기)을 돋우다, 강화하다
fy=만들다
☞ fortification: 방어 시설, 요새화, 무장

fortress 'fɔrtrɪs (폴트리스)

fort(강한)+ ress

=강한 장소=**요새**
☞ fort: 보루, 요새

fortitude 'fɔrtɪtyud (폴티튜드)

forti(강한)+ tude

=강함=**불굴의 용기**

forti, fort: 강한

라틴어 fortis는 강한(strong)의 뜻을 갖고 있다.

aqua fortis 'ɑkwə 'fɔrtɪs (아쿠아 폴티스)

aqua(물)+ fortis(강한)

=강한 물=**강수, 질산**
aqua=물

unfortified ʌn'fɔrtɪfaɪd (언폴티파이드)

un(아닌)+ fortified(강화된)

=강화되지 않은
=무방비의, 불안정한
un=~이 아닌

예문

Creative projects, on the other hand, **fortify** you now and in the future.
(반면에 창조적인 프로젝트들은 현재와 미래에 여러분을 **강화시켜준다**.)
City walls, towers, churches, and **fortresses** strongly connect Estonians to the past.
(도시의 벽, 타워, 교회, **요새**는 에스토니아인들을 과거와 강하게 연결시킨다.)
Face obstacles and difficulties at work and at home with courage and **fortitude**.
(직장과 가정에서 담대함과 **불굴의 용기**를 가지고 장애물과 어려움에 맞서십시오.)
The old name of nitric acid is **aqua fortis** meaning “strong water.”
(질산의 옛 이름은 “강한 물”을 뜻하는 **강수**이다.)
The best Red Army units were foolishly positioned on the **unfortified** frontier, where they were overrun.
(최고의 적군파 부대는 어리석게도 **무방비** 국경 지역에 배치되어서 지쳐있었다.)

petr: 바위 / con: 원뿔

petrify ˈpɛtrɪfaɪ (**페**트리파이)
petri(돌)+ fy(만들다)
=돌이 되게 하다
=석화시키다, 겁에 질리게 만들다
fy=만들다
☞ petrifaction: 석화
petrified: 겁에 질린, 석화된
petrous: 바위의, 바위 같은

라틴어 petra는 바위의 뜻을 갖고 있다.

petroleum pəˈtroʊliəm (퍼트**롤**리엄)
petr(바위)+ oleum(기름)
=바위에서 나오는 기름
=석유(石油)
oleum=기름

petroglyph ˈpɛtrəglɪf (**페**트러글리프)
petro(바위)+ glyph(새기는)
=바위에 새긴=**암각화**
glyph=새기는

라틴어 conus는 원뿔의 뜻을 갖고 있다.

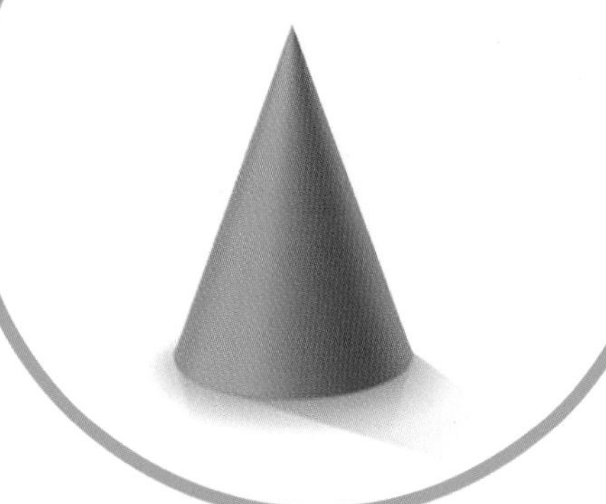

conifer ˈkoʊnɪfər (**코**니펄)
coni(원뿔)+ fer(가져오는)
=원뿔 모양의=**침엽수**
fer=가져오는
☞ coniferous: 침엽수의

conical ˈkɒnɪkəl (**카**니컬)
con(원뿔)+ ical
=원뿔 모양의
☞ cone: 원뿔
conic: 원뿔의
pine cone: 솔방울

예문

The charcoal had kept the hull dry and the salt had **petrified** it.
(숯은 선체를 건조하게 유지시켰고 소금은 선체를 **석화시켰다**.)
Crude oil, also known as **petroleum**, is the world's most actively traded commodity.
(**석유**라고도 알려진 원유는 세계에서 가장 활발하게 거래되는 상품이다.)
In Norway, **petroglyphs** carved in rock by Stone Age hunters are threatened by air pollution.
(노르웨이에서는 석기시대 사냥꾼들이 바위에 새긴 **암석화**가 대기오염의 위협을 받고 있다.)
One damaged chestnut tree and five mature **conifers** had to be removed.
(손상된 밤나무 한 그루와 성숙한 **침엽수** 다섯 개를 제거해야 했다.)
The ancestral tooth shape is **conical**, but there are numerous variations depending on the diet of the fish.
(조상 치아의 모양은 **원뿔형**이지만 물고기의 식단에 따라 많은 변형이 있다.)

magn: 거대한, 엄청난

magnificence
mæg'nɪfɪsəns (매그**니**피선스)

magni(거대한)+ ficence(만들다)

=거대하게 만들다=**장엄, 웅장**

ficence=만듦

☞ magnificent: 웅장한

magnify: 확대하다, 과장하다

magnitude
'mægnɪtyud (**매**그니튜드)

magni(거대한)+ tude

=거대함

=**규모, 중요도, (지진)진도**

magnate
'mægneɪt (**매**그네이트)

magn(거대한)+ ate

=거대한=**거물, 큰 손**

magn: 거대한, 엄청난

라틴어 magnus는 거대한, 엄청난의 뜻을 갖고 있다.

magniloquent
mæg'nɪləkwənt (매그**닐**러퀀트)

magni(거대한)+ loquent(말하는)

=거대하게 말하는

=**호언장담하는, 과장하는**

loquent=말하는

☞ magniloquence: 호언장담, 과장

magnanimous
mæg'nænɪməs (매그**네**니머스)

magn(거대한)+ animous(마음의)

=큰 마음의=**관대한, 너그러운**

animous=마음의

예문

In its heyday, the Cathay was renowned for its luxury and **magnificence**.
(전성기에 캐세이 가족은 사치와 **장엄함**으로 유명했다.)

It certainly took everyone by surprise in terms of the scope and **magnitude** of the devastation.
(그것은 참화의 범위와 **규모** 면에서 확실히 모든 사람들을 놀라게 했다.)

The extravagant mansions built on the island of Syros reflect the wealth of these early **magnates**.
(시로스섬에 세워진 호화 저택들은 이들 초기 **거물들**의 부를 반영하고 있다.)

These last words were pronounced with an accent of the most **magniloquent** solemnity.
(이 마지막 말은 가장 **과장된** 엄숙한 말투로 발음되었다.)

His was a perfectly balanced personality - tolerant, truthful, perspicuous and **magnanimous**.
(그는 완벽히 균형 잡힌 성격의 소유자였다. - 그는 관용적이고, 진실하며, 통찰력 있고, **관대했다**.)

confer kən'fɜr (컨**펄**)

con(함께)+ fer(가져오다)

=함께 가져오다=합치다

=**상의하다, 수여(부여)하다**

con(com)=함께

☞ conference: 회담, 학회
conferment: 수여, 서훈

infer ɪn'fɜr (인**펄**)

in(안으로)+ fer(가져오다)

=안으로 가져오다=**추론하다**

in=안으로

☞ inference: 추론

prefer prɪ'fɜr (프리**펄**)

pre(먼저)+ fer(가져오다)

=먼저 가져오다=**선호하다**

pre=먼저

☞ preferable: 선호되는

fer, lat:
나르다, 가져오다, 열매맺다(1)

라틴어 ferre는 나르다, 가져오다, 열매맺다의 뜻을 갖고 있다. latus는 ferre의 과거분사이다.

efferent 'ɛfərənt (**에**퍼런트)

ef(밖으로)+ ferent(가져가는)

=밖으로 가져가는=**원심성인**

ef(ex)=밖으로

fertile 'fɜrtl (**펄**틀)

fer(열매맺는)+ tile

=열매맺을 수 있는

=**비옥한, 번식력이 있는, 가임의**

☞ fertility: 비옥함, 생식력
infertile: 불임의, 척박한 (in=~이 아닌)

예문

"After **conferring** with my colleagues, several of them asked me to run for chair," he said.
(그는 "동료들과 **상의한** 뒤 몇 명이 나에게 의장에 출마해달라고 부탁했다"고 말했다.)

A reasonable man would not **infer** guilt from the fact of a police inquiry.
(합리적인 사람은 경찰이 조사한 사실에서 유죄를 **추론하지** 않을 것이다.)

If patients would **prefer** a hot breakfast selection they need only inform their ward hostess.
(만약 환자들이 뜨거운 아침식사를 **선호한다면**, 병동 주인에게만 알려주면 된다.)

The opposite occurs when sympathetic impulses constrict **efferent** arterioles.
(동조적인 자극이 **원심성** 소동맥을 수축시킬 때 그 반대현상이 발생한다.)

The soil is extremely **fertile** and produces immense crops when there is enough rainfall.
(토양은 매우 **비옥하며** 충분한 강우가 있을 때 엄청난 농작물을 생산한다.)

fer, lat: 나르다, 가져오다, 열매맺다(2)

defer dɪ'fɜr (디**펄**)
de(분리)+ fer(가져가다)
=멀리 보내다=**미루다, 경의를 표하다**
de=분리
☞ deferred: 연기된
deference: 존중, 경의
deferral: 집행연기

referendum rɛfə'rɛndəm (레퍼**렌**덤)
re(뒤로)+ ferendum(가져오다)
=의견을 (뒤로) 반영하다=**국민투표**
re=뒤로

refer rɪ'fɜr (리**펄**)
re(뒤로)+ fer(가져오다)
=뒤로 가져오다
=**참고하다, 언급하다**
re=뒤로
☞ reference: 언급, 참고
referral: 소개

fer, lat:
나르다, 가져오다, 열매맺다(2)
라틴어 ferre는 나르다, 가져오다, 열매맺다의 뜻을 갖고 있다. latus는 ferre의 과거분사이다.

collate kə'leɪt (컬**레**이트)
col(함께)+ late(가져오다)
=함께 가져오다
=**대조하다, 맞추어보다**
col(com)=함께
☞ collation: 대조

ablative 'æblətɪv (**애**블러티브)
ab(분리)+ lative(가져가는)
=분리시키는
=**탈격의, 제거의**
ab=분리

예문

It was decided at that meeting to **defer** the Reunion until 2005.
(2005년까지 재결합을 **연기하기로** 그 회의에서 결정되었다.)
The promised **referendum** on independence has never materialised.
(약속된 독립에 대한 **국민투표**는 실현된 적이 없다.)
The president of the United States is often **referred** to as the leader of the free world.
(미국의 대통령은 흔히 자유세계의 지도자로 **언급된다**.)
Two reviewers **collated** and independently assessed abstracts.
(두 명의 검토자가 추상화를 **대조하고** 독립적으로 평가하였다.)
Traditional **ablative** lasers are effective in treating scar appearance.
(기존의 **제거용** 레이저는 흉터 외관 치료에 효과적이다.)

superlative
sʊ'pɜrlətɪv (수**펄**러티브)

super(위의)+ lative(가져가는)

=위로 가져가는=**최상의**

super=위로

circumference
sər'kʌmfərəns (설**컴**퍼런스)

circum(빙둘러)+ ference(가져오다)

=둘레를 돌다=**원둘레, 주위**

circum=빙둘러, 둘레의

elation
ɪ'leɪʃən (일**레**이션)

e(밖으로)+ lation(가져오다)

=(기분이 고조되어) 밖으로 나타내다

=**크게 기뻐함, 의기양양**

e(ex)=밖으로

☞ elate: 고무하다, 기운을 북돋아주다

fer, lat:
나르다, 가져오다, 열매맺다(3)

라틴어 ferre는 나르다, 가져오다, 열매맺다의 뜻을 갖고 있다. latus는 ferre의 과거분사이다.

transferable
trans'fərəbəl (트랜스**퍼**러벌)

trans(너머로)+ ferable(가져가는)

=멀리 가져가는

=**이동 가능한, 양도 가능한**

trans=너머로, 멀리

☞ transfer: 옮기다, 양도하다

pestiferous
pɛ'stɪfərəs (페스**티**퍼러스)

pesti(전염병)+ ferous(가져오는)

=전염병을 가져오는=**전염성의**

pesti=전염병

예문

Nowadays, even the cheapest laser printers offer **superlative** image quality in both text and graphics.
(오늘날, 가장 저렴한 레이저 프린터도 텍스트와 그래픽 모두에서 **최상의** 이미지 화질을 제공한다.)

We would regard the starting point as the easternmost point along the **circumference** of the circle.
(우리는 출발점을 원의 **둘레**를 따라 가장 동쪽의 점으로 간주할 것이다.)

The feeling of **elation** and relief after completing the course was indescribable.
(그 과정을 마친 후 **의기양양함**과 안도감은 이루 말할 수 없었다.)

Furthermore, many of these technology and institutional assets are not easily **transferable**.
(더욱이, 이러한 기술 자산과 기관 자산들 중 상당수는 쉽게 **양도할 수** 없다.)

Newly drafted in from Europe for the most part, they died like flies in the **pestiferous** climate.
(대부분 유럽에서 새로 징집된 그들은 **전염성** 기후에서 파리처럼 죽었다.)

somn: 잠

somniferous
sɒm'nɪfərəs
(삼**니**퍼러스)

somni(잠)+ ferous(가져오는)

=잠을 가져오는=**최면의, 졸리게 하는**

ferous=가져오는

somnambulism
sɒm'næmbyəlɪzəm
(삼**냄**뷸리즘)

somn(잠)+ ambulism(걸음)

=자면서 걷는 병=**몽유병**

ambul=걷다

☞ somnambulist: 몽유병자

somniloquy
sɒm'nɪləkwɪ
(삼**니**러퀴)

somni(잠)+ loquy(말하다)

=잠자면서 말하다=**잠꼬대**

loquy=말하다

라틴어 somnus는 잠(sleep)의 뜻을 갖고 있다.

insomnia
ɪn'sɒmniə
(인**삼**니아)

in(아닌)+ somnia(잠)

=잠을 못잠=**불면증**

in=~이 아닌

somnolent
'sɒmnələnt
(**삼**널런트)

somn(잠)+ olent

=잠자는=**잠든, 조는**

☞ somnolence: 비몽사몽

예문

They all indulge in their familiar, **somniferous** spiels.
(그들은 모두 익숙하고 **졸립게 하는** 장광설에 빠져있다.)

Further information included the fact that the patient had no history of **somnambulism**.
(추가 정보에는 그 환자가 **몽유병** 경험이 없다는 사실이 포함되었다.)

In somnambulism and **somniloquy**, a child sits up in bed with eyes open but is “unseeing”.
(몽유병과 **잠꼬대** 속에서 한 아이가 눈을 뜨고 침대에 일어나 앉아있지만 “보지 못하는” 상태이다.)

Now stress and anxiety are obvious factors in causing insomnia but **insomnia** is insidious.
(이제 스트레스와 불안은 불면증을 유발하는 명백한 요인이지만 **불면증**은 암암리에 온다.)

Most of his waking moments were spent rushing to the aid of his **somnolent** colleagues.
(그의 깨어있는 순간은 대부분 **졸린** 동료들을 돕기 위해 달려가는 데에 보냈다.)

epigram ˈɛpɪɡræm (에피그램)

epi(위에)+ gram(쓰다)

=(묘비나 공공기념물에) 써서 새겨넣은 것
=**경구, 짧은 풍자**

epi=위에, 추가로
☞ epigraph: 비문(비명)

autobiography

ɔtəbaɪˈɒɡrəfi (오터바이아그러피)

auto(스스로)+ bio(삶)+ graphy(기록)

=자기 삶의 기록=**자서전**

auto=스스로
bio=생명, 삶

paragraph ˈpærəɡræf (패러그래프)

para(옆에)+ graph(쓰다)

=옆에다 써놓은=**단락, 절**
(글의 새 섹션의 시작을 알리려고 옆에다 표시해놓은 부호에서 유래)

para=옆의
☞ parallel: 평행한, 병렬의

calligraphy

kəˈlɪɡrəfi (컬리그러피)

calli(아름다운)+ graphy(쓰다)

=아름답게 쓰다=**달필, 서예**

calli=아름다운

graph, gram: 쓰다, 그리다

그리스어 graphein은 쓰다(write), 그리다의 뜻을 갖고 있다.

stenography

stəˈnɒɡrəfi (스터나그러피)

steno(좁은)+ graphy(쓰다)

=좁게 쓰다(줄여서 쓰다)
=**속기**

steno=좁은
☞ stenosis: 협착(증)

diagram ˈdaɪəɡræm (다이어그램)

dia(관통하여)+ gram(그리다)

=선으로 그리다=**도표, 도식**

dia=관통하여

예문

This was one of the reasons that people spent more time making up pithy aphorisms and witty **epigrams**.
(이것은 사람들이 함축적인 어구와 재치있는 **경구**를 만드는 데 더 많은 시간을 소비하는 이유들 중 하나였다.)

Women are also less likely to have had the self-confidence to write diaries and **autobiographies**.
(여성들은 또한 일기와 **자서전**을 쓸 수 있는 자신감을 가지고 있지 않았을 것이다.)

Many of today's finest artists practice age-old crafts like **calligraphy** and hand-lettering.
(오늘날 가장 뛰어난 예술가들은 **서예**와 손글씨 같은 오래된 공예를 연습한다.)

Each chapter has a useful set of concluding **paragraphs** for a quick analysis of theme studies.
(각 장에는 주제 연구의 빠른 분석을 위한 유용한 결론적 **단락들**이 있다.)

A **diagram** of the hillside structure is shown on Page 82.
(산비탈 구조의 **도표**는 82페이지에 나와 있다.)

Its first students studied 'commercial skills' such as typing and **stenography**.
(이 학교의 첫 학생들은 타이핑과 **속기** 같은 '상업적 기술'을 공부했다.)

antibiotic æntɪbaɪ'ɒtɪk (앤티바이**아**틱)
anti(반대의)+ biotic(생명의)
=미생물을 제어하는=**항생제**
anti=반대의

biopsy 'baɪɒpsi (**바**이압시)
bi(o)(생체)+ opsy(보다)
=생체를 보다
=**생체검사, 조직검사**
opsy=보다

biocide 'baɪəsaɪd (**바**이어사이드)
bio(생명)+ cide(죽이다)
=생명을 죽이다
=**생명파괴제, 살생제**
cide=자르다, 죽이다

bio: 생명, 생활, 인생

그리스어 bio는 생명, 생활, 인생의 뜻을 갖고 있다.

biogenesis
baɪoʊ'dʒɛnəsɪs
(바이오**제**너시스)
bio(생물)+ genesis(발생)
=**생물발생**
genesis=발생

biodiversity
baɪoʊdɪ'vɜrsɪti
(바이오디**벌**시티)
bio(생물)+ diversity(다양성)
=**생물 다양성**
diversity=다양성
☞ bionics: 생체공학

예문

If you have a bacterial infection, your GP may prescribe a short course of **antibiotics**.
(만약 당신이 박테리아에 감염된다면, 당신의 GP는 짧은 기간의 **항생제**를 처방할 것이다.)
Ultrasound examination and core **biopsies** confirm the diagnosis.
(초음파 검사와 핵심 **생체검사**에서 진단이 확인된다.)
Chemical **biocides** are regulated by EPA under Federal pesticide law.
(화학 **살생제**는 연방 살충제 법률하의 EPA에 의해 규제된다.)
The **biogenesis** of microtubules in vivo consists of a cascade of sequential reactions.
(생체 내 미세관의 **생물생성**은 연속적인 반응의 계단식으로 구성된다.)
Will the water and soils and **biodiversity** cope with this level of forestry?
(물과 토양과 **생물 다양성**이 이런 수준의 삼림관리에 대처할 수 있을까?)

hyperbole haɪ'pɜrbəli (하이**펄**벌리)

hyper(위쪽으로)+ bole(던짐)

=높이 던짐=**과장, 과장법**

hyper=위로

☞ hyperbola: 쌍곡선

hyperbolic: 쌍곡선의, 과장된

parabola pə'ræbələ (퍼**래**벌라)

para(나란히)+ bola(던지다)

=나란히 위치하다=**포물선**

para=옆에, 나란히

parable 'pærəbəl (**패**러블)

para(나란히)+ ble(던지다)

=비슷한 것을 던지다

=**우화, 비유**

para=나란히, 비슷한

bol, bal, ble: 던지다

그리스어 ballein는 던지다의 뜻을 갖고 있다.

catabolism kə'tæbəlɪzəm (커**태**벌리즘)

cata(아래로)+ bolism(던짐)

=아래로 분해됨

=**이화작용, 분해대사**

cata=아래로

metabolism mə'tæbəlɪzəm (머**태**벌리즘)

meta(변화)+ bolism(던짐)

=몸의 계속된 변화=**신진대사**

meta=변화

예문

In a literary world filled with emotionalism and **hyperbole**, there are a few guiding stars.
(감성주의와 **과장법**으로 가득 찬 문학계에는 선도하는 스타들이 몇 명 있다.)

Its actual path will be a curve, which in this case is a **parabola**.
(그것의 실제 경로는 곡선이 될 것이고, 이 경우에는 **포물선**이다.)

Jesus told the crowds all these things in **parables**; without a parable he told them nothing.
(예수께서 이 모든 것을 **비유**로 무리에게 말씀하셨다. 비유 없이는 그들에게 아무 말도 하지 않았다.)

Ammonium produced by **catabolism** of protein is then excreted in urine.
(단백질의 **이화작용**에 의해 생성된 암모늄은 이후에 소변으로 배설된다.)

Altered carbohydrate, fat, and protein **metabolism** leads to a catabolic state.
(변형된 탄수화물, 지방, 단백질의 **신진대사**는 이화작용의 상태로 이어진다.)

hyperventilate
haɪpər'vɛntleɪt
(하이펄**벤**틀레이트)
hyper(지나친)+ ventilate(바람)
=지나치게 바람을 넣다
=**과호흡하다**
hyper=위에, 지나친

ventilate
'vɛntleɪt
(**벤**틀레이트)
venti(바람)+ late
=바람이 통하는
=**환기를 하다, 공기를 넣다**
☞ ventilation: 통풍, 환기
ventilator: 환풍기

vent
vɛnt
(벤트)
vent(바람)
=**통풍구, 환기구, 항문**

hypoventilation
hʌɪpəʊvɛntɪ'leɪʃən
(하이퍼벤틸**레**이션)
hypo(아래의)+ ventilation(환기)
=낮은 환기=**저환기, 호흡저하**
hypo=아래의, 낮은

ventiduct
'vɛntɪdʌkt
(**벤**티덕)
venti(바람)+ duct(이끄는)
=바람을 이끄는=**통풍관**
duct=이끌다, 유도하다

예문

In times of extreme stress, people may shake uncontrollably, **hyperventilate** or even vomit.
(극심한 스트레스가 있을 때, 사람들은 걷잡을 수 없이 흔들리거나, **과호흡을 하고** 심지어 토할 수도 있다.)
All three office buildings were mechanically **ventilated** without humidification.
(사무실 건물 세 채는 모두 가습 없이 기계적으로 **환기를 했다**.)
Security of air intake **vents** is important, especially for high-rises and large sports facilities.
(특히 고층 및 대형 스포츠 시설의 경우 공기 흡입 **통풍구**의 보안이 중요하다.)
The airway is reduced and the person will experience **hypoventilation** (inadequate breathing).
(기도가 좁아지면 사람은 **호흡저하**(부적절한 호흡)를 겪게 된다.)
The radiating fan drains the air out of the **ventiduct** space to rapidly remove heat from the lamp.
(복사 팬은 **통풍관** 공간에서 공기를 배출하여 램프의 열을 빠르게 제거한다.)

thermal 'θɜrməl (**썰**멀)
therm(열)+ al
=**열의**

hyperthermia
haɪpər'θɜrmiə
(하이펄**썰**미아)
hyper(위의)+ thermia(열)
=지나친 열=**이상고열, 고체온**
hyper=위에, 높은

hypothermia
haɪpə'θɜrmiə
(하이퍼**썰**미아)
hypo(아래의)+ thermia(열)
=낮은 열=**저체온증**
hypo=아래의, 낮은

그리스어 therme는 열(heat)의 뜻을 갖고 있다.

thermometer θər'mɒmɪtər (썰**마**미털)
thermo(열)+ meter(측정)
=온도를 측정함=**온도계, 체온계**
meter=측정하다

thermostat 'θɜrməstæt (**썰**머스태트)
thermo(열)+ stat(유지)
=열을 일정하게 유지시킴
=**온도 조절 장치**
stat=유지

예문

Well, as we already know, aluminum is a popular material used for heatsinks due to its **thermal** properties.
(음, 우리가 이미 알고 있는 것처럼 알루미늄은 **열의** 특성 때문에 열 흡수원에 사용되는 인기 있는 재료야.)
In some cases, **hyperthermia** (high body temperature) and convulsions can lead to death, according to NIDA.
(NIDA에 따르면 **고체온**과 경련으로 사망할 수 있는 경우도 있다고 한다.)
It is when body energy is exhausted that **hypothermia** becomes potentially life-threatening.
(**저체온증**이 잠재적으로 생명을 위협하게 되는 것은 몸의 에너지가 고갈될 때이다.)
Narrow-range mercury **thermometers** were used to measure sand surface temperature.
(모래 표면 온도를 측정하기 위해 좁은 범위의 수은 **온도계**가 사용되었다.)
Install a programmable **thermostat** that will automatically lower night-time temperatures.
(야간 온도를 자동으로 낮출 수 있는 프로그램식 **온도 조절기**를 설치하십시오.)

isotherm ˈaɪsəθɜrm (**아**이서썸)
iso(같은)+ therm(열)
=같은 온도의=**등온선(等溫線)**
iso=같은

diathermy ˈdaɪəθɜrmi (**다**이어썰미)
dia(통과하는)+ thermy(열)
=열을 통과시키는=**투열요법**
dis=통과

geothermal dʒioʊˈθɜrməl (지오**썰**멀)
geo(땅)+ thermal(열)
=땅의 열=**지열의**
geo=땅

therm: 열(2)

그리스어 therme는 열(heat)의 뜻을 갖고 있다.

exothermic ɛksoʊˈθɜrmɪk (엑소**썰**믹)
exo(밖으로)+ thermic(열의)
=밖으로 열이 나가는=**발열성의**
ex=밖으로

endothermic ɛndoʊˈθɜrmɪk (엔도**썰**믹)
endo(안으로)+ thermic(열)
=안으로 열을 흡수하는=**흡열성의**
endo=안으로

The average temperature of an underground site reflects the yearly **isotherm** of the area.
(지하 현장의 평균 온도는 그 지역의 연간 **등온선**을 반영한다.)
One patient received **diathermy** following oral surgery, the other for treatment of chronic scoliosis.
(한 환자는 구강 수술 후, 다른 환자는 만성 척추측만증 치료를 위해 **투열요법**을 받았다.)
Experts say **geothermal** heat pumps can be used almost anywhere in the U.S. and the world.
(전문가들은 **지열을 이용한** 열 펌프가 미국과 세계의 거의 모든 곳에서 사용될 수 있다고 말한다.)
For these **exothermic** processes, the solubility decreases with an increase in temperature.
(이러한 **발열** 과정의 경우, 용해성은 온도가 상승할수록 감소한다.)
A reaction which has a positive value for this is an **endothermic** reaction and requires heat.
(이에 대해 긍정적인 값을 갖는 반응은 **흡열성** 반응이며 열을 필요로 한다.)

hyperopia haɪpər'oʊpiə (하이퍼**로**피아)
hyper(넘치는)+ opia(눈)
=멀리 보는 눈=**원시(遠視)**
hyper=위에, 넘치는

presbyopia prɛzbi'oʊpiə (프레즈비**오**피아)
presby(노인)+ opia(눈)
=노인의 눈=**노안**
presby=노인
☞ presbyterian: 장로교(인)의

myopia maɪ'oʊpiə (마이**오**피아)
my(닫힌)+ opia(눈)
=닫힌 눈=**근시(近視)**
my=(원형: muein) 닫힌

op: 눈

그리스어 ops는 눈(eye)의 뜻을 갖고 있다.

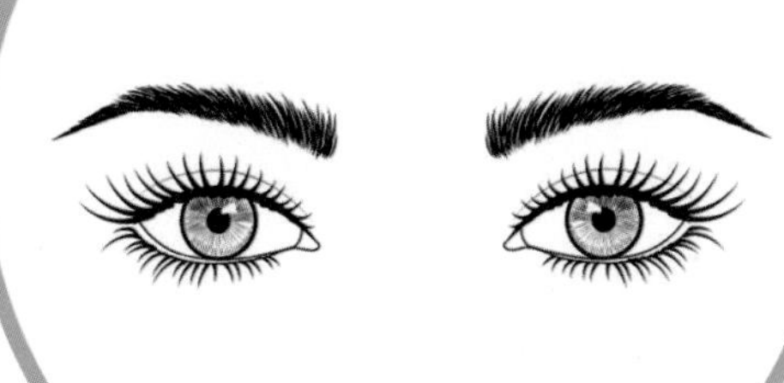

amblyopia æmbli'oʊpiə (앰블리**오**피아)
ambly(흐린)+ opia(눈)
=흐린 눈=**약시(弱視)**
ambly=둔한, 흐린

optic 'ɒptɪk (**압**틱)
op(눈)+ tic
=**눈의, 광학의**
☞ optics: 광학

ophthalmia ɒf'θælmiə (아프**쌜**미아)
ophthalm(눈)+ ia(병)
=눈의 병=**안염(眼炎)**
ia=병의 상태
☞ ophthalmology: 안과학

예문

Farsightedness, or **hyperopia**, is a common refraction problem causing blurred vision of close objects.
(멀리 봄 또는 **원시**는 가까운 물체의 시야를 흐리게 하는 흔한 굴절 문제인 것이다.)
Although you can't prevent **presbyopia**, you can help protect your eyes and your vision.
(비록 당신이 **노안**을 예방할 수는 없지만, 당신은 당신의 눈과 시력을 보호하는 데 도움을 줄 수 있다.)
The Romans considered **myopia** a permanent defect that reduced the market value of a slave.
(로마인들은 **근시**를 노예의 시장가치를 떨어뜨리는 영구적인 결함으로 여겼다.)
They asked the surgeons to inform them of people with **amblyopia** who had lost vision in their good eye as adults.
(그들은 외과의들에게 성인으로서 좋은 눈을 갖고도 시력을 잃은 **약시**를 가진 사람들을 알려달라고 부탁했다.)
All patients were diagnosed as having anterior **optic** neuropathy.
(모든 환자들은 앞쪽 **눈의** 신경장애를 앓고 있다는 진단을 받았다.)
Men developed eye disorders and acute **ophthalmia**, and some went blind.
(남자들은 눈 장애와 급성 **안염**을 앓았고, 일부는 실명했다.)

algesia, algia: 고통

hyperalgesia haɪpəræl'dʒiziə (하이퍼랠**지**지아)
hyper(지나친)+ algesia(통증)
=지나친 통증=**통각과민증**
hyper=지나친, 위의
☞ algesia: 통각

analgesia ænl'dʒiziə (애널**지**지아)
an(없는)+ algesia(통증)
=통증이 없는
=**통각상실증, 무통증**
an=~이 없는

neuralgia nʊ'rældʒə (누**랠**자)
neur(신경)+ algia(통증)
=신경의 통증=**신경통**
neur=신경

myalgia maɪ'ældʒiə (마이**앨**지아)
my(근육)+ algia(통증)
=근육의 통증=**근육통**
my=(원형: myo) 근육

algesia, algia: 고통

그리스어 algos는 고통의 뜻을 갖고 있다.

nostalgia nɒ'stældʒə (나스**탤**자)
nost(귀향)+ algia(고통)
=귀향의 고통=**향수병**
nost=귀향
 nostalgic: 향수를 불러일으키는

arthralgia ɑr'θrældʒə (알쓰**랠**저)
arthr(관절)+ algia(통증)
=관절의 통증=**관절통**
arthr=(원형: arthron) 관절

otalgia oʊ'tældʒiə (오**텔**지아)
ot(귀)+ algia(통증)
=귀의 통증=**귀앓이, 이통(耳痛)**
ot=귀

예문

They also act as mediators of inflammatory **hyperalgesia**.
(그들은 또한 염증성 **통각과민증**의 매개자 역할도 한다.)
The association of maternal fever with epidural **analgesia** is well known.
(모성 열과 경막외 **무통증**과의 관련성은 잘 알려져있다.)
The most common chronic complication of herpes zoster is postherpetic **neuralgia**.
(대상포진의 가장 흔한 만성 합병증은 대상포진 후 **신경통**이다.)
Patients may be asymptomatic or may have symptoms of fever, malaise, **myalgia**, and hepatitis.
(환자는 무증상일 수도 있고 발열, 말라리아, **근육통**, 간염 등의 증상을 보일 수도 있다.)
In electoral politics you either sell a promise for the future, or **nostalgia** for the past.
(선거 정치에서 당신은 미래에 대한 약속을 팔거나, 과거에 대한 **향수**를 팔거나 할 수 있다.)
Arthritis is joint pain with inflammation, whereas **arthralgia** is joint pain without inflammation.
(관절염은 염증을 동반한 관절의 통증인 반면 **관절통**은 염증이 없는 관절의 통증이다.)
In our study, the main presenting symptoms were **otalgia** and sensation of blockage.
(우리의 연구에서 주요 증상은 **이통**과 폐색감이었다.)

hyperpnea haɪpərp'niə (하이퍼프**니**아)
hyper(지나친)+ pnea(호흡)
=과도한 호흡=**과다호흡**
hyper=과도한

apnea 'æpniə (**애**프니아)
a(없는)+ pnea(호흡)
=호흡이 없는=**무호흡**
a(an)=~이 없는

pneuma 'nyumə (**뉴**마)
pneu(호흡)+ ma
=숨, 호흡=**정신, 영**

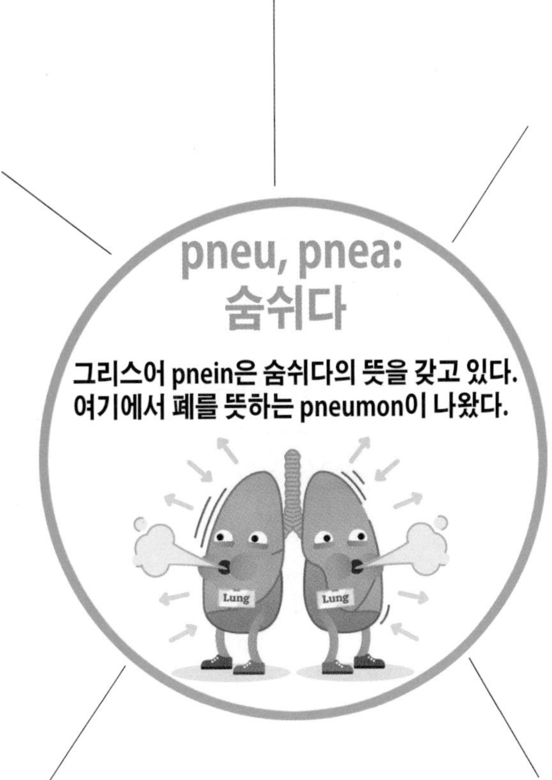

pneumonia nyʊ'moʊniə (뉴**모**니아)
pneumon(폐)+ ia(병)
=**폐렴**
pneumon=폐
ia=병
☞ pneumonic: 폐의

tachypnea tækɪp'niə (태키프**니**아)
tachy(빠른)+ pnea(호흡)
=빠른 호흡=**급속호흡**
tachy=빠른

예문

Hyperventilation (tachypnea and/or **hyperpnea**) also lowers the oxygen concentration in the mask.
(또한 과호흡 증후군-급속호흡 또는 **과다호흡**-은 마스크의 산소 농도를 낮춘다.)
You could have a sleep disorder, such as obstructive sleep **apnea** or restless legs syndrome.
(폐쇄성 수면 **무호흡증**이나 하지불안 증후군 같은 수면장애가 생길 수도 있다.)
Ruah, in Hebrew, and **pneuma**, in Greek, are often translated "spirit" but both literally mean "breath."
(히브리어로 루아와 그리스어로 **pneuma**는 종종 "**영혼**"으로 번역되지만 둘 다 문자 그대로 "숨"을 의미한다.)
The commonest infection is a type of **pneumonia**, a serious lung infection.
(가장 흔한 감염은 **폐렴**의 일종으로 심각한 폐 감염이다.)
The patient was an obese white woman who was in mild respiratory distress with **tachypnea** of 22 breaths/min.
(환자는 비만한 백인 여성으로, 분당 22번의 **급속호흡**을 하는 가벼운 호흡곤란을 겪고 있었다.)

hypoxia hʌɪ'pɒksɪə (하이**팍**시아)

hyp(o)(모자란)+ ox(i)(산소)+ ia(병)

=산소가 모자란 병=**저산소증**

hypo=모자란 ia=병

☞ oxygen: 산소

anoxia æn'ɒksiə (애**낙**시아)

an(없는)+ ox(i)(산소)+ ia(병)

=산소가 없는 병=**산소결핍(증)**

an=~이 없는 ia=병

☞ anoxic: 무산소의

oxide 'ɒksaɪd (**악**사이드)

ox(i)(산소)+ ide(산성의)

=산소가 산화됨=**산화물**

ide(acide)=산, 산성의

☞ hydroxide: 수산화물

oxidize: 산화시키다

oxidation: 산화(酸化)(작용)

oxy, oxi: 산소

프랑스어 oxygène는 산소의 뜻을 갖고 있다.

dioxide daɪ'ɒksaɪd (다이**악**사이드)

di(두 개의)+ oxide(산화물)

=두 개의 산화물=**이산화물**

di=두 개의

☞ carbon dioxide: 이산화탄소

monoxide mɒn'ɒksaɪd (마**낙**사이드)

mon(o)(하나의)+ oxide(산화물)

=하나의 산화물=**일산화물**

mono=하나의

☞ carbon monoxide: 일산화탄소

antioxidant ænti'ɒksɪdənt (앤티**악**시던트)

anti(저항하는)+ oxidant(산화제)

=산화에 저항하는 물질

=**항산화제, 산화방지제**

anti=저항하는, 반대의

예문

Oxygen is cheap, widely available, and used in a range of settings and conditions to relieve or prevent tissue **hypoxia**.
(산소는 싸고 널리 이용되며 세포 **저산소증**을 완화하거나 예방하기 위해 다양한 환경과 조건에서 사용된다.)

Lack of oxygen or **anoxia** is a common environmental challenge which plants have to face throughout their life.
(산소 부족 또는 **산소 결핍증**은 식물이 일생 동안 직면해야 하는 흔한 환경적 도전이다.)

Exhaust from the automobile can contain carbon monoxide and nitrogen **oxides**, which are poisonous gases.
(자동차에서 나오는 배기는 유독 가스인 일산화탄소와 질소**산화물**을 포함할 수 있다.)

US saw drop in energy-related carbon **dioxide** emissions in 2019, report says.
(미국에서 에너지 관련 **이산화**탄소 배출량이 2019년에 감소했다고 보고서는 말한다.)

This atomic chlorine reacts readily with ozone to produce chlorine **monoxide** and molecular oxygen.
(이 원자염소는 오존과 쉽게 반응하여 **일산화**염소와 분자산소를 생성한다.)

The body contains chemicals called **antioxidants** which reduce oxidative stress.
(몸에는 산화 스트레스를 줄여주는 **항산화제**라는 화학물질이 들어있다.)

luc, lus: 비추다, 빛나다(1)

illustration ɪlə'streɪʃən (일러스트**레**이션)

il(안으로)+ lustration(비추다)

=안으로 비추다

=**삽화, 도해, 일러스트레이션**

in(il)=안으로

☞ illustrate: 삽화를 쓰다, 예증하다

luster 'lʌstər (**라**스털)

lus(빛나다)+ ter

=빛남

=**광택, 윤, 광을 내다, 호색한**

☞ lust: 욕정, 호색

lucent 'lusənt (**루**선트)

luc(빛나다)+ ent

=빛나는=**빛을 내는, 투명한**

라틴어 lustrare는 비추다, 빛나다의 뜻을, lux는 빛의 뜻을 갖고 있다.

translucent træns'lusənt (트랜스**루**선트)

trans(통과하는)+ lucent(비추다)

=통과해서 비추는=**반투명한**

trans=통과하는, 건너서

☞ translucence: 반투명

lucid 'lusɪd (**루**시드)

luc(비추다)+ id

=비추는=**명쾌한, 명료한**

예문

Not only the texts were analysed, but also the covers and any **illustrations** in the books.
(본문뿐만 아니라 표지와 책의 **삽화**도 분석되었다.)

Both are neatly finished to a pleasing soft **luster**.
(둘 다 깔끔하게 마무리되어 기분을 좋게 하는 부드러운 **광택이 난다**.)

One of these was such a soft **lucent** pinky white as to appear almost transparent.
(이 중 하나는 거의 투명하게 보일 정도로 부드럽게 **빛나는** 분홍빛이 도는 흰색이었다.)

Its surface is covered by an inorganic, orange-yellow **translucent** material.
(그것의 표면은 무기체, 주황색-황색의 **반투명** 물질로 덮여있다.)

It's written in very concrete language, very **lucid**, easy to understand.
(그것은 매우 구체적인 언어로 쓰여져있고, 매우 **명쾌하고**, 이해하기 쉽다.)

lustrous ˈlʌstrəs (**라**스트러스)

lus(빛나다)+ trous

=빛나는

=**윤기가 흐르는, 광택 있는**

elucidate ɪˈlusɪdeɪt (일**루**시데이트)

e(밖으로)+ lucidate(비추다)

=밖으로 비추다

=**설명하다, 해명하다**

e(ex)=밖으로

☞ elucidation: 설명, 해명

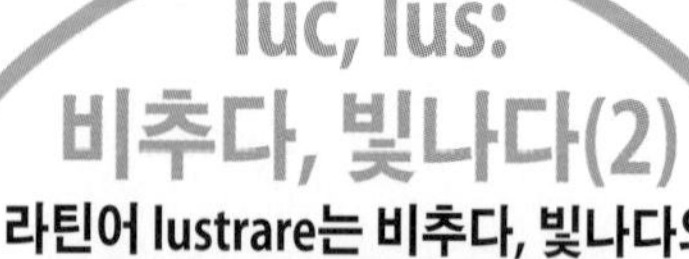

라틴어 lustrare는 비추다, 빛나다의 뜻을, lux는 빛의 뜻을 갖고 있다.

lackluster ˈlæklʌstər (**랙**러스털)

lack(결여된)+ luster(빛나는)

=빛나지 않는

=**광택이 없는, 활기 없는**

lack=결여된

luculent ˈlukyʊlənt (**루**큘런트)

luc(빛나다)+ ulent

=빛나는

=**명쾌한, 명료한, 설득력 있는**

예문

When you were 18, your hair was shiny and **lustrous**: what went wrong?
(당신이 18살이었을 때, 당신의 머리는 빛나고 **윤기가 났다**: 무엇이 잘못되었는가?)
In attempting to **elucidate** the significance of this paradox, I want to proceed carefully.
(이 역설의 중요성을 **설명하려고** 할 때, 나는 신중하게 진행하기를 원한다.)
But Japan has been wrestling for more than a decade with falling prices and a **lacklustre** economic performance.
(그러나 일본은 가격 하락과 **활기 없는** 경제 성과로 인해 10년 넘게 씨름을 해왔다.)
This intense study of obsession is not for the faint-hearted, but his tough and complex music has some unexpected moments of **luculent** beauty.
(이러한 강박관념에 대한 집중적인 연구는 비겁한 마음을 위한 것이 아니다. 그러나 그의 거칠고 복잡한 음악은 뜻하지 않은 **명쾌한** 아름다움의 순간들을 지니고 있다.)

illuminate ɪ'lumɪneɪt
(일**루**미네이트)
il(안으로)+ luminate(비추다)
=안으로 빛을 비추다=**밝히다, 계몽하다**
il(in)=안으로
☞ illumination: 조명, 불빛

luminary 'lumɪnɛri
(**루**미네리)
lumin(빛)+ ary
=그 분야에서 빛나는
=**전문가, 권위자**
☞ luminous:
야광의, 빛을 발하는
luminescence: 발광

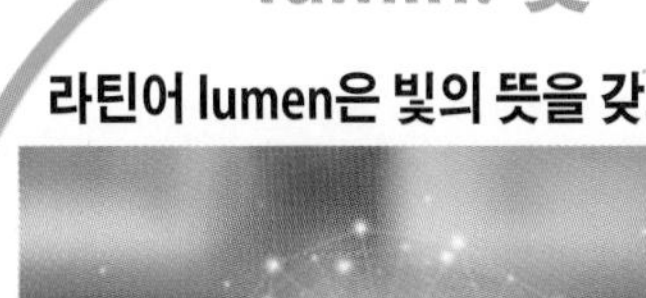

lumin: 빛

라틴어 lumen은 빛의 뜻을 갖고 있다.

radiate 'reɪdieɪt
(**레**이디에이트)
radi(광선)+ ate
=광선이 나오는
=**발산하다, 발하다**
☞ radial: 방사상의
radius: 반지름, 반경

radi: 광선

라틴어 radius는 광선의 뜻을 갖고 있다.

irradiate
ɪ'reɪdieɪt
(일**레**이디에이트)
ir(안으로)
+ radiate(광선을 비추다)
=안으로 광선을 비추다
=**방사선을 쬐다**
ir(in)=안으로
☞ irradiant: 찬란히 빛나는

radioactive
reɪdioʊ'æktɪv
(레이디오**액**티브)
radio(광선)+ active(활동적인)
=광선이 나오는=**방사성의**
acive=활동적인, 활성의
☞ radiation: 방사선
radioactivity: 방사능

예문

When the lights flashed it **illuminated** the sky and the whole area.
(불빛이 번쩍거리자 그것이 하늘과 전 지역을 **밝혔다**.)
The event featured daily keynote addresses from industry **luminaries** and more than 60 technical seminars.
(이날 행사에는 업계 **유명인사들**의 일일 기조연설과 60여 개 기술 세미나 등이 마련됐다.)
Depending on which elements are being tested for, the samples are **irradiated** with energetic neutrons.
(시험 대상 원소에 따라 샘플은 에너지 중성자로 **방사능 처리된다**.)
Why is that electrons **radiate** electromagnetic energy when they are accelerated?
(왜 전자는 가속될 때 전자기 에너지를 **방출하는**가?)
Radon decays to form tiny **radioactive** particles, some of which remain suspended in the air.
(라돈은 작은 **방사능** 입자를 형성하는데, 그중 일부는 공기 중에 남아있다.)

impression ɪm'prɛʃən (임프레션)

im(안으로)+ pression(누름)

=마음 안으로 각인됨=**인상, 감명**

im(in)=안으로

☞ impressive: 인상적인

oppression ə'prɛʃən (어프레션)

op(앞에서)+ pression(누름)

=앞에서 누름=**억압, 압박**

op(ob)=앞에서, 대항하여

☞ oppress: 억압하다
pressure: 압력

depress dɪ'prɛs (디프레스)

de(아래로)+ press(누르다)

=아래로 누르다

=**우울(암울)하게 만들다**

de=아래로

☞ depressed: 우울한, 암울한, 침체된
depression: 우울증, 암울함

press, primand: 누르다(1)

라틴어 premere는 누르다의 뜻을 갖고 있다.

repress rɪ'prɛs (리프레스)

re(뒤로)+ press(누르다)

=뒤로 누르다

=**참다, 억누르다, 진압하다**

re=뒤로

☞ repression: 탄압, 진압, 억압

suppress sə'prɛs (서프레스)

sup(아래로)+ press(누르다)

=아래로 누르다

=**진압하다, 억누르다**

sup(sub)=아래로

☞ suppression: 진압, 억제

예문

My **impression** is that his opinions were built on several myths and false assumptions.
(나의 **인상**은 그의 의견이 여러 가지 신화와 잘못된 추측에 바탕을 둔 것이라는 것이다.)

"There are some **oppressions** you can't remain silent about," Almussa says.
("당신이 침묵할 수 없는 **압박들**이 있습니다"라고 알무사는 말한다.)

It **depresses** me to hear on the news the number of people murdered or dying violently.
(뉴스에서 많은 사람들이 죽거나 끔찍하게 죽어간다는 것을 듣는 것이 나를 **우울하게 한다**.)

Using them, it seems that what is expressed in the former is **repressed** in the latter, and vice versa.
(그것들을 사용함으로써 전자에 표현된 것은 후자에서 **억압되고**, 그 반대의 경우도 마찬가지인 것 같다.)

The army **suppressed** the uprising, killing ten thousand people.
(군대는 폭동을 **진압하여** 만 명을 죽였다.)

reprimand ˈrɛprɪmænd (**레**프리맨드)

re(뒤로)+ primand(누르다)

=뒤로 누르다
=질책하다, 문책하다
re=뒤로

acupress**ure** ˈækyʊprɛʃər (**애**큐프레셜)

acu(날카로운)+ pressure(누름)

=날카로운 것으로 누름
=지압, 지압술
acu=날카로운
☛ acupuncture: 침술

compress kəmˈprɛs ˈkɒmprɛs (컴프**레**스) (**캄**프레스)

com(함께)+ press(누르다)

=다함께 누르다
=압축하다, 압축
com=함께

press, primand:
누르다(2)
라틴어 premere는 누르다의 뜻을 갖고 있다.

decompress dikəmˈprɛs (디컴프**레**스)

de(반대의)+ compress(압축하다)

=압축을 풀다
=기압이 줄다, 기압을 줄이다, 압축을 풀다
de=반대의

irrepress**ible** ɪrɪˈprɛsəbəl (일리프**레**서블)

ir(아닌)+ repressible(억누를 수 있는)

=억누를 수 없는
ir(in)=~이 아닌

예문

The accountancy firm was **reprimanded** regarding its audit of that company.
(그 회계 회사는 그 회사에 대한 감사와 관련하여 **질책을 받았다**.)
She has been having mind and body therapy, **acupressure** and acupuncture.
(그녀는 심신 요법, **지압**, 침술을 받아왔다.)
These structures irritate the tendon by putting pressure on it and **compressing** it.
(이 구조들은 힘줄에 압력을 가하고 **압축을 함**으로써 힘줄을 자극한다.)
It takes less time to load a small file and **decompress** it than to pull a larger file off the disk.
(디스크에서 더 큰 파일을 꺼내는 것보다 작은 파일을 로드하고 **압축을 푸는** 데 시간이 덜 걸린다.)
The villains then were misguided terrorists, the perpetrators now are our **irrepressible** politicians.
(그 당시 악당들은 잘못 인도된 테러리스트들이었고, 가해자들은 이제 **억누를 수 없는** 우리의 정치인들이다.)

enclose ɛn'kloʊz (엔클**로**즈)
en(안으로)+ close(막다)
=안을 막다=**에워싸다, 동봉하다**
en(in)=안으로
■☞ enclosure: 울타리를 두름, 동봉

preclude prɪ'klud (프리클**루**드)
pre(앞에)+ clude(막다)
=앞에서 막다
=**못하게 하다, 불가능하게 하다**
pre=앞에
■☞ preclusion: 제외, 배제, 방해

exclude ɪk'sklud (익스클**루**드)
ex(밖으로)+ clude(막다)
=밖을 막다
=**제외하다, 배제하다**
ex=밖으로
■☞ exclusion: 제외, 배제 [ɪk'skluʒən]

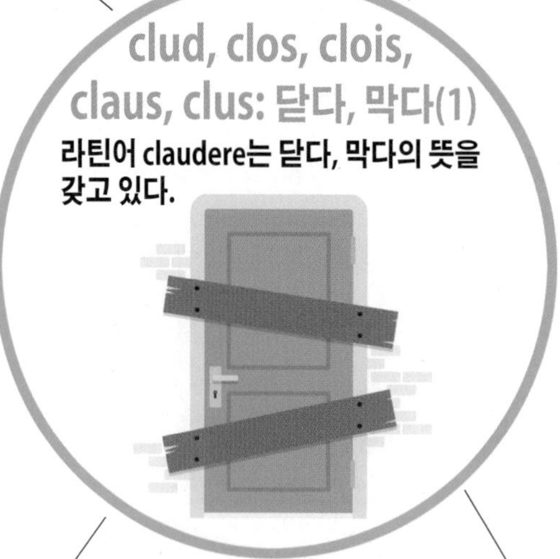

closure 'kloʊʒər (클**로**졀)
clos(닫다)+ ure
=닫음=**폐쇄, 종결**
■☞ closet: 벽장 ['klɒzɪt]

cloisonne klɔɪzə'neɪ (클로이저**네**이)
clois(막다)+ onne
=분할됨(조각=자개)
=**칠보, 칠보의**

예문

The back of the truck was open, but the sides were **enclosed** with splintery, yellow wood.
(트럭의 뒷부분은 열려있었지만, 옆면에는 조각난 노란 나무가 **에워싸고** 있었다.)
My lack of interest in the subject **precluded** me from gaining much enjoyment out of it.
(그 문제에 대한 나의 관심 부족은 나로 하여금 그 문제에서 많은 즐거움을 얻지 **못하게 했다**.)
But this time, he was **excluded** from the debates.
(하지만 이번에 그는 토론에서 **배제되었다**.)
There were at least three road **closures** for maintenance today between here and Boston.
(오늘 보수를 위하여 이곳과 보스턴 사이에 적어도 세 군데의 도로 **폐쇄**가 있었다.)
It was probably used in fine techniques of **cloisonne** and related crafts.
(그것은 아마도 **칠보**와 그것에 관련된 공예의 정교한 기술에 사용되었을 것이다.)

occlude əˈklud (어클**루**드)
oc(앞에서)+ clude(막다)
=앞에서 막다=**가리다, 막다**
oc(ob)=앞에서
☞ occlusion: 폐색, 폐쇄

seclude sɪˈklud (시클**루**드)
se(분리)+ clude(닫다)
=분리시켜 닫아버리다
=**은둔하다, 고립시키다**
se=분리
☞ seclusion: 칩거, 은둔

cloister ˈklɔɪstər (클**로**이스털)
clois(닫힌)+ ter
=닫힌 장소=**회랑, 수도원, 수도원 생활**

clud, clos, clois, claus, clus: 닫다, 막다(2)
라틴어 claudere는 닫다, 막다의 뜻을 갖고 있다.

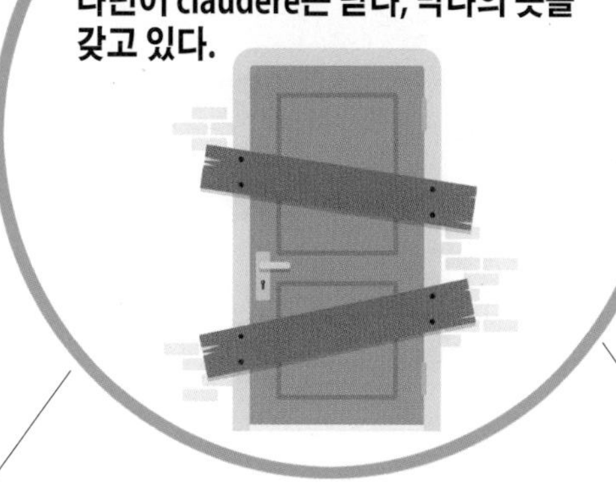

foreclose fɔrˈkloʊz (폴클**로**즈)
fore(외부로)+ close(막다)
=(빠져나가지 못하도록) 막다
=**담보권을 실행하다**
fore=(원형: foras) 외부로
☞ foreclosure: 담보권 행사, 압류

recluse ˈrɛklus (**레**클루스)
re(완전히)+ cluse(닫은)
=완전히 닫은=**은둔자**
re=완전히(강조)
☞ reclusive: [rɪˈklusɪv] 세상을 버린, 은둔한

예문

Furthermore, this stent can be implanted without **occluding** the side bronchus.
(게다가 이 스텐트는 옆 기관지를 **막지** 않고도 이식할 수 있다.)
Increasingly it became difficult to **seclude** her from the peasants who lived in the surrounding area.
(점점 더 그녀를 인근 지역에 살고 있는 농민들로부터 **고립시키는** 것이 어려워졌다.)
Many significant people, scholars and nonscholars, enrich the Orthodox **cloisters**.
(많은 중요한 사람들, 학자들과 비학자들이 정교회 **수도원 생활**을 풍부하게 한다.)
If you and I spend endlessly, the bank will eventually **foreclose** on the mortgage.
(당신과 내가 끝없이 돈을 쓴다면 은행은 결국 대출금을 **압류할** 것이다.)
I hope they won't be **recluses** and that they'll enjoy rural life and all that goes on in the community.
(나는 그들이 **은둔자**가 되지 않기를 바라며 그들이 전원생활과 지역사회에서 일어나는 모든 일들을 즐기기를 바란다.)

clud, clos, clois, claus, clus: 닫다, 막다(3)

claustrophobia klɔstrə'foʊbiə (클로스트러**포**비아)

claustro(닫힌)+ phobia(공포증)

=닫힌 장소 공포증=**폐소공포증**

phobia=공포증

include ɪn'klud (인클**루**드)

in(안으로)+ clude(닫다)

=안으로 닫다=**포함하다**

in=안으로

☞ inclusion: 포함

conclusive kən'klusɪv (컨클**루**시브)

con(함께)+ clusive(닫는)

=함께 닫는=결론을 내린

=**결정적인, 확실한**

con(com)=함께

☞ conclusion: 결론 [kən'kluʒən]

conclude: 결론을 내리다

clud, clos, clois, claus, clus: 닫다, 막다(3)

라틴어 claudere는 닫다, 막다의 뜻을 갖고 있다.

disclose dɪ'skloʊz (디스클**로**즈)

dis(반대의)+ close(닫힌)

=닫힌 걸 열다=**밝히다, 드러내다**

dis=반대의

☞ disclosure: 폭로

예문

The panic attacks are sometimes accompanied by **claustrophobia** but not always.
(공황발작은 때때로 **폐소공포증**을 동반하지만 항상 그렇지는 않다.)

These prices are per room per night and **include** dinner and breakfast for two people.
(이 가격은 일박당 가격이고 두 사람이 먹을 저녁과 아침 식사를 **포함한다**.)

But unless **conclusive** evidence proves this we cannot authenticate any of these findings.
(그러나 **결정적인** 증거가 이것을 증명하지 않는 한 우리는 이 발견들 중 어떤 것도 진짜임을 증명할 수 없다.)

He said they were not **disclosing** this information because they believed it would not be helpful.
(그는 그들이 이 정보가 도움이 되지 않을 것이라고 생각했기 때문에 **공개하지** 않고 있다고 말했다.)

incarnate ɪn'kɑrnɪt (인카닛)
in(안으로)+ carnate(육체)

=육체 안으로 들어옴

=**육체를 입은, 화신(化身)의**

in=안으로

☞ incarnation: 화신, 성육신

carnal 'kɑrnl (카늘)
carl(육체)+ al

=육체의=**세속적인, 육욕적인**

☞ carnality: 육욕, 세속성

carnage 'kɑrnɪdʒ (카니지)
carn(육체)+ age

=(동물의 도살을 의미하는 라틴어 carnaticum에서 유래)

=**대학살, 살육**

carn: 고기, 육체
라틴어 caro는 고기, 육체의 뜻을 갖고 있다 (소유격=carnis).

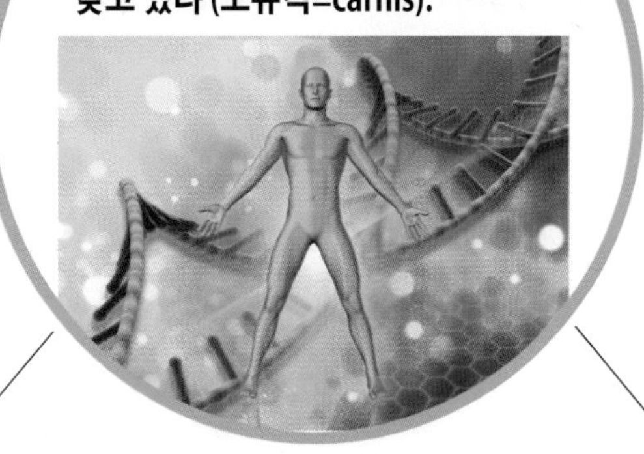

carnivorous kɑr'nɪvərəs (카니버러스)
carni(고기)+ vorous(먹는)

=고기를 먹는=**육식성의**

vorous=게걸스럽게 먹는

☞ carnivore: 육식동물 ['kɑrnɪvɔr]

carnival 'kɑrnɪvəl (카니벌)
carni(고기)+ val(먹어치움)

=고기를 먹어치움

=**카니발, 축제**

val=(라틴어 원형: levare) 먹어치우다의 뜻을 갖고 있다.

예문
This is also the meaning of the **incarnate** God entering human history through a manger and not Herod's palace.
(이것은 또한 **화신이 된** 하나님이 헤롯의 궁전이 아닌 마굿간을 통해 인간의 역사에 들어왔다는 의미다.)

For him, though, there's no competition between **carnal** and spiritual desires.
(하지만 그에게는 **육체적** 욕망과 정신적인 욕망 사이의 충돌이 없다.)

He said drinking and speeding were the two biggest causes of **carnage** on the roads.
(그는 음주와 과속이 도로에서의 **대학살**의 가장 큰 두 가지 원인이라고 말했다.)

These fish are **carnivorous** and eat a variety of small animals including insects, crustaceans, and worms.
(이 물고기들은 **육식성**이고 곤충, 갑각류, 지렁이를 포함한 다양한 작은 동물들을 먹는다.)

The festival will begin with a **carnival** parade setting off from Main Road.
(축제는 메인 로드에서 시작되는 **카니발** 퍼레이드로 시작할 것이다.)

indigenous ɪnˈdɪdʒənəs (인**디**저너스)

indi(안에서)+ genous(태어난)

=그 안에서 태어난=**토착의, 타고난**

indi=안에서

☞ indigene: 본토박이, 토착민

congenital kənˈdʒɛnɪtl (컨**제**니틀)

con(함께)+ genital(태어난)

=함께 타고난=**선천적인**

con(com)=함께

☞ congenial: 마음이 맞는, 마음이 통하는 [kənˈdʒinyəl]

ingenious ɪnˈdʒinyəs (인**지**니어스)

in(안에)+ genious(태어난)

=태어날 때 가지고 있던

=**기발한, 독창적인**

in=안에

☞ ingenuous: 순진한

genius: 천재 [ˈdʒinyəs]

genial: 상냥한, 다정한

gen, gene: 낳다, 만들다(1)

라틴어 gene-는 낳다의 뜻을 갖고 있다.

genealogy dʒiniˈɒlədʒi (지니**알**러지)

genea(낳은 후손)+ logy(학문)

=세대에 관한 학문

=**계보, 족보, 계보학**

logy=학문, 이론

☞ gene: 유전자

carcinogen kɑrˈsɪnədʒən (칼**시**너전)

carcino(암)+ gen(만드는)

=암을 만드는=**발암물질**

carcino=암

예문

Discrimination against **indigenous** pygmies and ethnic minorities is a problem.
(**토착의** 피그미족과 소수민족에 대한 차별이 문제다.)

Family history should be obtained to evaluate the risk of **congenital** disease.
(**선천성** 질환의 위험성을 평가하기 위해 가족력을 확보해야 한다.)

What you have to believe is that humans are a very inventive and **ingenious** species.
(당신이 믿어야 할 것은 인간은 매우 창의적이고 **기발한** 종이라는 것이다.)

There will even be an area where visitors can trace their **genealogy** and Irish roots.
(심지어 방문객들이 그들의 **족보**와 아일랜드인의 뿌리를 추적할 수 있는 지역도 있을 것이다.)

Individuals can decrease their cancer risk from certain **carcinogens** by making lifestyle changes.
(개인들은 생활방식을 변화시킴으로써 특정 **발암물질**로부터 발생하는 암 위험을 줄일 수 있다.)

sui generis ˈsʊɪ ˈɡɛnɛrɪs (**수**이 **게**네리스)
sui(자체의)+ generis(종류)
=자체의 종류=**독특한**
sui=자체의

engender ɛnˈdʒɛndər (엔**젠**덜)
en(만들다)+ gender(낳다)
=낳다=**낳다, 불러일으키다**
en(in)=만들다

generate ˈdʒɛnəreɪt (**제**너레이트)
gene(만들다)+ rate
=만들어내다
=**발생시키다, 만들어내다**
☞ generation: 세대, 발생
generator: 발전기

gen, gene: 낳다, 만들다(2)
라틴어 gene-는 낳다의 뜻을 갖고 있다.

generous ˈdʒɛnərəs (**제**너러스)
gener(태어난)+ ous
=귀족으로 태어난=**너그러운**
☞ generosity: 너그러움

regeneration rɪdʒɛnəˈreɪʃən (리제너**레**이션)
re(다시)+ generation(생산)
=다시 생산함=**재생, 갱생**
re=다시

예문

Nonetheless, these concerns continue to animate opposition to the concept of **sui generis** protection.
(그럼에도 불구하고, 이러한 우려는 **독특한** 보호라는 개념에 대한 반대를 계속 불러일으키고 있다.)
Many of these changes **engender** anxiety and fear.
(이러한 변화들 중 많은 것들이 불안과 공포를 **불러일으킨다**.)
It will also create jobs and **generate** income for the local economy.
(또한 그것은 일자리를 창출하고 지역 경제를 위한 수입을 **발생시킬** 것이다.)
He was very **generous** with his time and always had a willingness to help others.
(그는 그의 시간에 매우 **관대했고** 항상 다른 사람들을 돕겠다는 의지를 가지고 있었다.)
These changes will continue the process of renewal and **regeneration**.
(이러한 변화들은 갱신과 **재생**의 과정을 지속시킬 것이다.)

gen, gene: 낳다, 만들다(3)

progeny ˈprɒdʒəni (프**라**저니)
pro(앞으로)+ geny(낳을)
=앞으로 낳을=**자손**
pro=앞으로

genetic dʒəˈnɛtɪk (제**네**틱)
gene(유전)+ tic
=유전의=**유전의, 유전학의**
☞ gene: 유전자
genetics: 유전학
genesis: 기원, 발생, 창세기

genotype ˈdʒɛnətaɪp (**제**너타입)
geno(유전자)+ type(형식)
=유전자의 형식=**유전자형**
type=형식

gender ˈdʒɛndər (**젠**덜)
gen(출생)+ der
=태어난 것=**성, 성별**

They will know that the **progeny** of these dogs is absolutely genuine and that there is no falsifying of records.
(그들은 이 개들의 **자손**이 절대적으로 진품이며 기록을 위조하지 않았음을 알게 될 것이다.)
The variant genes that cause recessive **genetic** illnesses tend to be very rare.
(열성 **유전**병을 일으키는 변종 유전자는 매우 희귀한 경향이 있다.)
Phenotypic plasticity enables individuals or **genotypes** to assume obviously different phenotypes during the life cycle.
(표현형 가소성은 개인이나 **유전자형**이 수명주기 동안 명백히 다른 표현형을 추정할 수 있게 한다.)
It's not entirely clear why there is a difference between the **genders**.
(왜 **성별**에 차이가 있는지는 완전히 명확하지 않다.)

cita, cit: 깨우다, 불러일으키다

incite
ɪn'saɪt
(인**사**이트)

in(안으로)+ cite(불러일으키다)

=안으로 불러일으키다
=선동하다, 부추기다
in=안으로
☞ incitement: 선동, 조장
citation: (=불러냄) 인용

recite
rɪ'saɪt
(리**사**이트)

re(강하게)+ cite(불러오다)

=기억을 강하게 불러오다
=암송하다, 낭독하다
re=강하게(강조)
☞ recital: 발표회

solicit
sə'lɪsɪt
(설**리**싯)

soli(전적으로)+ cit(촉발하다)

=전적으로 촉발시키다
=간청하다
soli=(원형: sollus) 전적으로

cita, cit:
깨우다, 불러일으키다
라틴어 citare는 깨우다, 불러일으키다의 뜻을 갖고 있다.

resuscitate
rɪ'sʌsɪteɪt
(리**서**시테이트)

re(다시)+ sus(아래에서)+ citate(깨우다)

=다시 밑으로부터 깨우다=**소생시키다**
re=다시
sus(sub)=아래에서
☞ resuscitation: 소생, 부활

solicitous
sə'lɪsɪtəs
(설**리**시터스)

soli(전적으로)+ citous(촉발하는)

=전적으로 촉발시키는
=걱정하는, 간절히 바라는, 세심한
soli=(원형: sollus) 전적으로

예문

Many priests refused to collaborate with the authorities, and some **incited** disobedience.
(많은 성직자들이 당국과의 협력을 거부했고, 일부 성직자들은 불복종을 **부추겼다**.)
Anyone wishing to sing a song or **recite** a poem is welcome to do so.
(노래를 부르거나 시를 **낭독하기**를 원하는 사람은 누구나 그렇게 하는 것을 환영한다.)
We ought to, obviously, **solicit** the views of the other commissioners on any major substantive issue.
(우리는 분명히 어떤 중대한 실질적인 사안을 놓고 다른 위원들의 의견을 **간청해야** 한다.)
Although she was **resuscitated**, she lost the ability to use her left hand.
(그녀는 **소생했지만** 왼손을 쓸 수 있는 능력을 잃었다.)
She was always **solicitous** about the welfare of her students.
(그녀는 항상 학생들의 복지에 대해 **걱정했다**.)

cresc, cret, crease, cre, cru: 커지다, 증가하다

increment ˈɪnkrəmənt (**인**크레먼트)
in(만들다)+ crement(커짐)
=커지게 만들다=**증가, 증가량**
in=만들다
☞ increase: 증가하다

decrease dɪˈkris (디크**리**스)
de(반대의)+ crease(커지다)
=커지다의 반대=**감소하다**
de=반대의

recruit rɪˈkrut (리쿠**르**트)
re(다시)+ cruit(증가시키다)
=다시 증가시키다
=**모집(충원)하다, 모집**
re=다시
☞ recruitment: 신병모집, 채용

cresc, cret, crease, cre, cru: 커지다, 증가하다

라틴어 crescere는 커지다, 증가하다의 뜻을 갖고 있다.

crescendo krɪˈʃɛndoʊ (크리**센**도우)
cresc(커지다)+ endo
=점점 커지다=**크레센도, 점강음**
☞ diminuendo: 점점 약하게 [dɪmɪnyuˈɛndoʊ]

accrue əˈkru (어크**루**)
ac(더하다)+ crue(커지다)
=더해서 커지다
=**누적(축적)되다**
ac(ad)=더하는
☞ accretion: 부착물, 부착 [əˈkriʃən]

예문

The substance was heated in small temperature **increments**.
(그 물질은 작은 온도의 **증가**로 가열되었다.)
Donations have **decreased** significantly over the past few years.
(기부는 지난 몇 년간 현저하게 **감소했다**.)
He started **recruiting** his army and sent an estimated 4,000 men to Afghanistan for training.
(그는 그의 군대를 **모집하기** 시작했고 약 4,000명의 병력을 아프가니스탄에 훈련시키기 위해 보냈다.)
Each song starts slowly then builds up to a **crescendo**.
(각각의 노래는 천천히 시작해서 **크레센도**에 이른다.)
Various tax benefits **accrue** from the operation of the company.
(회사의 운영으로 인해 각종 세제 혜택이 **쌓인다**.)

inhibit ɪn'hɪbɪt (인**히**빗)
in(안에서)+ hibit(붙잡다)
=안에서 붙잡다=**억제하다**
in=안에서
☞ inhibition: 억제

prohibit proʊ'hɪbɪt (프로**히**빗)
pro(앞에서)+ hibit(붙잡다)
=앞에서 붙잡다=**금지하다**
pro=앞에서
☞ prohibition: 금지

habit**ual** hə'bɪtʃuəl (허**비**츄얼)
habit(가지다)+ ual
=계속 갖고 있는=**습관적인**
☞ habitually: 습관적으로, 상습적으로

hibit, habit:
가지다, 붙잡다

라틴어 habere는 갖다, 붙잡다의 뜻을 갖고 있다.

exhibit ɪg'zɪbɪt (이그**지**빗)
ex(밖에서)+ hibit(붙잡다)
=밖에다 붙잡아놓다
=**전시하다, 보이다**
ex=밖에다
☞ exhibition: 전시회

habit**ude** 'hæbɪtyud (**해**비튜드)
habit(가지다)+ ude
=갖고 있는 것
=**체질, 기질, 성향, 습성**

예문

Secondly, it **inhibits** processes of local technological learning essential for development.
(둘째로, 그것은 개발에 필수적인 지역 기술 학습의 과정을 **억제한다**.)
Another three of the orders **prohibited** imports or exports.
(또 다른 세 건의 명령은 수입이나 수출을 **금지했다**.)
Conscious choice repeated often becomes **habitual** and unconscious.
(반복적인 의식적 선택은 종종 **습관화되고** 무의식화된다.)
His work is also **exhibited** in museums, galleries and private collections worldwide.
(그의 작품은 전 세계 박물관, 갤러리, 개인 소장품에도 **전시되어있다**.)
I smiled wryly at my insomniac **habitude** and looked out at the window again.
(나는 나의 불면증 환자적인 **기질**에 대해 찌푸린 미소를 지으며 다시 창밖을 내다보았다.)

habit, habil: 살다, 거주하다

rehabilitate rihə'bɪlɪteɪt (리허**빌**리테이트)
re(다시)+ habilitate(살다)
=다시 살게 하다
=**재활시키다, 갱생시키다**
re=다시
☞ rehabilitation: 재활, 갱생

habitable 'hæbɪtəbəl (**해**비터블)
habit(거주하다)+ able
=거주할 수 있는
=**주거할 수 있는**
☞ habitat: 서식지

inhabit ɪn'hæbɪt (인**해**빗)
in(안에)+ habit(살다)
=안에 살다
=**살다, 서식하다**
in=안에
☞ inhabitable: 살기 적합한

habit, habil: 살다, 거주하다
라틴어 habitare는 살다, 거주하다의 뜻을 갖고 있다.

cohabitation koʊhæbɪ'teɪʃən (코우해비**테**이션)
co(함께)+ habitation(거주)
=함께 거주함=**동거, 공동생활**
co(com)=함께
☞ cohabit: 동거하다

habitant 'hæbɪtənt (**해**비턴트)
habit(거주하다)+ ant
=거주하는 사람
=**주민, 거주자**
☞ inhabitant: 거주자

예문

Successful transplantation greatly improves quality of life, and most patients are fully **rehabilitated**.
(이식을 성공적으로 하면 삶의 질이 크게 향상되고, 대부분의 환자들은 완전히 **회복된다**.)
Synthetic greenhouse gases could be used to make Mars **habitable**.
(합성된 온실가스는 화성을 **주거할 수 있게** 하는 데 사용될 수 있다.)
Russians still regard it as a place **inhabited** by criminals, bears and wolves.
(러시아인들은 여전히 이곳을 범죄자, 곰, 늑대가 **사는** 곳으로 여긴다.)
He was compelled to endure an uncomfortable **cohabitation** with his political foes.
(그는 자신의 정치적 적들과 불편한 **동거 생활**을 견뎌야 했다.)
The company is responsible for treating all the waste water of a city with over 16 million **habitants**.
(이 회사는 1,600만 명이 넘는 **거주자**를 가진 도시의 모든 폐수를 처리할 책임이 있다.)

insidious ɪn'sɪdiəs (인**시**디어스)
in(안에서)+ sidious(앉아있는)
=함정을 만들고 안에 앉아 기다림
=서서히 퍼지는, 은밀히 퍼지는
in=안에서
☞ dissident: 반체제 인사

sedentary 'sɛdntɛri (**세**든터리)
sed(앉다)+ entary
=앉아있는
=주로 앉아서 하는, 정주하는
☞ sedate: (=앉아있는) 조용한, 차분한 [sɪ'deɪt]

sed, sid, ses: 앉다, 앉아있다(1)
라틴어 sedere는 앉다, 앉아있다의 뜻을 갖고 있다.

supersede supər'sid (수펄**시**드)
super(위에)+ sede(앉다)
=위에 앉다=**대체하다**
super=위에

preside prɪ'zaɪd (프리**자**이드)
pre(앞에서)+ side(앉다)
=앞에서 앉아있다
=사회를 보다, 주재하다
pre=앞에서

assiduous ə'sɪdʒuəs (어**시**주어스)
as(하다)+ siduous(앉아있는)
=계속 앉아있는=**근면한**
as(ad)=하다
☞ assiduity: 부지런함, 근면

예문

The current ubiquity of advertising is certainly one of its most subtle and **insidious** properties.
(현재 광고의 편재성은 확실히 가장 교묘하고 **서서히 퍼지는** 속성 중 하나이다.)
For a **sedentary** person, disease risk becomes significantly higher when BMI exceeds 27.
(**앉아서 생활하는** 사람의 경우 BMI가 27을 초과할 때 질병 위험이 상당히 높아진다.)
And the wisdom of old age will **supersede** the passion of our youth.
(그리고 노년의 지혜가 우리 청춘의 열정을 **대체할** 것이다.)
The prime minister will **preside** at an emergency cabinet meeting.
(국무총리가 긴급 국무회의를 **주재할** 것이다.)
The manager has the right to expect that his workers will be careful and **assiduous**.
(지배인은 그의 직원들이 신중하고 **부지런하리라**고 기대할 권리가 있다.)

sediment

ˈsɛdɪmənt (**세**디먼트)
sed(앉다)+ iment
=가라앉음=**침전물**
☞ sedimentary: 퇴적물의

obsess

əbˈsɛs (어브**세**스)
ob(반대로)+ sess(앉다)
=(악령이) 마주 앉다
=**사로잡다**
ob=반대의,반대하는
☞ obsessed:
(귀신, 망상 등에) 사로잡힌

residue

ˈrɛzɪdyu (**레**지듀)
re(뒤에)+ sidue(앉아있는)
=뒤에 남은 것=**잔여물, 찌꺼기**
re=뒤에
☞ residual: 남은, 잔여의
reside: 거주하다
resident: 거주자

sed, sid, ses: 앉다, 앉아있다(2)

라틴어 sedere는 앉다, 앉아있다의 뜻을 갖고 있다.

subsidiary

səbˈsɪdiɛri (서브**시**디어리)
sub(아래에)+ sidiary(앉은)
=아래에 앉은=**부수적인, 자회사**
sub=아래에
☞ subsidy: 보조금, 장려금

subside

səbˈsaɪd (서브**사**이드)
sub(아래로)+ side(앉다)
=아래로 가라앉다
=**가라앉다, 진정되다**
sub=아래로

예문

There was a lot of **sediment** at the bottom of the glass, but the wine waiter told us this was a sign of a good wine.
(유리 밑에는 **침전물**이 잔뜩 있었지만, 포도주 웨이터는 이것이 좋은 포도주의 표시라고 우리에게 말했다.)
This is a question that will **obsess** me for the rest of my life.
(이것은 평생 나를 **사로잡을** 질문이다.)
As a result, it is almost impossible to know the amount of pesticide **residues** on supermarket produce.
(그 결과 슈퍼마켓의 상품에 농약 **잔류물**의 양을 알기는 거의 불가능하다.)
But after a minute, the pain had **subsided** to a dull throb.
(그러나 1분이 지나자 통증이 둔탁한 욱신거림으로 바뀌며 **가라앉았다**.)
Yet such details are always **subsidiary** to the sensual and emotional lives of her strong female characters.
(그러나 그러한 세부사항들은 그녀의 강한 여성 캐릭터의 관능적이고 감정적인 삶에 항상 **부수적**이다.)

stig: 찌르다 / stimul: 찌르다

instigate ˈɪnstɪgeɪt (**인**스티게이트)
in(안으로)+ stigate(찌르다)
=안으로 찌르다
=**부추기다, 선동하다**
in=안으로
☞ instigation: 선동, 부추김

stigma ˈstɪgmə (스**티**그마)
stig(찌르다)+ ma
=바늘로 찔러서 새김
=**낙인, 오명**
☞ stigmatize: 낙인찍다

astigmatism əˈstɪgmətɪzəm (어스**티**그머티즘)
a(없는)+ stigmatism(초점)
=초점이 없는=**난시**
a(an)=~이 없는
☞ stitch: 바느질

stig: 찌르다

라틴어 stigare는 찌르다의 뜻을 갖고 있다. stigma는 점, 바늘 끝의 뜻을 갖고 있다.

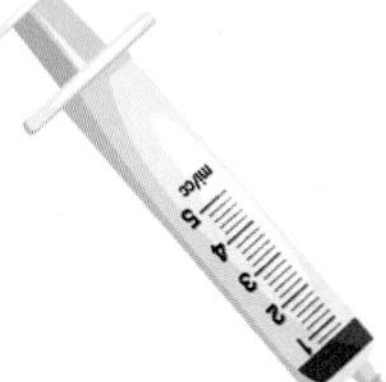

stimul: 찌르다

라틴어 stimulare는 찌르다의 뜻을 갖고 있다.

stimulate ˈstɪmyəleɪt (스**티**뮬레이트)
stimul(찌르다)+ ate
=찌르는=**자극하다, 격려하다**
☞ stimulation: 자극, 흥분, 고무

stimulus ˈstɪmyələs (스**티**뮬러스)
stimul(찌르다)+ us
=찌르는 것=**자극, 자극제**
☞ stimulant: 흥분제, 각성제

Over the years she has **instigated** various events in the Court and the town itself.
(몇 년 동안 그녀는 법원과 마을 자체의 여러 사건을 **선동해**왔다.)
The aim is to remove the social **stigma** attached to the disease.
(그 질병에 붙어있는 사회적 **오명**을 없애는 것이 목적이다.)
Side vision is distorted and oblique rays of light passing through a spherical lens produce **astigmatism**.
(측면 시력이 일그러지고 구면 렌즈를 통과하는 비스듬한 광선이 **난시**를 일으킨다.)
Together, all of these treatments are supposed to cleanse your body and **stimulate** your immune system.
(이 모든 치료법은 함께 몸을 깨끗이 하고 면역체계를 **자극하도록** 되어있다.)
If the tax were abolished, it would act as a **stimulus** to exports.
(세금이 폐지되면 수출에 **자극제**가 될 것이다.)

merg, mers: 담그다, 뛰어들다

immerse ɪ'mɜrs (이**멀**스)
im(안으로)+ merse(담그다)
=안으로 담그다=**담그다**
im(in)=안으로
☞ immersion: 담금

submerge səb'mɜrdʒ (서브**멀**지)
sub(아래로)+ merge(뛰어들다)
=아래로 뛰어들다
=**잠수하다, 잠기다**
sub=아래로

emerge ɪ'mɜrdʒ (이**멀**지)
e(밖으로)+ merge(담그다)
=밖으로 담그다
=**떠오르다, 나오다**
e(ex)=밖으로
☞ emersion: 출현

merg, mers: 담그다, 뛰어들다
라틴어 mergere는 담그다, 뛰어들다의 뜻을 갖고 있다.

submersible səb'mɜrsəbəl (서브**멀**서블)
sub(아래로)+ mersible(잠기는)
=아래로 잠기는
=**물속에서 쓸 수 있는, 잠수정**
sub=아래로

merge mɜrdʒ (멀지)
merge(담그다)
=담그다=**합병하다**
☞ merger: 합병

예문

Immerse the paper in water for twenty minutes.
(종이를 20분 동안 물에 **담그십시오**.)
The road was **submerged** as flood water rose in the area.
(그 지역에 홍수가 나서 도로가 물에 **잠겼다**.)
Another figure **emerges** at the far end of the living room.
(거실의 먼 끝에서 또 한 명의 인물이 **나왔다**.)
The system has two sonars fitted in a small pod-shaped **submersible** vessel which is towed by the ship.
(이 시스템에는 선박에 의해 견인되는 작은 포드모양의 **잠수정**에 장착된 두개의 음파탐지기가 있다.)
We then **merged** with a team who had come along to help and they asked me to continue as leader.
(그리고 나서 우리는 도와주기 위해 온 팀과 **합병했고** 그들은 나에게 리더로 계속 활동해달라고 부탁했다.)

endorse ɛn'dɔrs (엔**돌**스)
en(하다)+ dorse(뒤)
=뒷면에 쓰다=**지지하다, 보증하다**
en(in)=하다, 만들다
☞ endorsement: 지지, 보증
endorser: 배서(양도)인

dors, dos: 등, 뒤
라틴어 dorsum은 등, 뒤의 뜻을 갖고 있다.

dorsal 'dɔrsəl (**돌**설)
dors(등)+ al
=등의=**등에 있는**
☞ dorsal fin: 등지느러미
dorsalgia: 등통증

dossier 'dɒsieɪ (**다**시에이)
dos(뒤)+ sier
=뒷면에 라벨이 붙어있는 서류 뭉치
=**자료일체**

articul, artic: 관절, 마디
라틴어 articulus는 관절, 마디의 뜻을 갖고 있다.

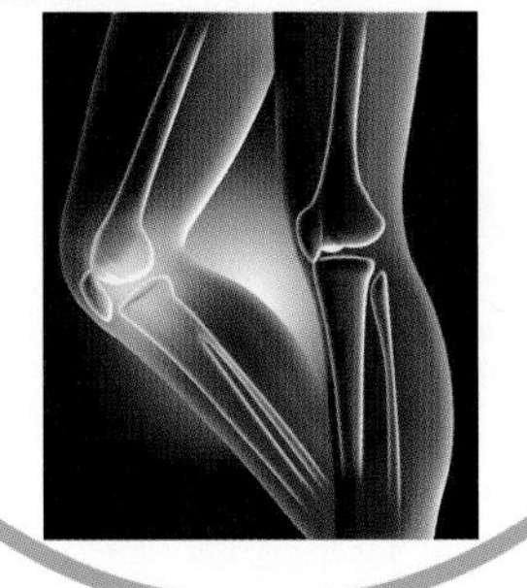

articulate
ɑr'tɪkyəleɪt
(알**티**큐레이트)
articul(마디)+ ate
=마디로 나누다
=**분명히 표현하다**
☞ articulation: 표현
articular: 관절의
articulated: 연결된
article: 글, 기사, 항목

inarticulate
ɪnɑr'tɪkyəlɪt
(인알**티**큘릿)
in(아닌)+ articulate(마디)
=표현을 못하는
=**표현을 제대로 하지 못하는**
in=~이 아닌
☞ disarticulate: (dis=제거) 탈구시키다

예문

If you only have positive experiences, naturally you'll **endorse** the product and company.
(만약 당신이 긍정적인 경험만 있다면, 당연히 당신은 제품과 회사를 **지지할** 것이다.)
At approximately the seventh week of gestation, the ventral and **dorsal** buds fuse.
(대략 임신 7주째에 복부와 **등의** 아상돌기가 융합된다.)
They will be transferred to the Department of Transport with a **dossier** of evidence about our campaign.
(그것은 우리의 캠페인에 대한 증거 **자료일체**와 함께 교통부로 옮겨질 것이다.)
He thinks about matters from his perspective sensibly and clearly, and **articulates** them well.
(그는 자신의 관점에서 사물을 현명하고 분명하게 생각하고, 그것을 **분명히 표현한다**.)
He was verbally **inarticulate** and could not enunciate a clear concept or formulate ideas.
(그는 언어적으로 **불분명했으며** 명확한 개념을 밝히거나 생각을 공식화할 수 없었다.)

mutable 'myutəbəl (**뮤**터블)
muta(변하다)+ ble
=변경할 수 있는=**잘 변하는**

mutation myu'teɪʃən (뮤**테**이션)
muta(변하다)+ tion
=변함=**돌연변이, 변화, 변형**

immutable
ɪ'myutəbəl (이**뮤**터블)
im(아닌)+ mutable(변하는)
=변하지 않는
=**변경할 수 없는, 불변의**
im(in)=~이 아닌
☞ immutability: 불변

muta, mut: 변하다
라틴어 mutare는 변하다의 뜻을 갖고 있다.

transmute træns'myut (트랜스**뮤**트)
trans(멀리)+ mute(변하다)
=다른 것으로 변하다
=**바꾸다, 변화시키다**
trans=멀리, 건너서

permute pər'myut (펄**뮤**트)
per(완전히)+ mute(변하다)
=완전히 변하다
=**변경(교환)하다, 바꿔 넣다**
per=완전히(강조)
☞ permutation: 순열, 치환

mutatis mutandis
mu'tatis mu'tandis
(무**타**티스 무**탄**디스)
mutatis(변화된)+ mutandis(변화되어야 할)
=**필요한 부분만 약간 수정하여 (준용)**

예문

However, the dynamic, **mutable** nature of open source often results in complexity.
(그러나 오픈 소스의 역동적이고 **변동적인** 성질은 종종 복잡성을 초래한다.)
Variation accumulates over time through a random process of **mutation**.
(변이는 무작위적인 **돌연변이**를 통해 시간이 흐르면서 누적된다.)
Justice is not blind, and it is not **immutable** - it changes and adapts as the society it watches over changes.
(정의는 맹목적이지 않고, **불변하지도** 않다. 정의는 변화를 지켜보는 사회에 따라 변화하고 적응한다.)
That system **transmutes** disaster into mass death.
(그 시스템은 재앙을 대량의 죽음으로 **바꾼다**.)
To assess levels of significance, we **permuted** genotypes among populations 10,000 times.
(유의 수준을 평가하기 위해, 우리는 인구 중의 유전자형을 10,000번 **변경했다**.)
The provisions of article 7, paragraphs 6 to 19 are applicable **mutatis mutandis**.
(제 7 조 제 6 항 내지 제 19 항의 규정은 **준용**될 수 있다.)

im**pass**ive ɪm'pæsɪv (임**패**시브)

im(아닌)+ passive(겪는)

=겪지 않는

=무표정한, 아무런 감정이 없는

im(in)=~이 아닌

☞ impassion: 감동시키다
=im(안으로)+ passion(겪다)
impassioned: 열정적인

com**pass**ion

kəm'pæʃən (컴**패**션)

com(함께)+ passion(겪음)

=함께 겪음=**연민, 동정심**

com=함께

☞ compassionate:
연민 어린, 동정하는

dis**pass**ionate

dɪs'pæʃənɪt (디스**패**셔닛)

dis(반대)+ passionate(겪다)

=격정의 반대=**냉철한**

dis=반대의

☞ passion: 격정, 열정

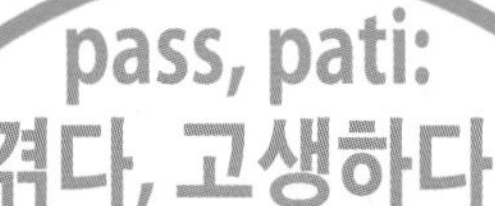

라틴어 pati는 겪다, 고생하다의 뜻을 갖고 있다.

com**pati**ble kəm'pætəbəl (컴**패**터블)

com(함께)+ patible(겪는)

=함께 겪는

=호환이 되는, 양립할 수 있는

com=함께

incom**pati**ble

ɪnkəm'pætəbəl (인컴**패**터블)

in(아닌)+ compatible(양립되는)

=양립 안 되는=**양립할 수 없는**

in=~이 아닌

☞ incompatibility:
양립불가, 부적합성

예문

He had an **impassive** expression, as if he had been expecting this all along.
(그는 내내 이 일을 예상하고 있었다는 듯이 **무표정한** 표정을 짓고 있었다.)

He had no pity, no **compassion**, no understanding of what the victims of war suffered.
(그는 전쟁의 희생자들이 겪은 고통에 대해 연민도, **동정심**도, 이해심도 없었다.)

She dealt with life's disasters in a calm, **dispassionate** way.
(그녀는 삶의 재앙을 침착하고 **냉정하게** 대처했다.)

A different, more thoughtful outcome was possible, and entirely **compatible** with public attitudes.
(좀 더 사려깊은 다른 결과가 가능했고, 완전히 대중의 태도와 **양립할 수 있었다**.)

She declined the offer because it was **incompatible** with her values.
(그녀는 그것이 자신의 가치관과 **양립할 수 없기** 때문에 그 제안을 거절했다.)

impasse ˈɪmpæs (**임**패스)
im(아닌)+ passe(통과하다)
=통과 못하는=**교착상태, 난관**
im(in)=~이 아닌

surpass sərˈpæs (설**패**스)
sur(위로)+ pass(지나가다)
=위로 지나가다
=**능가하다, 뛰어넘다**
sur=위로

passenger ˈpæsɪndʒər (**패**신절)
pass(통행하다)+ enger
=통행하는 사람=**승객**
☞ passe: 유행이 지난 [pɑs]

pass:
지나가다, 통과하다
프랑스어 passer는 지나가다, 통과하다의 뜻을 갖고 있다.

trespass ˈtrɛspəs (트**래**스퍼스)
tres(가로질러)+ pass(지나가다)
=가로질러 지나가다
=**무단침입하다**
tres=trans(가로질러)

passage ˈpæsɪdʒ (**패**시지)
pass(통과하다)+ age
=통과하는 곳=**통로, 복도**

예문

Such an agreement should remain a goal, but is not essential for ending the current **impasse**.
(이런 합의는 하나의 목표로 남아야 하지만 현재의 **난관**을 종식시키기 위해 꼭 필요한 것은 아니다.)
If their arguments are successful, they can easily **surpass** the targets.
(그들의 주장이 성공적이면, 그들은 목표를 쉽게 **뛰어 넘어설** 수 있다.)
The spokesman said the safety of the crew and **passengers** was the company's first priority.
(대변인은 승무원과 **승객**의 안전이 회사의 최우선 과제라고 말했다.)
The assailant was charged with **trespassing**, destruction of property and cruelty to animals.
(그 가해자는 **무단 침입**, 재산 파괴, 동물 학대 혐의로 기소되었다.)
Go over the bridge, which runs over the moving lava **passage** then up to the altar.
(움직이는 용암**통로**를 넘어 제단으로 올라가는 다리를 건너라.)

ingrate ˈɪngreɪt (**인**그레이트)

in(아닌)+ grate(고마워하는)

=고마워하지 않는

=은혜를 모르는, 배은망덕자

in=~이 아닌

☞ ingratitude: 배은망덕 [ɪnˈgrætɪtyud]

grateful ˈgreɪtfəl (그**레**이트펄)

grate(고마워하는)+ ful

=**고마워하는**

☞ gratitude: 고마움
gratify: 기쁘게 하다

ingratiate ɪnˈgreɪʃieɪt (인그**레**이시에이트)

in(만들다)+ gratiate(고마운)

=고마워하게 만들다

=환심을 사다

in=만들다

라틴어 gratus는 고마워하는(grateful)의 뜻을 갖고 있다.

gratuitous grəˈtyuɪtəs (그러**튜**이터스)

gratu(고마운)+ itous

=고마운 (공짜로 주는)=**불필요한, 무료의**

☞ gratuity: 팁, 봉사료

disgrace dɪsˈgreɪs (디스그**레**이스)

dis(반대)+ grace(은혜)

=은혜의 반대=**수치, 불명예**

dis=반대

Many English people see us as whining **ingrates**.
(많은 영국인들은 우리를 투덜대는 **배은망덕한 사람**으로 본다.)
We are **grateful** for the support we have received from family, friends and the local community.
(우리는 가족, 친구, 지역사회로부터 받은 지원에 **감사한다**.)
Make contacts, **ingratiate** yourself to people, impress them, charm them.
(사람들과 접촉하고, 사람들에게 **환심을 사고**, 그들에게 깊은 인상을 주고, 그들을 매료시키라.)
And indeed, it's hard to imagine a device that inflicts more **gratuitous** damage on the environment.
(그리고 실제로, 환경에 더 많이 **불필요한** 피해를 주는 장치를 상상하는 것은 어렵다.)
Surely she didn't want to end her career in **disgrace**.
(확실히 그녀는 **불명예** 속에서 생애를 끝내고 싶지 않았다.)

ceas, cess: 중단되다

cease sis (시스)
cease(중단되다)
=중단되다, 그치다
☞ cessation: 중단, 중지 [sɛˈseɪʃən]

unceasing ʌnˈsisɪŋ (언**시**싱)
un(아닌)+ ceasing(중단하는)
=중단하지 않는=**끊임없는**
un=~이 아닌

incessant ɪnˈsɛsənt (인**세**선트)
in(아닌)+ cessant(중단하는)
=중단하지 않는
=끊임없는, 쉴 새 없는
in=~이 아닌
☞ incessantly: 쉴 새 없이

ceas, cess: 중단되다
라틴어 cessare는 중단되다의 뜻을 갖고 있다.

ceaseless ˈsislɪs (**시**슬리스)
cease(중단)+ less(없는)
=중단없는=**끊임없는**
less=~이 없는

ceasefire ˈsisfaɪər (**시**스파이얼)
cease(중단)+ fire(사격)
=사격을 중단함=**정전, 휴전**
fire=사격

예문

This behaviour **ceases** when parents stop hostilities and become more relaxed about the situation.
(이러한 행동은 부모들이 적대행위를 멈추고 상황에 대해 더 느긋해질 때 **중단된다**.)
Fashion is the sublime deformation of nature, an **unceasing** and repeated effort to reshape it.
(패션은 자연의 숭고한 변형이며, 그것을 다시 만들기 위한 **끊임없고** 반복적인 노력이다.)
The bad condition of city roads is because of the almost **incessant** rain, often heavy, ever since June.
(도시 도로의 나쁜 상태는 6월 이래로 거의 **끊임없이** 내리는 비, 종종 있는 폭우 때문이다.)
And I am sick and tired of listening to his **ceaseless** and unintelligible chatter.
(그리고 나는 그의 **그칠 줄 모르고** 알아들을 수 없는 수다를 듣는 것이 지긋지긋하다.)
A tentative **ceasefire** broke down last Tuesday leading to fresh fighting in the suburb.
(지난 화요일에 잠정적인 **휴전**이 깨져서 교외에서 새로운 전투가 벌어졌다.)

reg, rig, rec: 바로잡다, 다스리다

라틴어 regere는 바로잡다, 다스리다의 뜻을 갖고 있다. rex, reg-는 왕을 뜻한다.

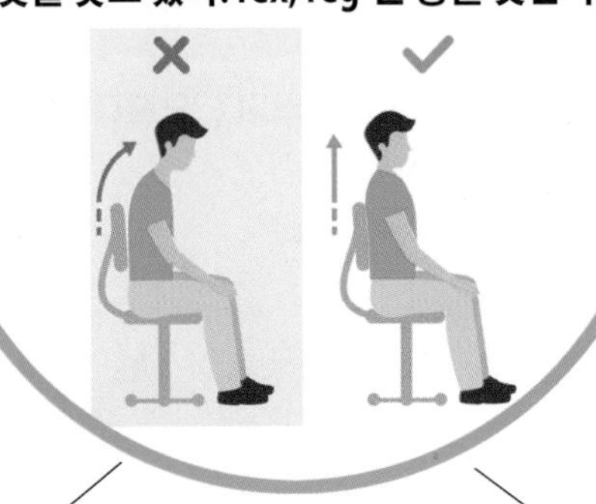

corrigible
'kɔrɪdʒəbəl (**코**리저블)

cor(완전히)+ rigible(바로잡는)

=완전히 바로잡는=**교정할 수 있는**

cor(com)=완전히(강조)

correct
kə'rɛkt (커**렉**트)

cor(완전히)+ rect(바로잡다)

=완전히 바로잡다

=**맞는, 정확한, 바로잡다**

cor(com)=완전히(강조)

☞ correction: 정정, 수정

regime
reɪ'ʒim (레이**짐**)

reg(다스리다)+ ime

=다스림

=**정권, 제도, 체제**

☞ reign: 다스리다, 통치 [reɪn]

regimen: 식이 요법 ['rɛdʒɪmən]

incorrigible
ɪn'kɔrɪdʒəbəl (인**코**리저블)

in(아닌)+ corrigible(교정할 수 있는)

=교정할 수 없는=**교정하기 어려운**

in=~이 아닌

☞ incorrigibility: 고칠 수 없음

rectify
'rɛktɪfaɪ (**렉**티파이)

recti(바로잡다)+ fy(만들다)

=**바로잡다**

fy=만들다

interregnum
ɪntər'rɛgnəm (인털**레**그넘)

inter(사이에)+ regnum(통치자)

=통치자가 없는 사이

=**최고 지도자 부재 기간**

inter=사이에

There are **corrigible** lapses in the author's grammar, but nothing that a good editor cannot readily fix.
(저자의 문법에는 **교정해야 할** 실수가 있지만, 훌륭한 편집자가 쉽게 고칠 수 없는 것은 없다.)

Their criticism could in principle be **correct**, but in fact doesn't describe real scientists.
(그들의 비판은 원칙적으로 **옳을 수 있지만**, 사실 실제 과학자들을 묘사하지는 않는다.)

Meanwhile, in southern Europe, Spain, Portugal, and Greece were ruled by authoritarian **regimes**.
(한편, 남부 유럽에서는 스페인, 포르투갈, 그리스가 독재 **정권**의 지배를 받았다.)

I must admit to being an **incorrigible** optimist.
(나는 **교정할 수 없는** 낙관주의자임을 인정해야 한다.)

Do you believe that constitutional reform is needed to **rectify** the situation?
(사태를 **바로잡기** 위해 헌법 개정이 필요하다고 생각하십니까?)

After a short **interregnum**, May Day was once again the centre of worldwide protest after the First World War.
(잠시의 **최고 지도자 부재 기간** 이후, 메이 데이는 1차 세계대전 이후 다시 한 번 전 세계적인 항거의 중심이 되었다.)

insurgent ɪn'sɜrdʒənt (인**설**전트)

in(안에서)+ surgent(일어나는)
=내부에서 들고 일어나다=**반란자**
in=안에서
☞ insurgency: 반란

surge sɜrdʒ (설지)

surge(일어나다)
=**밀려오다, 솟구치다**

upsurge 'ʌpsɜrdʒ (**압**설지)

up(위로)+ surge(일어나다)
=위로 일어남=**급증, 고조**
up=위로

surg, sur: 일어나다, 오르다

라틴어 surgere는 일어나다, 오르다의 뜻을 갖고 있다.

insurrection

ɪnsə'rɛkʃən (인서**렉**션)
in(안에서)+ surrection(일어남)
=안에서 들고 일어남=**반란, 민란**
in=안에서

resurrection

rɛzə'rɛkʃən (레저**렉**션)
re(다시)+ surrection(일어남)
=다시 일어남=**부활**
re=다시
☞ resurrect: 부활시키다

resurgence rɪ'sɜrdʒənt (리**설**전트)

re(다시)+ surgence(일어남)
=다시 일어남=**재기, 부활**
re=다시

예문

E-mail and mobile phones were the most effective ways of communication among the **insurgents**.
(이메일과 휴대전화는 **반란군들** 사이에서 가장 효과적인 의사소통 수단이었다.)
At times the crowd **surged**, making it difficult to maintain order.
(때때로 군중이 **밀려들어** 질서를 유지하기가 어려웠다.)
Analysts expect the collapse of peace talks to spark an **upsurge** in violence.
(분석가들은 평화 회담의 붕괴가 폭력의 **급증**을 일으킬 것으로 예상하고 있다.)
The popular **insurrection** gave the government a much greater mandate than any election.
(민중 **반란**은 정부에게 어떤 선거보다도 훨씬 더 큰 권한을 부여했다.)
Many of these cults offered beliefs in the **resurrection** of the body after death.
(이러한 추종 집단들 중 많은 수가 사후 육체의 **부활**에 대한 믿음을 제시했다.)
The **resurgence** of documentary is a phenomenon few could have predicted.
(다큐멘터리의 **부활**은 거의 예측할 수 없었던 현상이다.)

medi: 중간, 가운데

intermediate ɪntər'midiət (인털**미**디엇)

inter(사이에)+ mediate(중간)

=중간에 서다

=중간의, 중급의, 중재하다

inter=사이에

☞ intermediation: 중개, 매개, 중재

medium 'midiəm (**미**디엄)

medi(중간)+ um

=중간의=**중간의, 매체**

☞ mediator: 중재인

mediocre midi'oʊkər (미디**오**컬)

medi(중간)+ ocre(험준한 산)

=중간 높이의 산

=보통의, 평범한

ocre=(ocris) 험준한 산

☞ mediocrity: 보통, 평범 [midi'ɒkrɪti]

medi: 중간, 가운데

라틴어 medius은 중간, 가운데의 뜻을 갖고 있다.

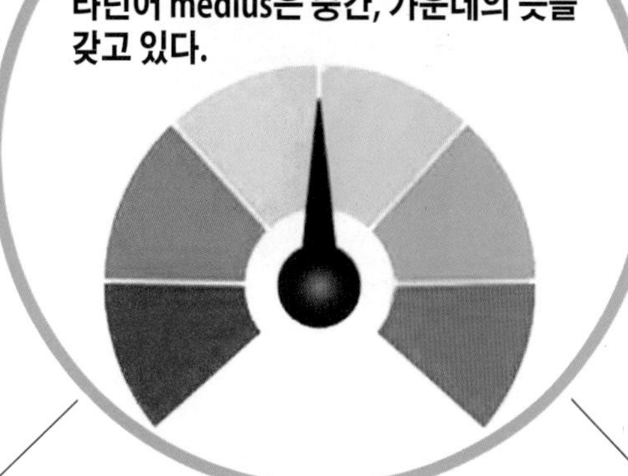

immediate ɪ'midiət (이**미**디엇)

im(아닌)+ mediate(중간의)

=중간을 거치지 않는

=즉각적인, 당면한

im(in)=~이 아닌

☞ immediately: 즉시, 즉각

medieval midi'ivəl (미디**이**벌)

medi(중간)+ eval(시대)

=중간시대=**중세의**

eval=(aevum)시대

예문

There are graded exercises for beginning, **intermediate** and advanced jazz dancers.
(초급, **중급**, 고급 재즈 댄서들을 위한 등급별 운동이 있다.)

A common answer is "anything that can be used as a **medium** of exchange".
(일반적인 대답은 "교환의 **매개체**로 사용될 수 있는 모든 것"이다.)

Unfortunately, the quality of the titles ranged all the way from **mediocre** to abysmal.
(불행하게도, 타이틀의 질은 **평범함**에서 최악에 이르기까지 다양했다.)

As a result, our impact was almost **immediate**.
(결과적으로, 우리의 영향은 거의 **즉각적**이었다.)

In early **medieval** times, the court, or household, was the centre of government.
(**중세** 초기에는 법원이나 가정이 정부의 중심이었다.)

loquacious loʊ'kweɪʃəs (로**퀘**이셔스)

loqu(말하다)+ acious
=말하는
=말이 많은, 수다스러운
☞ loquacity: 수다, 다변

grandiloquent

græn'dɪləkwənt (그랜**디**러퀀트)
grandi(거대한)+ loquent(말하는)
=큰소리치며 말하는
=말을 거창하게 하는, 과장된
grandi=거대한
☞ grandiloquence: 호언장담, 큰소리

elocution ɛlə'kyuʃən (엘러**큐**션)

e(밖으로)+ locution(말함)
=밖으로 소리내서 말함
=웅변술, 연설능력
e(ex)=밖으로
☞ eloquent: 웅변의, 말 잘하는, 감동적인

loqu, locu: 말하다

라틴어 loqui는 말하다의 뜻을 갖고 있다.

allocution ælə'kyuʃən (앨러**큐**션)

al(하다)+ locution(말)
=말함=**훈시, 유시**
al(ad)=하다
☞ obloquy: 악평, 오욕

prolocutor proʊ'lɒkyətər (프로**라**큐털)

pro(앞에서)+ locutor(말하는 사람)
=앞에서 말하는 사람=**의장, 사회자**
☞ locution: 말투, 어법

colloquial kə'loʊkwiəl (컬**로**퀴얼)

col(함께)+ loquial(말하는)
=서로 말하는=**구어체의, 대화체의**
col(com)=함께
☞ colloquy: 대화, 회담
colloquialism: 구어, 회화체

예문

Mainstream politicians in Holland have found it difficult to respond to the **loquacious** professor.
(네덜란드의 주요 정치인들은 그 **말 많은** 교수에게 대답하기 어렵다는 것을 알았다.)
You have to understand that he had a habit of making **grandiloquent** statements.
(그가 **과장된** 말을 하는 버릇이 있었다는 것을 이해해야 한다.)
It's a fascinating process in and of itself, a skill of **elocution** mixed with a keen sense of observation.
(그것은 그 자체로 매혹적인 과정으로, 예리한 관찰 감각과 혼합된 **웅변**의 기술이다.)
At the same time, the inclusion of personal testimonies softens the **allocution** patterns typical of radio.
(동시에, 개인 간증을 포함시키면 라디오의 전형적인 **훈시** 패턴이 부드러워진다.)
The **prolocutor** was to be chosen by the members.
(**의장**은 회원들에 의해 선정되었다.)
His highly **colloquial** use of the language had seemed cute at first.
(그가 그 언어를 매우 **구어체식**으로 사용하는 것은 처음에는 귀여워 보였다.)

collogue kə'loʊg (컬**로**그)
col(함께)+ logue(말하다)
=함께 말하다=**밀담하다, 공모하다**
col(com)=함께
☞ dialogue: 대화

prologue 'proʊlɔg (프**롤**로그)
pro(전에)+ logue(말함)
=본문 전에 말함
=**도입부, 서사, 서시**
pro=전에, 미리

epilogue 'ɛpɪlɔg (**에**필로그)
epi(위에)+ logue(말함)
=위에 덧붙이는 말
=**끝맺는 말, 후기, 에필로그**
epi=위에

monologue 'mɒnəlɔg (**마**너로그)
mono(혼자의)+ logue(말)
=혼잣말=**독백**
mono=혼자의
☞ soliloquy: 혼잣말, 독백 [sə'lɪləkwi]

eclogue 'ɛklɔg (**에**크로그)
ec(밖으로)+ logue(말)
=밖으로 선별해 뽑아낸 말
=**목가, 전원시**
ec(ex)=밖으로

예문

But come, you make me only the more earnest to **collogue** with you.
(하지만 오십시오, 당신은 내가 당신과 더 진지하게 **밀담하도록** 만들 뿐입니다.)
As you can see, it goes straight to the point without any **prologues** or any kind of introduction.
(보시다시피 그것은 아무런 **도입부**나 어떤 종류의 소개도 없이 바로 그 지점으로 간다.)
It serves as the **epilogue** to one of the theologically most profound writings of the New Testament.
(그것은 신약성서의 신학적으로 가장 심오한 저술 중 하나에 대한 **에필로그** 역할을 한다.)
Delivering the **monologues** are six actresses, each portraying a different type of mother.
(**독백**을 전하는 여섯 명의 여배우들이 각기 다른 유형의 어머니를 묘사하고 있다.)
In 1780 he won a prize offered by the Academy for an **eclogue**.
(1780년, 그는 **전원시**에 대하여 아카데미 상을 받았다.)

syllogism ˈsɪlədʒɪzəm (**실**러지즘)
syl(함께)+ logism(논리)
=함께 논리를 추론하다
=**삼단논법**
syl(sym)=함께

etymology ɛtəˈmɒlədʒi (에터**말**러지)
etymo(진짜의)+ logy(학문)
=말의 진짜 의미(어원)를 찾음
=**어원, 어원학**
etymo=진짜의

anthology
ænˈθɒlədʒi (앤**쌀**러지)
antho(꽃)+ logy(말)
=운문이나 시에서 꽃과 같이 아름다운 것들을 선정함
=**(시)선집, 문집**
antho=꽃
☞ anthesis: 개화 [ænˈθisɪs]

logue, log: 말하다(2)

그리스어 legein은 말하다의 뜻을 갖고 있다. logos는 말, 이성, 논리의 뜻을 갖고 있다.

tautology tɔˈtɒlədʒi (토**탈**러지)
tauto(똑같은)+ logy(말함)
=똑같은 말을 함=**유의어(類義語) 반복**
tauto=똑같은
☞ tautological: 중복된

trilogy ˈtrɪlədʒi (트**리**러지)
tri(세 개의)+ logy(이야기)
=세 개의 이야기=**3부작**
tri=세 개의

예문

But all **syllogisms** require the premises to be true, and that is the fundamental failing of the brief.
(그러나 모든 **삼단논법**은 전제가 사실일 것을 요구하고 있으며, 그것이 그 개요의 근본적인 실패다.)
So words carry memories which can be traced through **etymology**.
(그래서 단어들은 **어원**을 통해 추적할 수 있는 기억들을 가지고 있다.)
This collection is an updated version of an **anthology** that was published a decade ago.
(이 컬렉션은 10년 전에 출판된 **선집**의 최신판이다.)
It is conceivable that the key to truth lies in **tautology** and redundancy.
(진실의 열쇠는 **유의어 반복**과 불필요한 반복에 있다고 생각할 수 있다.)
People say it's the greatest **trilogy** ever filmed!
(사람들은 이것이 지금까지 촬영된 **3부작** 중 가장 위대한 것이라고 말한다!)

eulogy 'yulədʒi (율러지)

eu(좋게)+ logy(말)

=좋게 말함

=찬양하는 연설, 찬사

logy=말

☞ eulogize: 칭송하다 ['yulədʒaɪz]

euphoria yu'fɔriə (유포리아)

eu(잘)+ phoria(견디다)

=잘 견디게 함=**행복감**

phoria=견디다

☞ dysphoria: 불쾌감

eugenics yu'dʒɛnɪks (유제닉스)

eu(좋게)+ genics(탄생)

=좋은 종자만 탄생시킴

=우생학

genics=(genos) 탄생

eu: 좋게

그리스어 eu는 좋게(well)의 뜻을 갖고 있다.

euphemism 'yufəmɪzəm (유퍼미즘)

eu(좋게)+ phemism(말함)

=좋게 말함

=완곡어법, 완곡표현

phemism=(pheme) 말

☞ euphemistic: 완곡한

euphony 'yufəni (유퍼니)

eu(좋게)+ phony(소리)

=좋게 나는 소리

=듣기 좋은 음조

phony=(phone) 소리

☞ cacophony: 불협화음 [kə'kɒfəni]

euthanasia yuθə'neɪʒə (유써네이자)

eu(좋게)+ thanasia(죽음)

=좋게 죽음=**안락사**

thanasia=(thanatos) 죽음

예문

I'm sorry I didn't mention that when I wrote his obituary or delivered his **eulogy**.
(내가 그의 부고문을 쓰거나 그의 **찬사**를 전할 때 그 말을 하지 않은 것이 유감이다.)

The initial **euphoria** is fast getting buried under the unrealized expectations of the masses.
(초기의 **행복감**은 대중의 실현되지 않은 기대 속에 빠르게 묻혀가고 있다.)

Racism and **eugenics** were very popular among Leftists in Hitler's day.
(히틀러 시대에 인종주의와 **우생학**은 좌파들에게 매우 인기가 있었다.)

He appeared his boldest; he was not one to speak in mild **euphemisms**.
(그는 가장 대담해보였다. 그는 온화하게 **완곡한 표현**으로 말할 수 있는 사람이 아니었다.)

I would listen to the **euphonies** of life and the sobriety of earth beleaguering me.
(나는 생명의 **듣기 좋은 음조**와 나를 둘러싼 땅의 진지함에 귀를 기울이곤 했다.)

Forty per cent of the doctors said they had been asked by patients to assist in their suicide or in **euthanasia**.
(의사의 40%는 환자에게 자살이나 **안락사**를 도와달라고 요청받은 적이 있다고 말했다.)

ventral
'vɛntrəl
(**벤**트럴)

ventr(배)+ al

=배의=**배 쪽의, 복부의**

ventriloquism
vɛn'trɪləkwɪzəm
(벤트**리**러퀴즘)

ventri(배의)+ loquism(말함)

=배를 통해 말함=**복화술**

loquism=말함

☞ ventriloquist: 복화술사

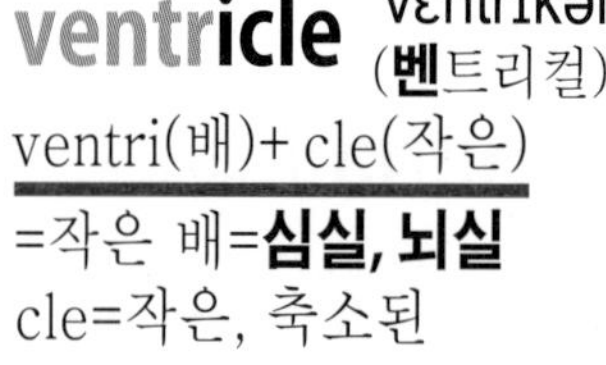

ventricle
'vɛntrɪkəl
(**벤**트리컬)

ventri(배)+ cle(작은)

=작은 배=**심실, 뇌실**

cle=작은, 축소된

ventripotent
vɛn'trɪpətənt
(벤트**리**퍼턴트)

ventri(배)+ potent(강한)

=강한 배의

=**대식(大食)의, 배가 튀어나온**

potent=강력한

☞ ventricose: 배가 불룩한

ventricose
'vɛntrɪkoʊs (**벤**트리코스)

ventri(배의)+ cose

=배의

=**불룩한, 불룩 내민, 배가 불룩한**

예문

Just outside each vertebra, the dorsal and **ventral** roots unite to form a spinal nerve on each side.
(각 척추 바로 밖에서 등근과 **복**근이 합쳐져 양쪽에 척추신경을 형성한다.)

Around this time he had his first puppet made and began to learn **ventriloquism**.
(이 무렵 그는 첫 번째 꼭두각시를 만들어 **복화술**을 배우기 시작했다.)

After passing to the left **ventricle** through the mitral valve, blood goes to the aorta.
(승모판막을 통해 **좌심실**을 통과한 후, 혈액이 대동맥으로 간다.)

Never was seen such voracity since the days of the **ventripotent** Heliogabalus.
(**대식가**인 헬리오가발루스 시대 이후로는 그런 폭식을 본 적이 없었다.)

The gills are almost free, **ventricose**, very broad, rust-colored.
(아가미는 거의 자유롭고, **불룩하며**, 매우 넓고, 녹색을 띤다.)

arch: 통치하다, 지도자

monarchy 'mɒnərki (**마**널키)
mon(하나의)+ archy(지도자)
=하나의 지도자가 다스림
=**군주제, 군주국**
mon(mono)=하나의
☞ monarchism: 군주주의

anarchism 'ænərkɪzəm (**애**널키즘)
an(없는)+ arch(통치자)+ ism
=통치자가 없는=**무정부주의**
an=~이 없는
☞ anarchist: 무정부주의자
anarchy: 무정부상태

patriarch 'peɪtriɑrk (**페**이트리알크)
patri(아버지)+ arch(우두머리)
=아버지가 우두머리인
=**가장, 가부장**
patri=아버지
☞ patriarchism: 가부장제도

arch: 통치하다, 지도자

그리스어 arkhein은 통치하다의 뜻을 갖고 있고 arkhos는 지도자의 뜻을 갖고 있다.

hierarch 'haɪərɑrk (**하**이어라크)
hier(신성한)+ arch(우두머리)
=신성한 우두머리
=**고위성직자, 권력자**
hier=(hieros) 신성한
☞ hierarchy: 계층, 계급

oligarchy 'ɒlɪgɑrki (**알**리갈키)
olig(적은)+ archy(우두머리)
=소수가 통치하는
=**과두정치(寡頭政治), 과두제**
olig=(oligos) 적은, 작은
☞ archon: 집정관

예문

Of course even such symbolic discrimination is wrong, but **monarchy** is by definition a rejection of social equality.
(물론 그러한 상징적인 차별조차도 잘못된 것이지만, **군주제**는 정의상 사회적 평등을 거부하는 것이다.)
As prelude to his main argument, he rejects both Marxism and **anarchism** as potential solutions to the world's problems.
(그의 주요 주장의 서곡으로서 그는 마르크스주의와 **무정부주의** 모두를 세계 문제에 대한 잠재적인 해결책으로 거부한다.)
The family **patriarch** makes all decisions regarding living arrangements, children's marriages, and money.
(가정의 **가장**은 생활 준비, 아이들의 결혼, 그리고 돈에 관한 모든 결정을 내린다.)
A postulant who wishes to enter the spiritual life has a sponsor who presents him to the **hierarch**.
(영적 삶에 들어가기를 원하는 성직 지망자는 자신을 **고위성직자**에게 선보이는 후원자가 있다.)
More and more, a financial **oligarchy** has wrested control of society.
(점점 더, 재정에 의한 **과두정치**가 사회를 지배하고 있다.)

monotheism ˈmɒnəθiɪzəm (**마**너씨이즘)
mono(하나의)+ theism(신론)
=하나의 신만 믿음
=**일신론, 일신교, 유일신론**
mono=하나의

pantheism ˈpænθiɪzəm (**팬**씨이즘)
pan(모든)+ theism(신론)
=모든 사물에 신이 있다는 주장
=**범신론**
pan=모든

atheism ˈeɪθiɪzəm (**에**이씨이즘)
a(없는)+ theism(신론)
=신이 없다는 주장=**무신론**
a(an)=~이 없는
☞ atheist: 무신론자

theo, the: 신, 하나님
그리스어 theos는 신, 하나님의 뜻을 갖고 있다.

theology θiˈɒlədʒi (씨**알**러지)
theo(신)+ logy(학문)
=신에 대한 학문=**신학**
logy=학문
☞ theologist: 신학자

apotheosis əpɒθiˈoʊsɪs (어파씨**오**시스)
apo(변화)+ theosis(신)
=신을 만들다
=**절정, 극치, 신격화**
apo=변화, ~로부터

예문

Paul's **monotheism**, which included the view that God controlled everything that happened, was braver than that.
(하나님이 일어난 모든 일을 통제한다는 견해를 담은 바울의 **유일신론**은 그것보다 더 용감했다.)
Pantheism is the belief that God is present in all natural things.
(**범신론**은 모든 자연의 사물에 신이 존재한다는 믿음이다.)
Christianity has nothing to fear from **atheism** or agnosticism.
(기독교는 **무신론**이나 불가지론으로부터 두려울 것이 없다.)
And after 11 long years of study, Frank has been awarded a Bachelor of Arts degree in **theology** and religious studies.
(그리고 11년간의 오랜 공부 끝에 프랭크는 **신학**과 종교학에서 학사학위를 받았다.)
His appearance as Hamlet was the **apotheosis** of his career
(그가 햄릿의 역할을 한 것은 그의 경력에서 **절정**을 이루었다.)

gam: 결혼

그리스어 gamos는 결혼의 뜻을 갖고 있다.

monogamy mə'nɒgəmi (머**나**거미)
mono(하나의)+ gamy(결혼)
=한 명과의 결혼=**일부일처제**
mono=하나의

polygamy pə'lɪgəmi (펄**리**거미)
poly(많은)+ gamy(결혼)
=많은 사람들과의 결혼
=**일부다처제**
poly=많은

bigamy 'bɪgəmi (**비**거미)
bi(두 개의)+ gamy(결혼)
=두 개의 결혼=**중혼(重婚)**
bi=두 개의

gamete 'gæmit (**개**밋)
gam(결혼)+ ete
=결혼상대
=**배우자, 생식세포**
(그리스어로 gamete는 아내, gametes는 남편의 뜻을 가진다)

lith: 돌

그리스어 lithos는 돌(stone)의 뜻을 갖고 있다.

monolithic
mɒnə'lɪθɪk (마너**리**씩)
mono(하나의)+ lithic(돌의)
=하나의 돌로 된
=**하나의 암석으로 된, 단일체의, 획일적인**
mono=하나의
☞ lithic: 돌의, 결석의

nephrolithiasis
nɛfrəlɪ'θʌɪəsɪs
(네프러리**싸**이어시스)
nephro(신장)+ lith(돌)
+ iasis(병)
=신장에 돌이 생기는 병
=**신장결석증**
nephro=신장
iasis=병

예문

Slovaks practice **monogamy**, and individuals have free choice in the selection of marriage partners.
(슬로바키아는 **일부일처제**를 시행하고 있으며, 개인은 결혼 상대자를 선정하는 데 있어서 자유로운 선택을 한다.)
Although historically **polygamy** was practiced, the marriage system is now monogamous.
(비록 역사적으로 **일부다처제**가 행해졌지만, 현재 결혼제도는 일부일처제이다.)
Federal and state laws against **bigamy** and polygamy reflect that tradition.
(**중혼**과 일부다처제에 대한 연방법과 주법은 그 전통을 반영한다.)
Once within the gonads, the germ cells differentiate as either male or female **gametes**.
(일단 생식샘 내에 들어가면, 세균 세포는 수컷과 암컷의 **생식세포**로 분화된다.)
The French army was not a **monolithic** organization.
(프랑스군은 **단일체의** 조직이 아니었다.)
Recent use of oral antibiotics is associated with increased odds of **nephrolithiasis**.
(최근의 구강 항생제의 사용은 **신장결석증**의 증가율과 관련이 있다.)

obtain əb'teɪn (어브**테**인)
ob(앞에서)+ tain(붙잡다)
=앞에서 붙잡다=**획득하다**
ob=앞에서
☞ obtainment: 입수, 획득
obtainable: 얻을 수 있는

abstain æb'steɪn (애브스**테**인)
abs(벗어나는)+ tain(잡다)
=잡고 있는 것에서 벗어나다
=**기권하다, 삼가다**
abs(ab)=벗어나는
☞ abstinence: 자제, 금욕
abstinent: 금욕적인, 자제하는
abstention: 기권, 자제

retain rɪ'teɪn (리**테**인)
re(뒤에서)+ tain(붙들다)
=뒤에서 붙들다
=**유지하다, 보유하다**
re=뒤에서
☞ retention: 보유, 존치

tain, ten, tin: 붙잡다, 갖고 있다(1)

라틴어 tenere는 붙잡다, 갖고 있다의 뜻을 갖고 있다.

retentive rɪ'tɛntɪv (리**텐**티브)
re(뒤로)+ tentive(붙드는)
=뒤로 붙드는
=**기억력이 좋은**
re=뒤로

retinue 'rɛtɪnyu (**레**티뉴)
re(뒤에서)+ tinue(붙들다)
=뒤에서 붙들다
=**수행원, 수행단**
re=뒤에서

예문

The results **obtained** by the 2 methods of specimen handling and DNA extraction were indistinguishable.
(시료의 취급과 DNA 추출의 2가지 방법으로 **얻은** 결과는 분간할 수 없었다.)
One can overcome common allergies and other ailments by **abstaining** from non-vegetarian food.
(비채식 음식을 **삼가면** 일반적인 알레르기와 다른 질병들을 극복할 수 있다.)
His compositions have **retained** a universal popularity and continue to be performed in virtually all corners of the world.
(그의 작곡은 보편적인 인기를 **유지했고** 거의 전 세계에서 계속 공연되고 있다.)
She's very **retentive** of any facts about the culture, especially about the language.
(그녀는 문화, 특히 언어에 관한 어떤 사실에 대해서도 매우 **기억력이 좋다**.)
In the 10th to 12th centuries the boyars formed the senior levels of the princes' **retinues**.
(10세기에서 12세기에 귀족들은 왕자들의 고위 수준 **수행단**을 결성했다.)

tain, ten, tin: 붙잡다, 갖고 있다(2)

tenacious tə'neɪʃəs (터**네**이셔스)
ten(붙잡다)+ acious
=꽉 붙잡는=**집요한, 완강한**
☞ tenacity: 고집, 끈기, 강인함

tenure 'tɛnyər (**테**뉴얼)
ten(붙잡다)+ ure
=붙잡고 있는
=**재임기간, 재임, 종신 재직권**
☞ tenant: 세입자, 임차인 (점유하고 있는 사람)

pertinent 'pɜrtɪnənt (**펄**티넌트)
per(계속)+ tinent(붙들다)
=계속 붙들고 있는
=**적절한, 관련 있는**
per=계속
☞ pertain: 관련되다

tain, ten, tin: 붙잡다, 갖고 있다(2)

라틴어 tenere는 붙잡다, 갖고 있다의 뜻을 갖고 있다.

pertinacious pɜrtɪn'eɪʃəs (펄티**네**이셔스)
per(강하게)+ tinacious(붙잡는)
=강하게 붙잡는=**끈질긴, 완강한**
per=강하게(강조)
☞ pertinacity: 불요불굴, 집착력

impertinent ɪm'pɜrtɪnənt(임**펄**티넌트)
im(아닌)+ pertinent(관련 있는)
=관련없는=**무례한, 버릇없는**
im(in)=~이 아닌
☞ impertinence: 건방짐, 무례

예문

He has maintained, perhaps even increased, his **tenacious** grip on power.
(그는 권력에 대한 **집요한** 장악력을 유지했으며, 아마도 더욱 증가시켰다.)
During his **tenure**, the university experienced its most expansive period of growth.
(그의 **재임 기간** 동안, 그 대학은 가장 광범위한 성장을 경험했다.)
There is one more thing I want to say, about a matter that is **pertinent** to that.
(한 가지 더 말하고 싶은 것이 있는데, 그 문제와 **관련된** 것이다.)
He worked with a **pertinacious** resistance to interruptions.
(그는 방해에 **완강한** 저항을 하며 일했다.)
He deals very well with even the most **impertinent** questions.
(그는 아무리 **무례한** 질문이라도 아주 잘 처리한다.)

sustain səˈsteɪn (서스**테**인)

sus(아래에서)+ tain(붙들다)

=아래에서 붙들고 있다

=지속시키다, 지탱하게 하다

sus(sub)=아래에서

☞ sustenance: 지속, 유지 [ˈsʌstənəns]

sustainable: 지속 가능한

detention dɪˈtɛnʃən (디**텐**션)

de(따로)+ tention(붙들다)

=따로 붙들어놓음

=구금, 구속, 억류

de=따로, 분리

☞ detain: 구금하다, 붙들다

detainee: 억류자

maintain meɪnˈteɪn (메인**테**인)

main(손)+ tain(붙들다)

=손으로 붙들다

=유지하다, 지키다

main=(manus) 손

☞ maintenance: 유지, 정비

tain, ten, tin: 붙잡다, 갖고 있다(3)

라틴어 tenere는 붙잡다, 갖고 있다의 뜻을 갖고 있다.

continent ˈkɒntɪnənt (**칸**티넌트)

con(함께)+ tinent(붙드는)

=함께 붙들고 있는(연결된)

=대륙, 자제심 있는

con(com)=함께

☞ continental: 대륙의

countenance ˈkaʊntənəns (**카**운터넌스)

coun(함께)+ tenance(붙들다)

=함께 붙들다

=지지하다, 얼굴, 표정

coun(com)=함께

☞ contain: 포함하다

예문

We have the meals and snacks that will **sustain** your mental and physical stamina from dawn to dusk.
(우리는 새벽부터 해질 때까지 여러분의 심신의 힘을 **지탱해줄** 식사와 간식을 가지고 있다.)

His **detention** in custody beyond his criminal sentences has gone on long enough.
(형량을 넘어 구류된 그의 **구금**은 충분히 오래 지속되었다.)

You are able to **maintain** stability in professional situations and retain a position of authority!
(당신은 직업적인 상황에서 안정성을 **유지할 수 있고** 권위의 지위를 유지할 수 있다!)

The Middle East and tropical Africa were the last **continents** that Europeans colonized.
(중동과 열대 아프리카는 유럽인들이 식민지로 삼은 마지막 **대륙**이었다.)

Needless to say, I was completely confused, by the Shultz twins' rapidly changed **countenances** and denial.
(말할 필요도 없이, 나는 슐츠 쌍둥이의 급변하는 **표정**과 부정에 완전히 혼란스러웠다.)

ostensible ɒ'stɛnsəbəl (아스**텐**서블)
os(앞에서)+ tensible(늘이다)
=앞에서 늘이다
=**표면상의, 겉치레의**
os(ob)=앞에서
☛ ostentation: 과시, 겉치레
ostensive: 명시하는

tensile 'tɛnsəl (**텐**설)
tens(늘이다)+ ile
=늘어나는
=**인장의, 장력(張力)의**
☛ tensor: 긴장근, 장근

tendency 'tɛndənsi (**텐**던시)
tend(뻗다)+ ency
=뻗으려는 힘=**경향**

tend, tens, tent: 뻗다, 늘이다(1)
라틴어 tendere는 뻗다, 늘이다의 뜻을 갖고 있다.

tender 'tɛndər (**텐**덜)
tend(늘이다)+ er
=늘어나기 쉬운
=**부드러운, 연약한, 상냥한**

contend kən'tɛnd (컨**텐**드)
con(함께)+ tend(뻗다)
=서로 손을 뻗다
=**주장하다, 다투다, 겨루다**
con(com)=함께
☛ contention: 논쟁, 언쟁
contentious: 논쟁을 초래할

예문

The **ostensible** reason is that he does not wish to relinquish his seat in the European parliament.
(**표면적인** 이유는 그가 유럽 의회에서 그의 자리를 포기하기 원하지 않는다는 것이다.)
Most simply, muscle fibers activated by the nervous system produce **tensile** forces that are transmitted to the skeleton.
(가장 간단히 말해 신경계에 의해 활성화된 근육 섬유는 뼈에 전달되는 **인장**력을 생성한다.)
I have a **tendency** to scratch vigorously behind my right knee when distracted.
(나는 주의가 산만해지면 오른쪽 무릎 뒤를 힘 있게 긁는 **경향**이 있다.)
He truly appreciated her **tender** love with deep affection.
(그는 깊은 애정으로 그녀의 **부드러운** 사랑을 진심으로 감사했다.)
She had to **contend** with his uncertain temper.
(그녀는 자신의 불확실한 성질과 **싸워야** 했다.)

tend, tens, tent: 뻗다, 늘이다(2)

extend ɪk'stɛnd (익스텐드)

ex(밖으로)+ tend(늘이다)

=밖으로 늘이다
=확장하다, 연장하다
ex=밖으로
☞ extension: 확대, 연장
extent: 정도, 넓이

detente deɪ'tɑnt (데이탄트)

de(벗어남)+ tente(긴장)

=긴장에서 벗어남
=긴장완화, 데탕트
de=벗어남, 이탈

distend dɪ'stɛnd (디스텐드)

dis(멀리)+ tend(늘이다)

=멀리 늘이다=**팽창시키다**
dis=멀리
☞ distention: 늘임, 팽창

tend, tens, tent: 뻗다, 늘이다(2)

라틴어 tendere는 뻗다, 늘이다의 뜻을 갖고 있다.

portent 'pɔrtɛnt (폴텐트)

por(앞으로)+ tent(뻗다)

=앞으로 뻗다=**징후, 징조**
por(pro)=앞으로
☞ portend: 전조가 되다

pretend prɪ'tɛnd (프리텐드)

pre(앞에서)+ tend(뻗다)

=앞에서 늘이다
=~인 체하다, 가장하다
pre=앞에서
☞ pretension: 허세, 가식
pretentious: 허세부리는, 가식적인
pretense: 겉치레, 가식

예문

Our geographic district has been **extended** so that we cover an area at least double the previous size.
(우리의 지리적 구역은 이전 크기의 최소한 두 배는 되는 지역을 차지하도록 **확장되었다.**)
In 1972, **detente** allowed diplomatic relations and closer economic ties between East and West Germany.
(1972년 **긴장완화 정책**은 동독과 서독 간의 외교관계와 긴밀한 경제관계를 허용했다.)
Her head is swollen and her tiny stomach **distended**.
(그녀는 머리가 붓고 작은 위가 **팽창했다.**)
Many birds are regarded as being **portents** of death.
(많은 새들은 죽음의 **전조**라고 여겨진다.)
He closes his eyes, and **pretends** that he is asleep for the rest of the time.
(그는 눈을 감고, 남은 시간 동안 잠든 **체한다.**)

intend ɪn'tɛnd (인**텐**드)
in(향하여)+ tend(뻗다)
=~을 향하여 뻗다=**의도하다**
in=~을 향하여
☞ intention: 의도, 의향
intentional: 고의적인

intensive ɪn'tɛnsɪv (인**텐**시브)
in(향하여)+ tensive(뻗는)
=~을 향하여 뻗는
=**집중적인, 집약적인**
in=~을 향하여

tendentious tɛn'dɛnʃəs (텐**덴**셔스)
tend(뻗다)+ entious
=계속 뻗어가려고 하는
=**과격한, 극단적인**

tend, tens, tent: 뻗다, 늘이다(3)

라틴어 tendere는 뻗다, 늘이다의 뜻을 갖고 있다.

hypertension haɪpər'tɛnʃən (하이펄**텐**션)
hyper(높은)+ tension(긴장)
=높은 긴장=**고혈압**
hyper=높은
☞ hypotension: 저혈압
(hypo=아래의)
tension: 긴장
tense: 긴장한

tendon 'tɛndən (**텐**던)
tend(뻗다)+ on
=뻗어나감=**힘줄**
☞ sinew: 힘줄
['sɪnyu]

예문

The other program is a set of plans **intended** to broaden the coverage of the educational system.
(다른 프로그램은 교육 시스템의 범위를 넓히려고 **의도한** 일련의 계획들이다.)
The basic case study entails the detailed and **intensive** analysis of a single case.
(기본적인 사례 연구는 단일 사례에 대한 상세하고 **집약적인** 분석을 수반한다.)
This is a **tendentious**, romanticised version of the history.
(이것은 역사를 **극단적이고** 낭만적으로 표현한 것이다.)
People with excess body fat have a greater risk for such illnesses as diabetes and **hypertension**.
(체지방이 과다한 사람들은 당뇨나 **고혈압**과 같은 병에 걸릴 위험이 더 크다.)
A physical examination will determine if damage to tissue, nerves, **tendons**, or bone has occurred.
(신체검사는 조직, 신경, **힘줄** 또는 뼈의 손상이 발생했는지 여부를 판단할 것이다.)

obituary oʊˈbɪtʃuɛri (오**비**츄어리)
ob(향하여)+ ituary(가는)
=죽음을 향하여 가다
=**사망기사, 부고**
ob=향하여

itinerant aɪˈtɪnərənt (아이**티**너런트)
iti(가다)+ nerant
=돌아다니다
=**떠돌아다니는, 순회하는**
☞ itinerate: 순방하다, 순회하다

itinerary aɪˈtɪnərɛri (아이**티**너레리)
iti(가다)+ nerary
=돌아다님
=**여행일정표, 여정**

transit ˈtrænsɪt (트**랜**싯)
trans(건너)+ it(가다)
=건너로 가다=**수송, 통과**
trans=건너, 멀리
 transition: 이행, 과도
transient: 일시적인
transitional: 과도적인

sedition sɪˈdɪʃən (시**디**션)
sed(분리)+ ition(가다)
=분리시키는
=**폭동 선동, 난동 교사**
sed(se)=분리

initiate ɪˈnɪʃieɪt (이**니**시에이트)
in(안으로)+ itiate(가다)
=안으로 들어가다
=**개시되게 하다, 착수시키다**
in=안으로
☞ initial: 처음의
initiative: 주도권, 진취성

예문

He also does not want a memorial service or even an **obituary** in the newspaper.
(그는 또한 추도식이나 심지어 신문의 **부고**도 원하지 않는다.)
Many doctors were **itinerant** wanderers - Hippocrates among them.
(많은 의사들은 **떠돌아다니는** 방랑자들이었다 - 히포크라테스도 그들 중 한 명이었다.)
No tourist **itinerary** is complete without a visit to this paradise.
(이 파라다이스를 방문하지 않고는 어떤 여행 **일정**도 완성되지 않는다.)
The shipment was in **transit** between Malaysia's Port Klang and Oakland in California.
(이 화물은 말레이시아의 포트 클랑과 캘리포니아의 오클랜드 사이를 **통과** 중이었다.)
In the end, the question of why the campaign was **initiated** may overshadow the campaign itself.
(결국 왜 캠페인이 **시작됐느냐**는 질문은 캠페인 자체를 무색하게 만들 수 있다.)
Military officials initially told the press that he might face charges of espionage and **sedition**, even treason.
(군 관계자들은 그가 간첩과 **선동**, 심지어 반역죄로 기소될 수도 있다고 처음으로 언론에 말했다.)

obdurate
'ɒbdyʊrɪt (**아**브듀릿)

ob(대항하는)+ durate(단단한)

=단단하게 대항하는

=**완고한, 고집센**

ob=대항하는

☞ obduracy: 고집, 완고

durable
'dʊərəbəl (**듀**어러블)

dur(단단한)+ able

=단단히 버틸 수 있는

=**내구성 있는, 오래가는**

☞ duration: 지속, 지속기간

duress: 협박, 압력 [dyʊ'rɛs]

perdurable
pər'dʊərəbəl (펄**듀**어러블)

per(계속)+ durable(오래가는)

=계속 오래가는

=**오래 지속하는, 영속하는**

per=계속

dur: 단단한

라틴어 durus는 단단한(hard)의 뜻을 갖고 있다.

endure
ɛn'dyʊər (엔**듀**얼)

en(만들다)+ dure(단단한)

=단단하게 만들다

=**견디다, 참다, 인내하다**

en(in)=만들다

☞ endurable: 참을 수 있는
endurance: 인내, 참을성

indurate
'ɪndyʊreɪt (**인**듀레이트)

in(만들다)+ durate(단단한)

=단단하게 만들다

=**단단하게 하다, 경화하다**

in=만들다

예문

Some members of the committee are likely to prove **obdurate** on this matter.
(위원회의 일부 위원들은 이 문제에 대해 **완고한** 것으로 판명날 것 같다.)

They must be **durable** enough to withstand extended use and exposure to a wide variety of fluids.
(그것들은 연장된 사용과 다양한 유체에 노출되는 것을 견딜 수 있을 만큼 충분히 **내구성이 있어야** 한다.)

Yet in this respect he set a precedent as **perdurable** as his plays.
(그러나 이런 점에서 그는 자신의 희곡만큼 **영속적인** 선례를 남겼다.)

She **endured** a long and painful illness with courage and dignity that amazed everyone who knew her.
(그녀는 자신을 아는 모든 사람들을 놀라게 하는 용기와 위엄으로 길고 고통스러운 병을 **견뎌냈다**.)

If deep tissue damage is also present, the area may be **indurated** or boggy when palpated.
(깊은 조직의 손상이 있는 경우, 그 부위는 촉진되었을 때 **경화되거나** 수렁에 빠질 수 있다.)

omniscient ɒm'nɪʃənt (암니션트)

omni(모든)+ scient(아는)

=모든 것을 아는

=모든 것을 다 아는, 전지의

omni=모든

☞ omniscience: 전지(全知)

nescient 'nɛsɪənt (네시언트)

ne(아닌)+ scient(아는)

=알지 못하는

=무지한, 불가지론의

ne=~이 아닌

☞ nescience: 무지, 불가지론

conscious 'kɒnʃəs (칸셔스)

con(함께)+ scious(아는)

=한꺼번에 아는

=의식하는, 자각하는

com=함께

☞ consciousness: 의식, 자각

subconscious sʌb'kɒnʃəs (서브칸셔스)

sub(아래)+ conscious(의식적인)

=의식 아래에 있는

=잠재의식적인, 잠재의식

sub=아래의

conscience 'kɒnʃəns (칸션스)

con(함께)+ science(알다)

=모두가 알고 있는=**양심, 가책**

con(com)=함께

예문

An **omniscient** author knows everything about everybody in the story.
(**전지한** 작가는 그 이야기 속의 모든 사람들에 대해 모든 것을 알고 있다.)

I ventured into the new Korean restaurant with some equally **nescient** companions.
(나는 똑같이 **무지한** 동료들과 함께 새로운 한국 식당에 모험적으로 들어갔다.)

If the patient is **conscious** and alert, call the local poison control center.
(환자가 **의식이 있고** 깨어 있는 경우 현지 독극물 관리 센터에 문의하십시오.)

I began to realise how much it was influencing me on a **subconscious** level.
(나는 그것이 **잠재의식** 수준에서 나에게 얼마나 영향을 미치는지 깨닫기 시작했다.)

I have come to realise that he was born entirely without a **conscience** or a sense of remorse.
(나는 그가 **양심의 가책**이나 후회의식이 하나도 없이 태어났다는 것을 깨달았다.)

neuroscience
nyʊəroʊ'saɪəns
(뉴로**사**이언스)
neuro(신경)+ science(과학)
=**신경과학**
neuro=신경

pseudoscience
sudoʊ'saɪəns
(수도**사**이언스)
pseudo(가짜의)+ science(과학)
=가짜 과학
=**사이비 과학, 의사(擬似) 과학**
pseudo=가짜의, 허위의

prescient 'prɛsɪənt
(프**레**시언트)
pre(미리)+ scient(아는)
=미리 아는=**선견지명이 있는**
pre=미리
☞ prescience: 예견, 예지

라틴어 scire는 알다의 뜻을 갖고 있다.

semiconscious sɛmi'kɒnʃəs
(세미**칸**셔스)
semi(반의)+ conscious(의식 있는)
=반만 의식이 있는
=**반의식이 있는, 혼미한**
semi=반의

scien**ter** saɪ'ɛntər
(사이**엔**털)
scien(아는)+ ter
=알고 하는=**고의로, 고의**

The scientific study of the brain and nervous system is called **neuroscience** or neurobiology.
(뇌와 신경계에 대한 과학적 연구는 **신경과학** 또는 신경생물학이라고 불린다.)
A "science" that consists of nothing but such claims is not a science, but a **pseudoscience**.
(단지 주장 외에는 아무것도 아닌 것으로 구성된 "과학"은 과학이 아니라 **사이비 과학**이다.)
That prediction looks even more **prescient** since the surge in oil prices.
(그 예측은 유가 급등 이후 훨씬 더 **선견지명이 있어** 보인다.)
Don't walk, talk, or eat like a **semiconscious** person.
(**반의식적인** 사람처럼 걷고, 말하고, 먹지 마라.)
Rather, it is based on the **scienter** and conduct of the second party, the 'contributing' infringer.
(그것은 오히려 '기여' 침해자, 즉 제 2 자의 **고의**와 행위에 근거한다.)

omnivorous ɒm'nɪvərəs (암니버러스)

omni(모든)+ vorous(음식을 삼키는)

=모든 것을 먹는=**잡식성의**

omni=모든

☞ omnivore: 잡식 동물

voracious vɔ'reɪʃəs (보레이셔스)

vor(음식을 삼키다)+ acious

=음식을 삼키는=**게걸스러운**

☞ voracity: 폭식, 탐욕

devour dɪ'vaʊər (디바우얼)

de(아래로)+ vour(삼키다)

=아래로 삼키다

=**게걸스럽게 먹다**

de=아래로

vor, vour: 음식을 삼키다

라틴어 vorare는 음식을 삼키다의 뜻을 갖고 있다.

carnivorous kɑr'nɪvərəs (칼니버러스)

carni(육체)+ vorous(삼키는)

=육류를 먹는=**육식성의**

carni=육체

herbivorous hɜr'bɪvərəs (헐비버러스)

herbi(식물)+ vorous(삼키는)

=식물을 먹는=**초식성의**

herbi=식물

☞ herbivore: 초식동물

insectivore ɪn'sɛktəvɔr (인섹터볼)

insecti(곤충)+ vore(삼키다)

=곤충을 먹는 동물=**식충동물**

insecti=곤충

예문

They are **omnivorous**, eating native birds and eggs, which they steal from the nest, and competing for food with birds.
(그들은 **잡식성**이며 둥지에서 훔친 토종 새와 알을 먹고 새들과 음식을 놓고 경쟁을 한다.)
His **voracious** appetite forces my wife to get up at all times of the night to feed him.
(그의 **게걸스러운** 식욕은 내 아내가 그를 먹이기 위해 밤이면 언제나 일어나도록 강요한다.)
None of the children wanted the chocolates and all quickly **devoured** the jellied candy.
(그 아이들 중 누구도 초콜릿을 원하지 않았고 모두 젤리가 들어간 사탕을 재빨리 **게걸스럽게 먹었다**.)
The **carnivorous** species eat small vertebrates: fish, frogs, lizards, birds, mice, or other bats.
(**육식성** 종은 물고기, 개구리, 도마뱀, 새, 쥐 또는 다른 박쥐와 같은 작은 척추동물을 먹는다.)
Many of the animals intentionally introduced to new habitats have been **herbivorous** mammals.
(새로운 서식지에 의도적으로 소개된 많은 동물들은 **초식성** 포유류였다.)
Are frugivores relatively rare and **insectivores** quite common?
(과일을 먹는 동물은 비교적 드물고 **식충동물**은 꽤 흔한가?)

opt, op: 보이는, 시각의

panoptic pæn'ɒptɪk (팬**압**틱)

pan(모든)+ optic(보이는)

=모든 것이 보이는

=모든 것이 한눈에 보이는

pan=모든

optician ɒp'tɪʃən (압**티**션)

opt(시각의)+ ician

=시각을 다루는

=안경사, 안경점

☞ optical: 시각적인, 광학의

optics: 광학

autopsy 'ɔtɒpsi (**오**탑시)

aut(스스로)+ opsy(보다)

=직접 보다=**검시**

aut(auto)=자기 자신, 스스로

optometrist ɒp'tɒmɪtrɪst (압**타**미트리스트)

opto(시력의)+ metrist(재는 사람)

=시력을 재는 사람=**검안사**

metry=재는

☞ optometry: 검안, 시력검사

catoptric kə'tɒptrɪk (커**탑**트릭)

cat(반대의)+ optric(보이는)

=반대로 보이는

=거울의, 반사의

cat(cata)=반대의

예문

That is, just as a pineapple has eyes that face in all directions, Angka has **panoptic** vision.
(즉 파인애플이 사방으로 향하는 눈을 가지고 있는 것처럼 앙카는 **모든 것이 한눈에 보이는** 시야를 가지고 있다.)

Once a year I go out to the **opticians** because I wear contact lenses.
(콘택트렌즈를 끼고 다니기 때문에 1년에 한 번은 **안경점**에 간다.)

Medical examiners frequently perform **autopsies** if a death is deemed suspicious or unexplained.
(검시관은 사망이 의심스럽거나 설명되지 않은 것으로 판단될 경우 **부검**을 자주 실시한다.)

A simple way your **optometrist** or ophthalmologist can correct this is with reading glasses.
(**검안사**나 안과 의사가 이것을 교정할 수 있는 간단한 방법은 독서용 안경을 사용하게 하는 것이다.)

The main problem with these early **catoptric** systems was the light source.
(이러한 초기 **반사** 시스템의 주요 문제는 광원이었다.)

acute ə'kyut (어**큐**트)
acu(날카로운)+ te
=날카로운
=**격심한, 급성의, 예민한**

acerbic ə'sɜrbɪk (어**설**빅)
ac(날카로운)+ erbic
=날카로운
=**신랄한, 통렬한**
☞ acerbity: 신맛, 떫은 맛 [ə'sɜrbɪti]

acrimony 'ækrɪmoʊni (**애**크리모니)
acri(날카로운)+ mony
=날카로움
=**악감정, 악담, 독설**

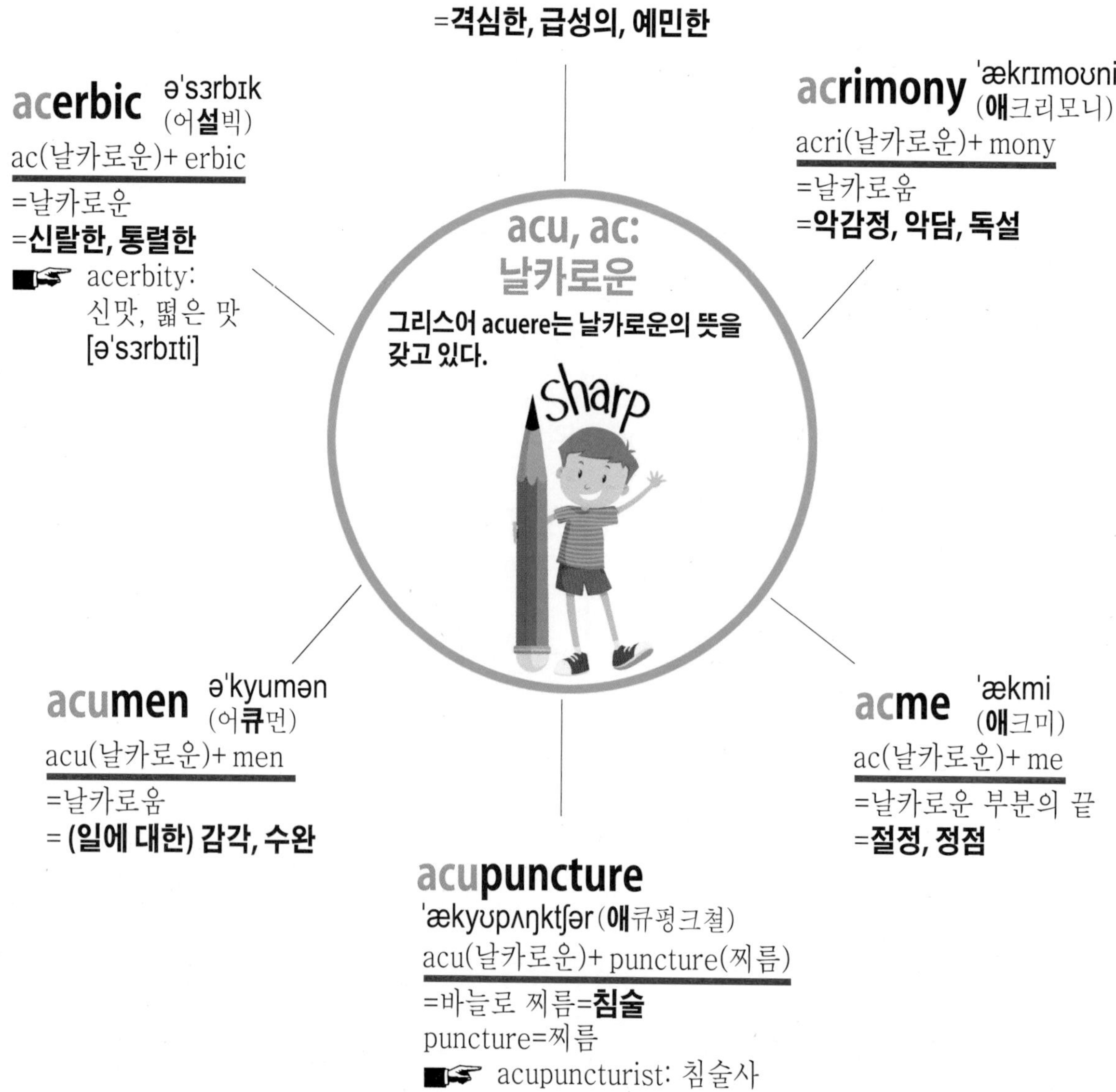

acumen ə'kyumən (어**큐**먼)
acu(날카로운)+ men
=날카로움
= **(일에 대한) 감각, 수완**

acme 'ækmi (**애**크미)
ac(날카로운)+ me
=날카로운 부분의 끝
=**절정, 정점**

acupuncture
'ækyʊpʌŋktʃər (**애**큐펑크쳐)
acu(날카로운)+ puncture(찌름)
=바늘로 찌름=**침술**
puncture=찌름
☞ acupuncturist: 침술사

예문

Bacterial infection can cause **acute** arthritis with inflammation, which constitutes an emergency.
(세균 감염은 염증을 동반한 **급성** 관절염을 유발할 수 있으며, 이것은 비상사태에 이르게 한다.)
His question wasn't **acerbic**, but quite inquisitive.
(그의 질문은 **신랄하지는** 않았지만 꽤 꼬치꼬치 캐물었다.)
Long-term damage can be caused to children exposed to **acrimony** and bitterness in family breakdown.
(가족붕괴의 **악감정**과 쓰라림에 노출된 아이들에게 장기적 피해가 발생할 수 있다.)
He said pilots would be chosen for their tactical **acumen**, ability to learn quickly and common sense.
(그는 조종사들이 그들의 전술적 **감각**과 빠른 학습능력 그리고 상식에 의해 선발될 것이라고 말했다.)
Britain, he declared, and British laws and achievements, were the **acme** of human civilization.
(영국 및 영국 법과 업적은 인류 문명의 **절정**이었다고 그는 선언했다.)
Other useful complementary treatments include **acupuncture**, chiropractic, yoga and hypnosis.
(다른 유용한 보완적 치료법으로는 **침술**, 카이로프락틱, 요가, 최면술 등이 있다.)

parasite ˈpærəsaɪt (**패**러사이트)
para(옆에)+ site(음식)
=옆에서 나의 음식을 같이 먹는
=**기생물, 기생충**
para=옆의
☞ parasitic: 기생하는

parasiticide pærəˈsɪtəsaɪd (패러**시**터사이드)
parasiti(기생충)+ cide(죽이다)
=기생충을 죽이는
=**기생충 구제약, 구충제**
cide=죽이다

sitophobia saɪtəˈfoʊbiə (사이터**포**비아)
sito(음식)+ phobia(공포증)
=음식 공포증=**거식증**
phobia=공포증

sit: 빵, 음식
그리스어 sitos는 빵, 음식의 뜻을 갖고 있다.

endoparasite ɛndoʊˈpærəsaɪt (엔도**패**러사이트)
endo(안의)+ parasite(기생충)
=몸 안에 있는 기생충=**내부 기생체(충)**
endo=안의

parasitize ˈpærəsɪtaɪz (**패**러시타이즈)
para(옆의)+ sitize(음식을 먹다)
=**~에 기생하다**
para=옆의

예문

These genes are essentially immune system genes and defend the host organism from **parasites**.
(이 유전자들은 본질적으로 면역체계 유전자이며 **기생충**으로부터 숙주생물을 보호한다.)
One of the most effective treatments is a **parasiticide** that is applied to a small area at the back of the neck.
(가장 효과적인 치료법 중 하나는 목 뒤쪽의 작은 부위에 바르는 **기생충구제약**이다.)
Sitophobia is the fear of food.
(**거식증**은 음식에 대한 두려움이다.)
However, they are **endoparasites**, spending most of their lives inside the roots.
(그러나 그들은 **내부기생충**이라서 대부분의 생애를 뿌리 안에서 보낸다.)
These small worms **parasitize** the alimentary tract of animals and birds.
(이 작은 벌레들은 동물과 새들의 소화관에 **기생한다**.)

preamble ˈpriæmbəl (프리앰블)
pre(미리)+ amble(걷다)
=미리 걸어가다
(내용의 개요를 미리 알려줌)
=서문, 전문
pre=미리, 먼저

amble ˈæmbəl (앰블)
amble(걷다)
=느긋하게 걷다
 ambulation: 보행
ambulance: 구급차
(돌아다니는 병원)

ambul, amble: 걷다
라틴어 ambulare는 걷다의 뜻을 갖고 있다.

somnambulism sɒmˈnæmbyəlɪzəm
(삼냄불리즘)
somn(자는)+ ambulism(걷다)
=자면서 걸음=**몽유병**
somn=자는

premonition
primə'nɪʃən (프리머니션)
pre(미리)+ monition(경고)
=미리 경고함=**(불길한) 예감**
pre=미리

mon: 경고하다
라틴어 monere는 경고하다의 뜻을 갖고 있다.

monitory ˈmɒnɪtɔri (마니토리)
mon(경고하다)+ itory
=경고하는
=권고의, 훈계의
☞ monition: 충고, 경고

admonish ædˈmɒnɪʃ (애드마니쉬)
ad(자주)+ monish(경고)
=자주 경고하다
=꾸짖다, 책망하다
ad=자주(강조)

summon ˈsʌmən (서먼)
sum(밑으로)+ mon(경고)
=밑으로 몰래 경고하다
(힌트를 주다)
=소환하다
sum(sub)=밑으로

예문

I gave him the bad news without **preamble**.
(나는 그에게 **서두** 없이 나쁜 소식을 전했다.)
She just **ambles** around the place, then gets to the track and wins her races.
(그녀는 그냥 그 장소에서 **느긋하게 걷다가** 트랙에 도착해서 경주에서 우승한다.)
Other names for it are walking during sleep and **somnambulism**.
(그것의 다른 이름은 잠자는 동안 걸어다니기와 **몽유병**이다.)
He had a **premonition** of imminent disaster.
(그는 곧 닥칠 재난을 **예감**하고 있었다.)
The study of history, Carlyle insists, is **monitory**.
(칼라일은 역사에 대한 연구는 **교훈적인** 것이라고 주장한다.)
He **admonished** them for stealing and told them it was a great sin to steal apples from his orchard.
(그는 그들에게 절도에 대해 **책망하고** 과수원에서 사과를 훔치는 것은 큰 죄악이라고 말했다.)
He was **summoned** to appear before the magistrates.
(그는 치안 판사 앞에 출두하도록 **소환되었다**.)

text: 짜다, 엮다

라틴어 texere는 짜다, 엮다의 뜻을 갖고 있다.

pretext 'pritɛkst (프**리**텍스트)
pre(미리)+ text(짜놓다)
=미리 짜놓다=**핑계, 구실**
pre=미리
☞ textile: 직물, 옷감
texture: (직물의) 질감

context 'kɒntɛkst (**칸**텍스트)
con(함께)+ text(짜다)
=다함께 짜다
=**맥락, 문맥**
con(com)=함께

subtext 'sʌbtɛkst (**서**브텍스트)
sub(밑에)+ text(본문)
=본문 밑에 있는
=**숨은 이유(의미)**
sub=밑에
☞ text: 본문, 문자

sag: 인지력이 있는

라틴어 sagire는 인지력이 있는의 뜻을 갖고 있다.

presage 'prɛsɪdʒ (프**레**시지)
pre(미리)+ sage(인지하다)
=미리 인지하다
=**(불길한 일의) 전조가 되다, 예지하다**
pre=미리
☞ presager: 예언자, 예보자

sagacious sə'geɪʃəs (서**게**이셔스)
sag(인지력이 있는)+ acious
=인지력이 있는=**현명한**
☞ sagacity: 현명, 총명

sage seɪdʒ (세이지)
sage(인지력이 있는)
=인지력이 있는 사람
=**현자**

예문

The rebels had the perfect **pretext** for making their move.
(반란군들은 그들의 행동에 대한 완벽한 **구실**을 가지고 있었다.)
In any biography the relationship of author to subject forms a haunting **subtext**.
(어떤 전기에서나 작가와 주제의 관계는 잊을 수 없는 **숨은 의미**를 형성한다.)
I think if you can understand your **contexts** then you have power to use this to help yourself.
(만약 당신의 **맥락**을 이해할 수 있다면, 당신은 스스로를 돕기 위해 이것을 사용할 수 있는 힘을 가지고 있다고 생각한다.)
The change of government, Wilson thought, would not necessarily **presage** a change in the political culture.
(정권교체가 반드시 정치문화의 변화를 **예고하는** 것은 아니라고 윌슨은 생각했다.)
They were **sagacious** enough to avoid any outright confrontation.
(그들은 어떤 전면적인 대결도 피할 만큼 **현명했다**.)
I want children to grow up under the influence of the wisdom of the ancient **sages**.
(나는 아이들이 고대 **현자**의 지혜의 영향을 받아 자라기를 원한다.)

fix: 고정시키다

라틴어 figere는 고정시키다의 뜻을 갖고 있다.

prefix 'prifɪks (프**리**픽스)

pre(앞에)+ fix(고정된)

=앞에 고정되어있는
=접두사
pre=앞에
☞ fixation: 집착, 고정

suffix 'sʌfɪks (**서**픽스)

suf(밑에)+ fix(고정된)

=밑에 고정된=**접미사**
suf(sub)=밑에

transfix træns'fɪks (트랜스**픽**스)

trans(건너)+ fix(고정하다)

=멀리까지 (전부) 고정시키다
=(두려움·경악 등으로) 얼어붙게 만들다
trans=건너서, 멀리

lim: 문지방, 한계점

라틴어 limen은 문지방, 한계점의 뜻을 갖고 있다.

preliminary

prɪ'lɪmɪnɛri (프리**리**미너리)

pre(전의)+ liminary(문지방)

=문지방을 넘기 전의
=예비의, 예선의
pre=전의

eliminate

ɪ'lɪmɪneɪt (일**리**미네이트)

e(밖으로)+ liminate(문지방)

=문지방 밖으로 내쫓다
=제거하다
e(ex)=밖으로
☞ elimination: 제거, 배제

subliminal

sʌb'lɪmɪnəl (서브**리**미널)

sub(밑에)+ liminal(문턱)

=의식의 문지방 밑에 있는
=알지 못하는 사이에 영향을 미치는
sub=밑에
☞ limit: 한계

예문

In the word "unpleasant," "un" is a **prefix**.
("unpleasant"의 단어에서 "un"은 **접두사**다.)
I was **transfixed**, wondering if the lead singer was male or female.
(나는 리드 싱어가 남자인지 여자인지 궁금해하며 **얼어붙었다**.)
Most people only know a very few of the more common words formed using the **suffix** -phobia.
(대부분의 사람들은 공포증이라는 **접미사**를 사용하여 만들어진 더 흔한 단어들 중 극히 일부만 알고 있다.)
There are several very important reasons for this **preliminary** arm action.
(이 **예비** 팔 동작에는 몇 가지 매우 중요한 이유가 있다.)
A number of these studies have used **subliminal** stimuli to produce the increase in positive affect.
(이러한 많은 연구들은 긍정적인 영향을 증가시키기 위해 **잠재적인** 자극을 사용해왔다.)
While the central bank can work to control inflation, it can't **eliminate** boom-and-bust cycles.
(중앙은행이 인플레이션을 억제하기 위해 일할 수는 있지만, 벼락 경기와 불경기의 교체 사이클을 **제거할 수**는 없다.)

judi, jud: 판단, 판결

prejudice ˈprɛdʒədɪs (프**레**저디스)
pre(미리)+judice(판단)
=미리 판단하다
=편견, 편견을 갖게 하다
pre=미리
☞ prejudicial: 해로운
unprejudiced: 편견이 없는

judicious dʒuˈdɪʃəs (주**디**셔스)
judi(판단)+cious
=판단력 있는
=신중한, 판단력 있는

judicial dʒuˈdɪʃəl (주**디**셜)
judi(판결)+cial
=판결을 하는
=사법의, 재판의
☞ judiciary: 사법부, 법관들
judge: 판사

judi, jud: 판단, 판결

라틴어 judicium은 판단, 판결의 뜻을 갖고 있다.

adjudge əˈdʒʌdʒ (어**저**지)
ad(하다)+judge(판단)
=판단하다
=판단(판결)을 내리다
ad=하다

prejudge priˈdʒʌdʒ (프리**저**지)
pre(미리)+judge(판단하다)
=미리 판단하다
=예단하다, 속단하다
pre=미리

예문

Governments tend to impose the opinions and **prejudices** of the majority.
(정부는 다수의 의견과 **편견**을 강요하는 경향이 있다.)
It is a careful, **judicious**, moderate way forward proposed by a man who knows about war.
(그것은 전쟁에 대해 아는 사람이 제안한 주의깊고 **신중하고** 온건한 방법이다.)
It is achieved by a conventional process of **judicial** construction of legislation.
(그것은 입법의 **사법적** 구축이라는 전통적인 절차에 의해 달성된다.)
In such a case, the initiating unit, after the event, will be **adjudged** guilty of poor management.
(이 경우, 행사 후 개시부서는 부실경영에 대한 유죄**판결을 받게** 된다.)
I don't want to **prejudge** him, but quite honestly this is not an accidental situation.
(나는 그를 **예단하고** 싶지 않지만, 솔직히 말해서 이것은 우연한 상황이 아니다.)

post, poster: 뒤의

preposterous prɪ'pɒstərəs (프리**파**스터러스)

pre(앞의)+ posterous(뒤의)

=앞이 뒤에 있는

=앞뒤가 뒤바뀐, 터무니없는

pre=앞의

posterity pɒ'stɛrɪti (파스**테**리티)

poster(뒤의)+ ity

=뒤에 오는 사람

=후세, 후손, 후대

☞ posterior: 뒤의

postmortem poʊst'mɔrtəm (포스트**몰**텀)

post(후의)+ mortem(죽음)

=죽은 후=**사후의, 검시의**

mortem=죽음

post, poster: 뒤의

라틴어 posterus는 뒤, 후 (after)의 뜻을 갖고 있다.

posthumous 'pɒstʃəməs (**파**스쳐머스)

post(후의)+ humous(땅에 묻힘)

=땅에 묻힌 후의

=사후(死後)의

humous=묻힌

(humus: 땅, humare: 묻다)

ex post facto 'ɛks poʊst 'fæktoʊ (**엑**스 포스트 **팩**토)

ex(~부터)+ post(후의)+ facto(행위)

=행위 후로부터=**사후(事後)의, 소급된**

ex=~로부터 facto=행위

a posteriori eɪ pɒstɪəri'ɔraɪ (에이 파스티어리**오**라이)

a(부터)+ posteriori(뒤)

=뒤로부터

=귀납적인(결과에서 원인을 분석해 들어가는)

a(ab)=~로부터, 분리, 이탈

☞ a priori: 연역적인 [eɪ praɪ'ɔraɪ]

예문

The only reason the idea seems so **preposterous** is because we refuse to live like them.
(그 생각이 그렇게 **터무니없어** 보이는 유일한 이유는 우리가 그들처럼 살기를 거부하기 때문이다.)

God offered Abraham a **posterity** like the stars of heaven.
(하나님은 아브라함에게 하늘의 별과 같은 **후손**을 주셨다.)

Postmortem tests on the brain tissue of people who had been suffering from Alzheimer's disease.
(알츠하이머병을 앓고 있던 사람들의 뇌 조직에 대한 **사후** 검사.)

She was a genius and deserves a **posthumous** award of some kind.
(그녀는 천재였고 어떤 종류의 **사후** 상을 받을 자격이 있다.)

The law is being applied **ex post facto**.
(그 법률은 **사후적으로** 적용되고 있다.)

Historically the a priori / **a posteriori** distinction has been closely associated with that between the innate and the learned.
(역사적으로 연역적/**귀납적**의 구분은 선천적인 것/학습된 것과 밀접한 관련이 있다.)

preservative prɪ'zɜrvətɪv (프리절버티브)

pre(미리)+ servative(지키는)

=미리 지키는=**보존하는, 방부제**

pre=미리, 먼저

☞ preserve: 지키다, 보존하다

preservation: 보존, 유지

conservative kən'sɜrvətɪv (컨설버티브)

con(함께)+ servative(지키는)

=다함께 지키는=**보수적인**

con(com)=함께

☞ conserve: 아끼다, 보존하다

conservatory

kən'sɜrvətɔri (컨설버토리)

con(함께)+ servatory(지키는)

=함께 지키는

=**온실, 음악(예술)학교**

con(com)=함께

serva, serv: 지키다

라틴어 servare는 지키다의 뜻을 갖고 있다.

observation ɒbzɜr'veɪʃən (아브절베이션)

ob(앞에서)+ servation(지킴)

=앞에서 지킴=**관찰, 감시**

ob=앞에서

☞ observe: 관찰하다

observatory: 관측소, 천문대

reserve rɪ'zɜrv (리절브)

re(뒤로)+ serve(지키다)

=뒤로 확보하다

=**예약하다, 따로 잡아두다**

re=뒤로

☞ reservation: 예약, 의구심 [rɛzər'veɪʃən]

예문

Food additives, such as **preservatives** and colourants, can also cause skin rashes and wheezing.
(**방부제**나 착색제 같은 식품 첨가제는 또한 피부 발진과 쌕쌕거림을 일으킬 수 있다.)

They see him as a hero of religious orthodoxy and **conservative** values.
(그들은 그를 종교적 정통성과 **보수적** 가치를 지닌 영웅으로 보고 있다.)

It's so light now with the **conservatory**'s glass roof and floor to ceiling windows.
(지금은 **온실**의 유리 지붕과 바닥부터 천장 창문까지 있어서 너무 채광이 잘된다.)

The very processes of measurement and **observation** influence the subject and change him.
(측정과 **관찰**의 바로 그 과정이 주제에 영향을 미치고 그를 변화시킨다.)

All seats with tables were **reserved** - although they seemed empty most of the night.
(테이블이 있는 모든 좌석은 **예약되어있었다**. 비록 거의 밤새 비어있는 것처럼 보였지만.)

vale, vali, vail, val: 힘이 있는, 강한

prevail prɪ'veɪl (프리**베**일)

pre(앞에서)+ vail(힘을 갖다)

=앞에서 힘을 갖다
=득세하다, 유행하다
pre=앞에서
☞ prevalent: 널리 퍼져있는, 만연한

convalescence kɒnvə'lɛsəns (칸벌**레**선스)

con(완전히)+ valescence(힘을 키움)

=완전히 힘을 키움=**요양, 회복**
con(com)=완전히(강조)

valid 'vælɪd (**밸**리드)

valid(힘이 있는)

=힘이 남아있는=**유효한**
☞ validate: 인증(입증)하다
validation: 확인, 비준

vale, vali, vail, val:
힘이 있는, 강한

라틴어 valere는 힘이 있는, 강한의 뜻을 갖고 있다.

ambivalence æm'bɪvələns (앰**비**벌런스)

ambi(두 개의)+ valence(힘)

=두 개의 힘이 상존하는
=양면가치, 양가감정
ambi=두 개의

valiant 'vælyənt (**밸**리언트)

vali(힘이 있는)+ ant

=힘이 있는=**용맹한**
☞ valor: 용기, 용맹

예문

As it was the final meeting of the season before the Summer break, a festive atmosphere **prevailed**.
(여름 방학 전 시즌 마지막 회의인 만큼 축제 분위기가 **팽배했다**.)
The hospital is no longer a place for **convalescence**.
(병원은 더 이상 **회복**의 장소가 아니다.)
A woman passenger would not accept this as a **valid** reason for the delay.
(여성 승객은 이것을 지연의 **타당한** 이유로 받아들이지 않을 것이다.)
In the past, I might have struggled to join in, concealing my **ambivalence** with uncertain assertions.
(과거에 나는 불확실한 주장으로 **양면성**을 감추며 동참하려고 애썼을지도 모른다.)
Though their efforts were **valiant** it was painfully obvious it had little effect on the blaze.
(그들의 노력은 **용맹스러웠지만** 그것이 화재에 거의 영향을 미치지 않았다는 것은 고통스러울 정도로 명백했다.)

empt: 사다, 가지다

preempt pri'ɛmpt (프리**엠**프트)
pre(먼저)+ empt(사다)
=먼저 사다
=**선매권에 의하여 획득하다, 미연에 방지하다**
pre=먼저
☞ preemption: 우선매수, 선매(권)

preemptive pri'ɛmptɪv (프리**엠**프티브)
pre(먼저)+ emptive(가지는)
=먼저 가지는=**선제의, 예방의**
pre=먼저
☞ preemptive attack: 선제공격

sumptuary 'sʌmptʃuɛri (**섬**프추어리)
su(b)(아래로)+ (e)mptuary(사는)
=아래로(싸게) 사는
=**비용절감의, 사치(윤리)규제의**
sub=아래로

empt: 사다, 가지다

라틴어 emere는 사다, 가지다의 뜻을 갖고 있다.

peremptory
pə'rɛmptəri (퍼**렘**프터리)
per(완전히)+ emptory(갖는)
=완전히 지배하는
=**위압적인, 독단적인**
per=완전히

redemption rɪ'dɛmpʃən (리**뎀**프션)
red(다시)+ emption(사다)
=다시 사다=**구원, 상환, 속량**
red(re)=다시

exemption ɪg'zɛmpʃən (이그**젬**프션)
ex(밖으로)+ emption(가져가는)
=밖으로 빠져나가는=**면제, 공제**
ex=밖으로
☞ exempt: 면제되는, 면제받다

예문

Penn State Health repurposes Ebola treatment center to **preempt** coronavirus.
(펜실베이니아주 보건소가 코로나 바이러스를 **예방하기** 위해 에볼라 치료 센터를 용도 변경한다.)
San Francisco declares **preemptive** state of emergency over coronavirus fears.
(샌프란시스코는 코로나 바이러스 공포에 대한 **선제적** 비상 상태를 선언한다.)
The Texas statute is **sumptuary** law that has no value in jurisprudence or society.
(텍사스 법령은 법학이나 사회에서 아무런 가치가 없는 **윤리규제**법령이다.)
On 20th January, 1633, Galileo started on his weary journey to Rome, in compliance with this **peremptory** summons.
(1633년 1월 20일 갈릴레오는 이 **독단적인** 소환에 응하여 로마로의 지친 여행을 시작했다.)
But the heart of man the bible says, is still wicked and evil and needs **redemption**.
(그러나 성경에 이르기를 인간의 마음은 여전히 사악하고 악하며 **구원**을 필요로 한다.)
If they get **exemption** from rent control law, their income would increase several times.
(만약 그들이 임대료 관리법에서 **면제**를 받는다면, 그들의 수입은 몇 배 증가할 것이다.)

preponderance

prɪ'pɒndərəns (프리**판**더런스)
pre(앞으로)+
ponderance(무게가 나감)
=앞으로 무게가 쏠림
=**우세, 우월**
pre=앞으로
☞ preponderant: 우세한

ponder: 무게가 나가다

라틴어 ponderare는 무게가 나가다의 뜻을 갖고 있다.

ponderous

'pɒndərəs (**판**더러스)
ponder(무게가 나가다)+ ous
=무게가 나가는
=**대단히 무거운, 육중한**
☞ ponder: 곰곰이 생각하다

proclivity

proʊ'klɪvɪti (프로클**리**비티)
pro(앞으로)+ clivity(경사)
=앞으로 기울어진=**성향**
pro=앞으로

clivi: 경사, 비탈

라틴어 clivus는 경사, 비탈의 뜻을 갖고 있다.

declivity

dɪ'klɪvɪti (디클**리**비티)
de(아래로)+ clivity(경사진)
=아래로 경사진=**내리받이**
de=아래로
☞ declivitous: 내리받이의

acclivity

ə'klɪvɪti (어클**리**비티)
ac(더함)+ clivity(경사)
=위로 경사짐=**치받이, 경사**
ac(ad)=더하다

The **preponderance** of shops nowadays is an unhappy sign of modern life.
(요즘 가게의 **우세**는 현대 생활의 불행한 징조다.)
A lot of big fighters are slow and **ponderous**, but I apply myself on my speed as opposed to power, he said.
(많은 덩치 큰 전사들은 느리고 **육중하지만**, 그는 힘과는 반대로 자신의 스피드에 몸을 적용한다고 말했다.)
Most regimes have self-destructive **proclivities**.
(대부분의 정권들은 자기 파괴적인 **성향**을 가지고 있다.)
When he walked, he walked as though he went down a **declivity**.
(그는 걸을 때, 마치 **내리막길**로 내려가는 것처럼 걸었다.)
Here and there, towers were perched high up on **acclivities** which seemed almost inaccessible.
(여기저기에 탑들이 거의 접근할 수 없을 것 같은 **치받이** 위에 높이 자리 잡고 있었다.)

provident ˈprɒvɪdənt (프**라**비던트)
pro(앞으로)+ vident(보는)
=앞을 내다보는
=**장래를 준비하는, 앞날에 대비하는**
pro=앞으로
☞ providence: (신의) 섭리
improvident: 앞날을 생각하지 않는, 돈을 막 쓰는

supervise ˈsupərvaɪz (**수**펄바이즈)
super(위에서)+ vise(보다)
=위에서 보다
=**감독하다, 지도하다**
super=위에서
☞ supervisor: 감독관, 관리자

vid, vis: 보다
라틴어 videre는 보다의 뜻을 갖고 있다.

vista ˈvɪstə (**비**스터)
vista(보다)
=**경치, 전망**
☞ visage: 얼굴 [ˈvɪzɪdʒ]

proviso prəˈvaɪzoʊ (프러**바**이조)
pro(미리)+ viso(보다)
=미리 보다=**단서, 조건**
pro=미리
☞ provision: 공급, 제공 (미리 보고 공급함)
provide: 제공하다

provisional prəˈvɪʒənəl (프러**비**저널)
pro(미리)+ visional(보는)
=미리 보는
=**잠정적인, 일시적인**
pro=미리

improvise ˈɪmprəvaɪz (**임**프러바이즈)
im(아닌)+ provise(공급하다)
=공급받지 못하는=**즉흥적으로 하다**
im(in)=~이 아닌

예문

She was a discreet, sober, **provident** woman, and with great patience endured many afflictions.
(그녀는 신중하고, 냉정하고, **앞날에 대비하는** 여자였고, 참을성 있게 많은 고통을 견뎌냈다.)
Our artists are directly involved in **supervising** the printing process.
(우리 예술가들은 인쇄 과정을 **감독하는** 데 직접 관여하고 있다.)
From afar, the mountain **vistas** and landscape are breathtaking.
(멀리서 바라본 산의 **경치**와 풍경은 숨이 막힐 지경이다.)
The **proviso** is that the candidate continues onto either college, or the US military for two years.
(**조건**은 그 후보자가 2년 동안 대학이나 미군 중 한 곳에 계속 근무해야 한다는 것이다.)
While my research into these matters is not yet complete, I would like to present my **provisional** conclusions.
(이 문제들에 대한 나의 연구가 아직 끝나지 않았지만, 나는 **잠정적인** 결론을 발표하고자 한다.)
The dialogue was **improvised** entirely by the actors, and the cinematography is entirely static.
(그 대화는 전적으로 배우들에 의해 **즉흥적으로 이루어졌고**, 영화 예술은 완전히 정적이다.)

promiscuous prəˈmɪskyuəs (프러**미**스큐어스)
pro(앞으로)+ miscuous(섞다)
=앞으로 섞다=**난잡한, 문란한**
pro=섞다

miscellaneous mɪsəˈleɪniəs (미설**레**이니어스)
misc(섞다)+ ellaneous
=섞인=**여러 종류의, 다양한**

intermix ɪntərˈmɪks (인털**믹**스)
inter(서로)+ mix(섞다)
=서로 섞다=**섞다, 섞이다**
inter=서로
☞ intermixture: 혼합(물)

misc, mix: 섞다
라틴어 miscere는 섞다의 뜻을 갖고 있다.

miscegenation mɪsɛdʒəˈneɪʃən (미세제**네**이션)
misce(섞다)+ genation(인종)
=인종을 섞다=**다른 인종 간의 출산**
genation=(genus) 인종

admixture ædˈmɪkstʃər (애드**믹**스철)
ad(더하다)+ mixture(섞음)
=더해서 섞음=**혼합(물)**
ad=더하다

예문

Instead, he chose to focus his question on the client's change to not being **promiscuous**.
(대신 그는 고객이 **문란한** 행동을 하지 않는 쪽으로의 변화에 자신의 질문을 집중하기로 결정했다.)
To qualify, your combined **miscellaneous** business deductions must exceed 2% of your adjusted gross income.
(자격을 갖추기 위해서는, 당신의 복합적인 **다양한** 사업 공제는 당신의 조정된 총 수입의 2%를 초과해야 한다.)
As the day progressed, the groups were **intermixed** to give everyone an opportunity to meet and mingle.
(날이 갈수록 그 무리들은 서로 **섞여서** 모든 사람에게 만나서 어울릴 수 있는 기회를 주었다.)
They believe in **miscegenation** as the answer to world peace.
(그들은 **다른 인종 간의 출산**을 세계평화에 대한 해답으로 믿는다.)
He felt that his work was an **admixture** of aggression and creativity.
(그는 자신의 작품이 공격성과 창의성의 **혼합물**이라고 느꼈다.)

prolix prou'lɪks (프로**릭**스)
pro(앞으로)+ lix(흐르는)
=앞으로 흐르는=**장황한**
pro=앞으로
☞ prolixity: 장황함, 지루함

liquid 'lɪkwɪd (**리**퀴드)
liqu(흐르는)+ id
=흐르는=**액체의**

liquefy 'lɪkwəfaɪ (**리**퀴파이)
lique(흐르다)+ fy(만들다)
=흐르게 만들다=**액화시키다**
fy=만들다
☞ liquefaction: 액화 [lɪkwə'fækʃən]

liq, liqu, lix: 흐르다

라틴어 liquere는 흐르다의 뜻을 갖고 있다.

liquidate 'lɪkwɪdeɪt (**리**퀴데이트)
liqu(흐르다)+ idate
=물로 깨끗하게 만들다
=**청산하다, 매각하다**
☞ liquidation: 청산, 정리

liquor 'lɪkər (**리**컬)
liqu(흐르다)+ or
=마실 것=**술, 독주**

예문

They tend to be **prolix** and very difficult to understand.
(그들은 **장황하며** 이해하기 매우 어려운 경향이 있다.)
Drink plenty of **liquids**, such as water, juice or tea.
(물, 주스 또는 차와 같은 **액체**를 많이 마셔라.)
The critical pressure is the amount of pressure required to **liquefy** water at the critical temperature.
(임계 압력은 임계 온도에서 물을 **액화하는** 데 필요한 압력의 양이다.)
If the company was **liquidated**, there would be enough funds released to honour the debts.
(만약 회사가 **청산된다면**, 빚을 갚기 위해 충분한 자금이 풀릴 것이다.)
Next, make sure all **liquor**, beer and wine is stored in a secured area.
(다음으로 모든 **주류**, 맥주, 와인을 안전한 장소에 보관하십시오.)

flict, flig: 치다, 때리다

profligate 'prɒflɪgət (프라플리것)

pro(앞으로)+ fligate(던지다)

=앞으로 던져버리는

=낭비하는, 방탕한

pro=앞으로

☞ profligacy: 방탕

afflict ə'flɪkt (어플릭트)

af(하다)+ flict(치다)

=치다=**괴롭히다**

af(ad)=하다

☞ affliction: 고통

conflict 'kɒnflɪkt (칸플릭트)

con(함께)+ flict(치다)

=서로 치다=**충돌, 갈등**

con(com)=함께

flict, flig: 치다, 때리다

라틴어 fligere는 치다, 때리다의 뜻을 갖고 있다.

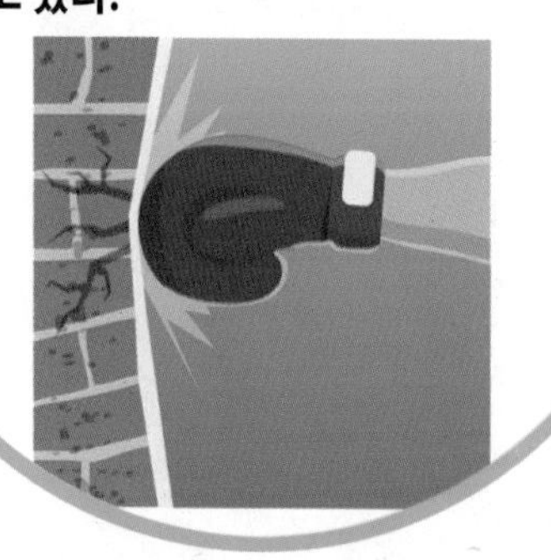

inflict ɪn'flɪkt (인플릭트)

in(안으로)+ flict(가하다)

=안으로 가하다

=(괴로움 등을) 가하다

in=안으로

☞ infliction: 형벌, 고통

예문

It is the **profligate** consumer who has kept the economy afloat since 2000.
(2000년 이후 경제를 지탱해온 것은 **낭비하는** 소비자다.)
When we are **afflicted** with such illnesses, we expect to recover quickly and fully.
(우리가 그러한 질병에 **시달릴** 때, 우리는 신속하고 완전하게 회복되기를 기대한다.)
At the root of the culture war is a **conflict** between theism and atheism.
(문화전쟁의 근저에는 유신론과 무신론의 **충돌**이 있다.)
But remember, the hand that **inflicts** the wound also holds the cure.
(하지만 기억하라, 상처를 **입히는** 손은 치유책도 쥐고 있다.)

phylax, phylact: 경비, 방어

라틴어 phylax는 경비, 방어의 뜻을 갖고 있다.

prophylactic proʊfɪˈlæktɪk (프로필**랙**틱)

pro(미리)+ phylactic(방어의)

=미리 방어하는

=(질병)예방의, 예방을 위한

pro=미리, 먼저

☞ prophylaxis: 예방

anaphylactic ænəfɪˈlæksɪs (애너필**랙**시스)

ana(다시)+ phylactic(방어)

=다시 방어하는=**과민성의**

ana=다시

☞ anaphylaxis: 과민증

burs: 지갑

라틴어 bursa는 지갑(purse)의 뜻을 갖고 있다.

reimburse riɪmˈbɜrs (리임**벌**스)

re(다시)+ im(안으로) + burse(지갑)

=다시 지갑 안으로

=배상하다, 변제하다

re=다시 im(in)=안으로

☞ reimbursement: 배상, 변제

bursar ˈbɜrsər (**벌**설)

burs(지갑)+ ar

=돈지갑을 지키는 사람

=회계담당자

☞ bursary: 장학금, 학비보조금

disburse dɪsˈbɜrs (디스**벌**스)

dis(이탈)+ burse(지갑)

=지갑에서 나가다

=지출하다

dis=이탈, 멀리

☞ disbursement: 지불, 지출

예문

In other words, there's very slight blockage and they want to take a preventative move, **prophylactic** heart surgery.
(다시 말해, 아주 약간 막힌 곳이 있고 그들은 예방적인 움직임, **예방적인** 심장 수술을 하고 싶어 한다는 것이다.)

In addition, the authors imply that severe reactions to radiographic contrast media are **anaphylactic** in nature.
(게다가, 저자들은 방사선 조영제에 대한 심각한 반응은 본질적으로 **과민적**이라는 것을 암시한다.)

If the firm discovers that you're eligible for a refund, it must **reimburse** you with cash, not services or discounts.
(회사가 당신이 환불 받을 자격이 있다는 것을 알게 되면, 서비스나 할인이 아닌 현금으로 **배상해야** 한다.)

The Government wants to train more **bursars** so that head teachers are free to concentrate on classroom matters.
(정부는 교장 선생님이 교실 문제에 자유롭게 집중할 수 있도록 더 많은 **회계담당자들**을 훈련시키기를 원한다.)

The funds are **disbursed** through banks to the schools' accounts.
(그 자금은 은행을 통해 학교 계좌로 **지출된다**.)

redolent 'rɛdələnt (**레**덜런트)

red(다시)+ olent(냄새나는)

=다시 냄새가 나는

=**~을 생각나게 하는, 냄새나는**

red(re)=다시

☞ redolence: 향

olfactory ɒl'fæktəri (알**팩**터리)

ol(냄새)+ factory(만드는)

=냄새를 만드는=**후각의**

factory=만드는

☞ olfaction: 후각

odorous 'oʊdərəs (**오**더러스)

odor(냄새가 나다)+ ous

=**냄새가 나는**

☞ odor: 냄새, 악취

odoriferous: 냄새나는

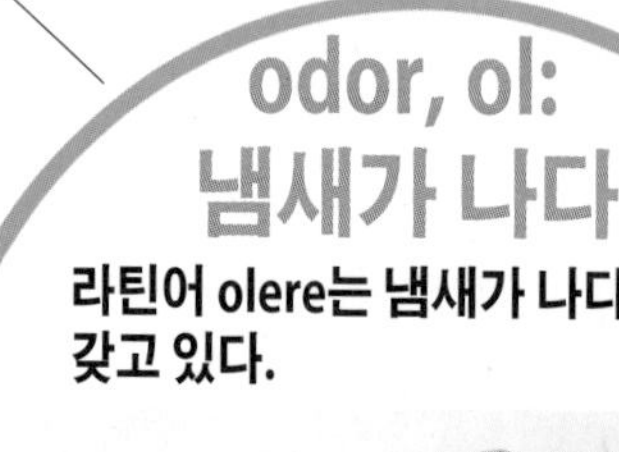

deodorant di'oʊdərənt (디**오**더런트)

de(제거)+ odorant(냄새나는)

=냄새를 제거함

=**냄새제거제, 탈취제**

de=제거

malodorous mæl'oʊdərəs (맬**오**더러스)

mal(나쁜)+ odorous(냄새나는)

=나쁜 냄새가 나는=**악취가 나는**

mal=나쁜

The description is so **redolent** of history as to be a constitutional precedent in itself.
(그 설명은 자체로 헌법상의 선례가 될 정도로 역사를 **생각나게 하고 있다.**)

The molecules diffuse through the surface layer of mucus and stimulate the **olfactory** receptors.
(분자는 점액의 표면층을 통해 확산되어 **후각** 수용체를 자극한다.)

I am not sure if all dumps are this smelly - I know that all dumps are **odorous** - but it was stinky.
(모든 쓰레기장이 이렇게 냄새나는지 확실하진 않다. 나는 모든 쓰레기장이 **냄새나는** 것을 알지만, 그것은 악취였다.)

Ask your guests to refrain from putting on heavy duty perfume or **deodorants**.
(손님들에게 강한 향수나 **탈취제** 바르는 것을 자제해달라고 부탁하라.)

Some of the **malodorous** wounds seen at the end of life include bedsores and fungating breast cancer lesions.
(말년에 보이는 **악취나는** 상처에는 욕창과 균사성 유방암 병변이 있다.)

juven: 젊은

라틴어 juvenis는 젊은(young)의 뜻을 갖고 있다.

rejuvenate
rɪ'dʒuvəneɪt
(리**주**버네이트)
re(다시)+ juvenate(젊은)
=다시 젊게 만들다
=다시 젊어 보이게 하다, 활기를 되찾게 하다
re=다시
☞ rejuvenation: 회춘

juvenile
'dʒuvənaɪl
(**주**버나일)
juven(젊은)+ ile
=청소년의, 어린애 같은
☞ juvenility: 나이 어림
juvenescence: 젊음, 청춘

juvenilia
dʒuvə'nɪliə (주버**닐**리아)
juven(젊은)+ ilia
=(작가, 화가의) 젊은 시절 작품

unda, und: 파도, 물결

라틴어 unda는 파도, 물결의 뜻을 갖고 있다.

redundant
rɪ'dʌndənt (리**던**던트)
red(다시)+ undant(파도의)
=파도가 다시 이는
=불필요한, 정리해고 당한
red(re)=다시
☞ redundancy: 정리해고, 여분
redound: 늘리다, 높이다

abundant
ə'bʌndənt
(어**번**던트)
ab(~에서)+ undant(파도)
=파도에서 나온=**풍부한**
ab=~에서
☞ abundance: 풍부
abound: 아주 많다, 풍부하다

undulant
'ʌndʒələnt
(**언**절런트)
und(파도)+ ulant
=파도치는
=물결치는, 파상의
☞ undulation: 파도모양, 기복

예문

A newly refurbished building has been praised for helping to **rejuvenate** the surrounding town centre.
(새로 단장된 건물은 주변 도시의 **활기를 되찾는** 데 도움을 주었다는 평가를 받고 있다.)
The legislature has to do something about **juvenile** crimes, particularly the violent ones.
(입법부는 **청소년** 범죄, 특히 폭력 범죄에 대해 뭔가 조치를 취해야 한다.)
These were not sketches or **juvenilia**; these were expansive statements made by an artist in her prime.
(이것은 스케치나 **젊은 시절 작품**이 아니었다; 이것은 그녀의 전성기에 예술가로서 만든 광범위한 서술이었다.)
Get rid of any **redundant** or unwanted items and survey what is left.
(**불필요하거나** 원치 않는 항목을 제거하고 남은 항목을 조사하십시오.)
This allows the animal maximum use of the **abundant** grass supply available all summer.
(이것은 동물들에게 여름 내내 이용 가능한 **풍부한** 풀 공급을 최대한 이용할 수 있게 해준다.)
I fin out into the **undulant**, pellucid sea to 'just look.'
(나는 '그냥 보기' 위해 물갈퀴를 벗고 **물결치는**, 투명한 바다 속으로 들어간다.)

fract, frag, frang, fring: 깨어지다, 깨다(1)

refraction rɪˈfrækʃən (리프**랙**션)
re(뒤로)+ fraction(깨짐)
=뒤로 깨어짐=**굴절**
re=뒤로
☞ refract: 굴절시키다
refractory: 다루기 힘든

infraction ɪnˈfrækʃən (인프**랙**션)
in(안으로)+ fraction(깨다)
=안으로 깨다=**위반**
in=안으로
☞ infract: 어기다, 위반하다

fraction ˈfrækʃən (프**랙**션)
fract(깨다)+ ion
=깨어진 것=**부분, 분수**

fract, frag, frang, fring: 깨어지다, 깨다(1)

라틴어 frangere는 깨어지다, 깨다의 뜻을 갖고 있다.

infringe ɪnˈfrɪndʒ (인프**린**지)
in(안으로)+ fringe(깨다)
=안으로 깨다
=**어기다, 위반하다**
in=안으로
☞ infringement: 위반, 침해

fractious ˈfrækʃəs (프**랙**셔스)
fract(깨다)+ ious
=잘 깨는
=**성(짜증)을 잘 내는**

fragile ˈfrædʒəl (프**레**절)
frag(깨다)+ ile
=깨지는
=**부서지기 쉬운, 취약한**
☞ frail: 약한, 부서지기 쉬운
fragility: 부서지기 쉬움

예문

The disagreement concerns one of the most fundamental and best-known phenomena in optics - **refraction**.
(이 의견 불일치는 광학에서 가장 근본적이고 가장 잘 알려진 현상 중 하나인 **굴절**과 관련이 있다.)

The most common crimes are **infractions** of the traffic code, infractions of drug laws, and theft.
(가장 흔한 범죄는 교통법규 **위반**, 마약법 위반, 절도 등이다.)

To convert a **fraction** to a percentage, divide the numerator by the denominator.
(**분수**를 백분율로 변환하려면 분자를 분모로 나누시오.)

Some time ago he spent several months in a German jail for **infringing** that country's laws on holocaust denial.
(얼마 전 그는 독일의 한 교도소에서 홀로코스트를 부인한 것에 관한 그 나라의 법을 **위반한** 죄로 몇 달을 지냈다.)

Tourists also damage the **fragile** ecosystem by dumping plastic waste and driving over the grasslands.
(관광객들은 또한 플라스틱 쓰레기를 버리고 초원 위를 운전함으로써 **취약한** 생태계를 손상시킨다.)

The youngest children get **fractious** and older family members get irritable trying to keep the peace.
(가장 어린 아이들은 **성을 잘 내고** 나이든 가족들은 평화를 지키려고 신경질적이 된다.)

suffrage 'sʌfrɪdʒ (서프리지)

suf(아래로)+ frage(깨다)

=선거할 때 깨진 타일조각을 사용한 데서 유래

=**투표권, 참정권**

suf(sub)=아래로

☞ suffragist: 여성 참정권론자

anfractuous æn'fræktʃuəs (앤프랙추어스)

an(사방에)+ fractuous(깨진)

=사방이 깨진

=**굴곡이 많은, 구불구불한**

an=(ambi) 사방에

frangible 'frændʒəbəl (프랜저블)

frang(깨어지다)+ ible

=깨질 수 있는

=**깨지기 쉬운, 약한**

fract, frag, frang, fring: 깨어지다, 깨다(2)

라틴어 frangere는 깨어지다, 깨다의 뜻을 갖고 있다.

fragment 'frægmənt (프래그먼트)

frag(깨어지다)+ ment

=깨어짐

=**조각, 파편, 산산히 부수다**

fracture 'fræktʃər (프랙철)

fract(깨어지다)+ ure

=깨어짐=**골절, 균열**

예문

In England the outbreak of war in 1914 brought about a crisis in the militant **suffrage** campaign.
(1914년 영국에서 전쟁의 발발은 전투적 **참정권** 운동에 위기를 초래했다.)
Certain bloggers revel in this kind of **anfractuous** illogic.
(어떤 블로거들은 이런 종류의 **굴곡이 많은** 비논리를 즐긴다.)
During the show they mentioned **frangible** bullets as being safe on the range because of their construction.
(쇼에서 그들은 **깨지기 쉬운** 총알이 그것의 구조 때문에 사정거리상 안전하다고 언급했다.)
After a fracture, the broken **fragments** of bone usually separate to some degree.
(골절 후에, 부러진 뼈 **조각들**은 보통 어느 정도 분리된다.)
The treatment did appear to increase the risk of stroke but decrease risk of hip **fracture**.
(그 치료는 뇌졸중의 위험을 증가시키지만 고관절 **골절**의 위험을 감소시키는 것으로 나타났다.)

lax, leas, lish, lais, lach: 풀린, 느슨해진

relax rɪ'læks (릴랙스)

re(뒤로)+lax(느슨한)

=뒤로 물러나 느슨하게 지내다

=휴식을 취하다, 느긋하게 쉬다

re=뒤로

☞ relaxation: 휴식, 완화

lease: 임대

relish 'rɛlɪʃ (렐리쉬)

re(뒤로)+lish(느슨해진)

=뒤로 물러나 느긋하게 지냄

=즐거움, 즐기다

laxative 'læksətɪv (랙서티브)

lax(느슨한)+ative

=느슨하게 만들어줌

=완하제

(배변을 쉽게 하는 약이나 음식)

lax, leas, lish, lais lach: 풀린, 느슨해진

라틴어 laxus는 풀린, 느슨해진의 뜻을 갖고 있다.

release rɪ'lis (릴리스)

re(다시)+lease(풀어주다)

=다시 풀어주다

=놓아주다, 출시하다

re=다시

laches 'lætʃɪz (래치즈)

laches(풀린)

=풀린, 해이해진

=의무불이행

laissez-faire lɛseɪ'fɛər (레세이페얼)

laissez(풀린)+faire(만들다)

=풀어주다=**자유방임주의**

faire=만들다

예문

After a couple minutes, her tense body **relaxed** and she wiggled in the stretcher to get more comfortable.
(몇 분 후, 그녀의 긴장된 몸은 **이완되었고** 그녀는 좀 더 편안해지기 위해 들것에서 몸을 꿈틀거렸다.)

There had been **relish** and delight in his voice when he spoke of those possibilities.
(그가 그런 가능성에 대해 말할 때 그의 목소리에는 **즐거움**과 기쁨이 있었다.)

There is strong evidence that psyllium has **laxative** properties and promotes colonic function.
(금불초가 **완하제**의 성질을 가지고 있고 대장기능을 촉진한다는 강력한 증거가 있다.)

Prisoners should not be **released** until they are ready for life outside.
(죄수들은 밖에서 살 준비가 될 때까지 **석방되어서는** 안 된다.)

Nowadays, adults, particularly in the upper middle classes, are less **laissez-faire** about children's social lives.
(오늘날, 특히 중상위층의 어른들은 아이들의 사회생활에 대해 **자유방임주의적** 경향이 덜하다.)

Thus this Court must uphold the Probate Court's decision to find **laches** inapplicable to this action.
(따라서 이 법원은 이런 조치에 적용할 수 없는 **의무불이행**을 찾으려는 검인 법원의 결정을 지지해야 한다.)

pugna, pugn, pug: 싸우다

pugnacious pʌg'neɪʃəs (퍼그**네**이셔스)

pugna(싸우다)+ cious

=싸우는=**싸우기 좋아하는**

☞ pugnacity: 호전적임, 공격성

repugnance rɪ'pʌgnəns (리**퍼**그넌스)

re(반대)+ pugnance(싸움)

=반대하며 싸움=**반감, 혐오감**

re=반대

☞ repugn: 반대하다

repugnant: 불쾌한

impugn ɪm'pyun (임**퓬**)

im(하다)+ pugn(싸우다)

=싸움을 걸다

=**의문을 제기하다, 비난하다**

im(in)=하다, 만들다

☞ impugnment: 비난, 공격

pugna, pugn, pug: 싸우다

라틴어 pugnare는 싸우다의 뜻을 갖고 있다.

oppugn ə'pyun (어**퓬**)

op(반대)+ pugn(싸우다)

=반대하며 싸우다

=**비난(논박)하다, 반박하다**

op(ob)=반대의

☞ oppugnant: 반대(저항)하는

inexpugnable

ɪn ɪk'spʌgnəbəl (인익스**퍼**그너블)

in(아닌)+ expugnable(정복되는)

=쉽게 정복되지 않는

=**정복하기 어려운**

in=~이 아닌

예문

The adult males are extremely **pugnacious** and fight fiercely with one another.
(다 큰 수컷들은 극도로 **호전적이고** 서로 치열하게 싸운다.)

Discrimination need have nothing to do with hatred or **repugnance** toward those against whom it is applied.
(차별은 그것이 적용되는 사람들에 대한 증오나 **혐오**와는 아무런 관련이 없다.)

Now actually look at what we say, rather than **impugning** our motives.
(자, 우리의 동기에 **의문을 제기하기**보다는 실제로 우리가 말하는 것을 보십시오.)

It doesn't question falsehoods to reveal truth; it does it to **oppugn** the very notion of truth.
(그것은 진실을 밝히기 위해 거짓을 의심하는 것이 아니라, 진리의 개념 바로 그것을 **반박하는** 것이다.)

It evinces an overdiminished but nevertheless **inexpugnable** desire for moral as well as ethical rectitude.
(그것은 지나치게 줄어들었지만, 그럼에도 불구하고 윤리적 청렴뿐만 아니라 도덕적인 청렴에 대한 **정복하기 어려운** 욕구를 분명히 밝히고 있다.)

apo-: 벗어난, 이탈한

apostasy ə'pɒstəsi (어**파**스터시)

apo(이탈)+ stasy(서있음)

=어떤 상태에서 이탈함

=**배교, 배신**

stasy=서있음, 상태

apocalypse ə'pɒkəlɪps (어**파**컬립스)

apo(벗어난)+ calypse(덮다)

=덮인 것이 열림

=**파멸, 대재앙, 계시록**

calypse=덮다

☞ apocalyptic: 종말론적

apodictic æpə'dɪktɪk (애퍼**딕**틱)

apo(~에서)+ dictic(보여주는)

=실제로 보여주는

=**필연적인, 명백한**

dictic=보여주는

그리스어 apo-는 벗어난, 이탈한의 뜻을 갖고 있다. 출처나 유래를 뜻하기도 한다

apoplexy 'æpəplɛksi (**애**퍼플렉시)

apo(벗어남)+ plexy(치다)

=쳐서 불능으로 만들다

=**뇌졸증, 중풍**

plexy=치다

apocrypha ə'pɒkrɪfə (어**파**크리파)

apo(출처)+ crypha(숨김)

=출처가 불분명한

=**외경, 경외(經外) 성경**

crypha=숨김

예문

They accuse him of **apostasy** - the renouncement of belief.
(그들은 그가 **배교**, 즉 신념의 포기를 했다고 비난한다.)

The **Apocalypse** was drawing near and all he could do to stop it was kill.
(**대재앙**이 다가오고 있었고 그것을 막기 위해 그가 할 수 있는 것은 오직 살인뿐이었다.)

The truths that conceptual analysis arrives at are thus **apodictic**, rather like the truths of geometry.
(개념적 분석이 도달하는 진리는 **명백하며** 따라서 기하학의 진리와 같다.)

He was stricken with **apoplexy** and died the next day.
(그는 **중풍**에 걸렸고 다음 날 죽었다.)

Stories transmitted by contemporary media can also be understood in terms of canon and **apocrypha**.
(현대 매체가 전하는 이야기는 정경과 **외경**의 관점에서도 이해할 수 있다.)

succumb sə'kʌm (서**컴**)
suc(아래로)+ cumb(눕다)
=엎드리다
=**굴복하다, 무릎을 꿇다**
suc(sub)=아래로

incubate 'ɪnkyəbeɪt (**인**큐베이트)
in(위에)+ cubate(누워있는)
=알 위에 앉아있는
=**품다, 배양하다**
in=안에, 위에
☞ incubation: 잠복기, 배양

incubus 'ɪnkyəbəs (**인**큐버스)
in(위에)+ cubus(누워있는)
=사람 위에 누워있는
=**큰 걱정거리, 악령**
in=안에, 위에

cub, cumb: 누워있다, 눕다
라틴어 cubare는 누워있다, 눕다의 뜻을 갖고 있다.

recumbent rɪ'kʌmbənt (리**캄**번트)
re(뒤로)+ cumbent(누워있는)
=**누워있는**
re=뒤로
☞ procumbent: 땅에 엎드린

incumbent ɪn'kʌmbənt (인**캄**번트)
in(위에)+ cumbent(누워있는)
=위에 누워있는
=**재임자, 재임 중인**
in=안에, 위에
☞ incumbency: 직위, 재임기간

concubine 'kɒŋkyəbaɪn (**캉**큐바인)
con(함께)+ cubine(누워있는)
=함께 누워있는=**첩**
con(com)=함께

예문

Young people who feel good about themselves are less likely to **succumb** to negative pressure.
(자신에 대해 좋게 느끼는 젊은이들은 부정적인 압력에 **굴복할** 가능성이 적다.)
Both male and female birds **incubate** the three to four eggs for about 21 days.
(수컷과 암컷의 새 모두는 3-4개의 알을 약 21일 동안 **배양한다**.)
Debt is a big **incubus** in developing countries.
(빚은 개발도상국의 **큰 걱정거리**이다.)
When the patient is **recumbent** you should raise his head to about 45 degrees, if that is possible.
(환자가 **누워있을** 때는 가능하다면 머리를 45도 정도까지 들어 올려야 한다.)
Without question, survival is a basic goal of **incumbent** regimes of all nation-states; North Korea is no exception.
(의심할 여지없이, 생존은 모든 국가들 중에서 **재임 중인** 정권의 기본적인 목표다; 북한도 예외는 아니다.)
Abraham ended up with a wife and a **concubine**, Jacob with two wives and two concubines.
(아브라함은 아내와 **첩**을 두었고, 야곱은 두 아내와 두 첩을 두었다.)

vers, vert: 돌다, 돌리다(1)

subversive sə'bvɜrsɪv (서브**벌**시브)
sub(아래로)+ versive(돌다)
=아래로 돌다
=**체제전복적인, 파괴적인**
sub=아래로
☞ subversion: 전복, 파괴

subvert səb'vɜrt (서브**벌**트)
sub(아래로)+ vert(돌리다)
=아래로 돌리다=**전복시키다**
sub=아래로

revert rɪ'vɜrt (리**벌**트)
re(뒤로)+ vert(돌리다)
=뒤로 돌리다=**되돌아가다**
re=뒤로

vers, vert: 돌다, 돌리다(1)
라틴어 vertere는 돌다, 돌리다의 뜻을 갖고 있다.

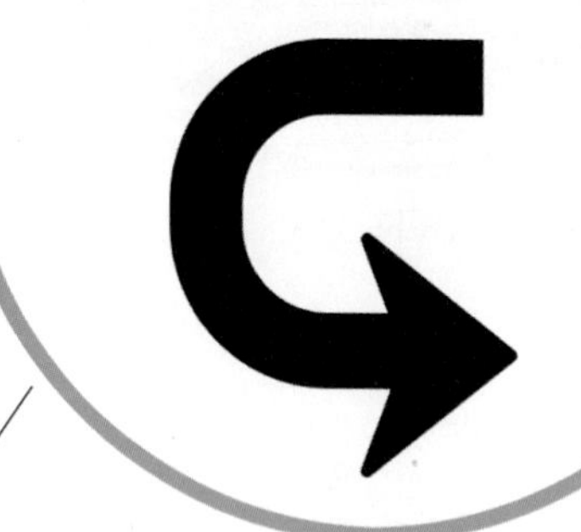

divert dɪ'vɜrt (디**벌**트)
di(다른 쪽으로)+ vert(돌리다)
=다른 쪽으로 돌리다
=**방향을 바꾸게 하다**
di(dis)=따로, 다른 쪽으로
☞ diversion: 바꾸기, 전환, 소일거리

traverse 'trævərs (트**래**벌스)
tra(건너로)+ verse(돌다)
=건너편으로 돌다(가다)
=**가로지르다, 횡단하다**
tra(trans)=건너

예문

He has even banned **subversive** activities such as opera, ballet and the circus.
(그는 오페라, 발레, 서커스 같은 **체제전복적인** 활동도 금지했다.)
Reactionary attempts to abolish or **subvert** parliamentary democracy must be resisted.
(의회 민주주의를 폐지하거나 **전복하려는** 반동적 시도에는 저항해야 한다.)
Death then is a returning or **reverting** to the former state - dust - of the ground.
(그래서 죽음은 이전의 상태, 즉 땅의 먼지로 돌아가거나 **되돌아가는** 것이다.)
Apparently much of the water upstream has been **diverted** for agricultural use.
(명백히 상류지역의 많은 물이 농업용으로 **전환되었다**.)
In 1991, he **traversed** the State, covering 2,850km on a bicycle.
(1991년 그는 자전거로 2,850km의 주를 **횡단했다**.)

vers, vert: 돌다, 돌리다(2)

convertible kən'vɜrtəbəl (컨**벌**터블)
con(함께)+ vertible(돌 수 있는)
=서로 돌 수 있는=**전환 가능한**
con(com)=함께
☞ convert: 전환시키다, 개조하다

avert ə'vɜrt (어**벌**트)
a(벗어난)+ vert(돌다)
=돌아서 벗어나다
=**방지하다, 피하다**
a(ab)=벗어난

aversion ə'vɜrʒən (어**벌**전)
a(벗어난)+ version(돌다)
=싫어서 벗어나 돌아가다
=**아주 싫어함, 혐오감**
a(ab)=벗어난

vers, vert: 돌다, 돌리다(2)

라틴어 vertere는 돌다, 돌리다의 뜻을 갖고 있다.

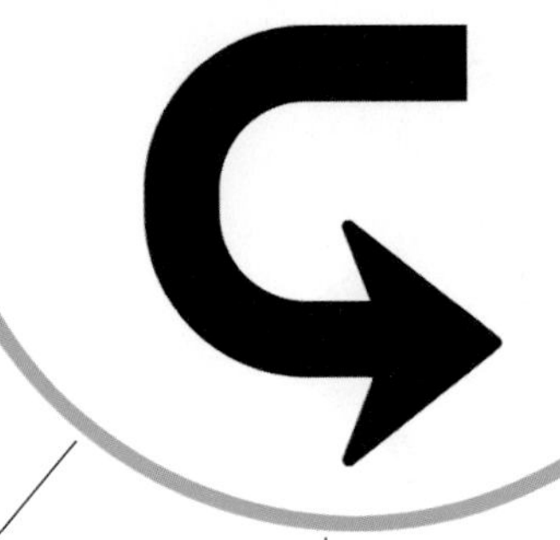

versatile 'vɜrsətl (**버**서틀)
vers(돌다)+ atile
=계속 도는
=**다재다능한**

vice versa 'vaɪsə 'vɜrsə (**바**이서 **벌**사)
vice(바꾸어)+ versa(돌다)
=바꾸어 돌다=**거꾸로, 반대로**
vice=바꾸다

vertex 'vɜrtɛks (**벌**텍스)
vert(돌다)+ ex
=도는 지점=**꼭짓점, 정점**

예문

After reassessing the project, the government decided to cancel the original design for a **convertible** roof.
(정부는 이 사업을 재평가한 뒤 **전환형** 지붕 설계 원안을 취소하기로 했다.)
I **averted** my eyes from the television, trying desperately to distract myself.
(나는 필사적으로 주의를 딴 데로 돌리려고 애쓰면서 텔레비전에서 눈을 **피했다**.)
Not surprisingly, the **aversion** may be stronger when the person in question is a stranger.
(놀랄 것도 없이, 문제의 사람이 낯선 사람일 때 **혐오**가 더 강해질 수도 있다.)
They're **versatile** everyday working tools that are large and rugged enough for any task.
(그것은 어떤 일이든지 할 수 있을 만큼 크고 튼튼한 **다재다능한** 일상 작업 도구이다.)
Please view the italics as simply the opposite of the regular format, and **vice versa**.
(이탤릭체를 단순히 정규 형식과 반대되는 것으로 간주하고, 그 **반대**도 검토하십시오.)
Balancing on the **vertex** requires enormous training in concentration.
(**정점**에 균형을 맞추려면 집중력 훈련을 많이 받아야 한다.)

inadvertently ɪnəd'vərtəntli (인어드**벌**턴틀리)
in(아닌)+ ad(향하여)+ vertently(돌리는)
=주의를 안하는=**무심코, 우연히, 부주의로**
in=~이 아닌 ad=향하여, 접근
☞ advert: 언급하다, 주의를 돌리다
inadvertent: 고의가 아닌, 우연의

adverse æd'vɜrs (애드**벌**스)
ad(만들다)+ verse(돌다)
=돌아서게 만들다
=**부정적인, 불리한**
ad=만들다
☞ adversity: 역경 [æd'vɜrsɪti]
adversary: 상대방, 적수 ['ædvərsɛri]

controversy 'kɒntrəvɜrsi (**칸**트러벌시)
contro(반대의)+ versy(돌다)
=반대로 돌다=**논란, 논쟁**
contro=반대의
☞ controversial: 논란이 많은

vers, vert: 돌다, 돌리다(3)
라틴어 vertere는 돌다, 돌리다의 뜻을 갖고 있다.

introvert 'ɪntrəvɜrt (**인**트러벌트)
intro(안으로)+ vert(돌다)
=안으로 향하는=**내성적인 사람**
intro=안으로
☞ extrovert: 외향적인 사람

vertigo 'vɜrtɪgoʊ (**벌**티고)
vert(돌다)+ igo
=빙빙 돌다
=**어지러움, 현기증**

invert ɪn'vɜrt (인**벌**트)
in(만들다)+ vert(돌다)
=돌게 만들다=**뒤집다, 도치시키다**
in=만들다
☞ inverse: 역의, 반대의

예문

His name had been **inadvertently** omitted from the list.
(그의 이름이 **무심코** 명단에서 누락되어있었다.)
She said the development would have major **adverse** impacts on the beauty of the landscape.
(그녀는 그 개발이 경치의 아름다움에 크게 **부정적인** 영향을 미칠 것이라고 말했다.)
After a few years of vigorous **controversy** the second great debate petered out.
(몇 년간의 격렬한 **논쟁** 끝에 두 번째 큰 토론은 사라졌다.)
I have yet to meet a poetry-lover who was not an **introvert**, or an introvert who was not unhappy in adolescence.
(나는 아직 **내성적인 사람**이 아니면서 시를 좋아하는 사람도, 청소년기에 불행하지 않았던 내성적인 사람도 만나보지 못했다.)
Epidemiologic evidence shows a strong association between **vertigo** and migraine.
(역학적 증거는 **현기증**과 편두통 사이의 강한 연관성을 보여준다.)
Today, we **invert** the stability and order of our world into an unstable and dangerous mirror image.
(오늘날 우리는 이 세계의 안정과 질서를 불안정하고 위험한 거울에 비치는 이미지로 **반전시킨다**.)

fug: 도망하다

subterfuge 'sʌbtərfyudʒ (서브털퓨즈)

subter(아래로)+ fuge(도망하다)

=몰래 도망하다=**속임수, 잔꾀**

subter=아래로

fugitive 'fyudʒɪtɪv (퓨지티브)

fug(도망하다)+ itive

=도망한 사람=**도망자**

refuge 'rɛfyudʒ (레퓨즈)

re(뒤로)+ fuge(도망하다)

=뒤로 도망할 곳

=**피난, 피난처**

re=뒤로

☞ refugee: 난민, 망명자 [rɛfyʊ'dʒi]

fug: 도망하다

라틴어 fugere는 도망하다의 뜻을 갖고 있다.

fugacious fyu'geɪʃəs (퓨게이셔스)

fug(도망하다)+ acious

=도망하는

=**손에 잡히지 않는, 허무한**

centrifugal sɛn'trɪfyəgəl (센트리퓨걸)

centri(중심의)+ fugal(도망하는)

=중심에서 도망하는

=**원심의, 원심성의**

centri=중심의

예문

But **subterfuge** will only contribute to an ecclesial culture of hypocrisy.
(그러나 **속임수**는 교회의 위선적인 문화에 기여할 뿐이다.)
And he is one of the six most wanted **fugitives** by the FBI.
(그리고 그는 FBI에 의해 수배된 6명의 **도망자** 중 한 명이다.)
He was forced to take **refuge** in the French embassy.
(그는 프랑스 대사관으로 **피신**할 수밖에 없었다.)
She was acutely conscious of her **fugacious** youth.
(그녀는 자신의 **허무한** 젊음을 예리하게 의식하고 있었다.)
Magnesium powder is also produced by gas jet or **centrifugal** disintegration of molten metal.
(마그네슘 분말은 또한 가스 분사나 용해된 금속의 **원심** 분해에 의해 만들어진다.)

rap, rapt, rept: 잡아채다

surreptitious
sɜrəp'tɪʃəs (서렙**티**셔스)

sur(아래로)+ reptitious(잡아채다)

=아래에서 몰래 잡는=**은밀한, 슬쩍하는**

sur(sub)=아래에서

☞ subreption: 사실의 은폐, 허위 진술

rapacious
rə'peɪʃəs (러**페**이셔스)

rap(잡아채다)+ acious

=남의 것을 강탈하는

=**탐욕스러운**

☞ rapacity: 강탈, 탐욕

raptor
'ræptər (**랩**털)

rapt(잡아채다)+ or

=잡아채가는 새

=**육식조, 맹금**

☞ rapid: 빠른

라틴어 rapere는 잡아채다의 뜻을 갖고 있다.

rapt
ræpt (랩트)

rapt(잡아채다)

=정신을 잡아채간

=**완전히 몰입한, 넋이 빠진**

☞ rapture: 황홀, 잡아채어감(휴거)

enrapt
ɛn'ræpt (엔**랩**트)

en(만들다)+ rapt(잡아채다)

=정신을 잡아채간

=**도취된, 황홀해진**

en=만들다

☞ enrapture: 황홀하게 만들다, 도취시키다

Under British and American law this **surreptitious** sale is illegal.
(영국과 미국 법에 따르면 이 **은밀한** 판매는 불법이다.)

The economy is collapsing, because of international policies, which are **rapacious** and stupid.
(경제가 붕괴되고 있는 것은 **탐욕스럽고** 어리석은 국제 정책 때문이다.)

As **raptors** like hawks and owls prey on the rodents, they risk being hit by a car.
(매와 올빼미 같은 **맹금류들**은 설치류들을 잡아먹기 때문에 차에 치일 위험이 있다.)

Her eyes are warm and alive, as she tells her stories to a **rapt** audience.
(**넋을 잃은** 청중에게 자신의 이야기를 들려줄 때 그녀의 눈은 따뜻하며 살아있다.)

In his concerts abroad he held his aristocratic, cultivated audiences **enrapt** as he wove his piano improvisations.
(해외 콘서트에서 피아노 즉흥 연주를 할 때 그는 귀족적이고 교양 있는 청중들을 **도취시켰다**.)

somber ˈsɒmbər (**삼**벌)

s(ub)(아래의)+ omber(그늘)

=그늘 밑=**칙칙한, 침울한**

sub=아래의

umbrageous ʌmˈbreɪdʒəs (암브**레**이저스)

umbra(그늘)+ geous

=그늘의=**그늘진**

☞ umbrella: 우산 (그늘을 만드는)

umbrage ˈʌmbrɪdʒ (**암**브리지)

umbra(그늘)+ ge

=마음에 그늘진

=**불쾌, 분개**

umbra, omber: 그늘

라틴어 umbra는 그늘의 뜻을 갖고 있다.

adumbrate ˈædəmbreɪt (**애**덤브레이트)

ad(만들다)+ umbrate(그늘)

=그림자를 만들다

=**개요를 (개략적으로) 알려주다**

ad=만들다

penumbra pɪˈnʌmbrə (피**남**브라)

pen(거의)+ umbra(그늘)

=거의 그늘인

=**반그늘, 반음영**

pen=(paene) 거의

☞ penumbral: 반음영의

예문

When she painted in Belgium the colours were **sombre** with a lot of browns and ochres.
(그녀가 벨기에에서 그림을 그렸을 때, 색상은 많은 갈색과 황토색을 띠며 **칙칙했다**.)

The tree has a similar **umbrageous** habit to other Melia azedarach.
(이 나무는 다른 멜리아 아제다라크와 비슷하게 **그늘을 만드는** 습성을 가지고 있다.)

But many neighborhood mothers took **umbrage** at the implied criticism of how they handle their children.
(하지만 많은 이웃 엄마들은 그들의 아이들을 다루는 방법에 대한 암묵적인 비판에 **분개**했다.)

Here then, already **adumbrated**, is the double emphasis on heaven and home, or on home as heaven.
(여기서, 이미 **요약되어있는** 것은, 하늘과 가정, 또는 천국으로서의 가정을 두 배로 강조하는 것이다.)

The Moon begins to enter the Earth's outer shadow, or **penumbra**, at 9:06 P.M.
(달은 오후 9시 6분에 지구의 바깥 그림자, 즉 **반음영**에 들어가기 시작한다.)

cinct, cinch, shing, ceint: 묶다, 둘러싸다

succinct sək'sɪŋkt (석**싱**크트)
suc(아래에서)+ cinct(묶다)
=아래에서 묶다
=**간단명료한, 간결한**
suc(sub)=아래에서
☞ succinctly: 간결하게

cinch sɪntʃ (신치)
cinch(묶음)
=묶어놓음
=**아주 쉬운 일**
☞ cincture: 띠

precinct 'prisɪŋkt (프**리**싱크트)
pre(미리)+ cinct(묶어놓은)
=미리 묶어놓은
=**구역, 선거구**
pre=미리

cinct, cinch, shing, ceint: 묶다, 둘러싸다

라틴어 cingere는 묶다, 둘러싸다의 뜻을 갖고 있다.

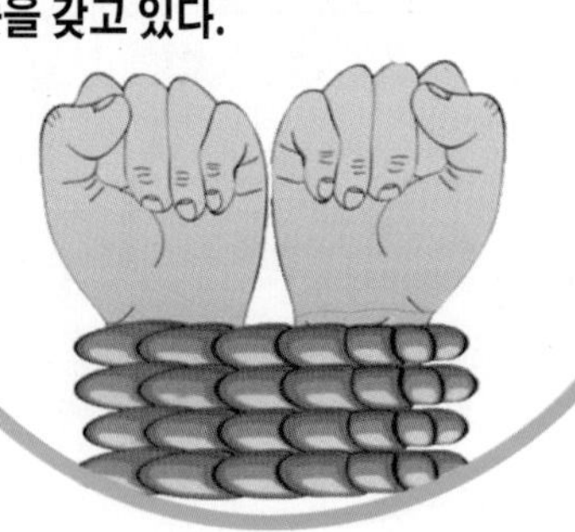

enceinte ɛn'seɪnt (엔**세**인트)
en(안으로)+ ceinte(둘러싼)
=안으로 둘러싼=**담, 성벽**
en=안으로

shingles 'ʃɪŋglz (**쉥**글즈)
shing(둘러싼)+ les
=염증이 줄무늬 모양인
=**대상포진(帶狀疱疹)**

예문

The text fields are clearly separated and **succinct**, and keep the reader interested.
(본문의 장은 명확하게 구분되고 **간결하며**, 독자의 흥미를 지속시킨다.)
If you know the child well enough, buying that perfect gift is a **cinch**.
(만약 당신이 그 아이를 충분히 잘 안다면, 완벽한 선물을 사는 것은 **아주 쉬운 일**이다.)
At that temple you could find no dust or dirt anywhere in the sacred **precincts**.
(그 신전에서는 신성한 **구역** 어디에서도 먼지나 더러움을 찾아볼 수 없었다.)
There are circles all around its walls and **enceintes**.
(그것의 벽과 **담** 주위에는 원이 있다.)
The medical name for chickenpox is varicella zoster and for **shingles** it is herpes zoster.
(수두의 의학적 이름은 바리셀라 조스터고, **대상포진**은 헤르페스 조스터다.)

synchronize ˈsɪŋkrənaɪz (**싱**크러나이즈)

syn(동시에)+ chronize(시간)

=동일한 시간에=**동시에 발생하다**

syn=동시에, 함께

☞ synchronous: 동시에 발생하는
synchronization: 동기화

anachronism

əˈnækrənɪzəm (어**내**크러니즘)

ana(뒤로)+ chronism(시간)

=시간을 뒤로 돌림

=**시대착오**

ana=뒤로

chronicle ˈkrɒnɪkəl (크**라**니클)

chron(시간)+ icle

=시간순으로 엮은

=**연대기**

chron: 시간

그리스어 khronos는 시간의 뜻을 갖고 있다.

chronic ˈkrɒnɪk (크**라**닉)

chron(시간)+ ic

=시간이 지난=**만성적인**

chronology

krəˈnɒlədʒi (크러**날**러지)

chron(시간)+ ology(학문)

=시간에 관한 학문

=**연대학, 연대순**

logy=학문

diachronic daɪəˈkrɒnɪk (다이어크**라**닉)

dia(관통하는)+ chronic(시간의)

=시간을 관통하는

=**통시적(通時的)인**

예문

The goal is to ensure that all movement is **synchronized** to meet operations and logistics timelines.
(목표는 운영 및 물류 일정에 맞춰 모든 이동이 **동기화되도록 하는** 것이다.)

The politicians as we know them are already **anachronisms**.
(우리가 아는 정치인들은 이미 **시대착오적이다**.)

Byzantine **chronicles** described him as a restless, militant man.
(비잔틴 **연대기들**은 그에 대해 안절부절못하고 전투적인 남자라고 묘사했다.)

We found that **chronic** bronchitis and current smoking were independent and additive risk factors for snoring.
(우리는 **만성** 기관지염과 현재의 흡연이 코고는 것에 대한 독립적이고 부가적인 위험 요소라는 것을 발견했다.)

The interviews are not arranged in order of birth **chronology** or in any other particular sequence.
(인터뷰는 출생 **연대순**이나 다른 어떤 특정한 순서에 따라 배열되지 않는다.)

What is missing from such an approach is a **diachronic** perspective that can explain how this distribution evolved.
(그러한 접근법에서 누락된 것은 이 분포가 어떻게 진화했는지를 설명할 수 있는 **통시적인** 관점이다.)

path: 감정, 고통

sympathize ˈsɪmpəθaɪz (**심**퍼사이즈)
sym(같은)+ pathize(감정)
=같은 감정을 갖다=**동정하다**
sym(syn)=동시에, 함께, 같은
☞ sympathy: 동정, 연민

empathy ˈɛmpəθi (**엠**퍼시)
em(안으로)+ pathy(감정)
=다른 사람의 감정 안으로
=**감정이입, 공감**
em(in)=안으로
☞ telepathy: 텔레파시

apathy ˈæpəθi (**애**퍼씨)
a(없는)+ pathy(감정)
=감정이 없는=**무관심**
a(an)=~이 없는

path:
감정, 고통
그리스어 pathos는 감정, 고통의 뜻을 갖고 있다.

antipathy ænˈtɪpəθi (앤**티**퍼씨)
anti(반대의)+ pathy(감정)
=반대하는 감정=**반감**
anti=반대의

pathology pəˈθɒlədʒi (퍼**쌀**러지)
path(고통)+ ology(학문)
=고통(병)을 다루는 학문
=**병리학**
logy=학문
☞ homeopathy: 동종요법 [hoʊmiˈɒpəθi]

pathos ˈpeɪθɒs (**페**이싸스)
path(고통)+ os
=고통스런 감정
=**비통, 비애감**

예문

There will be no one in the world who will **sympathize** with us.
(이 세상에 우리를 **동정할** 사람은 없을 것이다.)
There is a frightening lack of **empathy** and of understanding of the condition of the elderly.
(노인들의 상태에 대한 **공감**과 이해가 무서울 정도로 부족하다.)
Another reason for voter **apathy** is a lack of confidence in politicians.
(유권자의 **무관심**의 또 다른 이유는 정치인에 대한 신뢰 부족이다.)
This **antipathy** towards fiction is a little difficult to understand.
(소설에 대한 이런 **반감**은 조금 이해하기 어렵다.)
At the very least, he needs to have some **pathos** to show one or two human qualities.
(적어도 그가 한두 가지 인간적인 자질을 발휘하기 위해서는 약간의 **비애감**이 필요하다.)
In paragraph 1 he gives details of his experience in forensic medicine and **pathology**.
(제1항에서 그는 법의학과 **병리학**에 대한 자신의 경험에 대해 자세히 말한다.)

erg, urg, org: 일하다, 작동하다

synergy ˈsɪnərdʒi (**시**널지)
syn(함께)+ ergy(작용하다)
=함께 작용하다=**동반상승효과**
syn=함께
☞ synergism: 신인협력설, 상승작용

allergy ˈælərdʒi (**앨**럴지)
all(다른)+ ergy(작용)
=다른 작용=**알러지, 이상반응**
all=(allos) 다른

ergonomics ɜrgəˈnɒmɪks (에르거**나**믹스)
erg(일하다)+ onomics(과학)
=일의 효율성에 관한 과학
=**인체공학, 인간공학**
nomics=과학적 방법

erg, urg, org: 일하다, 작동하다

그리스어 ergon은 일하다, 작동하다의 뜻을 갖고 있다.

metallurgy ˈmɛtəlɜrdʒi (**메**털럴지)
metall(금속)+ urgy(일)
=금속일=**금속공학, 야금술**
metall=(metallon) 금속

georgic ˈdʒɔrdʒɪk (**졸**직)
ge(땅)+ orgic(일하는)
=땅에서 일하는=**농사의**
ge=땅

예문

As in that case, the greater effects of **synergy** usually arise for the smaller companies.
(그 경우처럼, **시너지** 효과는 보통 중소기업에 더 큰 영향을 미친다.)
Symptoms of a food **allergy** usually develop within about an hour after eating the offending food.
(음식 **알레르기**의 증상은 일반적으로 문제가 되는 음식을 먹은 후 약 1시간 이내에 발병한다.)
Along with **ergonomics**, precision and efficiency have become important issues as well.
(**인체공학**과 함께 정밀도와 효율성도 중요한 이슈가 되었다.)
I got a degree in industrial technology with specialties in **metallurgy** and power mechanization.
(나는 **금속공학**과 동력기계화 전공으로 산업공학 학위를 받았다.)
Bohls's comments on the eighteenth-century **georgic** are important and provide links to earlier essays in the volume.
(18세기 **농경**에 대한 볼의 논평은 중요하며 이 책의 초기 에세이들과의 연관성을 제공한다.)

transcendent trænˈsɛndənt (트랜**센**던트)
tran(넘어서)+ scendent(올라가다)
=넘어서 올라가는=**초월하는, 탁월한**
tran(trans)=넘어서
☞ transcend: 초월하다
transcendence: 초월, 탁월
transcendental: 선험(초월)적인

escalate ˈɛskəleɪt (**에**스컬레이트)
escalate(올라가다)
=올라가다=**확대되다, 증가되다**
escalate=scalate(스페인어의 영향)
☞ escalade: 사다리로 기어오르기

descend dɪˈsɛnd (디**센**드)
de(아래로)+ scend(올라가다)
=아래로 가다=**내려오다(가다)**
de=아래로

scend, scala: 올라가다
라틴어 scandere는 올라가다의 뜻을 갖고 있다.

descendant dɪˈsɛndənt (디**센**던트)
de(아래로)+ scendant(올라가는)
=아래로 내려감=**후손**
de=아래로

ascend əˈsɛnd (어**센**드)
a(하다)+ scend(올라가다)
=**올라가다**
a(ad)=하다

예문

In the first six verses Paul recalls the **transcendent** experience he had when he was 'caught up' to the third heaven.
(처음 여섯 구절에서 바울은 자신이 세번째 하늘에 '들려 올라갔을' 때 겪었던 **초월적인** 경험을 회상한다.)
The rate of complaints is **escalating** and the ombudsman expects numbers to continue rising sharply.
(불평의 비율이 **증가하고** 있고 옴부즈맨은 그 숫자가 계속해서 급격하게 증가할 것으로 예상하고 있다.)
Huge drops of falling rain **descended** from the heavy clouds above.
(떨어지는 거대한 빗방울이 위에 있는 무거운 구름에서 **내려왔다**.)
The lineal **descendants** of a farmer have the first right to purchase a farm.
(농부의 직계 **후손들**은 농장을 구입할 권리가 있다.)
She **ascended** the narrow stairs and entered the upstairs hall.
(그녀는 좁은 계단을 **올라가** 위층 홀에 들어섰다.)

pare, pari, pear: 보이다, 나타나다

transparent træns'pɛərənt (트랜스**패**런트)
trans(통과하는)+ parent(보이는)
=통과해서 보이는=**투명한**
trans=통과하는
☞ transparency: 투명도, 투명성

apparition æpə'rɪʃən (애퍼**리**션)
ap(가까이)+ parition(나타남)
=가까이 나타남=**유령**
ap(ad)=가까이

appearance ə'pɪərəns (어**피**어런스)
ap(가까이)+ pearance(보이다)
=가까이 보임
=**모습, 외모, 외관, 나타남**
ap(ad)=가까이

pare, pari, pear: 보이다, 나타나다
라틴어 parere는 보이다, 나타나다의 뜻을 갖고 있다.

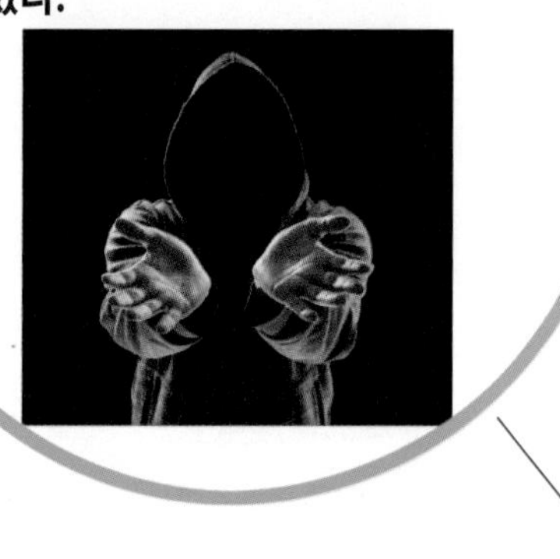

disappear dɪsə'pɪər (디스어**피**얼)
dis(반대의)+ appear(나타나다)
=나타나다의 반대=**사라지다**
dis=반대의

apparent ə'pærənt (어**패**런트)
ap(가까이)+ parent(보이는)
=가까이 보이는=**분명한**
ap(ad)=가까이
☞ apparently: 겉보기에

예문

They were made of a **transparent** material that allowed the warriors to see inside.
(그것은 전사들이 내부를 볼 수 있도록 **투명한** 재료로 만들어졌다.)
Apparitions of a woman in white robes have been reported.
(흰색 예복을 입은 여성의 **유령**이 보고되었다.)
This car is powerfully designed and breathtaking in **appearance**.
(이 차는 튼튼하게 디자인되었고 **외관**이 숨막힐 정도로 멋지다.)
When the sun rose a little higher and grew warm, they **disappeared** into the forest.
(태양이 조금 더 높이 떠올라 따뜻해졌을 때, 그들은 숲속으로 **사라졌다**.)
The result of this will become more **apparent** in the second half of the year.
(이에 따른 결과는 하반기에 더욱 **뚜렷해질** 것이다.)

qui-: 쉬는, 조용한

tranquility træŋ'kwɪlɪti (트랭**퀼**리티)
tran(넘어서)+ quility(조용함)
=아주 조용함=**평온, 고요함**
tran(trans)=넘어서
☞ tranquil: 고요한, 평온한

tranquilizer 'træŋkwəlaɪzər (트**랭**퀄라이절)
tran(넘어서)+ quilizer(조용함)
=아주 조용하게 만들어줌
=**진정제, 신경 안정제**
tran(trans)=넘어서

acquiesce ækwi'ɛs (애퀴**에**스)
ac(만들다)+ quiesce(조용한)
=조용하게 만들다=**묵인하다**
ac(ad)=만들다
☞ acquiescent: 묵인하는
acquiescence: 묵인

qui-:
쉬는, 조용한
라틴어 qui-는 쉬는, 조용한의 뜻을 갖고 있다.

quiescent kwi'ɛsənt (퀴**에**선트)
qui(조용한)+ escent
=**조용한, 잠잠한**

disquiet dɪs'kwaɪət (디스**콰**이엇)
dis(아닌)+ quiet(조용한)
=조용하지 않음=**불안, 동요**
dis=~이 아닌
☞ disquietude: 불안한 상태

예문

People have long fled to the mountains in search of fresh air and **tranquility**.
(사람들은 신선한 공기와 **평온**을 찾아 멀리 산으로 달아났다.)
Sedatives, **tranquilizers**, and ergotamine medicines also can cause rebound headache.
(진정제, **신경안정제**, 에르고타민제 등도 반등 두통을 유발할 수 있다.)
However, to understand is not to **acquiesce** in or accept these developments.
(그러나 이해한다는 것은 이러한 개발을 **묵인하거나** 받아들이는 것이 아니다.)
Good press, or at least a **quiescent** press, is the absolute goal.
(좋은 언론, 아니 적어도 **조용한** 언론이야말로 절대적인 목표다.)
The official end of hostilities has not ended public **disquiet**.
(공식적인 교전 종식은 대중의 **불안**을 끝내지 못했다.)

ev: 시대, 나이 / brevi, bridg: 짧은

ev: 시대, 나이

라틴어 aevum은 시대, 나이 (age)의 뜻을 갖고 있다.

primeval praɪ'mivəl (프라이**미**벌)

prim(첫 번째)+ eval(시대의)

=처음 시대의

=태고의, 원시적인

prim=(primus) 첫 번째의

medieval midi'ivəl (미디**이**벌)

medi(중간)+ eval(시대의)

=중간 시대의=**중세의**

medi=(medium) 중간의

coeval koʊ'ivəl (코**이**벌)

co(함께)+ eval(나이, 시대)

=나이(시대)를 함께 하는

=나이가 같은, 동시대의

co(com)=함께

longevity lɒn'dʒɛvɪti (란**제**비티)

long(긴)+ evity(나이)

=긴 나이=**장수**

brevi, bridg: 짧은

라틴어 brevis는 짧은(short)의 뜻을 갖고 있다.

brevity 'brɛvɪti (브**레**비티)

brevi(짧은)+ ty

=짧음=**간결성, 덧없음**

☞ brief: 짧은, 간단한

abbreviate ə'brivieɪt (어브**리**비에이트)

ab(만들다)+ breviate(짧은)

=짧게 만들다=**축약하다**

ab=ad의 변형(ad=만들다)

☞ abbreviation: 축약형, 약어

abridge ə'brɪdʒ (어브**리**지)

a(만들다)+ bridge(짧은)

=짧게 만들다

=요약하다, 축약하다

a(ad)=만들다

☞ unabridged: 무삭제의

예문

Genesis 12 marks a shift from **primeval** history to the stories of the patriarchs.
(창세기 12장은 **원시** 역사에서 가부장들의 이야기로의 전환을 나타낸다.)

In early **medieval** times, the court, or household, was the centre of government.
(**중세** 초기에는 법원, 또는 가정이 정부의 중심이었다.)

The parallels between the two unconnected, **coeval** sites would have fascinated her.
(연관되지 않은 **동시대** 사이트 두 곳 사이의 유사점이 그녀를 매료시켰을 것이다.)

Why do we furiously invent new technologies to give us the illusion of stability and **longevity**?
(우리는 왜 안정과 **장수**의 환상을 주기 위해 맹렬히 새로운 기술을 발명하는가?)

We have condensed the ideas into our own words, for the sake of **brevity** and clarity.
(우리는 **간결함**과 명료함을 위해 그 생각을 우리 자신의 말로 압축해왔다.)

The introduction is **abridged** from the author's afterword to the novel.
(그 서론은 소설에 대한 저자의 후기에서 **요약한** 것이다.)

In order to save typing, many people will **abbreviate** common words and phrases.
(타이핑을 줄이기 위해, 많은 사람들이 일반적인 단어와 구문을 **축약하게** 될 것이다.)

amorous 'æmərəs (**애**머러스)
amor(사랑)+ ous
=사랑의
=**육욕적인 애정을 보이는**

amicable 'æmɪkəbəl (**애**미커블)
amic(친구)+ able
=친구 같은=**우호적인, 원만한**
amicus: 친구
☞ amity: 우호, 친선

amiable 'eɪmiəbəl (**에**이미어블)
ami(사랑)+ able
=사랑스러운
=**쾌활한, 정감 있는**

amor, ami: 사랑

라틴어 amor는 사랑의 뜻을, amare는 사랑하다의 뜻을 갖고 있다. amicus는 친구의 뜻을 갖고 있다.

enamored ɪ'næmərd (이**내**멀드)
en(안으로)+ amored(사랑)
=사랑 안으로 빠진
=**매혹된, 사랑에 빠진**
en(in)=안으로

paramour 'pærəmʊər (**패**러무얼)
par(~에 의한)+ amour(사랑)
=사랑하는=**애인, 연인**
par=~에 의한(by)

예문

Enchanted by the warmth of her smile, Brian suddenly felt confused by an unexpected rush of **amorous** desire.
(그녀의 따뜻한 미소에 넋을 잃은 브라이언은 갑자기 생각지도 못한 **육욕적인 사랑의** 욕망이 밀려오는 바람에 혼란스러워졌다.)
A swift and **amicable** settlement to this dispute is needed now.
(이 분쟁에 대한 신속하고 **원만한** 해결이 지금 필요하다.)
The **amiable** young man greeted me enthusiastically.
(그 **쾌활한** 젊은이가 열렬히 나를 맞이했다.)
Of all the books he has on hand, Williams seems most **enamored** with this one.
(그가 가지고 있는 모든 책들 중에서 윌리엄스는 이 책에 가장 **매혹된** 것 같다.)
Sadly, he had to leave his **paramour** behind in the Sunshine State.
(슬프게도, 그는 그의 **애인**을 햇볕의 주(플로리다)에 남겨두고 떠나야 했다.)

anthropology
æn θrə'pɒlədʒi (앤쓰러**팔**러지)

anthrop(인간)+ ology(학문)

=인간에 관한 학문=**인류학**

logy=학문

☞ anthropologist: 인류학자

misanthrope
'mɪsənθroʊp (**미**스언쓰로프)

mis(싫어하다)+ anthrope(사람)

=사람을 싫어하다

=사람을 싫어하는 사람

mis=(misein) 싫어하다

anthropoid
'ænθrəpɔɪd (**앤**쓰러포이드)

anthrop(인간)+ oid(같은)

=인간 비슷한

=사람 비슷한, 유인원(類人猿)

-oid=~같은, 비슷한

anthrop: 사람
그리스어 anthrop은 사람의 뜻을 갖고 있다. (변형: andro)

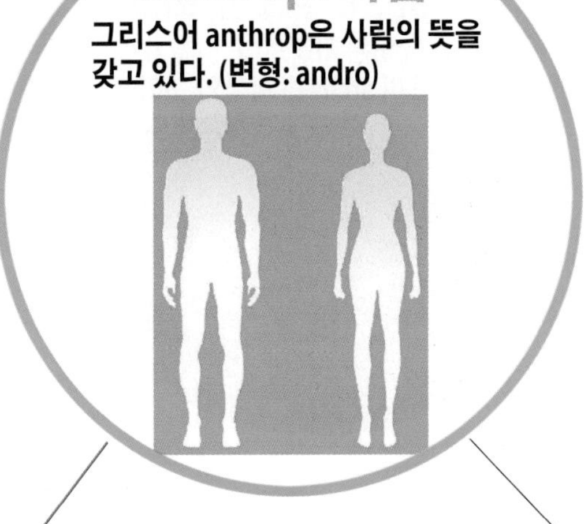

philanthropy
fɪ'lænθrəpi (필**랜**쓰러피)

phil(사랑하다)+ anthropy(사람)

=사람을 사랑하는=**자선활동, 박애주의**

phil=(philein) 사랑하다

☞ philander: 바람둥이, 엽색하다 (andro: 사람)

anthropomorphic
ænθrəpə'mɔrfɪk (앤쓰러퍼**몰**픽)

anthropo(인간)+ morphic(모양의)

=인간 모양의=**의인화된, 인격화된**

morphic=모양의

예문

So he studied **anthropology**, inquisitive about human societies and their desires and needs.
(그래서 그는 **인류학**을 공부했고, 인간 사회와 그들의 욕망과 필요성에 대해 탐구했다.)

I'd always thought I was a **misanthrope**, but maybe I'm just an introvert instead.
(나는 항상 내가 **사람을 싫어하는 사람**이라고 생각했지만, 어쩌면 나는 오히려 내성적인 사람일 수도 있다.)

His overview is especially effective, as it clearly presents several hypotheses of **anthropoid** origins.
(그의 개관은 특히 효과적이다. 왜냐하면 그것은 **유인원**의 기원에 대한 몇 가지 가설을 명확하게 제시하기 때문이다.)

No one has the money to invest in **philanthropy** unless there is some business payback.
(사업상 보상이 없는 한 **자선사업**에 투자할 돈은 아무도 없다.)

In describing elephants, **anthropomorphic** terms are unavoidable.
(코끼리를 묘사할 때, **의인화된** 용어는 피할 수 없다.)

archaeology ɑrki'ɒlədʒi (알키**알**러지)
archae(고대의)+ ology(학문)
=고대에 대한 학문=**고고학**
logy=학문

archbishop ɑrtʃbɪʃəp (알치**비**셥)
arch(최고)+ bishop(주교)
=최고 주교=**대주교**

archetype 'ɑrkɪtaɪp (**알**키타입)
arche(초기의)+ type(형태)
=원래의 형태=**전형, 원형**

arche, archae:
초기의, 시작의
archi, arch: 주요한, 최고의
그리스어 arkhein은 시작하다, 첫째가 되다의 뜻을 갖고 있으며 arche는 시작의 뜻이 있다.

archipelago ɑrkɪ'pɛləgoʊ (알키**펠**러고우)
archi(주요)+ pelago(바다)
=주요 바다=**제도, 군도, 열도**
pelago=바다

architect 'ɑrkɪtɛkt (**알**키텍트)
archi(최고)+ tect(집 짓는 사람)
=최고 건축자=**건축가**
tect=builder
☞ architecture: 건축학

예문

I am not a professional archaeologist, but a member of the public with an interest in **archaeology** and history.
(나는 전문적인 고고학자가 아니라, **고고학**과 역사에 관심이 있는 일반인이다.)
With deference to tradition, the cardinals went first, **archbishops** and bishops followed and the priests came last.
(전통을 존중하여 추기경들이 먼저 가고, **대주교**와 주교들이 뒤를 따르고, 신부들이 맨 나중에 왔다.)
This is ultimately about simple leadership **archetypes**.
(이것은 궁극적으로 단순한 리더십 **전형들**에 관한 것이다.)
No, we live on a chain of islands, an **archipelago**, not a continent.
(아니, 우리는 대륙이 아니라 섬들의 연쇄, 즉 **군도**에 살고 있어.)
I actually emailed the **architects** who designed the building, just before I found this site.
(사실 이 사이트를 발견하기 직전에 건물을 설계한 **건축가들**에게 이메일을 보냈었죠.)

astronomy ə'strɒnəmi (어스트**라**너미)

astro(별)+ nomy(법칙)

=별의 법칙을 다루는 학문=**천문학**

nomy=법칙

☞ astrology: 점성술 [ə'strɒlədʒi]

astronaut: 우주비행사 ['æstrənɔt]

astronomical: 천문학적인, 어마어마한

asterisk 'æstərɪsk (**애**스터리스크)

aster(별)+ isk

=별의=**별표**

asteroid 'æstərɔɪd (**애**스터로이드)

aster(별)+ oid(모양의)

=별과 비슷한=**소행성**

oid=~같은, 비슷한

☞ asterism: 성군, 성좌

astro, aster, stella: 별

그리스어 astron는 별의 뜻을 갖고 있다.

disaster dɪ'zæstər (디**재**스털)

dis(잘못된)+ aster(별)

=잘못된 별의 배열=**재앙, 참사**

dis=잘못된

constellation kɒnstə'leɪʃən (칸스털**레**이션)

con(함께)+ stellation(별)

=별이 함께 모여있음=**별자리, 성좌**

con(com)=함께

☞ stellar: 별의

예문

Secondly, **astronomy** is one of the few sciences in which the amateur can play a really useful role.
(둘째로, **천문학**은 아마추어들이 정말 유용한 역할을 할 수 있는 몇 안 되는 과학 중 하나이다.)

Many significant differences of a small to moderate magnitude were found, as indicated by the **asterisks**.
(**별표**에서 알 수 있듯이 작은 규모에서 중간 정도 크기의 많은 중요한 차이점이 발견되었다.)

These scientists also study the natural satellites of other planets as well as **asteroids** and comets.
(이 과학자들은 또한 **소행성**과 혜성뿐만 아니라 다른 행성의 자연 위성을 연구한다.)

The horrific devastation caused by this tsunami may be the worst natural **disaster** in recent history.
(이번 쓰나미로 인한 끔찍한 참사는 최근 역사상 최악의 자연**재해**일지도 모른다.)

Even to this day their name is associated with a number of stars, **constellations**, and astronomical instruments.
(오늘날까지도 그들의 이름은 수많은 별, **별자리**, 그리고 천문학적 기구와 연관되어있다.)

belli, bel, bellum: 전쟁

bellicose ˈbɛlɪkoʊs (**벨**리코스)
belli(전쟁)+ cose
=전쟁 같은=**호전적인**

rebellious rɪˈbɛlyəs (리**벨**리어스)
re(반대하여)+ bellious(싸우는)
=반대하여 싸우는
=**반항적인, 반대하는**
re=반대하는
☞ rebel: 반항하다

belligerent bəˈlɪdʒərənt (벌**리**저런트)
belli(전쟁)+ gerent(가져오는)
=전쟁을 불러오는
=**적대적인, 공격적인**
gerent=가져오는

belli, bel, bellum: 전쟁
라틴어 bellum은 전쟁의 뜻을 갖고 있다.

casus belli
ˈkeɪsəs ˈbɛlaɪ
(**케**이서스 **벨**라이)
casus(이유)+ belli(전쟁)
=전쟁의 이유=**개전 이유**
casus=이유, 원인

antebellum æntiˈbɛləm (앤티**벨**럼)
ante(전의)+ bellum(전쟁)
=**전쟁 전의**
ante=전의
☞ postbellum: 전후의

예문

The tone of his speech was **bellicose** and threatening.
(그의 말투는 **호전적**이고 위협적이었다.)
This model is **rebellious** and fearful of authority as a vehicle of control.
(이 모델은 **반항적**이고 통제 수단으로서의 권위를 두려워한다.)
Such views naturally lead to an 'aggressive, **belligerent** foreign policy', she added.
(그러한 견해는 자연스럽게 '공격적이고 **적대적인** 외교 정책'으로 이어진다.)
The failure to disarm is probably a **casus belli**.
(무장해제 실패가 아마도 **개전 이유**일 것이다.)
The **antebellum** decades were not all that terrific either.
(**전쟁 전의** 수십 년도 그렇게 훌륭하지는 않았다.)

incandescent ɪnkən'dɛsənt (인컨**데**선트)
in(안에서)+ candescent(빛나는)
=안에서 빛나는=**백열성의, 강렬한**
in=안에서

candid 'kændɪd (**캔**디드)
cand(순수한)+ id
=순수한=**솔직한**

candor 'kændər (**캔**덜)
cand(하얀)+ or
=솔직함=**허심탄회, 솔직**

cand, cend: 빛나다, 하얀

라틴어 candere는 빛나다의 뜻을 갖고 있으며 candidum은 하얀, 순수한의 뜻을 갖고 있다.

candidate 'kændɪdeɪt (**캔**디데이트)
cand(하얀)+ idate
=하얀 옷을 입다
(공직자들이 하얀 옷을 입은 데서 유래)
=**입후보자**

incendiary ɪn'sɛndiɛri (인**센**디어리)
in(만들다)+ cendiary(빛나는)
=불타게 만들다
=**방화의, 선동적인**
in=만들다

예문

This is because light from an **incandescent** source is rich in the yellow and red end of the color spectrum.
(이는 **백열**원으로부터의 빛은 색 스펙트럼의 노란색과 빨간색 끝이 풍부하기 때문이다.)
You would hope that all of those who are interviewed would be truthful and **candid** and forthcoming.
(당신은 인터뷰에 응한 모든 사람들이 진실하고 **솔직하고** 기꺼이 말하기를 바랄 것이다.)
Only an entirely new generation can bring honesty and **candor** to this matter.
(완전히 새로운 세대만이 이 문제에 정직과 **솔직함**을 가져올 수 있다.)
It is a chance for general election **candidates** to make a practical difference.
(총선 **후보들**이 실질적인 차이를 만들 수 있는 기회다.)
In addition, it is believed they possess crude electronic devices capable of triggering **incendiary** bombs.
(게다가, 그들은 **방화** 폭탄을 촉발할 수 있는 조잡한 전자 장치를 가지고 있다고 여겨진다.)

cata-: 아래로

catastrophe kə'tæstrəfi (커**태**스트러피)

cata(아래로)+ strophe(도는)

=아래로 돌다=**참사, 재앙**

strophe=(strephein) 돌다

☞ catastrophism: 격변설

cataract 'kætərækt (**캐**터랙트)

cata(아래로)+ ract(치다)

=아래로 치다=**폭포, 백내장**

ract=치다, 부딪치다

(시력이 깨어짐=백내장)

cata-: 아래로

라틴어 cata-는 아래로(down)의 뜻을 갖고 있다.

catalysis kə'tæləsɪs (커**탤**러시스)

cata(아래로)+ lysis(풀리다)

=아래로 풀리다=용해되다

=**촉매작용**

lysis=(lyein) 풀리다, 풀다

☞ catalyst: 촉매(제), 기폭제 ['kætəlɪst]

catapult 'kætəpʌlt (**캐**터펄트)

cata(아래로)+ pult(던지다)

=아래로 던지다

=**투석기, 내던지다**

pult=(pallein) 던지다

catatonia kætə'toʊniə (캐터**토**니아)

cata(아래로)+ tonia(긴장)

=나쁜 긴장=**긴장증**

tonia=어조, 분위기, 긴장

cataclysm 'kætəklɪzəm (**캐**터클리즘)

cata(아래로)+ clysm(씻어내다)

=아래로 씻어내다(대홍수)

=**대재앙, 대변동**

clysm=(klyzein) 씻어내다

예문

Most regional geomorphological **catastrophes** involve the sudden release of large volumes of water.
(대부분 지역의 지형학적 **재앙**은 대량의 물을 갑자기 방출하는 것과 관련이 있다.)

She had **cataracts** in both eyes.
(그녀는 양쪽 눈에 **백내장**이 생겼다.)

The partial negative charge on the oxygen atom makes it susceptible to acid **catalysis**.
(산소 원자에 대한 부분 음전하로 인해 산성 **촉매작용**이 일어나기 쉽다.)

It is believed the children may have used a **catapult** to fire the stone.
(아이들은 돌을 발사하기 위해 **투석기**를 사용했을지도 모른다고 여겨진다.)

One writer described it as resembling a geological **cataclysm**.
(한 작가는 그것을 지질학적인 **대재앙**과 닮았다고 묘사했다.)

We are dealing with life-shattering illnesses, such as melancholic depression, mania and **catatonia**.
(우리는 우울증, 조울증, **긴장증**과 같은 생명을 위협하는 질병들을 다루고 있다.)

corp: 몸, 육체

corporeal kɔr'pɔriəl (콜**포**리얼)

corp(육체)+ oreal

=육체적인=**신체의, 물질적인**

☞ corpse: 시체
corporation: 기업, 법인

corpuscle 'kɔrpəsəl (**콜**퍼슬)

corp(몸)+ uscle

=작은 육체=**혈구, 소체(小體)**

incorporate ɪn'kɔrpəreɪt (인**콜**퍼레이트)

in(만들다)+ corporate(몸)

=몸을 형성하다

=**포함하다, (법인체) 설립하다**

in=만들다

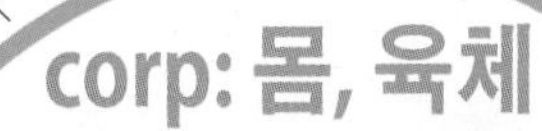

라틴어 corpus는 몸, 육체의 뜻을 갖고 있다.

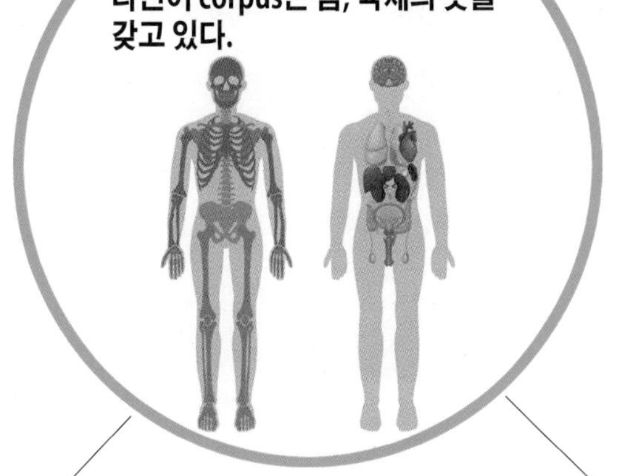

corpulent 'kɔrpyələnt (**콜**퓨런트)

corp(육체)+ ulent

=육체적인=**뚱뚱한**

☞ corpulence: 비만, 비대

corps kɔr (콜)

corps

=육체들의 모임

=**군단(軍團), 부대, 단체**

예문

We care for their **corporeal** and spiritual growth.
(우리는 그들의 **육체적**, 정신적 성장을 돌본다.)
It is composed of: red **corpuscles**, white cells, platelets, and blood plasma.
(그것은 적**혈구**, 백혈구, 혈소판, 혈장 등으로 구성되어있다.)
It was **incorporated** into the factory's main wastewater treatment scheme.
(그것은 공장의 주요 폐수 처리 계획에 **통합되었다**.)
I assumed Troy was referring to the **corpulent** kid.
(나는 트로이가 그 **뚱뚱한** 아이를 언급하고 있다고 생각했다.)
The thorough integration of intelligence will certainly extend to the transformation of our divisions and **corps**.
(지성의 철저한 통합은 확실히 우리 사단과 **군단**의 변혁으로 확대될 것이다.)

crypt, cryp: 숨기다

cryptic 'krɪptɪk (크**립**틱)
crypt(숨기다)+ ic
=숨긴=**수수께기 같은**
crypt: 지하실

cryptography krɪp'tɒgrəfi (크립**타**그러피)
crypto(숨긴)+ graphy(기록함)
=숨겨진 것(암호)을 기록함
=**암호 작성(해독)술**
graphy=기록, 작성

apocryphal
ə'pɒkrɪfəl (어**파**크리펄)
apo(출처)+ cryphal(숨겨진)
=출처가 숨겨진
=**출처가 불분명한**
apo=~으로부터, ~에서 나온

crypt, cryp: 숨기다

라틴어 kryptein은 숨기다의 뜻을 갖고 있다.

apocrypha ə'pɒkrɪfə (어**파**크리파)
apo(출처)+ crypha(숨겨진)
=출처가 숨겨진
=**(성경의) 외경, 전거가 불확실한 글, 외전**
apo=~으로부터, ~에서 나온

encrypt ɛn'krɪpt (엔크**립**트)
en(만들다)+ crypt(숨겨진)
=암호를 만들다
=**암호화하다**
en=만들다

예문

However, the story line later digresses and becomes confusing and **cryptic**.
(그러나 그 이야기 줄거리는 나중에 빗나가고 혼란스럽고 **수수께끼가 된다**.)
A new kind of **cryptography** based on quantum physics is now ready for serious consideration.
(양자 물리학에 기반을 둔 새로운 종류의 **암호 작성술**은 이제 진지하게 고려할 준비가 되었다.)
Other stories that sound **apocryphal** are unfortunately true.
(**출처가 불분명하게** 들리는 다른 이야기들은 불행히도 사실이다.)
Apocrypha are works, usually written, of unknown authorship or of doubtful origin.
(**외경**은 보통 저자가 알려지지 않았거나 출처가 분명하지 않게 쓰여진 작품들이다.)
On a basic level they could be used to decode **encrypted** information almost instantly.
(기본적인 수준에서 그것들은 **암호화된** 정보를 거의 즉각적으로 해독하는 데 사용될 수 있었다.)

dominate ˈdɒmɪneɪt (**다**미네이트)
domin(지배하다)+ ate
=지배하다
☞ dominant: 우세한, 지배적인
domination: 지배, 통치

predominate prɪˈdɒmɪneɪt (프리**다**미네이트)
pre(앞에서)+ dominate(지배하다)
=앞에서 지배하다
=지배적이다, 우위를 차지하다
pre=앞에서
☞ predominant: 두드러진, 우세한

domicile ˈdɒmɪsʌɪl (**다**미사일)
dom(집)+ icile
=집이 있는 곳
=거주지, 주소

domin, dom: 지배하다, 통치하다
라틴어 dominari는 지배하다, 통치하다의 뜻을, dominus는 주인의 뜻을, domus는 집의 뜻을 갖고 있다.

domesticate dəˈmɛstɪkeɪt (더**메**스티케이트)
dom(지배하다)+ esticate
=길들이다, 재배하다
☞ domestic: 국내의

dominion dəˈmɪnyən (더**미**니언)
domin(지배하다)+ ion
=지배함
=지배권, 통치권, 영토

예문

However, we know that if government continues to **dominate** the market the private sector will never develop.
(하지만, 만약 정부가 계속해서 시장을 **지배한다면**, 민간 부문은 결코 발전하지 않을 것이라는 것을 우리는 알고 있다.)
Both elements were present throughout the post-war period, but collectivism **predominated** until 1979.
(두 가지 요소는 전후 기간 동안 존재하였으나, 1979년까지는 집산주의가 **지배적이었다**.)
If I want to stay in my **domicile**, I should be allowed to stay?
(만약 내가 내 **거주지**에 머무르기를 원한다면, 나는 머물도록 허락받아야 하는가?)
And the question is whether the tiger is **domesticated** enough to obey the master.
(그리고 문제는 호랑이가 주인에게 복종할 만큼 **길들여졌는가** 하는 것이다.)
Traditions teach us that we should have **dominion** over nature, and not be a part of nature.
(전통은 우리가 자연에 대한 **지배권**을 가져야 하며, 자연의 일부가 되어서는 안 된다는 것을 우리에게 가르쳐준다.)

dyslexia dɪs'lɛksiə (디스**렉**시아)

dys(어려운)+ lexia(말)

=글을 읽기 어려움

=난독증, 독서 장애

lexia=말, 글

dysfunction dɪs'fʌŋkʃən (디스**펑**크션)

dys(비정상적)+ function(기능)

=비정상적인 기능

=기능장애, 역기능

☞ dystrophy: 영양실조

dyspepsia dɪs'pɛpsɪə (디스**펩**시아)

dys(어려운)+ pepsia(소화)

=소화하기 어려운

=소화불량, 식체

pepsia=소화

☞ dyspeptic: 소화불량의

dys-: 나쁜, 비정상적인, 어려운

그리스어 dys-는 나쁜, 비정상적인, 어려운의 뜻을 갖고 있다.

dystopia dɪs'toʊpiə (디스**토**피아)

dys(나쁜)+ topia(장소)

=나쁜 곳=**반(反)이상향**

topia=(topos) 장소

dysplasia dɪs'pleɪzɪə (디스플**레**이지아)

dys(비정상적)+ plasia(형성)

=비정상적인 형성

=형성(形成) 이상, 형성 장애

plasia=형성

예문

The youngster, who suffers from **dyslexia** and severe learning difficulties, no longer attends school or college.
(**난독증**과 심각한 학습 장애를 겪고 있는 이 어린이는 더 이상 학교나 대학에 다니지 않는다.)

These **dysfunctions** lead to the clinical syndrome of heart failure.
(이러한 **기능 장애**는 심부전의 임상 증후군으로 이어진다.)

They have similar gastrointestinal side effects, including abdominal pain, **dyspepsia** and diarrhea.
(그들은 복통, **소화불량**, 설사 등 유사한 위장 부작용을 갖고 있다.)

Orwell's genius was to take the theme of a totalitarian **dystopia** to the max.
(오웰의 천재성은 전체주의 **반이상향**이라는 주제를 최대한으로 끌어들이는 것이었다.)

A biopsy can also identify rare cases when cells have progressed from **dysplasia** into cancer.
(생체검사에서도 세포가 **형성 장애**에서 암으로 진행되는 드문 경우들을 확인할 수 있다.)

moribund
ˈmɔrɪbʌnd (**모**리번드)

mori(죽다)+ bund

=죽어가는=**소멸 직전의, 빈사상태의**

mortuary
ˈmɔrtʃuɛri (**몰**추에리)

mor(죽다)+ tuary

=죽은=**영안실**

☞ morgue: 시체보관소

immortal
ɪˈmɔrtəl (임**모**털)

im(아닌)+ mortal(죽는)

=죽지 않는

=**죽지 않는, 불멸의**

im(in)=~이 아닌

☞ immortality: 불멸

mori, mor, mur: 죽다

라틴어 mori는 죽다의 뜻을 갖고 있다.

morbid
ˈmɔrbɪd (**몰**비드)

morb(병)+ id

=병의=**병적인, 병과 관련된**

morb=병을 뜻하는 라틴어 morbus는 mori(죽다)에서 유래함

mortify
ˈmɔrtɪfaɪ (**몰**티파이)

morti(죽다)+ fy(만들다)

=죽게 만들다

=**굴욕감을 주다**

fy=만들다

murrain
ˈmɜrɪn (**머**린)

mur(역병)+ rain

=역병의=**온역**

mur=역병을 뜻하는 고대불어 moraine은 mori(죽다)에서 유래함

예문

Most of the **moribund** patients recovered due to his treatment.
(그의 치료로 인해 **빈사상태의** 환자들 대부분은 회복되었다.)

She lay dead in the **mortuary** of the hospital for two weeks before her family was notified.
(그녀는 가족들이 통지를 받기 전까지 2주 동안 병원 **영안실**에 죽어있었다.)

The soul is **immortal** and simply lives in temporary shelters, those of human bodies.
(영혼은 **불멸하며** 단지 인간의 몸인 임시 피난처에 살고 있는 것이다.)

His work reveals a powerful imagination and an often **morbid** interest in themes of love and death.
(그의 작품은 강력한 상상력과 종종 사랑과 죽음이라는 주제에 대한 **병적인** 관심을 드러낸다.)

There were great **murrains**, or diseases, of sheep and cattle, which meant that the animals all died.
(양과 소의 큰 **온역**, 즉 질병이 있었는데, 이것은 동물들이 모두 죽었다는 것을 의미한다.)

I am **mortified** that any discussions about my private life should come out in this way.
(나는 내 사생활에 대한 어떤 논의도 이런 식으로 나와야 한다는 것에 **굴욕감을 느낀다**.)

renovate ˈrɛnəveɪt (**레**너베이트)
re(다시)+ novate(새로운)
=다시 새롭게 하다=**개조하다**
re=다시
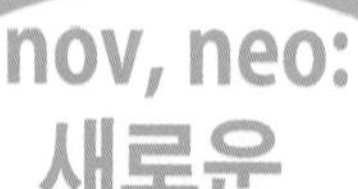 renovation: 쇄신, 혁신

innovate ˈɪnəveɪt (**이**너베이트)
in(만들다)+ novate(새로운)
=새롭게 만들다=**혁신하다**
in=만들다
☞ innovation: 혁신, 쇄신

neophyte ˈniəfaɪt (**니**어파이트)
neo(새로운)+ phyte(심은)
=새롭게 심겨진
=**초보자, 신개종자**
phyte=심은(phyto: 식물)

nov, neo: 새로운
라틴어 novus와 neos는 새로운의 뜻을 갖고 있다.

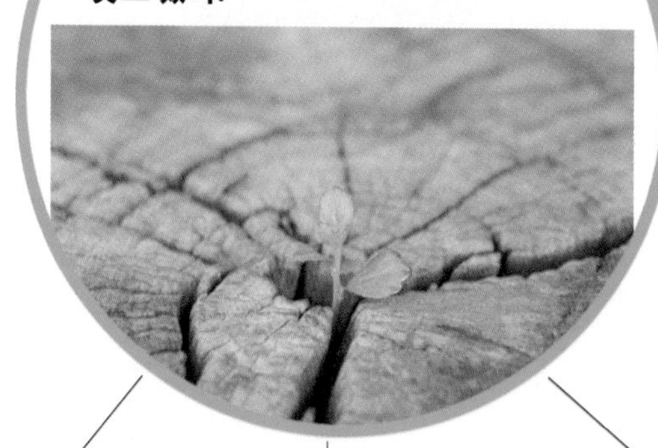

neologism niˈɒlədʒɪzəm (니**알**러지즘)
neo(새로운)+ logism(말)
=새로운 말=**신조어**
logism=(logos) 말

novelty ˈnɒvəlti (**나**벌티)
nov(새로운)+ elty
=새로움=**새로움, 참신함**

novice ˈnɒvɪs (**나**비스)
nov(새로운)+ ice
=새롭게 시작하는 사람
=**초보자**

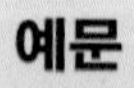

예문

The building was recently **renovated** but the apartment itself is in need of work.
(건물은 최근에 **개조되었지만** 아파트 자체는 작업이 필요하다.)
Increased competition means producers must **innovate** and improve constantly.
(경쟁의 증가는 생산자들이 끊임없이 **혁신하고** 개선해야 한다는 것을 의미한다.)
The site gives **neophytes** the chance to learn from experts.
(이 사이트는 **초보자들**이 전문가들로부터 배울 기회를 제공한다.)
I wouldn't call them neologisms because a **neologism** is a new word that has immediate definition or sense.
(나는 그들을 신조어라고 부르지 않을 것이다. 왜냐하면 **신조어**는 즉각적인 정의나 의미가 있는 새로운 단어이기 때문이다.)
If you are a complete **novice** I wouldn't worry about spending much time here.
(네가 완전히 **초보자**라면 나는 여기서 많은 시간을 보내는 것에 대해 걱정하지 않을 것이다.)
But opinion is often shaped by a modern preference for **novelty**.
(그러나 의견은 종종 **참신함**에 대한 현대적 선호에 의해 형성된다.)

primordial praɪ'mɔrdiəl (프라이**몰**디얼)
prim(처음)+ ordial(시작하는)
=처음 시작하는=**태고의, 원시적인**
ordial=시작하는

primogeniture praɪmə'dʒɛnɪtʃər (프라이머**제**니철)
primo(첫째)+ geniture(태어남)
=첫째로 태어남
=**장자상속권, 장자상속제**
geniture=태어남
☞ primogenitor: 선조, 조상

primal 'praɪməl (프**라**이멀)
prim(첫 번의)+ al
=첫 번째의
=**원시의, 태고의**
☞ primitive: 원시적인

prim, prem: 첫 번째의
라틴어 primus는 첫 번째(first)의 뜻을 갖고 있다.

premier prɪ'mɪər (프리**미**얼)
prem(첫째의)+ ier
=첫째의=**최고의, 제1의**

primary 'praɪmɛri (프**라**이메리)
prim(첫 번째)+ ary
=첫 번째의
=**주요한, 기본적인**

예문

Her immense wooden sculptures refer to a primitive form of life in **primordial** worlds.
(그녀의 거대한 나무 조각상들은 **원시** 세계의 원시적인 삶의 형태를 가리킨다.)
Inheritance customs stress the right of **primogeniture**, which gives preference to the oldest brother.
(상속 풍습은 만형에게 우선권을 주는 **장자 상속**의 권리를 강조한다.)
At the end, four performers circled around the stage in a **primal** manner.
(마지막에 네 명의 연주자가 **원시적인** 방식으로 무대를 빙빙 돌았다.)
The national league is the **premier** competition in Australia.
(내셔널 리그는 호주 **최고의** 대회다.)
But the **primary** importance of the agreement does not lie in its precise terms, but in the example it sets.
(그러나 이 협정의 **일차적인** 중요성은 정확한 용어에 있는 것이 아니라, 이 협정이 정한 예에 있다.)

veracious və'reɪʃəs (버**레**이셔스)

ver(참된)+ acious

=진실된

=진실을 말하는, 정직한, 진실한

☞ veracity: 진실성
inveracity: 허위, 거짓말

verisimilitude vɛrɪsɪ'mɪlɪtud (베리시**밀**리튜드)

veri(진짜의)+ similitude(비슷함)

=진짜와 비슷한=**그럴듯함, 신빙성**

similitude=비슷함

verity 'vɛrɪti (**배**리티)

ver(참된)+ ity

=참됨=**진리, 진실**

☞ veritas: 진실

ver: 참된, 진짜의

라틴어 verus는 참된, 진짜의 뜻을 갖고 있다.

verify 'vɛrɪfʌɪ (**베**리파이)

veri(진짜)+ fy(만들다)

=진짜로 만들다

=확인하다, 입증하다

fy=만들다

☞ verifiable: 입증할 수 있는
verification: 입증, 검증

aver ə'vɜr (어**벌**)

a(만들다)+ ver(참된)

=참되게 만들다

=단언하다, 주장하다

a(ad)=만들다

예문

America's **veracious** demand is a particularly important factor in these growing global-scale problems.
(미국의 **진정한** 요구는 이러한 증가하는 세계적 규모의 문제에 특히 중요한 요소다.)

At the same time, Western artists are exacting and relentless in their pursuit of historical **verisimilitude**.
(동시에, 서양 예술가들은 역사적 **신빙성**을 추구하는 데 있어서 정밀하고 가차없다.)

David, the meticulous neoclassicist, insisted upon the **verity** of his work.
(꼼꼼한 신고전주의자인 데이빗은 자신의 작품의 **진실성**을 주장했다.)

However, there was no way to independently **verify** the identity of the men killed and arrested on Saturday night.
(그러나 토요일 밤 살해되고 체포된 남성들의 신원을 독자적으로 **확인할** 방법은 없었다.)

He **averred** that he was innocent of the allegations.
(그는 그 혐의에 대해 무죄라고 **단언했다**.)

어원을 알면 영어가 보인다

— 영단어 암기의 최종병기

aberration(에버**레**이션): ab(분리)+ erration(벗어나는)=(이탈해서 벗어나다)=**일탈**
abeyance(어**베**이언스): a(ad=하는)+ beyance(열린)=(열어놓은)=**중지, 정지, 미결**
abscond(에브스**칸**드): abs(벗어나다)+ cond(모으다)=(돈을 모아서 달아나다)=**잠적하다, 도주하다**
abstemious(에브스**티**미어스): abs(벗어나다)+ temious(독한 술)=**자제하는, 절제하는**
abstinent(**애**브스터넌트): abs(벗어나는)+ tinent(잡다)=(벗어나다)=**금욕하는, 자제하는**
abstract(**에**브스트렉트): abs(벗어나다)+ tract(끌다)=(현실세계에서 벗어난)=**추상(관념)적인, 요약**
abstruse(에브스트**루**스): abs(벗어나다)+ truse(밀다)=(이해에서 벗어나있는)=**난해한, 깊은**
acclaim(어클**레**임): ac(ad=하다)+ claim(소리치다)=**칭송하다, 환호를 보내다**
accolade(**애**컬레이드): ac(하다)+ colade(목)=(목 부분을 감싸다)=**포상, 칭찬, 표창**
accrete(어크**리**트): ac(ad=더하다)+ crete(커지다)=**함께 커지다, 공생하다, 부착하다**
acquiesce(애퀴**에**스): ac(ad=만들다)+ quiesce(조용한)=(조용해지게 만들다)=**묵인하다**
acute(어**큐**트): acu(날카로운)=**격심한, 급성의, 예민한**
admonish(애드**마**니쉬): ad(만들다)+ monish(경고하다)=**꾸짖다, 책망하다**
adulterate(어**덜**터레이트): ad(만들다)+ ulterate(alter=바꾸다)=(바꾸어버리다)=**불순물을 섞다**
adumbrate(애**덤**브레이트): ad(만들다)+ umbrate(그림자)=(그림자를 만들다)=**개요를 알려주다**
advocate(**애**드버케이트): ad(하다)+ vocate(부르다)=**지지하다, 옹호하다, 변호사**
aesthetic(에스**쎄**틱)=**심미적, 미학적**
affectation(에펙**테**이션): af(ad=하다)+ fectation(만들다)=**가장, 꾸밈, 가식**
affirm(어**펌**): af(ad=만들다)+ firm(강한, 견고한)=**단언하다, 긍정하다**
agenda(어**젠**다): (ag=몰다, 하다)=**의제, 안건**
aggrieve(어그**리**브): ag(ad=만들다)+ grieve(무거운)=(무겁게 만들다)=**괴롭히다, 고통을 주다**
agog(어**가**그): (gog=재미있는)=**들뜬, 몹시 궁금해하는**
alacrity(얼**레**크리티): (alacer=발랄한)=**민첩, 활발**
alcove(**앨**코브)=**벽감** (벽면을 우묵하게 들어가게 해서 만든 공간)
alleviate(얼**리**비에이트): al(ad=만들다)+ leviate(가벼운)=(가볍게 만들다)=**완화하다, 경감하다**
allocate(**앨**러케이트): al(ad=만들다)+ locate(자리잡다)=(자리를 잡아주다)=**할당하다, 배당하다**
allusion(얼**루**전): al(ad=하다)+ lusion(연극, 연기)=(연기를 해서 간접적으로 보여줌)=**암시**
altruistic(앨트루**이**스틱): (altru=다른)=**이타적인**
amalgam(어**맬**검)=**혼합, 결합, 혼합물, 아말감**
amass(어**매**스): a(ad=더하다)+ mass(쌓다)=**모으다, 축적하다**

ambiguous(앰**비**큐어스): ambi(양쪽의)+ guous(이끌다)=**애매모호한, 여러 가지로 해석할 수 있는**
ambivalent(앰**비**벌런트): ambi(양쪽의)+ valent(힘)=(양쪽의 힘이 공존하는)=**반대 감정이 병존하는**
ambulatory(**앰**뷰러토리): (ambul=걷다)=**보행의, 이동하는**
ameliorate(어**밀**리어레이트): a(ad=만들다)+ meliorat(개선하다)=**개선하다**
amiable(**에**이미어블): (amor=사랑)=**쾌활한, 정감 있는**

amity(**애**미티): (amor: 사랑)=**우호, 친선**
anarchy(**애**너키): an(없는)+ archy(지도자)=(지도자가 없는)=**무정부 상태, 난장판**
anecdote(**애**닉도트): an(아닌)+ ec(ex=밖으로)+ dote(주다)=(공개되지 않은)=**일화**
angular(**앵**귤러): (angulus=각, 모서리)=**뼈가 앙상한, 각이 진, 모난**
animated(**애**니메이티드): animated(anima=생명, 호흡)=**활기찬, 활발한, 만화 영화로 된**

animosity(애니**마**시티): (animus=생명, 호흡)=**반감, 적대감**
annotation(애너**테**이션): an(ad=하다)+ notation(표시)=(표시하다)=**주석, 주석**
anomalous(어**나**멀러스): an(아닌)+ omalous(homalous=같은)=(같지 않은)=**변칙의, 이례적인**
anomaly(어**나**멀리): an(아닌)+ omaly(homaly=같음)=**변칙, 이례**
anonymous(어**나**니머스): an(없는)+ onymous(이름의)=(이름이 없는)=**익명의, 저자미상의**

antipathy(앤**티**퍼씨): anti(반대하는)+ pathy(느낌, 감정)=(반대하는 감정)=**반감, 악감정**
antiseptic(앤티**셉**틱): anti(반대의)+ septic(부패의)=(부패되지 않는)=**소독제, 소독이 되는, 방부의**
anxiety(앵**자**이어티)=**불안, 염려, 걱정**
apathy(**애**퍼씨): a(없는)+ pathy(감정)=**무관심, 무감각**
apocryphal(어**파**크리펄): apo(나온)+ cryphal(숨겨진)=**이야기 출처가 불분명한, 사실이 아닐 듯한**

apparition(**애**퍼리션): ap(ad=하다)+ parition(보이다)=(보여지는 존재)=**유령**
appease(어**피**즈): ap(ad=만들다)+ pease(평화)=(평화롭게 만들다)=**달래다, 누그러뜨리다**
apprehensive(애프리**헨**시브): ap(ad=다가가서)+ prehensive(붙잡는)=(미리 생각하는)= **걱정되는**
apprise(어프**라**이즈): ap(ad=가까이)+ prise(붙잡다)=(다가가서 붙잡다)=**알리다, 존중하다, 인정하다**
arable(**애**러블): (arare=쟁기질하다)=**곡식을 경작하는**

arbiter(**알**비털)=**결정권자, 중재자**
archetype(**알**키타입): arche(시작, 처음)+ type(형태)=**전형, 원형**
arid(**애**리드): (aridus=건조한)=**매우 건조한, 무미건조한**
armada(알**마**다): (armata=무력)=**함대, 무적함대**
arrogant(**애**러건트): ar(ad=하다)+ rogant(요구하는)=(요구하는)=**오만한**

articulate(알**티**큐레이트): (articulus=부분, 관절, 일원)=**분명히 표현하다, 또렷이 말하다**
ascendancy(어**센**던시): as(ad=하다)+ cendancy(오르다)=**지배력을 행사할 수 있는 위치, 우위**
ascetic(어**세**틱)=**금욕적인**
aspersion(어스**펄**전): a(ad=하다)+ spersion(뿌리다)=**비난, 비방, 중상, (기독교) 성수살포**
assiduous(어**시**주어스): as(ad=하다)+ siduous(앉아있는)=(계속 앉아있는)=**근면 성실한**

assuage(어수**웨**이지): as(ad=만들다)+ suage(달콤한)=(달콤하게 만들다)=**누그러뜨리다, 달래다**
astute(어스**튜**트)=**약삭빠른, 기민한**
atone(어**토**운): at(ad=하다)+ one(하나)=(신과 하나가 되다)=**속죄하다**
atrophy(**애**트러피): a(없는)+ trophy(영양분)=(영양분의 공급이 없는)=**위축(되다)**
audacity(오**대**시티): (audax=용감한, 대담한)=**뻔뻔함, 배짱, 대담**
augment(어그**멘**트): (aug=증가시키다, 크게 만들다)=**늘리다, 증가시키다**
auspicious(오스**피**셔스): au(새=avis)+ spicious(보다)=새를 보다(새를 보며 점을 침)=**상서로운,길조의**
austere(오스**티**얼)=**꾸밈없는, 소박한, 근엄한**
authentic(오**쎈**틱): (aut=auto=자기 자신)=**진짜인, 진본인**
authoritarian(어쏘리**테**리언): (autho=주인, 지도자)=**권위주의적인, 독재적인**
aver(어**벌**): a(ad=만들다)+ ver(진실한)=(진실하게 만들다)=**단언하다, 주장하다**
aversion(어**벌**전): a(ab=떠나는)+ version(돌다)=(돌아서 떠나감)=**아주 싫어함, 혐오감**
awe(오)=**경외감(을 갖게 하다)**
axiom(**액**시엄): (axioma=권위)=**자명한 이치, 공리, 격언**
babble(**배**블)=**와글와글, 왁자지껄**
baleful(**배**일풀)=**악의적인, 해로운**
ballast(**밸**러스트)=**바닥짐, 자갈**
banal(버**낼**)=**지극히 평범한, 따분한**
barren(**배**런)=**땅(토양)이 척박한, 황량한**
bask(**배**스크)=**(햇볕을) 쪼이다**
bastion(**배**스천)=**수호자, 보루, 요새**
beget(비**겟**): be+ get=**아비가 되다, 낳다, 야기하다**
belie(빌**라**이): be+ lie=**착각하게 만들다, 거짓임을 보여주다**
belittle(빌**리**틀): be+ little= **하찮게 만들다, 비하하다**
belligerent(벌**리**저런트): belli(전쟁)+ gerent(가져오다)=(전쟁을 가져오는)=**적대적인, 호전적인**
benefactor(**베**너팩털): bene(좋은)+ factor(하는 사람)=(좋은 일을 하는 사람)=**후원자, 독지가**
beneficent(베**네**피션트): bene(좋은)+ ficent(하는)=(좋은 일을 하는)=**도움을 주는, 선을 베푸는**
benevolent(버**네**벌런트): bene(좋은)+ volent(희망하는)=(좋은 일을 희망하는)=**자애로운, 인자한**
benign(비**나**인): beni(좋은)+ gn(태어난)=(성격이 좋게 태어난)=**상냥한, 유순한, 양성의**
bereave(비**리**브): be+ reave(빼앗다)=(빼앗음을 당하다)=**사별하다, 여의다** **bereft**=**상실한, 잃은**
bilk(**빌**크)=**사취하다, 속이다**
blasphemy(블**라**스퍼미)=**신성 모독**
blithe(블**라**이드)=**태평스러운, 쾌활한, 행복한**
brawn(브**론**)=**체력, 힘, 머리고기**
brevity(브**레**비티): (brevit=짧은)=**간결성, 덧없음**

brook(부룩)=**개울, 용납하지 않다**
burgeon(벌전): (borjon=싹)=**급성장하다, 급증하다**
burlesque(벌레스크)=**풍자시, 풍자극, 해악극**
burnish(벌니쉬)=**윤을 내다, 광을 내다**
buttress(버트레스)=**지지대, 부벽, 지지하다, 힘을 실어주다**

cacophony(커카퍼니): caco(나쁜)+ phony(소리)=(나쁜 소리의)=**불협화음**
cajole(커조울)=**꼬드기다, 회유하다**
candid(캔딧): (candere=빛나다, 하얀)=(하얀)=**솔직한, 허물없는**
capricious(커프리셔스)=**변덕스러운, 잘 변하는** **caprice**(커프리스)=**변덕**
captious(캡셔스): (cap=capere=잡다)=**흠잡기 잘하는, 트집잡기 좋아하는**

castigate(캐스티게이트): cast(순수한)+ igate(하다)=(책망하여 순수하게 만들다)=**크게 책망하다**
caustic(커스틱)=**부식성의, 신랄한, 비꼬는**
censure(센셜)=**견책, 불신임, 견책하다**
chary(체리)=**~을 꺼리는**
chronology(크러날러지): chrono(시간)+ logy=**연대순, 연대표**

circumlocution(설컴로큐션): circum(둘러서, 둥근)+ locution(말하기)=**돌려서(우회적으로) 말하기**
clamor(클레멀)=**아우성, 소란, 외치다, 요구하다**
clarify(클레러파이)=**명확하게 하다, 분명히 말하다**
coagulate(코에규레이트): co(함께)+ agulate(움직이다)=(함께 움직이다)=**응고하다, 응고시키다**
coalesce(코얼레스): co(함께)+ alesce(영양을 공급받다=자라다)=**합치다, 연합하다**

coda(코다)=**종결부**
coerce(코얼스): co(함께)+ erce(둘러싸다)=**강압하다, 강요하다** **coercion**(코얼션)=**강제, 강압**
cognizant(카그니전트): co(함께)+ gnizant(아는)=(총체적으로 아는)=**인식하고 있는, 알고 있는**
commensurate(커멘설릿): com(함께)+ mensurate(측정하다)=**어울리는, 상응하는, 비례하는**
commiserate(커미저레이트): com(함께)+ miserate(애통해하다)=**위로를 표하다, 측은히 여기다**

commodity(커마디티): com(완전히)+ modity(딱 맞는,측정되는)=(딱 맞는 것)=**상품, 물품, 원자재**
complacent(컴플레이선트): com(완전히)+ placent(기뻐하다)=(매우 기뻐하는)=**자기만족적인**
complaisant(컴플레이선트): com(완전히)+ plaisant(기뻐하다)=**남의 뜻에 잘 따르는**
compliant(컴플라이언트): com(완전히)+ pliant(채우는)=**순응하는, 따르는, 준수하는**
comprehensive(컴프리헨시브): com(완전히)+ prehensive(파악하는)=**포괄적인, 종합적인**

compromise(캄프러마이즈): com(함께)+ promise(약속하다)=**타협(하다)**
conciliatory(컨실리어토리): con(함께)+ ciliatory(소환하는, 가져오는)=**달래는, 회유하기 위한**
concise(컨사이스): con(완전히)+ cise(자르다)=(불필요한 부분을 완전히 잘라낸)=**간결한, 축약된**
condense(컨덴스): con(완전히)+ dense(빽빽하게 만들다)=**농축시키다, 요약하다, 압축하다**
condescend(컨더센드): con(함께)+ descend(내려가다)=**거들먹거리다, 잘난 체하다, 스스로를 낮추다**

condone(컨**돈**): con(완전히)+ done(주다)=**용납하다**
congenial(컨**지**니얼): con(함께)+ genial(탄생한)=(같은 성격의)=**마음이 맞는, 성격에 맞는**
congruent(**캉**그루언트): (congruus=어울리는)=**알맞은, 일치하는, 합동의**
conjoin(컨**조**인): con(함께)+ join(참여하다)=**결합하다, 결합시키다**
conjure(**칸**절): con(함께)+ jure(맹세하다)=**마술(요술)을 부리다, 간청하다**

connoisseur(카너**설**): con(함께)+ noisseur(gnoisseur=알다)=**감정가**
conscript(컨스크**립**트): con(함께)+ script(쓰다)=(함께 등록하다)=**징집(징병)하다**
consensus(컨**센**서스): con(함께)+ sensus(느낌)=(같은 마음)=**의견일치, 합의**
consign(컨**사**인): con(함께)+ sign(표시하다)=**놓다, 두다, 처하게 만들다**
conspicuous(컨스**피**큐어스): con(완전히)+ spicuous(볼 수 있는)=잘 보이는=**눈에 잘 띄는, 뚜렷한**

contempt(컨**템**프트): con(완전히)+ tempt(깔보는)=**경멸, 멸시**
contentious(컨**텐**셔스): con(함께)+ tentious(뻗다)=(서로 심하게 주장을 펴다)=**논쟁을 초래할**
contrite(컨트**라**이트): con(함께)+ trite(문지르다, 갈다)=(함께 마음을 갈아내는)=**깊이 뉘우치는**
contumacious(칸투**메**이셔스): con(완전히)+ tumacious(부풀려 올리는)=**반항적인**
conundrum(컨**난**드럼)=**난제, 수수께끼**

conventional(컨**벤**셔널): con(함께)+ ventional(가는)=(늘 함께 해왔던)=**관습적인, 종례의**
converge(컨**벌**지): con(함께)+ verge(굽어지다)=(함께 한쪽으로 기울다)=**모여들다, 집중되다, 수렴하다**
conviction(컨**빅**션): con(완전히)+ viction(정복)=(완전히 승리하다)=**유죄선고, 확신**
cornucopia(코너**코**피아)=**풍요의 뿔(동물 뿔 모양에 과일과 꽃을 가득 얹은 장식물), 보고**
correlate(**코**럴레이트): cor(com=서로)+ relate(관계있는)=**연관성(관련성)이 있다**

corroborate(커**라**버레이트): cor(com=함께)+ roborate(강하게 하다)=**확증하다, 입증하다**
corrupt(커**랍**트): cor(com=완전히)+ rupt(깨진)=**부패한, 부패시키다**
coy(코이)=**수줍어하는, 내숭을 떠는**
credulous(크**레**절러스): (credere=믿다)=**잘 믿는, 잘 속는**
cryptic(크**립**틱): (kryptos=숨겨진)=**수수께끼 같은, 아리송한**

cultivate(**컬**티베이트)=**경작하다, 일구다**
cynic(**시**닉): (kynikos=원어의 뜻은 "개와 같은")=**냉소적인 사람, 부정적인 사람**
dearth(**덜**쓰)=**부족, 결핍**
debacle(데이**바**클): de(dis=없어짐)+ bacle(빗장)=(빗장이 풀림)=**대실패, 큰 낭패**
debauchery(디**보**쳐리): de(dis=없애다)+ bauchery(빛줄기)=(빛이 바램)=**방탕**

debilitate(디**빌**리테이트): de(없애다)+ bilitate(힘)=(힘을 없애다)=**심신을 약화시키다**
decimate(**데**시메이트): (decimus=십분의 일)(십분의 일을 제거하다)= **대량으로 죽이다, 심하게 훼손하다**
decorous(**데**커러스): (decus=장식품)=(장식을 한)=**점잖은, 예의 바른**
deference(**데**퍼런스): de(아래로)+ ference(가져감)=(아래로 숙임)=**존중, 경의**
deleterious(델러**티**어리어스): (deleterius=유해한)=**해로운, 유해한**

deliberate(딜**리**버릿/딜**리**버레이트): de(아래로)+ liberate(균형을 맞추다)=**고의적인, 신중히 생각하다**
delirious(딜리리어스)=**의식이 혼미한, 기뻐 날뛰는** **delirium**: **망상, 헛소리**
deluge(**델**유즈): de(제거)+ luge(씻다)=(씻어 없애다)=**폭우, 호우, 쇄도**
demote(디**모**트): de(아래로)+ mote(promote=승진시키다)=**강등시키다, 좌천시키다**
denounce(디**나**운스): de(아래로)+ nounce(말하다)=(아래로 깎아내리다)=**비난하다, 고발하다**

deplete(디플**리**트): de(반대의)+ plete(채우다)=(채워지다의 반대)=**감소시키다, 고갈시키다**
depravity(디프**레**비티): de(완전히)+ pravity(굽어짐)=**타락, 부패**
deride(디**라**이드): de(아래로)+ ride(웃다)=(아래로 깎아내리며 웃다)=**조롱하다**
derivative(디**리**버티브): de(나온)+ rivative(강)=(강에서 갈라져 나온)=**파생어, 파생물, 파생적인**
descry(디스크**라**이): de(아래로)+ scry(쓰다)=(묘사할 수 있는)=**(불현듯) 보다, 파악하다**

desecrate(**데**시크레이트): de(반대의)+ secrate(신성하게 하다)=(신성화의 반대)=**훼손하다, 모독하다**
desiccate(**데**시케이트): de(완전히)+ siccate(말리다)=**건조시키다, 생기를 잃게 하다**
deter(디**털**): de(벗어나는)+ ter(공포)=(겁을 주어 벗어나게 하다)=**단념시키다, 그만두게 하다**
determined(디**털**민드): de(완전히)+ termined(끝을 내는)=**단단히 결심한, 단호한**
detrimental(데트리**멘**털): de(없애는)+ trimental(닳게 하다)=(닳아 없애는)=**해로운**

devoid(디**보**이드): de(없애는)+ void(비어있는)=완전히 비어있는=**~이 전혀 없는**
devotion(디**보**우션): de(강조)+ votion(맹세)=(강하게 맹세하다)=**헌신, 전념**
diatribe(**다**이아트라이브): dia(계속)+ tribe(문지르다)=(계속 문지르다)=**(말, 글로 된 통렬한) 비난, 비판**
dichotomy(다이**카**터미): dicho(두 개의)+ tomy(자르는)=(두 개로 잘려지는)=**양분, 이분**
didactic(다이**댁**틱): (didaskein=가르치다)=**교훈적인, 가르치려 드는**

diffident(**디**피던트): dif(dis=반대의)+ fident(신뢰하는)=(믿음이 없는)=**조심스러운, 소심한**
digress(다이그**레**스): di(dis=벗어나는)+ gress(가다)=**주제에서 벗어나다**
dilettante(**딜**리탄트): dilettante(delight=기뻐하는)=**호사가, 애호가**
diligent(**딜**리전트): di(dis=apart=하나하나)+ ligent(고르는)=(선별하는)=**근면한, 성실한**
diminish(디**미**니쉬): di(de=완전히)+ minish(작게 만들다)=**줄어들다, 약해지다**

din(딘)=**소음**
disavow(디스어**바**우): dis(반대의)+ avow(맹세하다)=(아니라고 맹세하다)=**부인하다**
discernment(디**선**먼트): dis(분리)+ cernment(cernere=구별하다)=(구별해 분리해냄)=**안목, 분별력**
discomfit(디스**컴**핏): dis(못하는)+ comfit(준비하다)=(준비하지 못하게 하다)=**혼란스럽게 만들다**
discord(**디**스코드): dis(어긋남)+ cord(마음)=**불일치, 불협화음**

discourse(**디**스콜스): dis(멀리)+ course(달리는)=(긴 이야기)=**담론, 담화**
discriminate(디스크**리**미네이트): dis(분리)+ criminate(구별하다)=(구별하여 분리하다)=**차별하다**
disdain(디스**데**인): dis(반대)+ dain(소중히 여기다)=(소중히 여기지 않다)=**업신여김, 무시, 무시하다**
disinterested(디스**인**터레스티드): dis+ interested=**사심 없는, 무관심한**
disparage(디스**패**리지): dis(무시하는)+ parage(지위, 계급)=(지위를 없애다)=**폄하하다**

disparate(디스퍼릿): dis(분리된)+ parate(준비된)=(준비된 것과 동떨어진)=**이질적인, 상이한**
dispassionate(디스패셔닛): dis(반대의)+ passionate(감정적인)=**감정에 좌우되지 않는, 냉철한**
disseminate(디쎄미네이트): dis(사방으로)+ seminate(번식시키다)=**퍼뜨리다, 전파하다**
dissent(디쎈트): dis(반대의)+ sent(느끼다, 생각하다)=반대로 느끼다=**반대, 반대하다**
dissonant(디소넌트): dis(따로)+ sonant(소리가 나는)=따로따로 소리가 나는=**불협화음의**

distend(디스텐드): dis(멀리)+ tend(뻗다)=**팽창시키다** **distension**: **팽창, 확대**
distinguish(디스팅귀쉬): di(dis=따로)+ stinguish(찌르는)=(찔러서 따로 두다)=**구별하다**
divergent(디벌전트): di(dis=분리)+ vergent(굽어지는)=(분리되어 갈라지는)=**분기하는, 갈라지는, 다른**
diverse(디벌스/다이벌스): di(dis=따로)+ verse(돌다)=(각자 따로 도는)=**다양한**
divert(디벌트/다이벌트): di(dis=멀리)+ vert(돌다)=(멀리 돌다)=**방향을 바꾸게 하다, 전환시키다**

doff(다프): doff(do+ off)(do=put)=**(경의를 표하며) 모자를 벗다**
doggerel(다거럴)=**엉터리 시**
dogmatic(도그매틱): (dogma=의견, 교리)=**독단적인**
don(단): don(주인을 뜻하는 라틴어 dominus에서 유래)=**우두머리, 두목, 교수**
dossier(다시에이/도시에이): dossier(dos=등의, 뒤의)=(등 뒤에 있는 것)=**관련서류(자료) 일체**

drawl(드롤): drawl(draw: 끌다)=**느릿느릿 말하다**
droll(드롤)=**우스꽝스러운** **drollery**(드롤럴리)=**익살스러운 짓, 농담, 해학**
dubious(듀비어스): (dub=duo=two,두 개의)=(이중적인)=**의심스러운**
durable(듀러블): (durus=단단한)=**내구성이 있는, 오래가는**
ebullient(이벌리언트): e(ex=밖으로)+ bullient(부글부글 끓다)=**패기만만한, 사기가 충천한**

eccentric(익센트릭): ec(ex=밖으로)+ centric(중심의)=(정상에서 벗어나 있는)=**괴짜인, 별난**
eclectic(이클렉틱): ec(ex=밖으로)+ lectic(골라낸)=**취사 선택하는, 절충적인, 다방면에 걸친**
efface(이페이스): ef(ex=없애는)+ face(모습)=(모습을 없애다)=**지우다, 없애다**
effectual(이펙츄얼): ef(ex=밖으로)+ fectual(만드는)=(밖으로 결과를 만들어내는)=**효과적인**
effervescent(에펄베슨트): ef(ex=밖으로)+ fervescent(끓기 시작하는)=**열광하는, 거품이 이는**

efficacious(에피케이셔스): ef(ex=밖으로)+ ficacious(만들다)=**효과적인** **efficacy**=**효과, 효험**
effluvium(이플루비엄): ef(ex=밖으로)+ fluvium(흐름)=**발산, 증발, 악취**
elaborate(일레버렛/일레버레이트): e(ex=밖으로)+ laborate(힘쓰다)=**정교한, 자세히 설명하다**
elegance(앨리건스): e(ex=밖으로)+ legance(고르다)=(밖으로 선별한)=**우아, 고상**
elicit(일리싯): e(ex=밖으로)+ licit(유도하다)=**끌어내다**

ellipsis(일립시스): el(en=만들다)+ lipsis(떠나다)=(빠져나가다)=**생략, 생략부호**
elucidate(일루시데이트): e(ex=밖으로)+ lucidate(빛을 비추다)=(밝게 하다)=**설명하다**
elusive(일루시브): e(ex=밖으로)+ lusive(경기하는)=(경기 밖으로)=**빠져나가는, 찾기 어려운**
embellish(엠벨리쉬): em(in=만들다)+ bellish(아름다운)=(아름답게 만들다)=**장식하다, 꾸미다**
embrace(엠브레이스): em(in=안으로)+ brace(팔)=(팔 안으로 품다)=**안다, 포옹하다, 받아들이다**

emend(이**멘**드): e(ex=밖으로)+ mend(잘못, 흠)=(잘못에서 빠져나오다)=**교정하다, 수정하다**
emulate(**에**뮤레이트): (aemulus=경쟁하는)=**모방하다**
encomium(엔**코**미엄): en(in=만들다)+ comium(komos=연회, 떠들석함)=**찬사, 칭송**
endemic(엔**데**믹): en(in=안에)+ demic(사람들의, 지역의)=(사람들 안에 있는)=**고유의, 풍토성의**
endow(엔**다**우): en(in=만들다)+ dow(주다)=**기부하다**
endurance(인**듀**란스): en(in=만들다)+ durance(단단한)=(단단하게 만들다)=**인내, 참을성**
engaging(인**게**이징): en(만들다)+ gaging(서약하는)=(서약하게 만드는)=**호감이 가는, 매력적인**
engender(인**젠**덜): en(만들다)+ gender(낳다)=**낳다, 야기하다**
enhance(인**헨**스): enhance(높이다는 뜻의 라틴어 inaltare에서 유래)=**높이다, 향상시키다**
enigma(이**니**그마)=**수수께끼**
enlighten(인**라**이튼): en(만들다)+ lighten(밝게 하다)=**이해시키다, 깨우치다**
ensign(**엔**선): en(in)+ sign(기호)=(안에 기호를 갖고 있는)=**기, 깃발, 소위**
enthrall(인쓰**롤**): en(in=만들다)+ thrall(노예)=(노예로 만들다)=**마음을 사로잡다**
ephemeral(이**페**머럴): ep(epi=위에)+ hemeral(하루의)=(하루만 사는)=**수명이 짧은, 단명하는**
epistemology(이피스터**말**러지): epistemo(지식)+ logy=(지식론)=**인식론**
epitaph(**에**피태프): epi(위에)+ taph(무덤)=(무덤 위에 써놓은 것)=**묘비명**
equivocal(이**퀴**보컬): equi(같은)+ vocal(소리의)=(비슷한 소리의)=**애매한, 불분명한**
erratic(이**래**틱): (=벗어나는)=**불규칙한, 변덕스러운**
erroneous(이**로**니어스): (=벗어나는)=**잘못된**
erudite(**에**류다이트): e(ex=벗어난)+ rudite(못 배운, 미숙한)=(미숙에서 벗어난)=**학식 있는, 박식한**
eschew(이스**츄**)=**피하다, 삼가다**
esoteric(에소**테**릭): (eso=within=안에 있는)=**소수만 이해하는, 난해한**
espy(에스**파**이)=**(갑자기 ~을) 보게 되다**
estrange(이스트**레**인지): e(만들다)+ strange(낯선)=(낯설게 만들다)=**멀어지게 하다**
euphony(**유**퍼니): eu(좋은)+ phony(소리)=**듣기 좋은 음조**
evanescent(에버**네**선트): e(ex=밖으로)+ vanescent(사라지는)=**쉬이 사라지는, 덧없는**
exemplar(이그**젬**플럴): (example에서 유래)=**모범, 전형**
exemplary(이그**젬**플러리)=**모범적인**
exemplify(이그**젬**플러파이)=**전형적인 예가 되다**
exhaustive(이그**조**스티브): ex(밖으로)+ haustive(빼내다)=(밖으로 모두 빼내는)=**철저한, 완전한**
exhort(이그**졸**트): ex(완전히)+ hort(설득하다)=**열심히 권하다, 촉구하다**
exigent(**엑**시전트): ex(밖으로)+ igent(내모는=drive)=**위급한, 급박한**
exonerate(이그**자**너레이트): ex(벗어나다)+ onerate(짐을 지우는)=**무죄임을 밝혀주다, 면제하다**
exorbitance(이그**졸**비턴스): ex(넘는)+ orbitance(궤도)=(정상궤도를 넘어섬)=**엄청남, 과대, 과도**
exotic(이그**조**틱): (exo=바깥의)=**외국의, 이국적인**

expedient(익스**피**디언트): ex(밖으로)+ pedient(족쇄의)=(족쇄에서 벗어나는)=**방편, 처방, 방책**
expedite(**엑**스퍼다이트): ex(밖으로)+ pedite(족쇄)=(족쇄에서 벗어나다)=**촉진하다**
explicit(익스플**리**싯): ex(밖으로)+ plicit(접다)=(밖으로 접힌=펼쳐진)=**분명한, 명쾌한**
exposition(액스포**지**션): ex(밖에)+ position(두다)=(밖에다 두다)=**설명, 전시회**
expunge(익스**펀**지): ex(밖에)+ punge(구멍을 내다)=(지울 글자 위에 구멍을 낸 데서 유래)=**지우다**

extensive(익스**텐**시브): ex(밖으로)+ tensive(뻗는)=(밖으로 뻗어나가는)=**대규모의, 폭넓은**
extirpate(**엑**스털페이트): ex(밖으로)+ stirpate(나무의 뿌리나 줄기)=**제거하다, 박멸하다**
extol(익스**톨**): ex(위로)+ tol(들어올리다)=(위로 들어올리다)=**극찬(격찬)하다**
extraneous(익스트**레**이니어스): extraneous(extra=바깥의)=(바깥에 있는)=**관련 없는**
extrapolate(익스트**레**펄레이트): extra(밖으로)+ polate(=interpolate=덧붙이다)=**추론(추정)하다**

extricate(**엑**스트리케이트): ex(나오다)+ tricate(곤란)=(곤란에서 빠져나오다)=**해방되다, 탈출시키다**
exuberant(이그**주**버런트): ex(완전히)+ uberant(수확이 많이 나는)=**활기 넘치는, 무성한**
facetious(퍼**시**셔스): (=재치 있는)=**경박한, 까부는**
facilitate(퍼**실**리테이트): (facili=하다, 만들다)=**가능하게(용이하게) 하다**
fallacious(펄**레**이셔스): (falla=속이는)=**잘못된, 틀린**

fanatic(퍼**네**틱): (fanum=성전, 사원)=**광신도**
fastidious(패스**티**디어스)=**까다로운**
feasible(**피**저블): (facere=만들다)=**실현 가능한**
fecund(**피**컨드/**페**컨드)=**다산성의, 아이디어가 풍부한**
feign(**페**인)=**가장하다** **feint**=**상대방을 속이는 동작**

fertile(**펄**틀): (ferre=열매맺다, 가져오다)=**비옥한, 기름진**
fervor(**펄**벌): (fervere=끓다, 뜨겁다)=**열정, 백열**
fickle(**피**클)=**변덕스러운**
filibuster(**필**리버스털)=**의사 진행 방해**
fitful(**핏**풀)=**잠깐씩 하다가 마는**

flagrant(플**레**이그런트): (fulgere=빛나다/flagrantem=타다)=**노골적인, 명백한**
flaunt(플**런**트)=**과시하다**
fledgling(플**레**즐링)=**어린 새, 신출내기**
flippant(플**립**펀트): (flip=홱 뒤집다, 튀겨 올리다)=**경솔한, 건방진**
flourish(플**로**리쉬): (flo=꽃)=**번창하다, 잘 자라다**

fluke(플**루**크)=**요행, 우연**
foolhardy(**풀**할디): fool(바보)+ hardy(대범한)=(바보처럼 대범한)=**무모한**
foppish(**파**피시)=**멋 부리는, 맵시 내는**
forbear(폴**베**얼)=**참다, 삼가다**
forestall(폴스**털**): fore(앞에)+ stall(서있다)=(앞에 가서 미리 서있다)=**미연에 방지하다**

forfeit(폴피트): for(밖으로)+feit(하다)=(밖으로 가져가다)=몰수(박탈)당하다
fortuitous(폴튜어터스): (fortune=운, 행운)=우연한, 행운의
foster(포스털)=조성하다, 양성하다
frenetic(프레네틱)=정신없이 돌아가는, 부산한
frivolous(프리볼러스): (frivos=깨진)=경박한, 하찮은

frugal(프루걸)=절약하는, 소박한
fulminate(펄미네이트): (fulminate=번개가 치다)=맹렬히 비판하다
fulsome(풀섬): (ful=가득찬)=지나친
furtive(펄티브): (fur=도둑/furtum=절도)=은밀한
fusillade(퓨설레이드): (fusiller=쏘다)=연속 사격, 빗발치는 것

futile(퓨틀): (fundere=붓다, 쏟다)=헛된, 소용없는
gaffe(개프)=실수
gainsay(개인세이): gain(=against)+say=부정하다, 반대하다
garner(가널)=(지지 등을) 얻다, 모으다
garrulous(갤럴러스)=수다스러운, 말이 많은

gauche(고우시)=서투른
gaunt(곤트)=수척한
genial(지니얼): (gene=낳다)=상냥한, 다정한
gerrymander(제리맨덜)=선거구를 자기 당에 유리하게 변경하다
gill(길)=아가미

girder(걸덜): (gird=둘러싸다)=대들보
glib(글립)=구변 좋은, 말을 잘하는
gloat(글로우트)=흐뭇해하다, 흡족해하다
glutton(글러튼): (gluttire=삼키다)=대식가, 폭식가
goad(고우드)=들들 볶다, 부추기다, (가축을 모는) 막대기

gouge(가우지)=찌르다, 도려내다, 바가지를 씌우다
gravity(그레비티): (gravis=무거운)=중력, 중대성
grovel(그라블)=기어다니다, 굽실거리다
guile(가일)=간교한 속임수
gullible(갈러블)=잘 속아 넘어가는

hackneyed(해크니드): (hackney=전세 마차)=진부한, 상투적인
hangar(행걸)=격납고
harsh(할쉬)=가혹한, 혹독한
hasten(헤이슨)=서두르다, 재촉하다
hedonistic(히더니스틱): (hedone=즐거움)=쾌락주의(자)의

heed(히드)=**주의를 기울이다**
heresy(헤러시)=**이단**
hermetic(헐메틱): (Hermes=그리스 신화에서 과학과 예술의 신)=**밀폐된, 밀봉된**
heterodoxy(헤테로닥시): hetero(다른)+ doxy(의견)=**이교, 이단, 이설**
hieroglyphics(하이어로글리픽스): hiero(신성한)+ glyphics(파낸)=**상형문자로 된 글**

hindrance(힌드런스): (hinder=behind)=**방해, 저해**
histrionic(히스트리아닉): (histrio=배우)=**연극하는 조의, 과장된**
hoard(홀드)=**비축, 저장, 비축물**
homeopathy(호미아퍼씨): homeo(같은)+ pathy(질병, 감정)=**동종요법**
homeostasis(호미어스테이시스): homeo(같은)+ stasis(상태)=**(생물)항상성**

hone(호운)=**연마하다, 갈다**
humility(휴밀리티): (humilis=낮은, 땅에 있는/ humus=땅)=**겸손**
hyperbole(하이펄볼리): hyper(위로)+ bole(던지다)=(말을 과장되게 던지다)=**과장법**
hypocrisy(히파크러시): hypo(아래에서)+ crisy(판단, 결정하다)=**위선** **hypocrite**(히퍼크릿)=**위선자**
hypothetical(하이퍼쎄티컬): hypo(아래에)+ thetical(놓인)=(아래에 깔고 있는)=**가설의, 가상의**

iconoclast(아이카너클래스트): icono(형상, 우상)+ clast(파괴자)=**우상파괴자, 인습파괴자**
idyllic(아이딜릭)=**목가적인**
immutable(이뮤터블): im(아닌)+ mutable(변할 수 있는)=**불변의**
impartial(임팔셜): im(아닌)+ partial(치우친)=**공정한**
impede(임피드): im(in=안으로)+ pede(발)=(발에 족쇄를 채우다)=**지연시키다, 방해하다**

impervious(임펄비어스): im(아닌)+ pervious(통과하는)=**영향받지 않는, 통과시키지 않는**
implacable(임플래커블): im(아닌+ placable(진정시키는, 달래는)=**달래기 어려운**
implement(임플리먼트): im(안에다)+ plement(채우다)=**시행하다, 도구**
implicit(임플리싯): im(안으로)+ plicit(접혀진)=(안에 접혀져있는)=**암시된, 내포된**
impose(임포즈): im(안에)+ pose(놓다)=(안에다 놓다)=**부과하다**

impromptu(임프람프튜): im(안에서)+ promptu(준비되어있는)=**즉흥적인**
improvident(임프라비던트): im(아닌)+ provident(앞을 내다보는, 신중한)=**앞날을 생각하지 않는**
impudent(임퓨던트): im(아닌)+ pudent(부끄러워하는)=**무례한, 버릇없는**
impugn(임퓬): im(in=하다)+ pugn(싸우다)=(싸움을 걸다)=**의문을 제기하다**
impulsive(임펄시브): im(in)+ pulsive(밀다, 몰다)=(안에서 밀어내는)=**충동적인**

inadvertent(인어드벌턴트): in(not)+ advertent(주의하다)=**부주의한, 의도하지 않은**
inborn(인본): in+ born=**타고난, 선천적인**
incessant(인쎄슨트): in(아닌)+ cessant(중단하는)=**끊임없는, 쉴새없는**
inchoate(인코잇): in(하다)+ choate(소의 멍에를 묶는 끈)=(끈을 묶다)=**이제 시작 단계인**
incidental(인시덴털): in(안으로)+ cidental(떨어지는)=(안으로 떨어지는)=**부수적인**

incisive(인**사**이시브): in(안으로)+ cisive(자르는)=(안에까지 자를 수 있을 정도의)=**예리한**
incoherent(인코**히**런트): in(없는)+ coherent(일관성 있는)=**앞뒤가 맞지 않는, 일관성 없는**
incongruous(인**캉**그루어스): in(아닌)+ congruous(맞는)=**어울리지 않는**
incursion(인**컬**전): in(안으로)+ cursion(달리는)=**급습**
indifferent(인**디**퍼런트): in(없는)+ different=**무관심한**

indignant(인**디**그넌트): in(없는)+ dignant(가치, 품위)=(가치, 품위 없는)=**분개한**
indolence(**인**돌런스): in(없는)+ dolence(슬픔, 고통)=(슬픔이 없는)=**게으름, 나태**
indomitable(인**다**미터블): in(아닌)+ domitable(길들여지는)=(길들여지지 않는)=**불요불굴의**
indulgent(인**덜**전트)=**너그러운, 관대한**
ineluctable(이니**락**터블): in(아닌)+ eluctable(피할 수 있는)= **피할 수 없는**

inept(인**엡**트): in(아닌)+ ept(잘하는)=(잘하지 못하는)=**솜씨 없는, 서투른**
inert(인**얼**트): in(없는)+ ert(기술)=**기력이 없는, 비활성의**
inevitable(인**에**비터블): in(없는)+ evitable(피할 수 있는)=(피할 수 없는)=**불가피한, 필연적인**
infamous(**인**퍼머스): in(아닌)+ famous(명성 있는)=**악명 높은**
infer(인**펄**): in(안으로)+ fer(나르다)=**추론하다**

ingenuous(인**제**뉴어스): in(안에)+ genuous(태어난)=(안에 타고난)=**순진한, 천진한**
inherent(인**히**런트): in(안에)+ herent(붙다)=(안에 붙어있는)=**내재하는**
inhibit(인**히**빗): in(안에)+ hibit(hold=붙잡다)=(안에서 붙잡다)=**억제하다**
iniquitous(이**니**퀴터스): in(아닌)+ iquitous(공평한)=**대단히 부당한** **iniquity**=**부당성**
innate(이**네**이트): in(안에)+ nate(태어난)=**타고난, 선천적인**

innocuous(이**나**큐어스): in(아닌)+ nocuous(해를 끼치는)=**무해한**
innovate(**이**너베이트): in(만들다)+ novate(새로운)=(새롭게 만들다)=**혁신하다**
innumerable(이**뉴**머러블): in(없는)+ numerable(셀 수 있는)=**셀 수 없이 많은, 무수한**
inquisitive(인**퀴**지티브): in(만들다)+ quisitive(묻는)=**탐구심(호기심)이 많은**
insipid(인**시**피드): in(없는)+ sipid(맛)=**맛이 없는, 재미없는**

insolvent(인**설**번트): in(없는)+ solvent(지불하는)=(지불할 수 없는)=**파산한**
inspire(인스**파**이얼): in(안으로)+ spire(숨을 쉬다)=(안으로 숨을 불어넣다)=**고무하다, 영감을 주다**
instigation(인스티**게**이션): in(안에서)+ stigation(찌름)=**부추김, 선동**
insular(**인**설랄): (insula=island)=**섬의, 배타적인**
integrity(인**테**그러티): (integer=전체의)=**진실성, 온전함**

intensify(인**텐**시파이)=**심해지다, 강화시키다**
interregnum(인터**레**그넘): inter(사이의)+ regnum(왕위, 왕권)=**최고 지도자 부재 기간**
intimate(**인**티멋/**인**티메이트)=**친밀한, 넌지시 알리다**
intractable(인트**랙**터블): in(아닌)+ tractable(tractare=다루다)=**다루기 힘든**
intransigent(인트**랜**시전트): in(아닌)+ transigent(협조하는)=**고집스러운, 비협조적인**

intricate(인트리킷): in(안에)+ tricate(복잡함)=(복잡함 안으로)=**복잡한**
invective(인벡티브): in(대항하여)+ vective(vehere=가져가는)=**욕설, 독설**
irascible(이레서블): (ira=anger)=**화를 잘 내는**
irate(아이레이트): (ira=anger)=**성난, 격분한**
irrational(이레셔널): ir(in=아닌)+ rational=**비이성적인**

isolated(아이소레이티드): (insula=섬)=**고립된, 외딴**
jeopardy(제펄디)=**위험**
jovial(조비얼): (Jupiter에서 유래. Jupiter자리에서 태어난 사람은 쾌활하다는 뜻에서)=**아주 쾌활한**
judicious(쥬디셔스): (judicem=판단)=**신중한, 판단력 있는**
kindle(킨들)=**불붙이다**

kinship(킨쉽): (kin=가족, 종족)=**친족, 연대감**
laconic(러카닉)=**할 말만 하는**
lament(러멘트)=**애통하다**
languish(랭귀쉬): (languere=약한)=**약화되다**
lassitude(래서튜드): (lassus=지친, 약한)=**노곤함, 무기력**

latitude(래티튜드): (latus=측면)=**위도**
laudable(로더블)=**칭찬할 만한**
lavish(래비쉬)=**풍성한, 아주 후한**
lax(랙스)=**느슨한**
leaven(래븐)=**효모, 변화를 주다**

lethargy(레썰지)=**무기력**
levee(레비)=**제방, 부두**
leverage(레버리지): (levis=가벼운)=**영향력, 지렛대**
levity(레비티): (levis=가벼운)=**경솔, 경박**
ligneous(리그니어스)=**나무같이 생긴**

litigant(리티건트): (litigare=분쟁하다, 다투다)=**소송 당사자**
litigate(리티게이트): (litigare=분쟁하다, 다투다)=**소송하다, 고소하다**
loll(랄)=**나른하게 누워있다, 축 늘어지다**
lope(로웁)=**천천히 달리다**
lucid(루시드): (luc=빛나다)=**명쾌한, 명료한**

lumen(루멘)=**루멘(광속 측정 단위)**
luminous(루미너스): (lumen=빛)=**야광의, 아주 선명한**
lure(루얼)=**꾀다, 유혹하다, 유혹, 매력**
mace(메이스)=**철퇴, 전곤**
macerate(매서레이트)=**(물에 담가) 불리다**

magnanimous(매그**내**니머스): magn(거대한)+ animous(마음, 정신)=**도량이 넓은, 관대한**
malapropism(**맬**러프라피즘): mal(잘못된)+ apropism(적절함)=**말의 익살스런 오용**
malice(**맬**리스): (mal=나쁜, 잘못된)= **악의, 적의**
malleable(**맬**리어블): (malleus=햄머)=**펴 늘릴 수 있는, 영향을 잘 받는**
mandatory(**맨**더토리): man(손)+ datory(주는)=(손에 강제로 쥐어주는)=**법에 정해진, 의무적인**

manifest(**매**너페스트): mani(man=손)+ fest(잡다)=(손으로 잡다)=**나타내다, 분명해지다, 분명한**
marginal(**말**지널): (margo=가장자리)=**미미한, 주변부의**
mar(말)=**손상하다**
martial(**말**셜): (Mars=로마에서 전쟁의 신)=**싸움의, 전쟁의**
maverick(**메**버릭)= **개성이 강한(독립적인) 사람**

meager(**미**걸)=**메마른, 빈약한**
meander(미**앤**덜)=**구불구불하다, 거닐다**
mediocre(미디**오**컬): (medius=중간의)=**보통밖에 안 되는** **mediocrity**(미디**아**크러티)=**보통**
mellifluous(멀**리**플루어스): melli(꿀)+ fluous(흐르는)=**(목소리가) 달콤한, 감미로운**
merger(**멀**절)=**합병**

metaphysics(매터**피**직스): meta(넘는)+ physics(물리학)=(물리학의 위에 있는)=**형이상학**
meticulous(머**티**큐러스)=**꼼꼼한, 세심한**
mimic(**미**믹)=**모방하다, 흉내내다**
misanthrope(**미**스언쓰로프): mis(미워하는)+ anthrope(사람)=**사람을 싫어하는 사람**
miser(**마**이절)=**구두쇠, 수전노**

mitigate(**미**티게이트): mitigate=**완화시키다, 경감시키다**
modest(**마**디스트): modest=**보통의, 겸손한**
mollycoddle(**말**리카들)=**과잉보호하다**
molt(**모**울트)=**털을 갈다**
monarch(**마**날크): mon(하나의)+ arch(지배자)=**군주**

monotonous(머**나**터너스): mono(하나의)+ tonous(톤을 가진)=**단조로운**
morose(머**로**우스)=**시무룩한, 뚱한**
motility(모**틸**러티)=**운동성**
munificent(뮤**니**피선트): muni(munus=선물)+ ficent(만드는)=(선물을 주는)=**대단히 후한**
murmur(**멀**멀)=**속삭이다**

negligence(**네**글리전스)=**부주의, 태만**
neophyte(**니**어파이트): neo(새로운)+ phyte(심어진)=(새롭게 심어진)=**초보자, 신개종자**
newfangled(뉴**팽**글드)=**최신식의**
nonplus(난플**러**스): non+ plus=(더 이상 더할 수 없는)=**진퇴양난, 궁지, 난처하게 만들다**
nostalgia(너스**탈**자): nost(귀향)+ algia(고통)=귀향의 병=**향수(鄕愁)**

nostrum(나스트럼)=**엉터리 약**
novice(나비스): (novus=새로운)=**초보자**
nullify(널리파이): nulli(없는)+ fy(만들다)=**무효화하다**
numismatist(뉴미즈머티스트): (numisma=화폐)=**화폐연구가**
obdurate(아브더렛): ob(대항하여)+ durate(단단한)=(단단히 대항하는)=**고집 센**
obliterate(어브리터레이트): ob(제거)+ literate(글)=**없애다, 지우다**
obscure(어브스큐얼): ob(윗쪽)+ scure(덮여진)=(윗쪽이 덮여진)=**잘 알려져 있지 않은, 이해하기 힘든**
obstinate(아브스터닛): ob(앞에서)+ stinate(서있는)=(앞에서 버티고 있는)=**고집 센, 완강한**
obviate(아브비에이트): ob(앞)+ viate(길을 가다)=(앞서 길을 가다)=**제거하다, 배제하다**
officious(어피셔스)=**거들먹거리는, 위세를 부리는**
ogle(오우글)=**추파를 던지다**
ominous(아미너스): (omen=예감=foreboding)=**불길한**
opaque(오페이크)=**불투명한** **opacity**(오페서티)=**불투명함, 불투명도**
operetta(아퍼레타)=**가극**
opposition(아퍼지션): op(ob=반대편에)+ position(두다)=**반대, 상대**
optimism(압티미즘): (optimus=최고의)=**낙관론, 낙관주의**
orthodox(올써닥스): ortho(바른)+ dox(의견)=**정통적인**
oscillate(아실레이트)=**계속 오가다, 진동하다**
ossify(아시파이): ossi(os=뼈)+ fy(만들다)=**경화되다, 골화(骨化)되다**
ostentatious(아스텐테이셔스): os(ob=앞으로)+ tentatious(뻗는)=**과시하는**
outgrowth(아웃그로우쓰): out+ growth=**결과물, 파생물**
overwrought(오버랏트): over(넘는)+ wrought(일)=(과로한)=**잔뜩 긴장한, 몹시 걱정하는**
palatable(팰러터블): (palat=입천장)=**마음에 드는, 구미에 맞는**
palliate(팰리에이트): (palliare=망토로 덮다)=**증상만 완화시키다**
palpitate(팰피테이트)=**두근거리다, 고동치다**
paltry(폴트리)=**보잘것없는, 쥐꼬리만한**
panegyric(패니지릭): pan(모든)+ egyric(광장, 대중)=(대중의 찬사)=**칭찬하는 말, 찬사**
paradigm(패러다임): para(나란히)+ digm(보여줌)=**전형적인 예, 인식체계, 패러다임**
paradox(패러닥스): para(반대의)+ dox(의견)=**역설**
parallel(패럴렐): par(나란히)+ allel(다른)=(다른 것 옆에 나란히 있는)=**평행한, 유사한**
parquet(팔케이)=**쪽모이 세공을 한 마루** **parquetry**(팔커트리)=**쪽모이**
parsimony(팔시머니): (pars=작은)=**인색함**
partisan(팔티잔)=**편파적인, 당파적인**
pathology(퍼쌀러지): patho(pathos=고통)+ logy=**병리학**
paucity(파시티): (paucus=적은)=**소량, 부족**

peccadillo(패커**딜**로): (peccatum=죄, 실수)=**사소한 잘못**
pedagogue(**패**더가그): ped(어린아이)+ agogue(이끄는 사람)=**교사**
pedestrian(퍼**데**스트리안): (ped=발)=(발로 걷는 사람)=**보행자**
penchant(**펜**션트): (pendere=매달다)=(무언가에 매달려있음)=**애호**
penury(**페**뉴리)=**극빈** **penurious**(퍼**뉴**리어스)=**몹시 가난한**

perennial(퍼**레**니얼): per(계속)+ ennial(해=year)=(세월이 계속 가는)=**지속되는, 영원한**
perfunctory(퍼**펑**크터리): per(통과)+ functory(수행하는)=(통과시켜버리는)=**형식적인**
peripheral(퍼**리**퍼럴): peri(주변의)+ pheral(가다)=(주변만 다니는)=**주변적인, 지엽적인**
permeate(**펄**미에이트): per(통과, 끝까지)+ meate(meare=지나다)=(통과하다)=**스며들다, 퍼지다**
perorate(**퍼**로레이트): per(끝까지)+ orate(말하다)=**장황하게 연설하다**

perplex(펄플**렉**스): per(완전히)+ plex(얽혀있는)=**당혹하게 하다**
perquisite(**펄**퀴짓): per(끝까지)+ quisite(찾는)=(간절히 찾아서 얻어낸 것)=**특권, 부수입**
pervade(펄**베**이드): per(통과)+ vade(가다)=(통과해 들어가다)=**만연하다, 스며들다**
petulant(**페**철런트)=**심술을 부리는**
philanthropy(필**랜**쓰로피): phil(사랑)+ anthropy(인간)=(인간을 사랑하는)=**독지활동, 자선사업**

pious(**파**이어스): (purus=순수한,깨끗한)=**경건한, 독실한**
piquant(**피**컨트): (=찌르는)=**알싸한,짜릿한, 흥미진진한**
pivotal(**피**보털): (pivot=중심)=**중심이 되는**
placate(플**레**이케이트): (placare=잠잠하게 만들다)=**달래다**
placid(플**레**시드): (placere=기쁘게 만들다)=**차분한, 잔잔한**

plausible(플**라**저블): (plaudere=박수치다)=**타당한 것 같은, 그럴듯한**
pluck(플**럭**)=**뽑다, 털을 뽑다**
plumb(플럼)=**헤아리다, 깊이를 재다, 배수관, 정확히**
polemic(펄**레**믹)=**논쟁, 격론**
pompous(**팜**퍼스)=**거만한, 젠체하는** **pomposity**(팜**파**서티)=**호언장담**

ponder(**판**덜): (pondus=무게)=**숙고하다, 곰곰이 생각하다**
ponderous(**판**더러스): (pondus=무게)=**대단히 무거운, 육중하게**
pragmatic(프래그**매**틱): (pragma=행동, 행위)=**실용적인**
precipitate(프리**시**피테이트): pre(앞에)+ cipitate(머리)=(머리가 앞으로 가다)=**촉발시키다**
preclude(프리클**루**드): pre(앞에서, 미리)+ clude(막다)=(앞에서 막다)=**못하게 하다**

precursor(프리**컬**설): pre(앞에서)+ cursor(뛰는 사람)=**선도자**
predecessor(프**레**데세설): pre(먼저)+ decessor(간 사람)=**전임자**
predicament(프리**디**커먼트): pre(먼저)+ dicament(선포하다)=(먼저 예고된 것)=**곤경, 궁지**
predilection(프레딜**렉**션): pre(먼저)+ dilection(선택함)=(우선적으로 선택함)=**매우 좋아함**
preen(프린)=**몸치장을 하다, 멋을 부리다**

prejudice(프**레**주디스): pre(미리)+ judice(판단)=(미리 판단함)=**편견**
(프리**파**스터러스): pre(앞에)+ posterous(앞이 뒤에 있는)=**말도 안 되는, 터무니없는**
pretentious(프리**텐**셔스): pre(앞으로)+ tentious(뻗는)=**허세 부리는, 가식적인**
prevaricate(프리**베**리케이트): pre(앞에서)+ varicate(걸터앉다)=**얼버무리다**
pristine(프**리**스틴): (pristinus=원래의)=**완전 새 것 같은**

probity(프**로**비티): (probus=가치 있는, 좋은)=**정직성**
problematic(프라블러**매**틱)=**문제가 있는**
proclaim(프로클**레**임): pro(앞을 향해)+ claim(외치다)=**선언하다, 선포하다**
prodigal(프**라**디걸)=**낭비하는**
prodigious(프러**디**저스)=**엄청난, 굉장한**

prodigy(프**라**디지)=**영재**
profane(프러**페**인): pro(앞에)+ fane(사원)=(사원 출입이 금지된)=**신성 모독적인** **profanity**=**신성 모독**
profligate(프**라**플리것): pro(앞으로)+ fligate(던지다)=**낭비하는** **profligacy**=**방탕, 난봉**
profound(프러**파**운드): pro(앞으로)+ found(밑바닥)=(밑바닥까지 뻗은)=**엄청난, 심오한**
profuse(프러**퓨**스): pro(넘치게)+ fuse(붓다)=(넘치게 붓는)=**많은, 다량의**

progressive(프러그**레**시브): pro(앞으로)+ gressive(가는)=**진보적인, 혁신적인**
proliferate(프러**리**퍼레이트): proli(proles=자식)+ ferate(낳다)=(자식을 낳다)=**급증하다, 확산되다**
prolong(프러**롱**): pro(앞으로)+ long(길게)=**연장하다, 연장시키다**
prompting(프**람**프팅)=**설득, 유도**
propensity(프러**펜**시티): pro(앞에)+ pensity(매달려있는 것)=**경향, 성향**

propinquity(프러**핑**퀴티): prop(prope=가까운)+ inquity(명사형 접미사)=**가까움, 근접**
propriety(프로프**라**이어티)=**적절성, 예절**
prosaic(프로우**제**익): (prosa=산문)=**평범한, 산문적인**
prose(프**로**우즈): (prosa=산문)=**산문**
proselytize(프**라**설러타이즈)=**개종(전향)시키려 하다**

prosperous(프**라**스퍼러스)=**번영한, 번창한**
protrude(프로트**루**드): pro(앞으로)+ trude(trudere=밀다)=**튀어나오다, 돌출되다**
provincial (프러**빈**셜): pro(앞)+ vincial(vincere=정복하다)=(정복한 지역의)=**주(州)의, 도(道)의**
provocative(프러**바**커티브): pro(앞으로)+ vocative(부르다)=(불러일으키는)=**도발적인, 자극적인**
prudent(프**루**던트)=**신중한**

prudish(프**루**디쉬)=**내숭떠는** **prude**(프**루**드)=**얌전한 체하는 사람**
pucker(**파**컬)=**잔주름이 잡히다, 일그러지다**
puissant(**퓨**선트)=**권력 있는, 세력 있는**
pundit(**펀**딧)=**전문가, 권위자**
pungent(**펀**전트): (찌르는)=**톡 쏘는 듯한, 몹시 자극적인**

purist(퓨리스트)=**순수주의자**
pushover(푸시오벌)=**호구, 식은 죽 먹기, 아주 쉬운 일**
putrefy(퓨트러파이): putre(putris=썩는)+ fy(만들다)=**부패하다** **putrefaction**=**부패**
quandary(콴더리)=**진퇴양난**
quiescent(퀴에슨트)=**조용한, 잠잠한, 진행이 중단된**

rampart(램팔트)=**성곽, 성벽**
ratify(래티파이)=**비준하다, 승인하다**
raucous(롸커스)=**요란하고 거친, 시끌벅적한**
rebuff(리버프)=**퇴짜, 묵살, 거부**
recalcitrant(리캘시트런트): re(뒤로)+ calcitrant(차는)=(뒷발로 차는)=**반항하는, 다루기 힘든**

recant(리캔트): re(뒤로)+ cant(노래하다)=**철회하다, 취소하다**
receptive(리셉티브): re+ ceptive(capere=잡는)=**수용적인**
reciprocal(리시프러컬): reci(뒤로)+ procal(앞으로)=**상호 간의**
reclaim(리클레임): re(뒤로)+ claim(소리를 치다)=**되찾다, 매립하다** **reclamation**=**교정, 개간**
reconcile(레컨사일): re(다시)+ concile(친하게 만들다)=**조화시키다, 화해시키다**

recondite(레컨다이트): re(뒤에)+ con(함께)+ dite(두다)=(감추어진)=**많이 알려지지 않은, 잘 이해받지 못하는**
rectify(렉티파이): recti(rectus=똑바로)+ fy(만들다)=**바로잡다**
redundant(리던던트): red(re=다시)+ undant(파도가 이는)=(다시 파도가 이는)=**불필요한, 정리해고 당한**
refute(리퓨트): re(뒤로)+ fute(치다)=**논박하다, 반박하다**
rejuvenate(리주버네이트): re(다시)+ juvenate(젊은)=**다시 젊어 보이게 하다, 회춘하다**

relegate(렐러게이트): re(뒤로)+ legate(파견하다)=**격하시키다, 좌천시키다**
relevant(렐러번트)=**관련 있는, 적절한**
relieve(릴리브): re(강조)+ lieve(가볍게 하다)=**완화하다, 줄이다**
remorse(리몰스): re(뒤로, 다시)+ morse(씹다)=(되씹다)=**회한, 후회**
remote(리모트): re(멀리)+ mote(움직이다)=**외진, 먼, 떨어진**

renounce(리나운스): re(뒤로 물러날 것을)+ nounce(말하다)=**포기하다, 포기를 선언하다**
replete(리플리트): re(다시)+ plete(채우다)=**가득한, 충분한** **repletion**=**충만**
reprehensible(레프리헨서블): re(뒤에서)+ prehensible(잡히는)=**부끄러운, 비난받을 만한**
repress(리프레스): re(뒤로)+ press(누르다)=**참다, 억누르다**
reproach(리프로우치): re(뒤로)+ proach(가까운)=(가까이 가져오다)=**비난(하다), 책망(하다)**

reprobate(레프러베이트): re(반대의)+ probate(가치 있는)=(가치 없는)=**타락한 사람, 사악한**
reprove(리프루브): re(반대)+ prove(가치 있다고 증명하다)=(가치 없다고 증명하다)=**나무라다, 책망하다**
repudiate(리퓨디에이트): re(뒤로)+ pudiate(발로 차다)=**거부하다, 물리치다**
repugnant(리퍼그넌트): re(반대하며)+ pugnant(싸우는)=**불쾌한, 혐오스러운**
repulse(리펄스): re(뒤로)+ pulse(몰아내다)=**구역질 나게 하다, 물리치다**

rescind(리**신**드): re(강조)+ scind(자르다)=(완전히 자르다)=**폐지하다, 철회하다**
reserved(리**절**브드): re(뒤로)+ served(지키는)=**말을 잘 하지 않는, 내성적인**
reside(리**자**이드): re(뒤에 남아)+ side(앉아있다)=**살다, 거주하다**
residual(리**지**주얼): re(뒤에 남아)+ sidual(앉아있는)=**남은, 잔여의**
resignation(레지그**네**이션): re(뒤로 물러남)+ signation(서명)=(물러날 것을 서명함)=**사직, 사임**

resilient(리**질**리언트): re(다시)+ silient(뛰어오르는)=**회복력 있는, 탄력 있는**
resolute(**레**절루트): re(강조)+ solute(풀어주다)=(완전히 풀어준)=(완전히 지불된)=**단호한, 확고한**
resound(리**자**운드): re(뒤로)+ sound(소리)=**울려 퍼지다**
resourceful(리**솔**스풀)=**지략 있는**
respite(**레**스핏): re(뒤를)+ spite(보다)=(뒤를 돌아보다)=**일시적인 중단, 유예**

resplendent(리스플**렌**던트): re(강조)+ splendent(빛나는)=**눈부시게 빛나는**
responsive(리스**판**시브)=**즉각 반응(대응)하는**
retaliation(리텔리**에**이션): re(다시)+ taliation(talis=그대로)=(그대로 다시 해줌)=**보복, 앙갚음**
retard(리**탈**드): re(뒤로)+ tard(느린)=(뒤로 돌려 느리게 만들다)=**지연(지체)시키다**
reticent(**레**티선트): re(강조)+ ticent(조용한)=**말수가 적은**

retiring(리**타**이어링): re(뒤로)+ tiring(끌어당기는)=**남과 잘 어울리지 않는, 내성적인**
retract(리트**랙**트): re(뒤로)+ tract(잡아당기다)=**철회하다, 취소하다**
revelation(레벨**레**이션): re(반대)+ velation(velare=덮다)=(덮인 것을 드러내다)=**폭로, 계시**
revere(리**비**얼): re(강조)+ vere(vereri=두려워하다)=(매우 두려워하다)=**숭배하다**
revive(리**바**이브): re(다시)+ vive(살리다)=**활기를 되찾다, 회복하다**

ribald(**리**볼드)=**야한, 상스러운**
rift(리프트)=**균열, 틈, 급류**
rigidity(리**지**디티): (rigidus=단단한)=**단단함, 강직**
rigorous(**리**거러스): (rigor=힘, 단단함)=**철저한, 엄격한**
rind(라인드)=**껍질**

rivet(**리**빗)=**대갈못, 리벳, 고정시키다**
rotund(로**탄**드)=**퉁퉁한, 둥실둥실한**
routine(루**틴**): (route=길)=**일상, 틀**
rue(루)=**후회하다**
ruffle(**러**플)=**헝클다, 산란하게 만들다**

sagacious(서**게**이셔스): (sagire=인지력이 있는)=**현명한**
sage(세이지): (sagire=인지력이 있는)=**슬기로운, 현명한, 현자**
salubrious(설**루**브리어스): (salus=건강한)=**건강에 좋은**
salutary(**샐**류터리): (salus=건강한)=**유익한, 효과가 좋은**
sanction(**생**션): (sacrare=성스러운/sancire=승인하다)=**제재, 허가, 승인**

satiric(새티릭)=**비꼬는, 풍자적인** **satire**(새타이얼)=**풍자**
saturnine(새터나인): (saturn=토성)=**음침한**
savor(세이벌)=**맛, 풍미**
scanty(스캔티)=**얼마 안 되는, 빈약한**
scotch(스카치)= **중단시키다, 상처를 입히다**

scrupulous(스크루풀러스)=**세심한, 주도면밀한**
scrutinize(스크루터나이즈)=**세심히 살피다, 면밀히 조사하다**
self-deprecating(셀프-데프러케이팅)=**자기 비하적인**
seminary(세미너리): (semen=씨앗)=(성직자의 씨앗을 키우는 곳)=**신학대학**
serene(서린)=**고요한, 평화로운** **serenity**(서레너티)=**고요함, 평온**

serrated(서레이티드)=**톱니 모양의**
servile(설빌/설바일): (servus=노예)=**굽실거리는**
severe(시비얼)=**극심한, 심각한**
shrine(슈라인)=**성지(聖地), 사당**
simper(심펄)=**바보같이 웃다, 헛웃음을 웃다**

sinister(시니스털): (sinister=왼쪽의)=**사악한, 해로운**
sinuous(시뉴어스): (sinus=곡선)=**물결 모양의, 구불구불한**
skeptical(스켑티컬): (skeptikos=탐구하는, 사색하는)=**의심 많은, 회의적인**
skiff(스키프)=**소형보트, 적은 양**
slander(슬랜덜)=**비방, 모략, 중상**

slight(슬라이트)=**약간의, 조금의**
sluggard(슬러걸드)=**나태한 사람, 게으름쟁이**
sneer(스니얼)=**비웃다, 조롱하다**
sobriety(소브라이어티): (sobrius=술 마시지 않는)=**술에 취하지 않은 상태, 맨 정신**
solemn(살럼)=**침통한, 근엄한**

solicit(설리싯): (sollus=전체의)=(전심을 다하는)=**간청하다**
solitary(설리테리): (solus=혼자)=**혼자의**
soloist(솔로이스트): (solus=혼자)=**독주자, 단독 공연자**
somatic(소우매틱): (soma=신체)=**신체의, 육체의**
somber(삼벌): s(sub)+ omber(umbra=그늘, 그림자)=(그늘 밑의)=**어두침침한, 거무스름한**

soothe(수드)=**달래다, 누그러뜨리다**
soporific(사퍼리픽): (sopor=깊은 잠)=**최면성의**
spacious(스페이셔스)=**널찍한**
spendthrift(스펜드쓰리프트): spend+ thrift=**돈을 헤프게 쓰는(사람)**
splinter(스프린털)=**조각, 파편, 깨지다**

spontaneous(스판**테**이니어스)=**자발적인, 즉흥적인** **spontaneity**=**자발적임, 즉흥적임**
sporadic(스포**래**딕): (spora=씨뿌리기)=**산발적인, 이따금 발생하는**
spurious(스**퓨**리어스)=**거짓된, 겉으로만 그럴싸한**
squalid(스**콸**리드)=**지저분한, 불결한**
squander(스**콴**덜)=**낭비하다, 허비하다**

stagnation(스테그**네**이션): (stagnatum=웅덩이, 연못)=**침체, 정체, 불경기**
stalemate(스**테**일메이트)=**교착 상태**
stanza(스**탠**저)=**스탠자(4행 이상의 각운이 있는 시구)**
static(스**태**틱): (sta=서다, 세우다)=**고정된, 정지상태의**
steadfast(스**테**드패스트)=**변함없는**

sterile(스**테**럴): (sterilis=척박한, 메마른)=**불임의, 살균한, 소독한**
stickler(스**티**클러)=**까다로운(엄격한) 사람**
stilt(스**틸**트)=**기둥, 죽마**
stoic(스**토**익)=**금욕주의자**
stolid(스**탈**리드)=**둔감한, 무신경한**

stratagem(스트**래**터점)=**책략, 술수**
stratify(스트**래**티파이)=**층을 이루게 하다, 계층화하다** **stratum**(스트**레**이텀)=**층, 지층, 계층**
striated(스트라이**에**이티드)=**줄이 있는, 선 모양의**
stringent(스트**린**전트): (stringere=압축하다, 누르다)=**엄중한, 긴박한**
strut(스트**럿**)=**뽐내며 걷다, 지주, 버팀목**

stupor(스**투**펄): (stupere=멍한)=**인사불성**
stymie(스**타**이미)=**방해하다, 좌절시키다**
subdue(서브**듀**): sub(아래로)+ due(이끌다)=**가라앉히다, 억누르다**
subjugate(**서**브주게이트): sub(아래)+ jugate(멍에, 굴레)=**예속시키다, 지배하에 두다**
submissive(서브**미**시브): sub(아래로)+ missive(가게 하는)=**순종적인, 고분고분한**

subside(서브**사**이드): sub(아래로)+ side(앉다)=**가라앉다, 진정되다**
substantive(**서**브스탠티브): sub(아래에)+ stantive(서있는)=**실질적인**
subtle(**서**틀): sub(밑에 있는)+ tle(거미줄, 망)=**미묘한, 감지하기 힘든, 미묘한**
successive(석**세**시브)=**연속적인**
sullen(**설**런)=**뚱한, 시무룩한**

summons(서**먼**즈)=**소환장**
supercilious(수펄**실**리어스): super+ cilious(눈꺼풀)=(눈꺼풀을 위로 치키는)=**거만한, 남을 얕보는**
superficial(수펄**피**셜): super(위에)+ ficial(형태, 면)=**피상적인, 표면적인**
superfluous(수**펄**플루어스): super(위에까지)+ fluous(흐르는)=**불필요한** **superfluity**=**여분, 과잉**
superlative(수**펄**라티브): super(위로)+ lative(가져가는)=**최상의**

supplant(서플**랜**트): sup(sub=밑에서)+ plant(발바닥)=(발바닥 밑으로부터)=**대신하다, 대체하다**
supposition(서포**지**션): sup(sub)+ position(두다, 놓이다)=(밑에 놓인)=**추정, 가정**
suppress(서프**레**스): sup(sub=아래로)+ press(누르다)=(아래로 누르다)=**진압하다, 억누르다**
surfeit(**설**핏): sur(넘치는)+ feit(하다)=(넘치게 하다)=**과다**
surmise(설**마**이즈): sur(위로)+ mise(보내다)=**추측하다, 추정하다**

surreptitious(서렙**티**셔스): sur(sub=아래에서)+ reptitious(잡아채는)=**은밀한, 슬쩍 하는**
swagger(스**웨**걸): (swag=흔들다)=**으스대며 걷다**
swell(스웰)=**붓다, 부풀다**
swindler(스**윈**들러)=**사기꾼, 협잡꾼**
sycophant(**시**커펀트)=**아첨꾼, 알랑쇠**

sympathy(**심**퍼씨): sym(동시의, 같은)+ pathy(감정)=(같은 감정을 갖는)=**동정, 연민**
synchronize(**싱**크러나이즈): syn(동시의)+ chronize(시간)=**동시에 발생하다(발생하게 하다)**
synopsis(시**납**시스): syn(함께)+ opsis(보기)=(한꺼번에 보기)=**개요, 요약**
synthesis(**신**써시스): syn(함께)+ thesis(두다)=**종합, 통합, 합성**
tacit(**태**싯): (tac=조용한)=**암묵적인, 무언의**

taciturn(**태**시턴): (tac=조용한)=**말수가 적은**
tailor(**테**일러)=**재단사, 맞추다, 조정하다**
tangential(텐**젠**셜)=**별로 관계가 없는** **tangent**=**접선, 탄젠트**
tangible(**텐**저블): (tangere=만지다)=**만질 수 있는, 유형의**
tardy(**탈**디)=**느린, 더딘**

taut(**터**트)=**팽팽한, 긴장된**
tedious(**티**디어스)=**지루한, 싫증나는**
temerity(터**메**러티)=**무모함, 만용**
temperament(**템**퍼러먼트)=**기질**
temperate(**템**퍼릿)=**온화한**

tenacious(터**네**이셔스): (tenere=갖고 있다)=**집요한, 완강한**
tendentious(텐**덴**셔스): (tendere=뻗다, 늘어나다)=**과격한, 극단적인**
tentative(**텐**터티브)=**잠정적인**
terse(**털**스)=**간결한, 간단한**
theoretical(씨어**레**티컬)=**이론의, 이론적인**

thimble(**씸**블)=**골무**
threadbare(**쓰**레드베얼)=**올이 다 드러난, 새로울 게 없는**
thrive(쓰라이브)=**번창하다, 잘 자라다**
tight-fisted(**타**이트-**피**스티드)=**인색한, 구두쇠의**
timbre(**탬**벌/**팀**벌)=**음색**

tirade(타이레이드)=**장황한 비난, 장광설**
tonic(타닉)=**강장제**
torpor(톨펄)=**무기력**
torso(톨소)=**몸통, 동체**
tortuous(톨츄어스): (torquere=비틀다)=(비틀어져있는)=**길고 복잡한, 우여곡절이 많은**

tout(타우트)=**장점을 내세우다, 광고하다**
tractable(트랙터블): (tractare=다루다)=**다루기 쉬운**
trait(트레잇)=**특성**
tranquil(트랭퀼): tran(강조)+ quil(조용한)=**고요한, 평온한**
transcribe(트랜스크라이브): tran(건너)+ scribe(쓰다)=**기록하다, 옮기다**

transitional(트랜지셔널): (transire=건너가는)=**변천하는, 과도적인**
transitory(트랜시토리): (transire=건너가는)=**일시적인, 덧없는**
transparent(트랜스패런트): trans(통과해)+ parent(보이는)=(통과해서 보이는)=**투명한**
treachery(트레처리)=**배반, 배신**
trepidation(트레퍼데이션)=**두려움, 전전긍긍**

trespass(트레스패스): tres(trans=건너서)+ pass(통과하다)=**무단 침입하다**
trinket(트링킷)=**값싼 장신구**
trite(트라이트): (terere=마모되다)=**진부한, 독창적이지 못한**
trivial(트리비얼): tri(3개의)+ vial(길)=(삼거리=흔히 있는)=**사소한, 하찮은**
troupe(트루프)=**공연단, 극단**

truculent(트러큘런트)=**반항적인, 약간 공격적인**
tumor(튜멀)=**종양**
turbulent(털뷰런트): (turba=혼란)=**격동의, 격변의**
turpitude(털피튜드): (turpis=불쾌한)=**대단히 부도덕한 행위**
ubiquitous(유비퀴터스): (ubique=everywhere)=**어디에나 있는, 아주 흔한**

uncouth(언쿠스): un(아닌)+ couth(알다)=(알지 못하는)=**무례한, 상스러운**
undermine(언더마인): under(밑부분을)+ mine(캐다)=**기반을 약화시키다, 손상시키다**
unilateral(유니레터럴): uni(하나의)+ lateral(면의)=**일방적인**
unlettered(언레털드)=**글을 못 읽는**
unprecedented(언프레시덴티드): un(아닌)+ pre(앞서)+ cedented(갔던)=**전례 없는, 미증유의**

unruly(언룰리): un(아닌)+ ruly=**다루기 힘든, 제멋대로 구는**
unsung(언성): un(아닌)+ sung=**찬양받지 못한**
untoward(언투월드): un(아닌)+ toward(의향)=(의향이 없는)=**뜻밖의**
uphold(업홀드): up+ hold=**유지시키다, 옹호하다**
upright(업라잇): up+ right=**똑바른, 꼿꼿한**

uproar(업로어)=**대소동, 소란**
utter(어털)=**완전한, 순전한**
vacillate(베설레이트)=**흔들리다, 자꾸 바뀌다**
vacuous(베큐어스): (vacuus=빈)=**멍청한, 얼빠진**
vague(베이그)=**희미한, 모호한**

variegated(베리어게이티드)=**얼룩덜룩한**
vehement(비어먼트)=**격렬한, 맹렬한**
vent(벤트)=**통풍구, 환기구**
veracity(버레시티): (verus=진실한)=**진실성**
verbose(벌보스): (verbum=말)=**장황한, 말이 많은**

verdant(벌던트)=**신록의, 파릇파릇한**
vertical(벌티컬)=**수직의, 세로의**
vertigo(벌티고): (vertere=돌다)=**어지러움, 현기증**
vestige(베스티지)=**자취, 흔적** **vestigial**(베스티절)=**남아있는**
vex(벡스)=**성가시게 하다, 짜증나게 하다**

viable(바이어블): (vita=생명)=**실행 가능한, 독자생존 가능한**
vigor(비걸)=**정력, 힘, 활력**
vilify(빌리파이)=**비난하다, 비방하다**
vindicate(빈디케이트)=**~의 정당성을 입증하다**
vindictive(빈딕티브)=**앙심을 품은, 보복을 하려는**

virtuoso(벌츄오소)=**거장, 명연주자**
virtuous(벌츄어스)=**도덕적인, 고결한**
virulent(비류런트): (virus=독)=**악성의, 치명적인, 맹독의**
viscous(비스커스)=**액체가 끈적거리는, 점성이 있는**
visionary(비저네리): (videre=보다)=**예지력이 있는**

vital(바이틀): (vita=생명)=**필수적인**
vitality(바이텔리티): (vita=생명)=**활력**
vivid(비비드): (vivus=살아있는)=**생생한**
vociferous(보시퍼러스): voci(소리)+ferous(내는)=**소리 높여 외치는**
void(보이드)=**빈 공간, 공허, 무효로 하다**

volatile(발러털): (volare=날아가다)=**변덕스러운, 증발하기 쉬운, 불안한**
volition(볼리션): (velle=의지)=**자유 의지, 의지**
voluminous(벌루미너스): (volumen=용량, 부피)=**아주 길고 상세한, 방대한**
voluntary(발런테리): (velle=의지)=**자발적인, 임의적인**
volunteer(발런티얼): (velle=의지)=**자원 봉사자**

vulgarian(벌게리언): (vulgus=평민)=**천박한 사람, 속물**
vulnerable(벌너러블): (vulnus=상처)=**취약한, 연약한, 상처 입기 쉬운**
wary(웨리)=**경계하는, 조심하는**
waver(웨이벌)=**흔들리다, 망설이다**
wax(웩스)=**커지다, 증대하다**
wayward(웨이월드)=**다루기 힘든**
weary(위리)=**지친, 피곤한**
welter(웰털)=**엄청난 양, 뒹굴다, 굽이치다**
whim(윔)=**변덕**
whimsy(윔지)=**엉뚱한 생각, 기발한 생각**
widespread(와이드스프레드)=**광범위한, 널리 퍼진**
willful(윌펄)=**일부러의 , 계획적인, 고의의**
wince(윈스)=**움찔하고 놀라다**
zany(제이니)=**엉뚱한, 괴짜 같은**
zealous(젤러스)=**열성적인**

주요 접두사 도표

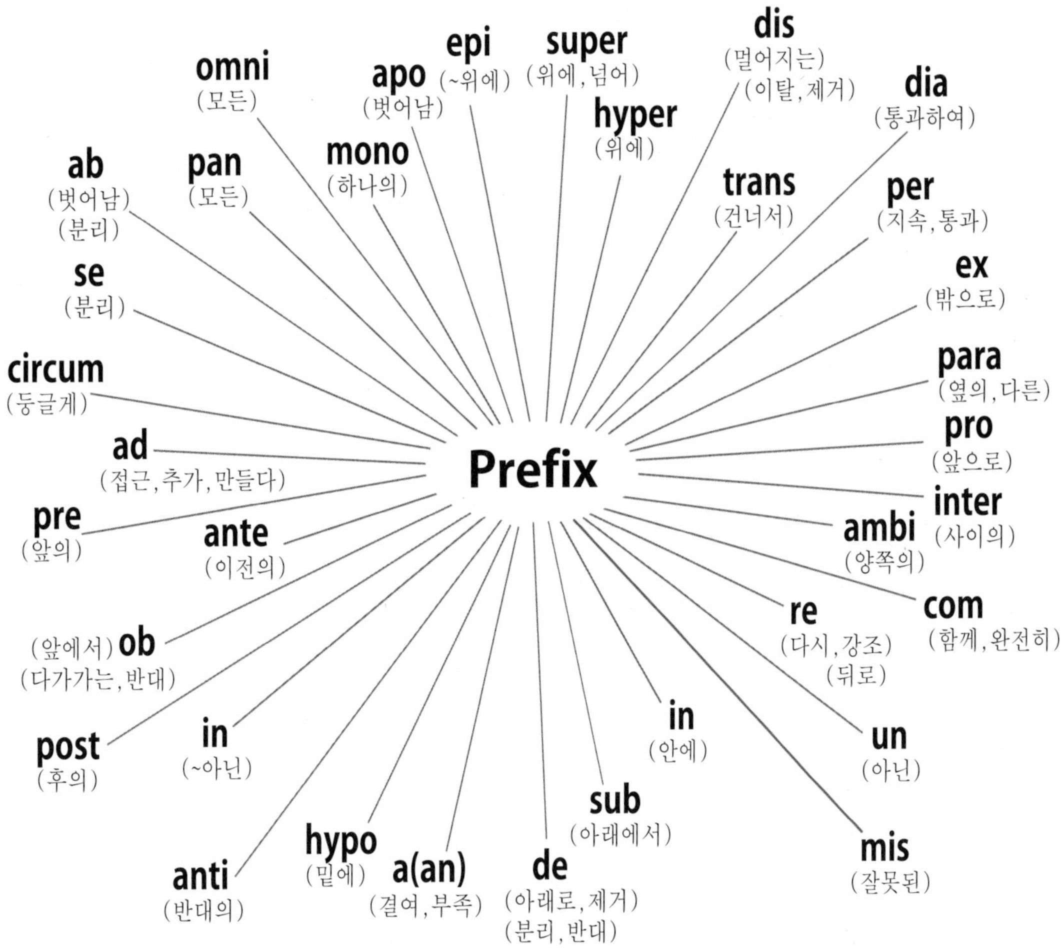

atheist 무신론자
abduct 유괴하다
adhere 들러붙다
ambivalent 양면적인
antecedent 선행된, 선조
antibiotic 항생제
apocalypse 계시, 파멸
circumspect 신중한
combine 결합하다
deduce 추론(연역)하다
diaphanous 투명한
dismiss 묵살(해고)하다

epidermis 표피
exceed 초과하다
hypertension 고혈압
hypothesis 가설, 추정
indefinite 무기한의(애매한)
inhale 숨을 들이쉬다
interrupt 중단시키다
mishap 사고
monologue 독백
obstruct 방해하다
omniscient 전지의
pandemic 범유행의

parasite 기생충
permeate 스며들다
posthumous 사후의
prejudice 편견
propulsive 추진력 있는
reimburse 배상하다
segregate 분리하다
subdue 가라앉히다
superficial 피상적인
transient 일시적인
unoccupied 비어있는

asepsis=a(없는)+ sepsis(부패)=무균상태
anemia=an(없는)+ emia(피)=빈혈

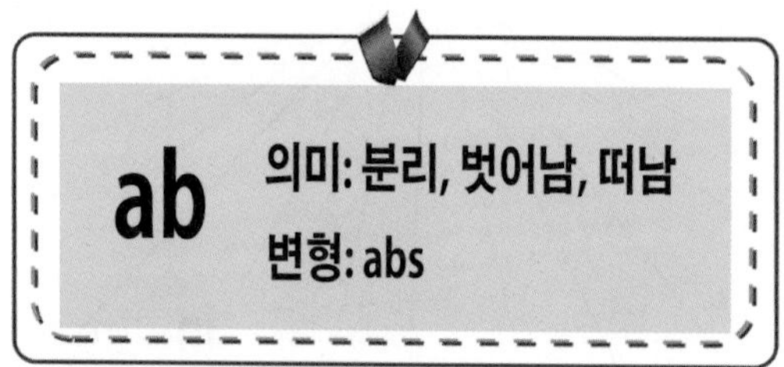

aberrant=ab(분리)+ errant(벗어난)
=도리를 벗어난, 일탈적인

abscess=abs(떠남)+ cess(가다)
=(고름을 통해) 감염이 떠나가다=종기, 농양

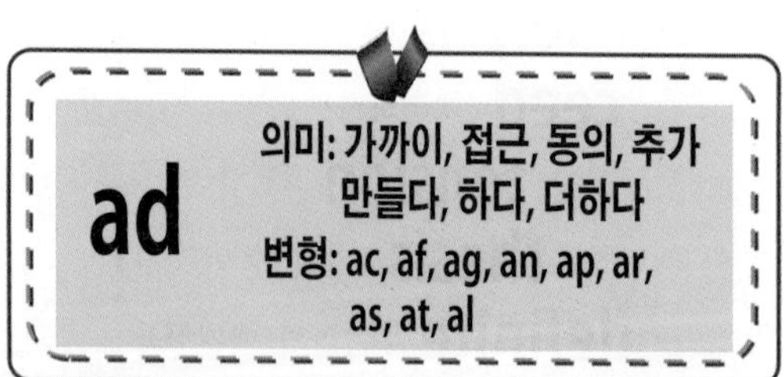

adhere=ad(가까이)+ here(붙이다, 붙다)
=(가까이 가서 붙다)=들러붙다, 고수하다

affiliate=af(만들다)+ filiate(자식)
=(입양하다)=제휴하다, 가입하다

accord=ad(가까이)+ cord(마음)
=(마음을 서로 가까이 하다)=합의, 일치, 부합하다

ambivalent=ambi(양쪽의)+ valent(힘의)
=반대 감정이 공존하는

amphibious=amphi(양쪽의)+ bious(사는)
=양서류인, 수륙양용의

antecedent=ante(먼저)+ cedent(가는)
=(먼저 일어난)=선행된, 이전의

antebellum=ante(전의)+ bellum(전쟁)
=전쟁 전의

antidote=anti(반대의)+ dote(주다)
=반대의 것을 주다=해독제

antagonist=ant(반대의)+ agonist(agon=싸우다)
=반대편에서 싸우는 자=적대자, 상대편

apology=apo(벗어남)+ logy(말하다)
=(곤경이나 잘못에서 벗어나기 위해 하는 말)
=사과, 양해를 구하는 말

apostasy=apo(벗어남)+ stasy(서있음)
=(서있는 곳에서 벗어남)=배교, 배신, 변절

bilateral=bi(두 개의)+ lateral(측면의)
=(두 측면의)=쌍방의

biennial=bi(두 번의)+ ennial(1년의)
=2년마다의, 2년에 한 번씩의

circumvent=circum(돌아서)+ vent(가다)
=피하다, 우회하다

circumspect=circum(둘러서)+ spect(보다)
=신중한

commiserate=com(함께)+ miserate(애통한)
=(함께 애통해하는)=위로하다, 측은히 여기다

confide=con(완전히)+ fide(신뢰하다)
=(완전히 신뢰하는)=(비밀을) 털어놓다

contradict=cotra(반대의)+ dict(말하다)
=(반대의 말을 하다)=부정(부인)하다, 반박하다

contravene=contra(반대의)+ vene(가다)
=(반대로 가다)=어기다, 위반하다

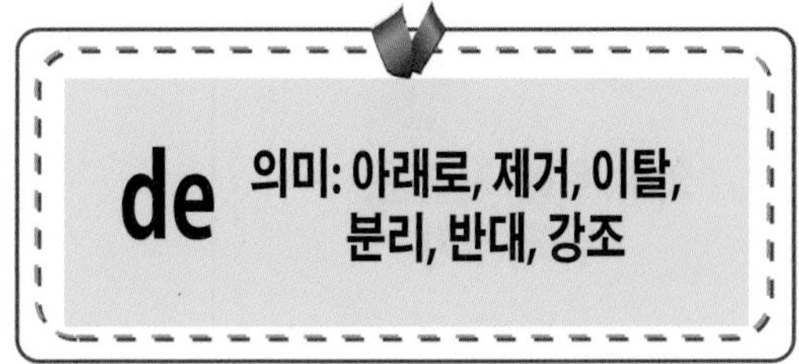

deduct=de(제거)+ duct(끌다)
=(끌어내 제거하다)=빼다, 공제하다

demolition=de(아래로)+ molition(건축물)
=(건축물을 무너뜨리다)=파괴, 타파

diagonal=dia(가로질러)+ gonal(각도, 모서리)
=(모서리를 가로지르는)=대각선의

dialectic=dia(서로)+ lectic(말하는)
=변증법, 변증적인

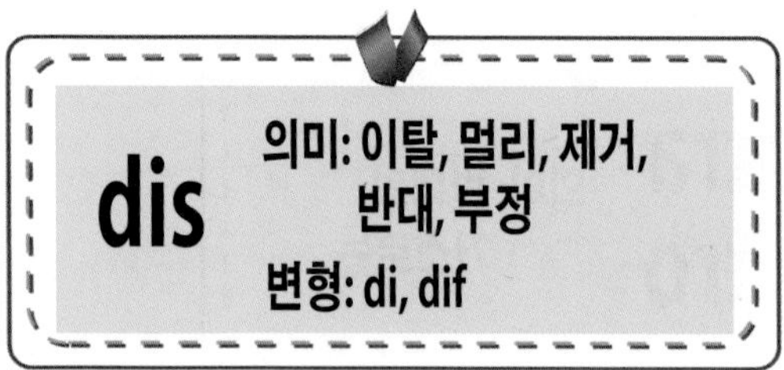

dissuade=dis(이탈)+ suade(설득하다)
=(그만두도록 설득하다)=단념하게 하다

disband=dis(반대)+ band(묶다)
=(묶다의 반대)=해산(해체)하다

epidermis=epi(위에)+ dermis(피부)
=(피부 위에 있는)=표피

epistasis=epi(위에)+ stasis(서있는)
=(위에 서있는)=상위, 우세

ex
의미: 밖으로, 위로, 소멸, 완전히, 분리, 제거
변형: e, ef, ec, as

expel=ex(밖으로)+ pel(몰다)
=(밖으로 몰아내다)=쫓아내다, 내쫓다

efface=ef(제거)+ face(표면)
=(표면을 없애다)=지우다, 없애다

hyper 의미: 위의, 넘치는
hypo 의미: 아래의, 모자라는

hypertension=hyper(높은)+ tension(긴장)
=고혈압

hypocrite=hypo(아래의)+ crite(판단하다)
=(아래에서 몰래 판단하는)=위선자

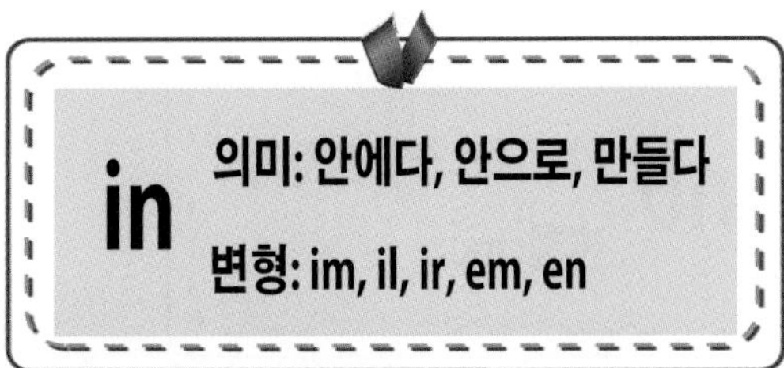

inherent=in(안에)+ herent(붙어있는)
=(안에 붙어있는)=내재하는

illuminate=il(안에)+ luminate(비추다)
=(안으로 비추다)=밝히다, 계몽하다

innocuous=in(~아닌)+ nocuous(해로운)
=(해를 주지 않는)=무해한

impeccable=im(~아닌)+ peccable(죄를 짓다)
=(죄를 짓지 않은)=흠 잡을 데 없는

intermediate=inter(사이에)+ mediate(중간)
=(중간에 서다)=중간의, 중재하다, 매개

interlinear=inter(사이에)+ linear(선)
=(선 사이에 있는)=행간에 있는

monarchy=mon(혼자)+ archy(다스림)
=(혼자서 통치함)=군주제, 군주국

monotony=mono(하나의)+ tony(어조)
=(하나의 어조)=단조로움

ob 의미: 다가가는, 반대, 대항, 강조, 앞에, 위에, 만들다
변형: oc, of, op

obstruct=ob(앞에)+ struct(쌓아놓다)
=(누군가의 앞에 쌓아놓다)=방해하다
obstinate=ob(앞에)+ stinate(서다)
=(앞에 서서 버티다)=고집센, 완강한

para 의미: 옆의, 유사한, 다른, 잘못된, 반대의

parasite=para(옆에)+ site(sitos=음식)
=(나란히 앉아 음식을 먹음)=기생물, 기생충
paranoia=para(잘못된)+ noia(생각, 정신)
=(잘못된 생각)=편집증, 피해망상

per 의미: 통과, 계속, 전체의, 완전히, 잘못된

permanent=per(계속)+ manent(머무르는)
=(계속 머무르는)=영구적인
perforate=per(통과)+ forate(찌르다)
=(찔러 통과시키다)=구멍을 뚫다

peri 의미: 둘러있는, 근처의

periphery=peri(둘러)+ phery(나르다)
=(둘러싸다)=주변, 주변부
periscope=peri(둘러)+ scope(보다)
=(주위를 둘러보다)=잠망경

posthumous=post(후의)+ humous(땅, 묻히다)
=(땅에 묻힌 후에)=사후의

postpone=post(뒤에)+ pone(두다)
=(뒤로 두다)=연기하다, 미루다

prelude=pre(전의)+ lude(공연)
=(공연 전에 하는 곡)=서곡, 전주곡

precede=pre(앞에)+ cede(가다)
=(앞서가다)=앞서다, 선행하다

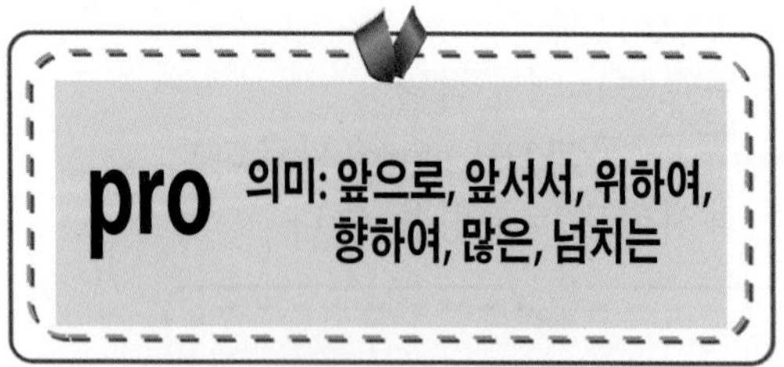

protract=pro(앞으로)+ tract(끌다)
=(앞으로 끌다)=시간을 오래끌다, 연장하다

profuse=pro(넘치는)+ fuse(붓다)
=(넘치게 붓는)=많은, 다량의

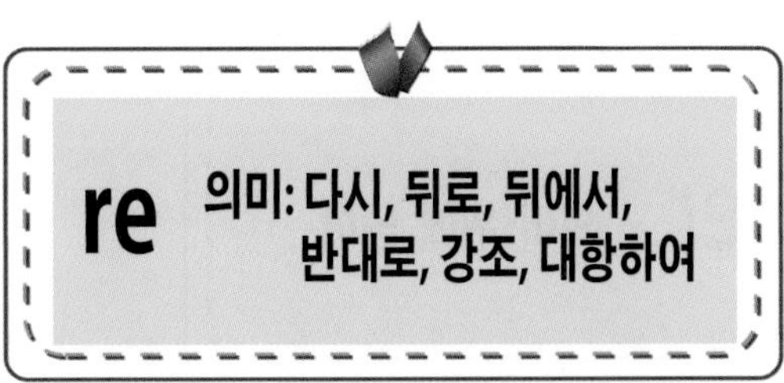

re**concile**=re(다시)+ concile(친해지다)
=(다시 친해지다)=화해시키다, 조화시키다

re**pel**=re(뒤로)+ pel(몰다)
=(뒤로 몰아내다)=격퇴하다, 쫓아내다

se**clude**=se(분리)+ clude(막다)
=(분리하여 막다)=은둔하다, 고립시키다

se**gregate**=se(분리)+ gregate(무리)
=(무리에서 분리하다)=분리(구분)하다, 떼어놓다

sub**sidiary**=sub(아래에)+ sidiary(자리잡은)
=(아래에 위치해있는)=부수적인, 자회사

sus**pire**=sus(아래에서)+ spire(숨쉬다)
=(아랫배로부터 깊게 숨쉬다)=한숨짓다, 호흡하다

superficial=super(위에)+ ficial(표면의)
=(표면 위에 있는)=피상적인

superfluous=super(넘치는)+ fluous(흐르는)
=(넘쳐흐르는)=과잉의

synchronize=syn(동시의)+ chronize(시간의)
=(동일한 시간의)=동시에 발생하다

synergy=syn(동시의)+ ergy(작용하는)
=(동시에 작용하는)=동반상승효과

transcendent=trans(넘어서)+ cendent(올라가는)
=(넘어서 올라가는)=초월하는, 탁월한

transparent=trans(통과하는)+ parent(보이는)
=(통과해서 보이는)=투명한

저자에 대하여...

저자 이세진은 고려대학교에서 교육학을 전공하고 서울대학교 대학원에서 교육학으로 석사학위를 취득하였다.

대기업에서 근무한 후 무역회사를 설립하여 15년 동안 한국과 미국에서 무역 업무를 하였다.

미국에서 13년간 거주한 후 현재는 한국에 귀국하여 영어 번역 및 저술 활동을 하고 있다.

어원을 알면 영어가 보인다

초판발행 2020년 7월 30일

지은이 이세진
펴낸이 안종만 · 안상준

편 집 황정원
기획/마케팅 이영조
표지디자인 이미연
제 작 우인도 · 고철민

펴낸곳 (주) 박영사
서울특별시 종로구 새문안로 3길 36, 1601
등록 1959. 3. 11. 제300-1959-1호(倫)
전 화 02)733-6771
f a x 02)736-4818
e-mail pys@pybook.co.kr
homepage www.pybook.co.kr
ISBN 979-11-303-1055-8 03740

정 가 28,000원